An Invitation to Social Construction

Third Edition

사회구성주의로의 초대

Kenneth J. Gergen 저·한유리 역

SAGE

박영story

소중한 내 동반자 메리에게

그리고

보물 같은 Taos Institute 동료들에게

역자 서문

예측도 못했던 바이러스의 확산으로 전 세계가 많은 변화를 겪고 있다. 새 학기가 되어 학교에 가고, 카페에서 사람들을 만나고, 마음껏 신선한 공기를 마시며 산책을 하고, 그리운 곳으로 여행을 떠나는 평범한 일상이 아주 먼 옛날이야기가 되어버린 듯하다. 덩달아 사람들의 마음이 삭막해지고, 억지 주장에도 마음이 흔들리며, 서로에 대한 의심과 원망이 커져간다. 그래서 책을 번역하는 지난 몇 달간 케네스 거겐의 탁월한 지적 통찰과 인류의 지속 가능성을 향한 열정이 새삼 중요하게 여겨졌다. 그 내용을 자칫 어설프게 전달하지는 않을지 신경 쓰느라 번역작업이 마무리될 때까지 긴장 속에 지냈다. 그러다가 9장의 마지막 단락에서 저자가 따뜻하게 독자와의 소중했던 인연에 인사를 전하는 순간 눈물이 핑 돌았다. 소중한 책과 만나 글로써 저자와 이야기를 나눌 수 있었던 감사한 경험을 독자들도 느낄 수 있다면 기쁠 것이다. 좋은 책은 늘 그렇듯 이 책 역시 여러 번 다시 읽을수록 새롭게 와닿는 내용이 많다. 무엇이 진리이고, 누가 옳고 그른지, 누구의 가치가 최선인지를 따지기 전에 우리가 함께 어떠한 새로운 세상을 만들어갈 수 있을지를 고민해 보는 텍스트로 잘 쓰일 수 있기를 기대한다.

2020년 가을

역자 한유리

서문

이 책을 내는 내 포부는 크다. 독자들이 글을 읽고 나서 학문분야 간 일어나는 흥미로운 대화 속으로 한 발 들어올 수 있기를 바란다. 이 대화란 사회구성주의(social construction)라고 불리는 영역에 속한다. 보다 좁게 "구성주의(constructivism)"라고 하거나, 더 넓게 "포스트모더니즘(postmodernism)"이라는 용어를 사용하는 사람도 있다. 여기서 논의되는 내용은 중요한 시사점을 갖는다. 마치 16세기와 17세기 유럽 문화에서 일어난 사고와 사회적 행동의 급격한 변화와도 같다. 이때는 문화가 "암흑기"에서 "계몽주의"로 이동했다. 사회구성주의 대화는 인간의 이성이나 개인의 마음, 객관적 진실, 도덕적 원칙 등 계몽주의가 쌓아온 기반을 흔든다. 더 중요한 점은, 창의적으로 숙고하고 행동할 유래없는 기회를 제공하다는 것이다. 사회구성주의 대화는 더 나은 세상을 만들기 위한 새로운 이해의 장으로 우리를 초대한다. 나와 내 지인들의 삶도 바뀌었다. 동시에, 이러한 대화는 많은 사람을 도발하고 불편하게 만든다. 논란을 불러일으킨다. 그렇지만 책 내용이 잘 전달된다면 여러분은 이러한 논의에 참여하고, 그 중요성을 알아보고, 가능성을 시도해 보고, 결점을 우려하고, 무엇보다도, 행동을 위한 영감을 얻어갈 수 있다. 이 책은 "마지막 한마디"가 아니라 시작이다.

이 글은 1999년 처음 출간된 이후 세 번째 판이다. 새로운 판을 낸 주요 이유는 2009년 이후 사회구성주의에 대한 기여가 빠른 속도로 증가해서다. 새로운 이슈와 적용이 다각도로 이루어지고 있다. 사회구성주의 사고에서 가장 중요한 한 가지는 시의적절함이다. 사회구성주의의 기본 개념은 상당히 일반적이지만, 주요 관심은 실행이다. 이 아이디어가 실제로 적용될 수 있을까? 지난 세기 동안 그 가능성이 상당부분 드러났다. 학계에서는 연구접근과 표현방식,

그리고 이론적 탐색이 풍성하게 일어났다. 대부분의 노력이 지향하는 것은 사회 변화다. 학계 밖에서는 사회구성주의 아이디어가 실행의 형식으로 확장되었다. 교육자, 심리학자, 사회 복지사, 조직의 변화 전문가, 갈등 중재자, 공동체 구성원 모두가 새롭고 효과적인 실행방법을 만드는 데 기여해 왔다. 지금까지의 발전을 살펴보는 데 그치지 말고 독자들이 그 가능성을 더 확장해 가기를 바라본다.

도움이 되기 위해 독자에게 내 개인적인 이야기를 전하고자 한다. 우리는 모두 한계를 지닌 존재다. 나는 대부분의 삶을 학자로 보냈기에 내 표현이 전문가들의 모임에서는 적절할 수 있지만 그 밖의 독자에게는 친절하지 않을 수도 있다. 가능하면 "학문적 습관"을 벗어나려 노력하지만 늘 성공하지는 못한다. 내 인생 경험 역시 한계가 있다. 내 언어에는 국적, 젠더, 나이, 성적 경향 등이 묻어난다. 나는 어느 정도 혜택을 받은 삶을 살아왔다. 안정된 직업을 가졌고, 전쟁에 나가 싸운 적도 없으며, 빈곤을 경험하지 않았다. 나 나름의 어려움을 겪었지만 나와 동일한 시대를 살아가는 많은 가족들에게 영향을 미친 두려움이나 고통의 깊이를 넘어서는 글을 쓸 수는 없다. 독자들 역시 나름의 배경과 열정, 미래를 향한 꿈이 있을 것이다. 이 글을 읽는 여러분이 도전적인 생각과 유용한 통찰, 그리고 가슴 뛰게 하는 가능성을 찾게 되길 바랄 뿐이다.

이 글을 쓰면서 나는 독자들을 마치 내 옆에 앉아 이야기 나누는 호기심 많은 친구처럼 상상하려 노력했다. 독자들이 나를 어떻게 상상하는가에 따라 이 글도 다양하게 받아들여질 것이다. 글 속에서 나를 알아갈 수 있을 것이다. 내가 오랜 시간, 여러 환경 속에서 타인과 공유해 온 인간관계의 리듬과 멜로디를 통해서 말이다. 하지만 여러분은 이 글들을 가지고 원하는 대로 아무렇게나 해도 좋다. 공부하고, 놀고, 고안하고, 상상하고, 마구 집어삼키거나 뱉어도 좋다. 아마도 여러분이 나라는 사람을 다음과 같이 상상한다면 우리가 함께 최선의 의미를 만들어갈 수 있을 것이다. 즉, 나는 이 글에 대한 여러분의 반응을 통해 무언가를 배울 수 있는 사람일 것이다. 내 목적은 설득하는 것도, 이기는 것도, "바른 길"로 인도하는 것도 아니다. 이 글에 생명을 불어넣는 사람은 독자들이다. 그리고 나와 독자의 관계가 성공적으로 맺어진다면 아마도 새로운 길이 열릴 것이다. 우리는 관계 속에서 함께 미래를 만들어간다.

목차

PART 01 사회구성주의: "무엇인가"에서 "무엇이 될 수 있는가"로

PART 02 실재와 선의 구성

PART 03 인간 탐구의 지평

PART 04 관계적 자아

PART 05 대화: 갈등과 전환

PART 06 관계적 과정으로서의 교육

PART 07 남을 돕는 직업: 함께 구성하는 행동

PART 08 조직에서의 의미 구성

PART 09 사회구성주의에 대한 의문

PART 1

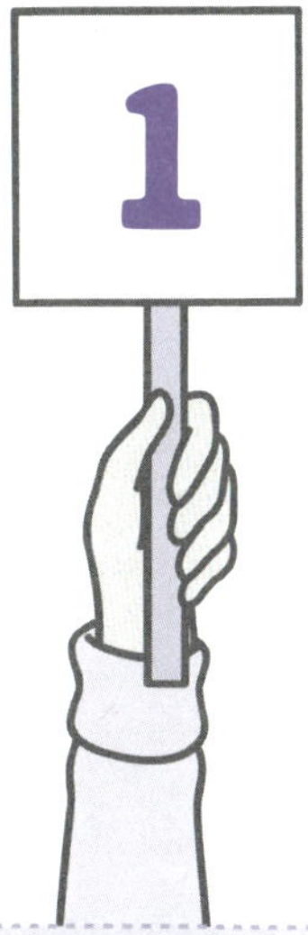

사회구성주의: "무엇인가"에서 "무엇이 될 수 있는가"로

- 우리가 함께 세상을 구성한다
- 사회 속에서 만들어진 실재와 선
- 사회구성주의에 관한 기본적 대화들
- 해체에서 재구성으로
- 성찰적 실용주의: 세상에 대한 작업 단어들
- 이 책에서 다루는 내용
- 성찰
- 추가 자료

PART 01 사회구성주의: "무엇인가"에서 "무엇이 될 수 있는가"로

한번은 네 살 된 손자 숀에게 "옛날 시절" 사진들을 보여주었다. 아이가 조상들에 대해 알면 좋을 거라는 생각에서였다. 모두 흑백 코닥 필름으로 찍은 할머니와 할아버지, 초창기 자동차, 옛날 옷들이었는데, 사진을 다 보고난 숀이 천천히 고개를 들더니 생각에 잠겨 물었다. "옛날에는 전부가 다 흑백이었나요?" 우리는 크게 웃음을 터뜨렸다. 그리고 나중이 돼서야 그 함축된 의미를 생각해 보기 시작했다.

- 보통 우리는 사진이 대상에 대한 진실을 보여준다고 가정한다. 숀이 바로 그렇게 했는데, 우리는 웃음을 터뜨렸다.
- 만일 흑백사진이 재판에서 증거로 나온다면 우리는 이것이 진실을 말해 준다고 여긴다. 그러니까 사진이 진실을 말하는지 아닌지는 사회적 관습의 문제인 것이다. 부연 설명하자면, 아래의 두 사진은 토마스의 얼굴이다. "얼굴이라고? 하나는 그렇지만 다른 사진은 뭔지 모르겠는데?" 사실 두 번째 사진은 확대해 놓은 토마스의 콧구멍이다. 그렇다면, 왜 하나는 명백히 얼굴 사진이고 다른 하나는 아니라는 걸까? 다시 말하지만 사진이 진실을 보여주는가 아닌가는 사회적 합의의 문제다.

왜 그럴 때 있지 않은가? 친구는 당신 얼굴이 찍힌 사진을 보여주면서 잘 나왔다고 하는데 당신은 "윽, 나 이렇게 안 생겼거든" 하고 느껴지는 경우 말이다.

여러분은 아마 지금쯤 이렇게 말하고 싶을지 모른다. 사진을 사실로 믿는 숀이 잘못된 거라고. "어쨌거나 세상은 다양한 색깔로 이루어졌다고요!" 하지

그림 1.1 / 토마스의 얼굴

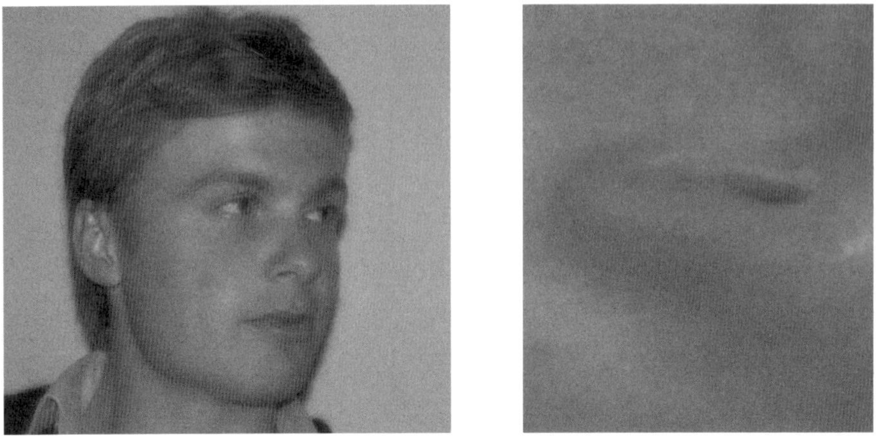

만 정말 그럴까? 한밤중에 숲속을 걸어보라. 무슨 색이 보이는가? 세상이 컬러로 되어 있는지 실험 심리학자에게 물어본다면 빛이 망막에서 굴절하기 때문에 색을 경험한다는 답을 듣게 된다. 그들에게 컬러 사진은 자연의 진실을 말해 주지 않는다.

그러므로 이제 우리에게 흥미로운 전제가 생겼다. 즉, 사진이 그 대상에 대한 진실을 말하는가의 여부는 사회적 합의의 문제다. 이 말이 합리적이라고 생각되면, 한 발 더 나가보자. 말로 세상을 묘사하는 것은 어떨까? 우리는 세상을 묘사할 때 사진뿐만 아니라 언어를 사용한다. 심지어 사진이 언어보다 진실을 더 정확히 드러낸다고 말한다. 그렇다면 언어가 진실을 말해 줄 수 있을까? 사회적 합의와 상관없이?

이것은 사소한 문제가 아니다. 세상의 진실을 밝히는 일이야말로 과학자들의 목표이지 않은가? 재판에서 배심원들은 사실에 입각해 유죄인지 무죄인지를 결정하지 않는가? 우리는 특정 신문이 "실제 벌어지고 있는 일"에 대한 사실을 말해 준다고 믿지 않는가? 우리는 일부 사람들이 "현실감각을 상실했다"고 여기기 때문에 이들을 보호시설에 수용하고 있지 않은가? 이는 생사의 문제가 될 수 있다.

예를 하나 더 들어보자. 여러분의 이름이 무엇이든, 친구와 가족들은 모두 그 이름을 써서 당신에 대해 이야기한다. "조엔이 대학으로 떠났다", "캐롤이 직장을 구했다", "에릭이 아프다." 이 말들은 진실 혹은 거짓이 될 수 있다. 에릭이 진짜 아픈지 아닌지에 따라 다르다. 동시에, 이름이란 선택의 결과다. 여러분에게 수많은 다른 이름이 주어질 수도 있었다. 그러니까 "조엔이 대학으로 떠났다"라는 말은 부모와 다른 사람이 당신을 조엔으로 부르는 데에 합의하는지에 달려 있다. 또한 "대학으로 떠났다"라는 표현도 "대학"과 "떠났다"라는 말의 의미를 어떻게 이해하는지에 따라 다르다. "떠났다"면 잠시 근처에 갔음을 의미하는가, 혹은 수천 킬로미터 떨어진 곳을 의미하는가? "대학"이라고 말할 때 "대학 생활"도 포함하는가? 이처럼 우리의 말이 진실인지 아닌지는 모두 언어를 어떻게 사용할지에 대한 사람들의 합의에 달려 있다. 그렇다면 아래의 표현들은 사회적 합의를 넘어서서는 진실도 거짓도 아니라고 볼 수 있는가?

- 세상은 둥글다.
- 세계는 일곱 개의 대륙으로 나뉘어져 있다.
- 남자와 여자라는 두 개의 성별이 있다.
- 흡연은 암을 유발한다.
- 러시아 대통령은 머리가 두 개다.
- LA 레이커스는 테니스 팀이다.

앞서 말했듯, 이러한 질문에 어떻게 답하는가는 사소한 문제가 아니다. 그러니 성급히 답하지는 말자. 지금은 사회구성주의라고 불리는 드라마를 살짝 들여다보는 중이다. 그 기본 전제는 단순명료하다. 우리가 세상에서 진실이라고 여기는 것은 우리가 속해 있는 사회적 관계에 달려 있다. 단 이것은 시작일 뿐이다. 사회구성주의라는 논리 속으로 들어오면, 당신의 세상은 변하기 시작한다. "실재", "객관", "이성", "지식"처럼 오랫동안 믿어온 개념에 의문이 생기게 된다. 자신의 생각이나 감정, 욕구 같은 스스로에 대한 이해 역시 변화될 것이다. 다른 사람과의 관계가 전혀 새로운 의미를 가지며, 세상의 갈등 상황을 다른 관점에서 보게 되고, 새로운 생활 방식을 만들어가게 된다. 개인적인 삶뿐만 아니라 연구나 교육, 심리치료, 의료 서비스, 경영 등의 전문 분야에서도 마찬가지다.

한 학생의 표현처럼 "일단 구성주의적으로 생각하기 시작하면, 모든 가구가 창밖으로 날아가기 시작한다." 그 활기찬 힘으로 인해 구성주의적 생각과 실천이 세계 구석구석에서 탐색되고 있다. 당신이 부에노스아이레스에서 헬싱키로, 런던에서 베이징으로, 뉴델리에서 멜버른으로 여행을 한다면 이러한 주제와 관련된 활발한 논의를 찾게 될 것이다. 많은 사람들이 믿는 것처럼, 이러한 아이디어는 세계의 미래를 위해 반드시 필요하다. 만일 실재나 진실, 도덕이라고 주장해 온 것들이 문화와 역사 속에서 사람들이 구성한 것임을 이해한다면 타인들에게 더 많은 참을성과 호기심을 가질지 모른다. 물론 논쟁의 여지가 있다. 변화에는 저항이 따른다. 여러분도 거부감을 느낄 수 있다. 차라리 잘된 일이다! 그러면 여러분이 이 글을 더 예리하게 읽게 될 것이다.

일반적으로 사회구성주의라 불리는 이 생각들은 어느 한 개인에게 속하지 않는다. 사회구성주의를 정의 내린 단행본이나 철학 사조가 따로 없다. 오히려 사회구성주의 아이디어는 대화의 과정에서 나왔고, 이 대화는 진행 중이며, 여러분을 포함한 누구든 그 논의에 기여할 수 있다. 그렇기에 이 모두를 대표할 한 명의 권위 있는 인물은 존재하지 않는다. 다양한 관점과 때로 그 사이에 긴장이 존재한다. 이 장에서는 우선 이들 사이에서 공유되는 주요 제안들을 소개할 것이다. 각 제안을 깊이 살펴본 다음, 학자나 일반인이 어떻게 이쪽으로 오게 되었는지 그 역사적 배경을 알아보겠다. 이러한 논의는 사회구성주의가 어떠한 면에서 혁신과 논란을 불러일으키는지에 대한 통찰을 제공할 것이다. 나머지 장들에서는 사회구성주의의 적용과 시사점에 초점을 두려고 한다.

우리가 함께 세상을 구성한다

만일 내가 세상에 대해 묻는다면,
당신은 하나 혹은 몇 개의 참조틀 안에서 답을 할 것이다.
하지만 모든 틀에서 벗어나서 세상이란 어떠한지 집요하게 묻는다면,
당신은 무어라 말할 수 있겠는가?
- 넬슨 굿맨(Nelson Goodman), *세상을 만드는 방법*(*Ways of Worldmaking*)

앞서 언급했듯, 구성주의의 기본 개념은 간단하다. 하지만 조금 더 들어가 보면 풍성한 이야기가 펼쳐지기 시작한다. 먼저 상식적인 세상을 살펴보자. 세상은 저기에 존재하며 우리가 이를 관찰하고 이해할 수 있다는 사실이 지극히 당연해 보이지 않는가? 이 세상에는 나무, 건물, 자동차, 여자, 남자, 강아지와 고양이 등이 존재한다. 이를 자세히 관찰하고 생각하다 보면 숲을 보존하는 법, 더 강한 건물을 짓는 법, 아이들의 건강을 향상시키는 법을 찾아낼 수 있다. 이를 실재론(realism)이라고 한다. 자, 그러면 이 가정을 한번 뒤집어보자.

만일 당신과 내가 합의하기 전까지는 나무, 건물, 여자, 남자란 존재하지 않는다고 주장하면 어떨까? "말도 안 되지. 주변을 둘러보시오. 저 나무들은 우리가 태어나기 전부터 있었지 않소." 아마 이렇게 말할지 모른다. 그렇다면 보행기를 타고 다니는 한 살 된 쥴리에겐 어떨까? 나무, 건물, 자동차를 바라보지만 쥴리는 그것이 무엇인지는 알지 못한다. 남자와 여자조차 구분하지 못하는 것 같다. 미국 심리학의 개척자 윌리엄 제임스는 아이의 세상이 "와글와글하는 혼란"이라고 말한 적 있다. 그 말에 동의하든 아니든, 쥴리의 세상이란 어른으로 사는 세상과는 다르다. 쥴리와 달리 우리는 소나무, 달리는 버스에 붙은 광고, 모퉁이에 서있는 경찰관을 알아본다. 눈동자가 닿는 지점은 쥴리와 차이가 없지만, 그것이 우리에게 무엇을 의미하는가에서 차이가 난다. 이런 면에서 우리는 세상을 다르게 접근하며 이 차이는 사회적 관계에 있다. 관계 속에서 세상을 이렇게 혹은 저렇게 구성한다. 관계에 참여할 때 세상은 우리에게 그러한 것으로 인식된다. 그리고 쥴리가 크면 비슷한 방식으로 세상을 구성할 것이다.

관점에 따라 달라지는 당신

당신은 정말로 누구인가? 가능한 현실을 생각해 보자.

관찰자:	당신은~:
생물학자	"포유류"
미용사	"미용이 필요한 대상"
선생님	"대학에 보낼 대상"
동성애 남자	"아마도 이성애자"
기독교인	"죄인"
부모	"놀랄 만한 성공작"
예술가	"훌륭한 모델"
심리학자	"약간의 신경증환자"
물리학자	"원자 구성체"
은행가	"잠재 고객"
의사	"건강염려증 환자"
힌두교	"불완전한 아트만 상태"
연인	"멋진 사람"

만일 여러분이 자신을 기술한다면 누구의 용어를 사용하겠는가? 어떠한 전통에서 온 용어인가? 만일 자신의 언어로 새롭게 기술하고자 한다면, 당신을 이해할 사람은 누구일 것 같은가?

이제 기본적인 구성주의 아이디어를 다시 정리한 후 그 결과를 고려해 보자. 만일 실재라고 생각한 모든 것이 사회적으로 구성되었다면, 사람들끼리 서로 동의하기 전까지는 아무것도 실재가 아니다. 흠... 아마도 슬슬 의심이 들지 모르겠다. 그렇다면 죽음도, 내 몸도, 태양도, 지금 앉아 있는 의자도 실재가 아니란 말인가? 이 부분에서 보다 명확히 해 두는 게 중요하다. 사회구성주의자들은 "아무것도 존재하지 않는다"거나 "실재란 없다"고 말하지 않는다. 중요한 점은 죽음이든, 몸이든, 태양이든, 의자든 간에 사람들이 실재라고 말할 때는 늘 특정 관점이나 이해 방식에서 말한다는 사실이다. 당연히 무언가가 존재한다. 하지만 그 무언가가 무엇인지 기술하려면, 필연적으로 특정 이해 방식의 전통에 의지해야 한다.

예를 들어, 친구가 "우리 할아버지가 돌아가셨어"라고 한다면 보통 생물학적 관점에서의 죽음을 지칭한다. 이 사건은 특정 몸의 기능이 정지됨을 의미한다. 하지만 이는 하나의 관점일 뿐이다. 다른 전통에서는 "할아버지가 천국에 가셨다", "영원히 내 마음속에서 살아계실 것이다", "환생의 새로운 순환이 시작되었다", "모든 짐에서 자유로워졌다", "성실함이라는 유산을 남겼다", "세 자식들이 할아버지의 삶을 이어나간다", "이 대상의 원자 구성에 변화가 생겼다"와 같이 말할 수 있다. 이 표현들은 서로 다르지만 나름의 전통 안에서는 생물학적 관점의 합리적 대안이 된다. 쥴리에게는 이 사건이 별로 특별하지 않을 수 있다. 쥴리의 세상에 "할아버지가 돌아가시다"는 아직 사건으로써 존재하지 않는다. 즉, 사회구성주의자에게는 "아무것도 존재하지 않는다"가 아니라 "우리에게 존재하지 않는다"가 맞다. "죽음", "태양", "의자"라고 보는 것으로 우리의 세상이 채워지기 시작하는 것은 바로 다른 사람들과 맺는 관계에서다.

사람들은 서로 대화하면서 자신이 살아가는 세상을 구성한다. 예를 들어, 대화를 하다 보면 매일의 압박감이나 경제적 쪼들림, 기회부족과 같이 불평할 거리가 많이 발견된다. 반면 다른 대화에서는 즐거움이나 열정, 희망을 느끼는 자신을 발견하기도 한다. 그러니까 세상 그 자체는 문제도, 흥미로운 사건도 아니다. 세상에 독립된 사실로 존재하는 "문제"란 없다. 무엇이 좋고 나쁜지는 사람들이 구성하며, 중요시하는 가치에 방해가 되면 "문제"라고 정의 내린다. 대화가 바뀌면 구성된 "문제"들이 "기회"로 재구성되기도 한다. 사실상, 관계를 선택한다는 것은 어떠한 세상에서 어떻게 살지를 선택하는 것과도 같다.

또한 여기에는 무한한 가능성이 존재한다. 늘 남자와 여자, 낮과 밤, 선과 악처럼 익숙한 구분만 짓고 산다면 삶은 어느 정도 예측 가능한 상태로 지속될 것이다. 그러나 이 모든 삶의 방식이 사회적 합의에서 나왔기 때문에 우리가 당연시하는 것 역시 바꿀 수 있다. 새로운 세상을 만들 수도 있다. 예를 들어 세 개의 젠더로 구성된 세상, "정신질환을 앓는 사람"이 "영적 치유자"인 세상, 조직의 "권력"이 관리자가 아닌 직원에게 있는 세상을 구성할 수도 있다. 창조하고 변화시킬 자유가 우리 안에, 심지어 우리의 다음번 대화 속에 있다.

이러한 구성주의의 엄청난 가능성을 긍정적으로 보자. 구성주의자들은 전통적으로 진실이라 여겨지며, 합법적이며 옳다고 받아들여진 것 안에서만 제한적으로 행동하지 않는다. 우리 앞에 놓인 것은 무한한 가능성의 영역이고 끝없는 혁신으로의 초청장이다. 이는 지금껏 올바르며 좋다고 여겨온 일들이 모두 사회적으로 구성되었으므로 다 버려야 한다는 뜻이 아니다. 전혀 그렇지 않다! 사회적으로 구성되었기 때문에 실재는 의미 있고 행동은 가치를 지닌다. 하지만 동시에, 역사나 전통에 얽매여서도 안 된다. 함께 이야기하고, 새로운 목소리를 듣고, 질문을 던지고, 대안을 숙고하고, 상식의 가장자리를 다룰 때 우리는 경계를 넘어 새로운 의미를 가진 세상으로 나아간다. 미래는 우리가, 함께, 만든다.

사회 속에서 만들어진 실재와 선

이러한 근본적인 시각을 바탕으로, 이제는 핵심 가정들을 좀 더 깊이 살펴보자. 먼저 지식에 대한 전통적인 생각에서 시작하는 것이 좋겠다. 당신은 몸무게나 신발 사이즈, 살고 있는 집의 면적을 어떻게 아는가? 보통은, 이것들을 측정한다고 답한다. "몸무게가 궁금하면 저울에 올라가 봅니다." 충분히 명료한 대답이다. 과학적 지식에 대한 기본 가정도 이와 거의 비슷하다. 일반적으로 우리는 개인과 세상, 즉 경험하는 주체와 경험된 대상 사이를 명확히 구분짓는다. 그리고 잘 알려져 있듯이 주의 깊은 관찰에 논리적 사고를 더해서 세상에 대한 지식을 얻는다. 관찰을 통해서 대상 간의 차이를 밝히고 (예를 들어, 범주와 하위 범주로 구분하며) 이들에 대한 이론을 형성한다. 몸무게를 예로 들어보자. 먼저 킬로그램이나 파운드로 측정을 한다. 그런 다음 살이 빠질 만한 특정 조건을 만든 후 관찰을 하고 개발 중인 이론을 확인한다. 전문용어로 가설검증이다. 즉, 다이어트 프로그램이 실제로 몸무게를 줄이는 데 도움이 되었는지를 알아보고, 만일 효과가 없다면 프로그램을 멈춘다. 연구가 충분히 쌓이면 특정 다이어트 프로그램이 특히 어떠한 대상에게 효과적인지 차이가 나타난다. 그러면서 점점 이론이 확장되고 세상에 대한 더 정확한 "그림"을 제공한다. 체계적인 관찰과 신중한 사고를 통해 세상에 대한 객관적이고 가치중립적인 진실이 드러난다.

그림 1.2 실증주의에서 지식의 개념. "나는 관찰한다, 나는 생각한다. 그리고 다른 사람에게 알려준다."

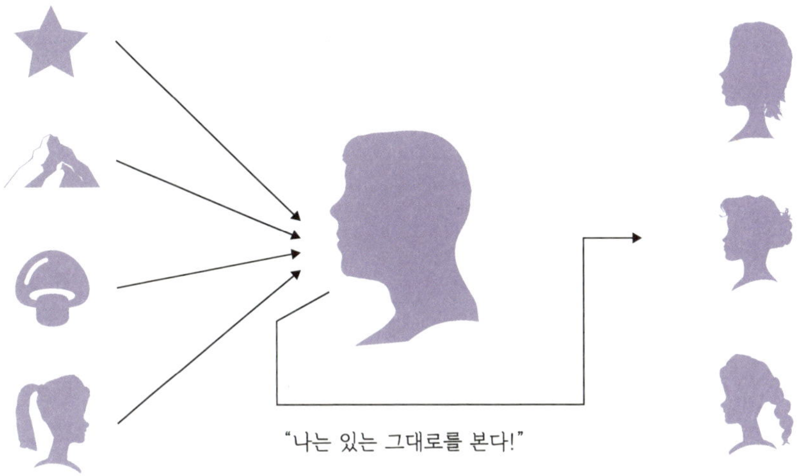

만약 지식에 대한 이와 같은 설명에 저항이 느껴진다면 당신은 이미 한 발 나아간 셈이다. 앞서 설명한 내용을 흡수한 독자라면 지식에 관한 일반적인 설명에 숨겨져 있는 문제가 눈에 들어올지 모른다. 네 가지 사회구성주의 제안을 통해 무엇이 문제인지 알아보자.

1. 세상에 "존재하는 어떠한 대상"도 우리에게 그러한 방식으로 묘사하고 설명해 달라는 요구를 하지 않았다.

> 인간이 죽음을 창조했다.
>
> - 윌리엄 버틀러 예이츠(William Butler Yeats), *죽음(Death)*

여러분은 아마도 인간 몸의 특정 부위가 "몸무게"라는 단어를 요구한 적이 없다는 말에 동의할 것이다. 세 살짜리 아이는 온종일 사람들을 쳐다볼 수 있지만 그 사람들의 몸무게는 전혀 궁금해하지 않는다. 좀 더 이야기를 확장시켜 보자. 세상에 존재하는 어떤 것이든, 반드시 특정한 단어나 표현을 특정한 방식으로만 사용해서 그렇게 묘사하고 설명해야 하는 건 아니다. 수없이 다양한 방식으로 묘사하고 설명할 수 있다. 그 말은 중력의 작용을 받아 땅에 붙어 있다, 비행기와 새가 날아간다, 암을 치료한다, 지구가 태양 주위를 돈다와 같이 우리가 세상과 자신에 대해 배워온 모든 것을 달리 표현할 수도 있다는 뜻이다. 특정한 방식으로만 설명되어야 하는 "무언가"란 없다. 언어를 사용해서 대안적 세상을 구성할 수 있다. 중력이나 암이 없는, 또는 새와 사람이 동등한, 태양이 지구를 도는 세상처럼 말이다. 이러한 생각은 많은 사람들을 불안하게 만든다. 세상을 있는 그대로 보여주는 진실이란 없을 뿐만 아니라, 자신이 신념을 가지고 지지하거나 믿고 따를 만한 공고하고 안전한 기반이 아무것도 없음을 의미하기 때문이다. 이것은 허무주의가 아닐까?

허무주의와 관련된 질문은 잠시 후 다시 살펴보겠다. 그런데 이러한 불안이 그렇게 나쁘지만은 않아 보인다. 살다 보면 일상적인 "표현 방식"의 상당수가 보이지 않는 고통을 야기한다. 아래의 표현들은 괴로움, 심지어 죽음까지 초래하기도 한다.

"이것은 내꺼다."
"그 사람 탓이다."
"아무개는 시험에 합격하지 못했다."
"이 집단은 다른 집단보다 지능이 우월하다."
"수정란은 인간이다."
"세상에는 오직 하나의 신만이 존재한다."
"우리는 우월한 인종이다."

사회구성주의 관점에서 보면 위의 있는 그 어떤 표현도 "세상 그 자체"로부터 요구된 것이 아니다. 다른 방식으로 표현한다면 얼마든지 더 나은 결과가 나올 수 있다. 이 말은 여러 전통에서 나온 진실을 버리자는 제안이 아니다. 단지 이를 하나의 대안으로 보자는 거다. 우리에게는 선택권이 있다.

2. 우리가 세상을 묘사하고 설명하는 방식은 관계의 결과다.

단어의 의미는 언어의 사용에 달렸다.

-루트비히 비트겐슈타인(Ludwig Wittgenstein), *철학적 탐구(Philosophical Investigation)*

쥴리의 이야기로 다시 가보자. 그녀는 커가면서 "소나무"를 알게 되고, "경찰"이나 "버스" 옆면에 붙은 "광고"도 알아볼 것이다. 이는 분명히 그녀가 다른 사람과의 관계에서 이러한 단어들을 어떻게 사용하는지 배운 결과다. 사실상, 쥴리가 남들이 정확하다고 할 만한 방식으로 세상을 묘사할 수 있으려면 먼저 관계가 필요하다. 이 말을 강조하는 이유는 언어가 세상에 대한 명확한 그림을 보여줄 수 있다는 오래된 생각에 정면으로 도전하기 때문이다. 이러한 그림은유에 따르면, 특정 묘사는 다른 묘사에 비해 일어나는 사실을 보다 정확히 보여준다. 여러분도 아마 "책을 읽고 있다"가 "코끼리를 타고 있다"라는 묘사보다 현재 자신이 하고 있는 일을 더 잘 보여준다는 데에 동의할 것이다. 그런데, "책을 읽다"라는 표현은 관찰로 알게 된 것이 아니다. 다른 사람들에게서 배운 표현이다. 더 중요한 것은 언제 그러한 표현을 사용해야 하는지도 배웠다는 점이다. 따라서 그림은유는 사회적 합의가 있을 때에만 제대로 작용한다. 앞서 나온 인물사진에 대한 예를 떠올려 보자. 인물사진 역시 사람들이 그렇다고 동의할 때에만 인물사진이 되는 것과 동일하다.

여기에는 20세기 철학자 루트비히 비트겐슈타인의 연구가 중요한 통찰을 제공한다. 『철학적 탐구』에서 비트겐슈타인은 언어의 그림이론을 게임이론[1]으로 교체했다. 그는 단어의 의미란 언어 게임이라 불리는 그 단어가 사용되는 방식에서 속에서 획득된다고 제안했다. 만일 누군가에게 "좋은 아침입니다"라고 말한다면, 상대방 역시 "네, 좋은 아침이에요" 또는 "잘 주무셨어요?"라고 비슷하게 대답할 것이다. 이것을 "인사 게임"이라고 부르자. 우리는 모두 이 상황에서 어떠한 종류의 단어가 사용되는지 알고 있고, 먼저 어떤 말을 건네

1 Wittgenstein, L. (1978) *Philosophical Investigations*. Oxford: Blackwell.

며 거기에 어떻게 답변하는지 안다. 마치 상대방이 공을 보내면 다시 받아치는 테니스와도 비슷하다. 단어의 의미는 전적으로 게임 속에서 그 사용이 결정된다. 시도 때도 없이 "좋은 아침입니다"라고 했다가는 상태가 좀 이상한 건 아닌지 의심받는다. 주차된 차들에게 "좋은 아침입니다" 하면서 걸어간다면 주변에서 병원에 가보라고 할지 모른다. 하지만 인사 게임 안에서는 "좋은 아침입니다"가 완벽히 이해될 수 있다. 이렇게 단어는 게임이라는 전통 안에서 의미를 획득한다. 야구 게임에서는 "홈런"이란 용어가 중요하다. 마찬가지로 물리학 게임에서는 "원자"가, 사회학 게임에서는 "경제적 계층"이 중요하다. 단어는 그림과 같은 기능을 하지만 오직 게임 안에서만 그러하다.

3. 언어적 구성은 사회적 쓸모에 따라 그 중요성을 획득한다.

게임은유에서 알 수 있듯이, 사람들은 관계 속에서 어느 정도 신뢰할 만한 패턴을 만들어간다. 패턴은 규칙과 성격이 비슷하다. 무엇이 허용되고 그렇지 않은지가 대략 관습적으로 정해져 있다. 그렇다고 사람들의 관계 자체가 게임이라는 것은 아니다. 함께 지속해 갈 나름의 방식을 만들어간다는 면에서 비슷하다는 말이다. 살아가는 방식 안에는 우리가 쓰는 단어나 행동뿐만 아니라 다양한 사물, 장소, 주변 환경도 포함된다. 예를 들어 테니스에서 "서브"나 "듀스"라고 하는 등의 언어 게임은 선수들의 움직임뿐만 아니라 라켓, 볼, 경기장, 조명과도 모두 관련된다. 비트겐슈타인은 단어나 행동, 사물 등 관련된 모든 것을 생활양식(a form of life)이라고 하였다. 문화적 전통이라고 달리 말해도 좋을 것이다. 그러므로 교실에서, 저녁모임에서, 데이트 장소에서 사람들이 함께 하는 행동은 모두 생활양식이다.

언어적 구성이 생활양식에 속한다는 사실을 알면 상당히 도움이 된다. 우선, 세상을 구성하는 용어들이 어떻게 생겨났는지 알 수 있다. 예를 들어, 이뉴잇족(Inuits)이 따뜻한 지역 사람들보다 눈을 표현하는 단어가 더 많은 이유는 무엇일까? 이러한 구분이 북극에 사는 사람들에게 도움이 되기 때문이다. 주변 상황을 보고 더 신중하게 행동할 수 있으며 때로 목숨을 구할 수도 있다. 대부분, 언어로 세상을 구성하는 것과 사회적 유용성은 밀접하게 관련된다.

다양한 표현:	도움이 될 때:
"오늘의 추천 메뉴..."	외식할 때
"삼진 아웃"	야구할 때
"조금만 다듬어주세요."	미용실에서
"티켓 두 장 주세요."	영화 볼 때
"원자가속장치"	원자를 파괴할 때

언어가 관계 속에서 사용되면서 의미를 획득한다고 보는 것은 앞선 논의에서 남겨진 중요한 문제를 푸는 데 도움이 된다. 먼저 언어가 마치 그림처럼 세상을 반영한다고 보는 전통적 시각은 왜 문제가 될까? 이러한 시각은 언어로 진실이 전달될 수 있으며 특정 언어가 다른 언어보다 진실에 더 가깝다는 가정에서 나오기 때문이다. 그러나 살펴봤듯이 세상과 단어 사이에 특권적 관계란 없다. 어떠한 상황에서도 다양하게 구성될 수 있다. 즉, 사회적 전통을 넘어버리면 이것이 저것보다 현실을 더 잘 반영한다고 주장하기 어렵다. 하지만 이렇게 결론 내버리면 진실과 거짓설명 간에 차이란 없으며, 결국 어떻게 말해도 모두 맞는다는 지지하기 어려운 입장에 놓이게 된다. 언어가 세상을 있는 그대로 보여주지 않는다면 여행 책자나 신문기사, 날씨 예보, 과학의 연구 결과는 어떻게 되는 걸까? 음주 운전은 위험하다든지 태풍이 북상한다는 경고가 사람들에게 어떤 의미가 있겠는가? 몸이 아프면 당연히 어린아이나 돌팔이가 아닌 전문의의 설명을 믿는 게 당연하지 않은가? 모든 묘사가 같을 수 없다. 더 정확한 정보도 있고 터무니없는 거짓도 있다. 구성주의는 이에 대해 어떻게 말할 것인가?

다시, 언어가 다양한 생활양식 안에서 쓰임에 따라 의미를 획득한다는 전제로 돌아가 보자. 보통 어떤 설명이 "정확하다"("부정확하다"에 반해서), 혹은 "사실이다"("거짓이다"에 반해서)라고 말할 때는, 그 말이 세상을 있는 그대로 묘사하는지를 의미하지 않는다. 그보다는 특정 게임의 법칙 안에서, 보다 일반적으로 말하면, 특정 집단의 전통에 따라 그 말이 "사실을 전달하는" 기능을 한다고 보는 것이다. 축구경기에서 "페널티 킥"이라고 말하면, 의심할 여지없이 페널티 킥이 발생했다고 본다. 이 용어는 경기를 공정하게 진행하는 데 매우 유용하며 게임이라는 전통 안에서 정확하게 사용된다. 비슷하게, "세상은 둥글며 평평하지 않다"라는 명제는 눈에 보이는 모습만으로는 사실도 거짓도 아니다. 그러나 캔자스에서 쾰른으로 비행할 때는 "세상은 둥글다"는 게임이 잘 맞는다. 반면 캔자스 도시 안을 여행할 때는 "세상은 평평하다"는 명제가 더 쓸모 있다. 세상이 원자로 구성되어 있다는 말도 핵에너지 실험을 할 때는 매우 유용하지만, 그 게임을 벗어나면 사실이 아니다. 인간에게 영혼이 있다는 말 역시 종교라 불리는 생활양식에 참여하고 있는 한 유효하다. 원자의 존재나 영혼의 존재는 모두 나름의 생활양식 안에서 "세상을 제대로 반영"하는 것으로써 실재한다.

이러한 맥락에서 보면 어째서 "진실"이란 단어가 살아가는 데 필수적이면서도 위험한지를 이해할 수 있다. 진실은 특정 생활양식의 규칙이나 전통에 따라 무언가를 사실이라고 확실히 말할 수 있기에 도움이 된다. 그리고 거기에 속한 사람들이 가치 있는 방향으로 행동하도록 이끈다. "사실은 말이야..."라는 말은 당신을 믿어도 좋다고 타인에게 건네는 초대다. 예를 들어, 생화학자는 아미노산 실험결과를 보고함으로써 생화학자들의 세상에서 지식으로 간주하는 것에 기여하게 된다. 연구자 본인도 다른 연구자들이 자신의 결과를 믿으리라 생각한다. 연구자들이 실험을 반복한다면 아마도 동일한 결과를 얻을 것이다. 이처럼 "진실"이란 주어진 전통 안에서 가장 가치 있는 단어다. 그러나 "진실"이 특정 전통의 영역을 벗어나면 탄압과 갈등, 억압이 생겨날 수 있다. 앞서 봤듯이, 죽음에 대한 생리학적 정의를 수용하는 순간, 죽음을 다르게 이해하고 행동할 가능성은 급격히 줄어든다. 또한 종교의례에서 "단 하나의 신"을 언급하는 순간 갈등과 억압도 일어난다. 세계는 우주적 진실이라는 미명하에 고문과 살인, 대량학살을 목격해 왔다. 이제 시공간을 떠나 모든 사람에게 적용되는 우주적 진리(Truth)라는 개념을 버리고, 다양한 시대, 다양한 사람들이 소통하는 데 도움이 되는 다수의 진실들(truths)로 대체하자.

4. 가치는 행동양식 안에서 형성되고 유지된다.

사람들이 서로 관계를 맺으며 언어와 신뢰할 만한 생활패턴을 발전시키듯이, 우리는 관계 안에서 가치를 만들어낸다. 대부분의 가치는 암묵적이며 "사람들이 하는 행동"으로 드러난다. 만일 수업 도중 한 학생이 갑자기 일어나서 "다 집어치워"라고 소리 지른다면, 다들 놀라며 눈살을 찌푸릴 것이다. 이러한 행동을 금지하는 규칙은 따로 없지만 대부분은 수업시간에 잘 경청해야 한다는 무언의 규칙을 그대로 받아들인다. 이러한 생각은 충분히 합리적으로 보인다. 문제는 객관적 사실이라고 하면 진짜로 그 내용이 중립적이며 가치판단에서 자유롭다고 믿는 태도다. 예를 들어, 우리는 특정 신문이 다른 신문보다 더 객관적이며 신뢰할 만하다고 믿고 싶다. 하지만 만약 내가 기자가 되어서 아프가니스탄에서 일어나는 일을 최대한 객관적이고 정확하게 쓰려 한다면 어떨까? 길가에 널브러진 대상에 대해 "다섯 명의 사상자"라고 쓰거나 또는 "폭발로 인해 온몸이 가리가리 찢어진 앞날이 창창했던 젊은이들"이라고 쓸 수 있다. 두 표현 모두 일반 상식에서 틀린 말은 아니다. 하지만 함축된 가치는 극적으로 차이가 난다. 실제로 우리가 신문을 읽을 때는 가치중립적인 "단순한 기사"만을 받아들이지 않는다. 가치의 세계를 흡수한다. 만일 함축된 가치를 인식하지 못한다면 기자와 당신이 동일한 가치를 공유하기 때문이다. 곧 설명하겠지만, 과학적 진실도 결코 가치중립적이지 않다. 과학 보고서를 수용한다는 것은 그 삶의 방식 역시 지지하고 있다는 의미가 된다.

이상의 네 가지 사회구성주의적 제안을 아래의 그림처럼 요약할 수 있다.

그림 1.3 구성주의에서의 지식의 개념: "우리는 연결되고 나는 해석한다."

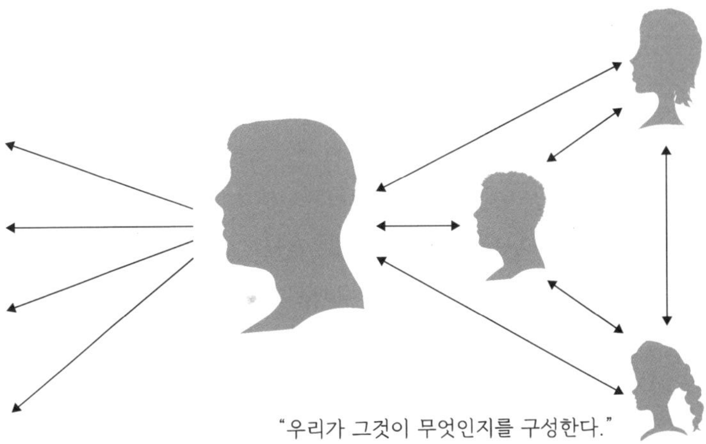

이 그림을 앞의 내용과 대조해 보면, 우리가 지식이라고 부르는 것들이 단순히 혼자 세상을 관찰하고 기록해서 생겨나지 않았음을 알 수 있다. 세상에 대한 우리의 묘사와 설명은 자신이 속한 관계들에서 나온다. 관계 속에서 단어, 가설, 세상과 자신을 이해하는 이론, 공부하고 연구하는 방식 등이 만들어진다. 암묵적이든 명시적이든 간에, 이러한 관계는 특정 가치를 선호한다. 우리가 지식으로 여기는 것은 언제나 우리의 탐구와 결론에 영향을 미치는 해당 전통의 가치를 포함한다.

새로운 계몽의 시대로

구성주의가 혁신적이라는 시각에는 중요한 의미가 담겨 있다. 바로 4세기에 이르는 서양 전통에 대한 도전이다. 16세기로 향하면서 서양 문화는 종교의 제약을 받던 암흑기에서 이성의 힘에 대한 믿음으로 이동했다. 이를 계몽주의라고 하며, "모더니즘"과 과학 발전의 출현과도 동일시된다. 계몽주의의 영웅은 갈릴레오다. 그는 체계적인 관찰과 냉철한 사고를 통해 지구가 우주의 중심이라는 가톨릭교회의 독단적 관점을 몰아낸 사람으로 종종 묘사된다. 그리고 그는 오늘날 "우주적 진리"로 받아들여지는 지구가 태양 주의를 공전한다는 관점의 정당성을 입증했다. 그러나 이 책에서 논의하듯, 갈릴레오의 관점은 진리라기보다는 특정 목적에 유용한 것이다. 게다가 단지 한두 명의 영웅이 혼자서 과학이나 그 밖의 지식을 생산하는 건 불가능하다. 모든 연구는 특정 가정이나 이해를 바탕으로 진행되는데 이는 모두 관계 속에서 구축된다. 이제 우리는 개인주의 지식의 개념에서 사회적 지식의 개념으로 이동할 차례다.

이것의 시사점은 상당하다. 계몽주의 사고는 개인들에 의해 구성된 사회라는 개념을 공고히 했기에 더욱 그러하다. 여기에서 민주주의나 공교육이 생겨났다. 자기 관리가 사람들의 주요 관심이 된 것도 여기에서 나왔다. 4장에서 이러한 내용을 자세히 다룬다. 일단 여기서의 제안은, 사람들이 실제 존재하고 이성적이며 바람직하다고 여기는 모든 것, 다시 말해 소중하게 생각하는 모든 것이 관계 맺는 과정 속에서 생겨났다는 사실이다. 즉, 우리의 세상은 서로가 함께 공유하는 것으로 강하게 묶여 있다. 그리고 이러한 관계는 취약하다. 몇 마디 험한 말로도 관계가 영원히 손상될 수 있다. 우정, 가족, 조직은 잘못 선택된 몇 마디 단어로 고통받거나 심지어 사라지기도 한다. 그렇다면 이제는 관계를 최우선으로 돌보는 새로운 형태의 계몽주의로 나아가야 한다.

사회구성주의에 관한 기본적 대화들

지금까지 내가 설명을 잘 했다면, 앞선 주장들은 여러분이 느끼기에 충분히 합리적일 것이다. 물론 이 내용들이 항상 합리적으로 받아들여지는 건 아니며 상당한 논쟁거리이기도 하다(9장 참고). 이러한 주장들은 어느 날 갑자기 튀어나온 생각이 아니다. 사실, 사회구성주의가 내가 기술한 방식으로 발전하고 꽃을 피운 건 최근의 일이다. 이 장의 나머지 부분에서는 이러한 발전과정에 기여한 학자들을 소개하겠다. 이를 통해 구성주의 개념의 여러 양상뿐만 아니라 그 혁명적 시사점도 온전히 이해할 수 있을 것이다. 또한 왜 여전히 논쟁이 끊이지 않는지도 알게 된다. 그전에 먼저 두 가지를 염두에 두기 바란다. 우선, 앞으로 논의할 내용이 많은 학자에게는 상당한 자극이 될 수 있지만, 구성주의란 내가 설명하는 것보다 훨씬 내용이 복잡하다는 점이다. 궁금한 독자들을 위해서 뒤에 추가 자료를 첨부했다. 둘째로, 이 책의 나머지 장들을 읽기 위해 아래에서 설명하는 논쟁들을 완전히 파악할 필요는 없다. 그러나 구성주의 개념을 다양하게 전개시켜 보려면 다음의 내용들이 흥미로울 것이다.

내 생각에, 오늘날의 사회구성주의는 세 가지 주요 논의들의 결합이다. 각각의 논의는 별개의 학문 영역에서 시작되었으며, 각 영역 안에서는 "논쟁이 활발한 주제들"이었다. 시간이 지나면서 각 영역의 학자들은 다른 학문 분야의 발전을 접하게 되었고, 자신들의 관심주제가 이들과 결합될 수 있음을 깨달았다. 그렇다고 서로 동의했다는 것은 아니다. 여전히 그 안에 긴장이 남아 있다. 그렇지만 서로 간의 결합이 워낙 강력했기에 많은 사람들은 이들이 학문 공동체, 더 일반적으로 서양 문화 전반에 걸친 주요한 역사적 전환의 기초를 다졌다고 본다. 이러한 전환은 후기실증주의(post-empiricism)나 후기정초

주의(post-foundationalism) 등 다양한 이름으로 불려졌다. 이 중 포스트모더니즘(postmodernism)이 가장 일반적이며 이때 "모더니즘"이란 계몽주의 이후 서양 문화의 발전을 말한다.

아래에서 살펴보겠지만, 이 세 개의 주요 논의는 모두 모더니즘의 중심개념에 비판적이다. 사회구성주의 대화는 이러한 비판의 토대에서 발전했지만, 이보다는 무게중심을 창의성에 둔다. 사회구성주의자들의 핵심 기대는 새롭고 더 나은 삶의 방식을 만들어가는 것이다.

이데올로기적 비판: 정치란 무엇인가?

앞서 지적했듯 우리의 언어는 필연적으로 전통의 가치를 포함한다. 사실에 대한 가치중립적 표현이란 없다. 50년 전만 해도 이러한 주장을 이해하기란 어려웠다. 과학, 언론 보도, 법률 등은 편견이 없는 사실을 설명한다고 보는 관점이 강했기 때문이다. 지금의 나의 주장이 합당하게 들리는 것은 학문의 발전 덕택이다. 먼저 초기 마르크스주의의 영향을 따라가 볼 수 있다. 마르크스의 제안에 따르면, 자본주의 경제이론은 세계 경제를 정확히 반영한다고 주장하지만, 그 이론의 지지자들이 혜택을 얻게 되는 체제를 옹호하므로 의심스럽다. 이 이론은 "가진 자들"이 "없는 자들"의 노동력을 착취해서 지속적으로 이익을 취하는 상황을 합리화한다. 또는 마르크스주의적 표현에 따르면, 자본주의 이론은 중립적이고 객관적으로 보일지라도 대중이 노예화를 지속시키는 거짓말을 믿도록 이들을 홀린다. 종교적 권위도 마찬가지다. 마르크스주의에 따르면 종교의 가르침은 세계의 정신을 밝히기보다 오히려 "대중의 마약"으로 작용해서 억압과 착취에 대한 인식을 흐리게 한다.

하지만 이러한 종류의 비판은 마르크스주의에 한정된다. 그 밖의 대부분의 권위적 문헌에는 정치와 사회 구조가 어떻게 되어야 하는지에 대한 암묵적 가정인 이념이 포함되어 있다. 과학자나 학자, 대법관, 시사평론가 할 것 없이 모두 이념적 비판의 대상이며 그들이 중립적 진실이라고 주장하는 내용의 기저에 놓인 이해관계, 가치, 교리, 정치적 목적이 무엇인지 밝혀져야 한다. 이데올로기적 비판에 의하면, 아무리 신뢰할 만한 자료에서 나왔다 하더라도 사람들은 자신의 가치에 따라 필연적으로 특정 방식의 이야기를 선택한다. 비판가들은 묻는다. 어떠한 내용을 제외시켰는가? 억압해 버린 내용은 무엇인가? 이 이야기를 통해 누가 혜택을 얻는가? 침묵 속에 착취당하며 지워져버린 대상은 누구인가?

이데올로기적 비판의 중요한 줄기는 과학을 겨냥해 왔다. 과학은 그 혜택이 모두에게 돌아간다고 여겨지므로 비판에서 자유롭고, 과학자들이야말로 이념과 관련 없으며 연구 결과를 대중에게 모두 공개하는 것처럼 보인다. 그러나 이데올로기적 비판가들은 이렇게 중립적으로 보이는 과학이야말로 대중을 잘못 유도하고 미혹시킨다고 말한다. 그러한 관점에서 과학을 비판적으로 철저하게 검토해 볼 필요가 있다. 의학교재에서 여성의 몸을 어떻게 설명하는지에 대한 에밀리 마틴의 연구를 살펴보자.[2] 그녀는 분석을 통해 여성의 몸이 주로 종족 번식을 주목적으로 하는 "공장"으로 묘사되어 있다고 결론 내었다. 예를 들어, 생리기간과 폐경기는 "생식력이 없는" 기간이기 때문에 낭비 또는 기능장애로 구분되어 있었다. 일반 교재의 생리 관련 묘사를 더 살펴보자(강조는 케네스 거겐이 추가): "혈장 프로게스테론과 에스트로겐의 감소는 고도로 발달된 자궁 내막에서 호르몬 지원을 박탈한다."; 혈관의 "수축"은 "산소와 영양의 공급을 감소시킨다."; "붕괴가 시작되면 전체 내막이 탈피되면서 생리가 시작된다."; "호르몬의 자극이 없어지면서 세포의 괴사가 발생한다." 또 다른 교재에서는 생리가 "아이 없음에 대해 울부짖는 자궁"과 같다고 쓰여 있다.

마틴은 두 가지 핵심을 지적한다. 우선, 이러한 과학적 묘사는 결코 중립적이지 않다. 은밀한 방식으로 독자들에게 생리와 폐경을 고장이나 실패처럼 전달한다. 이러한 부정적 암시의 사회적 영향력은 상당하다. 여성이 이러한 설명을 받아들이게 되면 스스로를 자신의 몸에서 소외시킨다. 이러한 묘사는 성인기 대부분의 시간 동안 매달, 그리고 가임기가 지난 뒤 영구적으로 스스로를 부정적으로 판단하는 근거로 작용한다. 아이가 없는 여성은 은연중에 비생산적이라고 비난받게 된다. 동일하게 심각한 문제는, 이러한 부정적인 묘사가

---

2 From Martin, E. (1987) *The Woman in the Body: A Cultural Analysis of Reproduction*. Boston, MA: Beacon.

"있는 그대로의 모습"이 아닌 여성을 "아기 낳는 용도"로 축소해서 보는 남성의 관심을 반영한다는 점이다.

더 확실히 하기 위해, 마틴은 남성에게만 있는 생리적 과정의 경우에는 이러한 방식으로 기술되지 않았음을 지적한다. 예를 들어, 사정할 때 정액은 정관을 지나면서 흩어져 있는 세포들을 쓸고 간다. 그러나 생물학 교재에서 사정을 묘사할 때 남성이 세포를 "잃거나" 또는 "낭비"한다고 언급하지 않는다. 사실 많은 다른 방식으로 기술할 수 있음에도 생물학에서 이러한 주도적 선택을 하는 것은 여성을 손상시키는 남성중심 태도를 반영한다.

마틴의 분석은 이데올로기적 비판의 한 가지 예다. 또한 인문학과 사회과학, 그리고 자연과학에 걸친 정교하고 날카로운 페미니스트의 광범위한 비판 중 한 가지 예시일 뿐이다. 마르크스주의자와 페미니스트가 이데올로기적 비판을 활용하는 유일한 집단은 아니다. 이러한 비판은 아프리카계 미국인이나 아메리카 원주민, 아시안계 미국인, 게이와 레즈비언, 멕시코계 미국인, 종교적 근본주의자, 아랍 행동주의자 등과 같이 스스로가 사회에서 소외되고 억압받으며, 왜곡되어 표현되고, "자신들의 목소리가 배제되었다"고 생각하는 사실상 모든 집단에 의해 사용된다. 이들의 비판은 당연하게 받아들여지는 논리나 주도적 문화에 의문을 제기하며, 이러한 논리가 어떻게 주류집단의 이익만을 대변하고 불평등을 지속시키는가를 보여준다.

이러한 비판을 받는 대상들이 자신을 방어하기란 쉬운 일이 아니다. 자기위주적인 그들의 방어는 새로운 의심을 불러올 뿐이다. 그들이 증거로 내세우는 사실들 역시 자신에게 편향적인 내용들로 꽉 차 있기 때문에 "사실들"로 방어할 수 없다. 그리고 이데올로기적 비판이 주로 권력자들(부, 지위, 명예, 안전 등을 소유한 사람)을 향해 있기 때문에 이들의 자기방어란 구차하고 얄팍하다. "가진 자들"이 궁극적으로 자기 이익을 지키려는 것 말고 그 이외의 말을 하기는 하는가? 누구나 이러한 비판의 대상이며, 또 누구나 목소리를 낼 권리가 있다는 이유에서 일부는 이데올로기적 비판을 새로운 평등의 수호자로 본다. 제대로 된 진실을 주장하는 사람들 때문에 대화 밖으로 내몰릴 사람은 아무도 없다. 다음으로는 포스트모더니즘의 두 번째 주된 논의를 살펴보자.

실행에서의 비판적 흐름

오늘날 가장 활발한 비판적 운동은 비판적 인종이론(critical race theory)과 후기식민주의 비판(post-colonial critique)의 기치 아래 실행되고 있다. 비판적 인종이론은 인종이 어떻게 사회적으로 구성되며 권력을 가진 자가 자신의 지위와 권한을 유지하기 위해 이를 어떻게 사용하는지에 관심을 갖는다. 이러한 관심은 특히 소수자에 비해 종종 "가진 자"들을 우대하는 판결이 내려지는 법원의 결정과 관련된 법률문제에 도움이 된다. 예를 들어, 증오연설을 했을 때 법원은 지배층이나 백인에게 유리한 판결을 자주 내린다. 십자가를 불태운 백인 우월주의자들은 연설의 자유가 보장된다는 근거로 대법원의 보호를 받는다. 반면, 흑인 래퍼들은 백인에 대한 증오를 표현한 가사 때문에 처벌받는다.

비판적 인종운동이 주로 특정 인종 범주에 속한 사람들의 억압에 초점을 맞춘다면, 후기식민주의 비판은 외부인에 의해 자신들의 문화를 침략당해 온 전 세계 사람들에 관심을 갖는다. 영국과 프랑스, 그리고 스페인의 식민주의 확장이 가장 명백한 예다. 이러한 모든 사례들에서 보면 식민주의자들은 그들이 침범하고, 착취하고, 지배해 온 대상들을 하찮게 여겼다. 이들은 소위 종속된 대상을 "향상"시킨다는 명분하에 자신들의 법, 종교, 교육제도, 문화적 습관을 강요했다. 그러나 오늘날에는 문화적 침범이 보다 미묘하게 드러난다. 예를 들어 관광산업의 형태로 ("저들의 특이한 방식을 구경하자.") 그리고 글로벌 비즈니스 확장의 형태로 ("저들이 우리를 위해 일할 수 있다.") 말이다. 탁월한 학자인 에드워드 사이드가 제안했듯, 우리가 타문화를 학습하는 방식에서조차 우리는 그들과 거리를 두고 비하하는 고정관념을 만들어낸다.[3] 비서양 문화를 "원주민 의례의 아름다움"이라며 낭만화하거나, "여성의 학습을 금지하는 사람들"이라고 비하하거나, 또는 "테러리스트들"이라며 악마로 묘사한다. 타인을 연구할 때 우리는 우리 나름의 가치에 입각해서 그들을 만들어낸다.

문학 공격: 이것은 어떠한 텍스트 전통인가?

두 번째 회의론은 학문 세계의 끄트머리에서 조용히 시작되었지만 지금은 큰 소리를 내고 있다. 그 시작은 스위스의 언어학자 페르디낭 드 소쉬르(1857–1913)의 저서다. 『일반언어학 강의』[4]라는 영향력 있는 저서에서 소쉬르는 기호

---

3 Said, E. (1978) *Orientalism*. New York: Vintage Books.

4 Saussure, E. de (1974) *Course in General Linguistics*. (First published in 1916) London:

학이라는 학문 분야의 근거를 제시했는데, 이는 의사소통과 관련된 다양한 체계에 대한 연구다. 특히 소쉬르의 두 가지 생각이 우리의 논의와 관련된다. 우선, 그는 기표(signifier)와 기의(signified)를 구분했다. 기표는 단어나 신호를 말하고 기의는 그 단어나 신호에 의해 언급되는 대상을 말한다. 그러니까, 물건(기의)과 그것을 부를 때 사용하는 단어(기표)가 있는 것이다. 소쉬르는 기표와 기의의 관계란 본래 임의적이라고 주장했다. 여기서의 요지는 세상은 우리에게 어떻게 묘사해 달라고 요구한 적이 없다는 구성주의자의 첫 제안과도 비슷하다. 원칙적으로 우리는 특정 기의를 언급하기 위해 어떠한 기표라도 사용할 수 있다. 달리 말하면, 우리의 부모는 우리에게 다른 이름을 붙였을 수 있고, 우리가 "중력"이나 "신의 조화"라고 불렀을 수도 있다.

소쉬르의 두 번째 제안은 신호 체계가 나름의 내적 논리에 따라 움직인다는 것이다. 즉, 언어에는 문법이나 구문론과 같은 사용 규칙이 있다. 말을 하거나 글을 쓸 때 이러한 내적 논리 또는 규칙에 근접해야 하고, 그렇지 않으면 이해가 되지 않는다. 다시금 비트겐슈타인의 언어 게임 개념을 떠올려 볼 수 있다. 이해란 이러한 규칙을 따르는가의 문제다.

문체와 진실

레몽 크노의 『문체 연습』5)이란 작은 책은 "언어적 진실"이 사회 관습에 달렸음을 잘 보여준다. 크노는 이 책에서 하나의 일화를 195개의 다른 문체로 묘사한다. 그는 은유, 산문, 과학적 표기법, 또는 다른 장르의 글쓰기를 다양하게 활용해서 무엇이 일어났는지에 대한 "진실을 전달"하려 하였다. 아래의 예시가 그 하나다.

> 하루의 중간에, 수직 상승식 비행기로 여행 중인 정어리 떼에 던져진 크고 하얀 등딱지를 가진, 깃털이 없는 긴 목의 닭이 갑자기 열변을 토하며, 평화를 지키는 사람은, 숫자와 용어를 가지고, 촉촉한 항의와, 하늘을 향해 펼쳐져 있다. 그리고 허공에 끌려, 풋내기는 스스로 거기에 침몰했다.
>
> 음산한 도시의 사막에서, 나는 낮은 버튼이 준 굴욕감을 한 잔 마시며 스

Fontana.

5 Queneau, R. (1981) *Exercises in Style*. New York: New Directions.

> 스로의 같은 날 그것을 다시 보았다(1981, p. 26).

대부분의 독자에게, 위의 이야기는 객관성이 떨어져 보인다. 즉, 사실에 맞지 않는다. 변덕스럽고 시적이며 언어유희로 보인다. 그러면 다음의 설명을 살펴보자.

> 출근길, S 버스에서, 26쯤 된 녀석은 리본 대신 줄이 달린 모자를 느꼈고, 마치 누군가와 줄다리기를 한 것처럼 목이 너무 늘어났다. 사람들이 내린다. 의문의 녀석은 옆에 서 있는 한 남자가 거슬린다. 그는 누군가가 지나갈 때마다 그를 밀친 것에 대해 그를 비난했다. 칭얼거리는 톤은 공격적이 된다. 그는 빈자리를 보자 그 자신을 ≠ 내던졌다.
>
> 두 시간 후, 나는 그를 생라자르 역 앞의 꾸르드로마에서 만난다. 그는 "오버코트에 버튼을 하나 더 달아야겠다"고 말하는 친구와 함께 있다. 그는 그에게 옷깃의 어디에 그리고 왜인지를 보여준다(1981, p. 29).

여기서 우리는 안도의 한숨을 쉰다. 이제야 무슨 일이 진짜로 벌어지는지 조금 알 듯하다. 그러나 왜 우리는 이렇게 결론을 내리는 걸까? 언어가 좀 더 명확해서? 그렇다면, 과학적으로 받아들여지는 산문을 살펴보자.

> S노선의 버스 안에, 10미터 높이의, 넓이가 30이고 높이가 6인, 3킬로미터, 600미터, 시작점에서 48명의 사람이 탄, 12시 17분에, 남성의 성을 가진 27세의 ≠ 사람의, 세 달과 8일, 1미터 72센티미터 키와 몸무게 65킬로그램, 그리고 3.5센티미터 모자를 쓴, 60센티미터 길이의 리본을 가진 사람들과 비슷한 키의, 48년 4개월 하고도 3일이 되고 1미터 68센티미터의 키에 몸무게가 77킬로그램인 남자에서 설명을 요구하며, 14개의 단어를 이용해서 발음이 5초 지속되고, 16에서 20밀리미터의 비자발적 재배치를 넌지시 암시한다. 그리고 그는 떠나고 1미터 10 정도 떨어져서 앉았다.
>
> 57분 후 그는 생라자르 역으로 가는 교외의 입구로부터 10미터 떨어져 있고, 30미터 넘는 거리를 친구와 걸어서 오르내린다. 친구는 28세 나이의 1미터 70센티미터 키, 그리고 몸무게가 71킬로그램이며 그에게 지름 3센티미터의 버튼의 15단어로 5센티미터 천청 방향으로 이동하라고 조언한다(p. 41).

드디어 꾸밈이나 감정 없이 정확한 세부설명이 주어졌지만, 여전히 우리는 "진짜 무슨 일이 일어나고 있는지" 확실히 알 수 없다. 그렇다면 무엇이 하나의 언어를 "객

> 관적으로 정확하게" 만들며, 다른 것을 "미학적"이거나 "불명확한"으로 만드는가? 이는 단어가 세상에 부합하는지와는 상관없는 일이다. 위의 어떠한 설명에서도 우리는 그것이 언급하는 "세상"과 마주하지 못한다. 진실은 "사용된 문체"의 문제다.

문학이론에서 이러한 언어에의 초점은 두 번째로 중대한 전환을 가져왔다. 우리는 이미 진실, 객관성, 공평함에 대한 전통적 개념이 어떻게 변해 왔는지를 살펴보았다. 문학이론 역시 사유 그 자체에 질문을 던졌다. 사유란 서양 문화에서 오랜 기간 소중히 여겨져 왔다. 데카르트에서 오늘날에 이르기까지, 아마도 모더니즘 세계관의 최우선 덕목일 것이다. 우리는 생각하는 힘 덕분에 인간이 다른 동물보다 우위에 있으며, 생존능력을 키워올 수 있었다고 믿어왔다. 그러나 문학 연구는 다른 제안을 한다. 가장 중요한 반대자는 프랑스 문학이론가인 자크 데리다[6]이다. 종종 **해체주의**(deconstructionist)와 동일시되는 데리다의 글들은 매우 모호하며 다양한 해석에 열려 있다. 그러나 하나의 관점에서 보면, 데리다의 글들은 인간 이성에 대한 그간의 문화적 기반을 상당히 약화시킨다. 그의 두 가지 주요 가정을 살펴보자. 첫 번째로, 데리다는 합리적 주장이 **의미를 심각하게 억압한다**고 제안한다. 달리 말하자면, 합리적인 주장에 설득되면 우리는 더 많이 아는 것이 아니라 더 모를 수 있다. 두 번째로, 그는 합리적인 주장을 세밀히 검토하다 보면 모든 **합리적 주장은 무너질 것**이라고 제안한다. 그렇다면 합리성은 그 어떤 것(예를 들어 정부기관이나 과학, 또는 무엇이 가치 있고 도덕적인지 결정할 때)의 기반도 될 수 없다. 오히려 데리다는 우리의 "좋은 사유"가 결국 억압적이고 공허하다고 제안한다. 이는 매우 강력하고 심지어 터무니없는 결론이다. 이 가정들이 어떻게 방어될 수 있을까?

먼저, 합리성이 억압을 가져오거나 우리의 관점을 좁게 만든다고 볼 수 있을까? 다른 많은 사람들처럼, 데리다는 우선 언어를 **차이**의 체계로 보았는데, 이 체계 안에서 각 단어는 서로 구별된다. 즉, 언어는 각각 서로 구별되는 개별적 단어로 구성된다. 이러한 차이에 대해 말하는 일반적인 방식은 둘씩 비교해 보는 것이다. 다시 말하면, 단어의 고유함은 "그 단어"와 "그 단어가

---

6 Derrida, J. (1997) *Of Grammatology*. Baltimore, MD: Johns Hopkins University Press.

아닌 것"(또는 모든 다른 단어들) 간의 단순 구분에 달려 있다. "흰색"의 의미는 "흰 것이 아닌 색"(또는 예를 들어 "검은색")과의 차이로 알 수 있다. 그러므로 단어의 의미는 현재 있는 것(지금 사용한 단어)과 부재한 것(그 단어와 대비되는 것) 간의 차이에 달려 있다. 보통 우리는 현재 있는 것을 지칭해서 말할 때 그 말을 이해한다. 그러나 그 배경에는, 아마도 의식하지 못하겠지만, 부재하는 것이 있다. 알다시피 현재 존재하는 것은 우대받고 그 단어 자체로 주목받는다. 부재한 것은 단지 암시적으로만 거기에 있거나 또는 아예 잊히기도 한다. 하지만 현재 존재하는 것은 부재하는 것 없이는 이해될 수 없다! 다른 것과의 구별이 없이는 아무런 의미도 부여받지 못한다.

이 주장이 실제로 그러한지 예를 통해 살펴보자. 많은 사람들이 우주가 물질로 구성되어 있다는 과학적 관점을 수용한다. 인간으로서 우리는, 뉴런이나 화학적 요소, 원자 등 어떠한 단어를 사용해서 말하든 간에, 물질적 존재다. 물질을 떼어놓고는 인간이라 부를 만한 것이 아무것도 남지 않는다. 인본주의자와 심령론자들에게 이러한 관점은 매우 불편하다. 인간에게 가치 있는 많은 것을 부인하는 것처럼 여겨지기 때문이다. 우리는 자동차나 TV보다 인간의 삶을 더 가치 있게 하는 무언가가 있다고 믿고 싶다. 그러나 세계관으로써의 물질주의는 명백히 사실로 보인다! 주변을 둘러보자. 모두 물질만 있지 않은가?

이제 해체주의자의 주장을 고려해 보자. "물질"이라는 단어는 "비물질"과의 비교에 의해서만 그 의미를 지닌다. 예를 들어 물질/영혼이라고 해 보자. "우주는 물질이다"라는 말은 이를 영혼과 구분하지 않는 이상 아무 의미가 없다. 물질이 무엇인지를 말하기 위해서는 영혼이라고 할 만한 것이 반드시 존재해야 한다. 그러나 만일 물질에 어떠한 의미를 부여하기 위해서 영혼이란 것이 반드시 존재해야 한다면, 우주는 모두 물질일 수만은 없다. 달리 설명하면, 물질주의 관점에서는, 영혼이라는 세계가 **소외된다**(눈에 띄지 않는 구석자리로 던져진다). 영혼은 언급되지 않는 부재다. 그러나 이 부재의 존재 없이는 "우주가 물질로 되어 있다"는 기본 견해가 붕괴된다. 물질주의라는 세계관 전체는 영혼의 억압에 기초하고 있다고 말할 수 있다.

데리다가 또한 제안하듯, 서양 전통에서는 한쪽이 다른 쪽에 비해 우대받는 단어 간 비교가 많다. 보통 감정보다는 이성을, 육체보다는 정신을, 무질서

보다는 질서를, 추종자보다는 리더를 선호한다. 많은 비판가들이 지적하듯, 사회의 주도적인 집단은 자신들의 특권을 주장하면서 "나머지"를 자신들과 거리가 먼 존재로 보는 경향이 있다. 예를 들어, 남성성은 보통 합리성, 정신력, 질서, 리더십과 연결되고, 여성성은 주로 감정, 육체, 무질서, 의존성과 연결되는 것을 생각해 보라. 우리의 상식적인 구분 속에는 억압이 암시되어 있기 때문에, 해체주의 비판가들은 이러한 비교를 뒤엎고 경계를 흐리게 하는 데 힘쓴다.

이제 데리다의 두 번째 제안으로 넘어가 보자. 합리적 주장을 자세히 검토해 보면 결국 텅 빈 채 아무것도 아니라는 말은 무엇을 의미하는가? 어떻게 그러한가? 언어란 자족적인 체계로써, 모든 단어의 의미는 다른 단어와의 관련성에 달렸다는 이야기로 돌아가 보자. 데리다의 표현대로라면, 이 관계는 차이(difference)와 지연(deferral)이라는 두 부분으로 성립된다. 차이의 관점에서 단어는 다른 단어와의 차이에 의해 그 의미를 획득한다. 앞서 두 단어의 비교로 이에 대해 설명했었다. 실제로 "bat"은 그 자체가 아니라 오직 "hat"이나 "mat" 같은 단어들과 대비될 때 그 의미를 갖는다. 그렇지만 이러한 대비는 "bat"의 의미를 충분히 전달하기에 부족하다. "bat"라는 단어 자체는 그저 아무것도 아닌, 단순한 음절이다. 그 단어를 이해하려면 정의를 내려야 한다. 그 말은, "bat"가 무엇인지 말해 줄 다른 단어들이 필요하다는 뜻이다. 예를 들어 bat는 "야구에서 공을 치기 위한 도구", "무언가를 치기 위한 것", "때리다", "하늘을 나는 포유류" 등 다양하게 정의된다. 그런데 여기서 문제에 직면한다. bat를 규정할 때 사용되는 "도구", "때리다" "포유류" 같은 단어는 또 무슨 의미인가? 이 단어들의 의미를 알려면 여전히 다른 단어에 의지해야만 한다. 달리 표현하면, 사전 속의 모든 단어는 다른 단어를 사용해서 정의되며 따라서 각 단어는 우리가 그 정의를 읽을 때까지 의미가 지연된다. 이제 여러분은 무지라는 어두운 터널 속으로 들어왔다. 어떠한 단어도 그 자체로는 의미가 없으며, 진정한 의미는 결코 발견될 수 없다. 예를 들어, 사전에서 "이유"라는 단어를 찾아보면 그것이 "근거"라고 나온다. "근거"를 찾아보면 "이유"라고 나온다. 그렇다면 스스로 질문해 보자. 이 모든 상호의존적 정의의 순환고리에서 벗어난 이유란 대체 무엇인가?

이해를 더 돕기 위해 민주주의라는 용어를 고려해 보자. 우리는 민주주의란 통치양식으로써, 연구되고, 이론화되고, 필요시 지켜져야 하는 것이라고 이해한다. 하지만 "민주주의"라는 단어의 의미는 단순히 사람들을 관찰해서 나온 것이 아니다. 즉, 그 단어는 사람들의 행동을 그대로 보여주는 그림이 아니다. 오히려 그 용어를 의미 있게 사용하는 경우는 "전체주의"나 "독재"와 같이 대비되는 용어들과 비교할 때다. 그리고 이들 용어는, 반대로, 다른 용어들에 의해 정의 내려진다. 가령, 민주주의를 "자유"나 "평등"이란 단어로 정의 내린다고 해 보자. 그렇다면 이 단어들의 뜻은 무엇인가? "자유"나 "평등"의 뜻을 정확히 알기 위해 우리는 다른 단어들을 사용한다. "평등"이란 "불평등"의 반대말이며, "공평"하고 "올바른" 사회를 의미한다고 말한다. 하지만 "불평등"은 정확히 무엇이며 "공평"이나 "올바름"은 무엇인지 질문은 계속되기 때문에 민주주의를 의미하는 단어들을 벗어나서 "진정한 민주주의"를 만나기란 불가능하다. 민주주의의 의미는 근본적으로 결정불가능(undecidable)하다.

요약하면, 합리적인 주장이라고 일컬어지는 모든 것은 어떠한 의미에서는 억압적이며, 자세히 검토해 보면 무엇을 의미하는지 결정할 수 없다. 합리적 주장은 그 주장 자체를 성립시키기 위해 반드시 필요한 반대주장을 포함해서 다른 모든 목소리를 침묵하게 만든다고 할 수도 있다. 아무리 열정적으로 주장을 내세울지라도 여전히 취약한 부분이 남는다. 그 주장을 구성하는 용어들이 궁극적으로 모호한 개념이라는 사실 때문이다. 그 주장의 명료함과 자신감은 단지 우리가 "민주주의... 정의... 복지... 사랑... 절망...이란 무엇인가?"라는 많은 질문을 던지지 않을 때만 유지된다. 파고들어 가면, 지금 여러분이 읽고 있는 것을 포함해서 모든 권위 있는 주장이 무너지기 시작한다.

과학적 지식: 어떤 모임에서 이야기하는가?

앞서 나는 오늘날 사회구성주의에 중요한 기여를 해 온 두 가지 흐름을 설명했다. 하나는 세상에 대한 모든 설명에 가치가 함축되어 있다는 것, 다른 하나는 언어가 세상에 대한 우리의 이해를 어떻게 통제하는가다. 그러나 아마도 세 번째 흐름이야말로 그 영향력이 넓게 작용했을 것이다. 이 흐름은 과학지식의 토대에 도전했다. 또한 앞선 두 흐름에서의 중요한 제안들도 포함한다. 다음을 고려해 보자. 많은 사람들이 과학을 서양 문명의 최고 성과로 본다. 과학자들은 혼란스러운 단순한 의견들을 대체할 확실한 "사실"을 제시하며, 탁상공론이 아니라 치료제나 로켓, 원자력과 같이 세상에 진짜로 효과적인 것들을 만들었다. 과학지식에 대한 사람들의 신뢰가 높기 때문에 과학은 교육과정, 국가 정책 결정, 범죄 수사, 군사 전략과 같은 주요한 역할을 담당한다. 과학의 권위는 종교, 정치, 도덕의 권위와는 달리 거의 도전받지 않은 채 지속되어 왔다.

바로 이러한 이유 때문에 과학적 진실에 대한 구성주의의 도전이 가장 강력한 영향력을 미친다. 처음부터 많은 구성주의자들이 과학이 사회에 미치는 부정적인 영향을 우려해 왔다. 과학이 사회적 평등에 미친 영향을 예로 들어보자. 계몽주의 사고는 모든 개인이 자신의 의견을 말할 권리를 인정한다는 점에서 중요하며, 귀족이나 종교로부터 세상을 지배할 특권을 제거했다. 시간이 지남에 따라 과학은 평등한 사고의 대명사가 되었다. 과학의 세상에서, 우리는 모두 독자적으로 관찰하고, 사유하고, 보고할 수 있는 권한을 갖는다. 엄격한 탐구 방식을 따랐다면 당당히 결과를 보고할 수 있다. 당연히 좋은 얘기다. 그런데 생각해 보자. 독자로서 여러분은 "다원자 분자를 위한 PE 표면", "1,3-사이클로펜탄디올" 또는 "혹스 유전자"에 대해 무슨 할 말이 있는가? 아마도 아무 생각이 없을 것이다. 잘 모르거나 심지어 그 단어조차 이해하지 못할 것이다. 그러니까 여러분은 이러한 실재를 인정하도록 강요되었다. 인정하지 않으면 또 어쩔 것인가? 과학자들은 "사실 그대로만을" 말하지 않는가? 역설적으로, 이들 평등의 수호자들이 오히려 평등을 없애는 역할을 하고 있다. 과학자의 목소리를 지키던 모든 목소리들은 침묵 속으로 밀려난다. 우리는 여기서 새로운 유형의 권위자가 출현하는 것을 목격하고 있지는 않은가? 사람들이 질문조차 하지 못하게 하는 힘을 지닌 알아채기 어려운 독재자들을?

이렇게 생겨난 새로운 난공불락의 지위는 많은 학자들이 과학지식을 비판적인 눈으로 분석하도록 자극한다. 분석의 초점은 과학의 노력을 약화시키는 게 아니다. 그 권위를 제거하고 일상적인 검토의 궤도에 넣는 것이다. 구성주의자의 최우선 목표는 과학이 세상을 해석할 때 다른 단어가 아닌 어떠한 특정 단어를 선택하여 기술하고 설명하는지를 살펴보는 것이다. 세상을 있는 그대로 보여주는 특권적 지위를 가진 단어는 없다는 앞선 설명을 기억하자. 무수한 설명이 가능하다. 문제는 과학자들이 진리를 주장하고 있기 때문에 그들의 설명이 사회 안으로 몰래 스며들어와 세상이 정말로 그러하다는 사회적 관념을 형성하는 데 있다. 우주의 기원이나 유전자 배열, 온실효과 같은 기사를 읽으면서 "뭐, 그렇게 보는 관점도 있겠지"라고 말하는 사람은 거의 없다. 미디어는 이것을 보편적 사실로 보도하고 우리는 그렇게 받아들인다. 과학적 설명은 "전통, 가치, 질문을 넘어선 진실"로써 사회에 유입되고, 우리의 삶을 약화시키고, 교란하고, 재구성하는 등 일상에 영향을 미친다. 그리고 이에 대한 비판적 회의는 거의 없다. 과학적 용어에 현혹되는 대상은 평범한 사람들만이 아니다. 많은 과학자들도 과학적 진실을 "**믿는다**". 그 결과, 자신들의 가정에서 벗어나 다른 관점에서 비판적인 질문을 던지기란 불가능해진다.

이 문제는 심각한 걸까? 중고등 및 대학의 교과과정에서 윤리와 영성 관련 과목은 서서히 배제되는 반면 과학과목들은 꾸준히 확장되는 추세를 고려해 보라. 윤리와 영성 같은 문제는 결국 경험적 연구의 대상이 아니므로 "단지 추측에 불과하다"고 여겨진다. 여기에는 인간을 단지 과학연구와 실험대상 같은 물질적 존재로 정의 내리는 보다 미묘한 영향력도 작용한다. 예를 들어 심리학에서 "자유 의지"나 "영혼"을 연구할 수 없다. 왜냐하면 예측과 통제라는 물질적 세상에 이러한 것들은 존재하지 않기 때문이다. 수없이 많은 다양한 인간을 단지 몇 개의 인종 범주로 축소하여 특정 인종이 다른 인종보다 지적이라고 말하고, 삶의 근본적인 동기가 유전자 보존이라는 생각을 지지하는 게 바로 과학이다. 사람들은 자연을 이러한 방식으로 해석하면서 사회가 제대로 돌아가지 않는다고 푸념을 한다. 반대로, 과학의 주장 역시 인간이 구성한 것이며 특정 문화적 전통에서 나온 것일 뿐 "자연의 비밀을 드러내는" 객관적 사실은 아니라고 이해할 경우, **모든 사람들**이 그들의 전통이 갖는 진실과 가치를 표현할 수 있는 대화의 장이 열린다.

과학지식에 대한 구성주의적 관점에 영향을 미친 초기 연구는 카를 만하임의 『이데올로기와 유토피아』[7]라는 획기적인 책이다. 이 책에서 그는 네 가지 주요 제안을 하는데, 처음 두 제안은 앞서 살펴본 구성주의 원리의 첫 두 개와

---

7 Mannheim, K. (1936/1985) *Ideology and Utopia: Introduction to the Sociology of Knowledge*. New York: Harcourt.

매우 유사하다. 이 두 가지는 (1) 과학적 이론은 관찰이 아닌 과학자들의 사회적 집단에서 나왔다는 것, 그리고 (2) 과학자 집단은 종종 특정 이론을 중심으로 조직된다는 것이다. 이것은 보다 흥미로운 다음 결론으로 이어진다. 즉, (3) 그러므로 이론적 불일치는 집단 간의 갈등과 관련되며, 결국 (4) 우리가 과학지식이라고 가정하는 것은 사회적 과정의 산물이다. 이와 밀접하게 관련된 것이 루드비히 플랙이 1935년도에 저술한 『과학적 사실의 기원과 발전』[8]이다. 플랙은 과학자가 실험을 할 때는 "먼저 알아야지만 볼 수 있다"고 하였다. 이 말은, 연구 전에 먼저 사회 집단이 공유하는 가정에 참여해야만 자신이 연구를 통해 무엇을 살펴볼지 알 수 있음을 의미한다. 영국에서는, 피터 윈치가 『사회과학의 이념』[9]이라는 영향력 있는 책을 통해 사회과학에서 이론적 명제가 "현상을 구성하는 요소"가 되는 방식들을 보여주었다. 이는 우리가 하나의 현상을 지정해서 그것을 특정 방식으로 정의 내리면, 그러하다고 믿어지는 하나의 세계가 창조됨을 의미한다. 이 생각은 후에 사회학의 **낙인이론**(labeling theory)[10]의 기초가 되었다. 이 경우, 학자들은 우리가 현상에 이름을 붙이면 그 이름이 자기 충족적으로 실현되는 것에 관심을 가진다. 따라서 법규, 경찰, 법원, 교도소 같은 기관을 세울 경우, 필연적으로 "범죄자"로 불릴 대상이 만들어진다. 마찬가지로, 정신건강의학은 정신질환을 만들어내고, 의료기관은 질병을 만들어낸다. 이러한 명칭을 붙일 때, 우리는 이것이 최선의 선택인지 물어봐야 한다.

이러한 발전과정의 중요한 이정표는 1966년에 발간된 피터 버거와 토마스 루크만의 책, 『실재의 사회적 구성』[11]이다. 특히 이들은 과학자들이 개인적으로 세상을 어떻게 경험하는지, 어떻게 보고, 듣고, 촉감으로 구분하는지에 초점을 두었다. 저자들이 주장하듯, 과학자들의 경험은 사회적 영역에서 시작된다. 저자들의 용어로 말하면, 우리는 **개연적 구조**(plausibility structures) 속으로 사회화

---

8 Fleck, L. (1979) *Genesis and Development of a Scientific Fact*. Chicago, IL: University of Chicago Press.

9 Winch, P. (1946) *The Idea of a Social Science*. London: Routledge & Kegan Paul.

10 Winch, P. (1946) *The Idea of a Social Science*. London: Routledge & Kegan Paul.

11 Berger, P. and Luckmann, T. (1966) *The Social Construction of Reality*. New York: Doubleday.

되는데, 다시 말해서 세상을 개념적으로 이해하고 그렇게 이해하는 합리적 근거를 갖게 된다. 이러한 개연적 구조에 의존하게 되면 실재를 자연스럽고 당연하게 여기는 자연적 태도(natural attitude)가 생겨난다. 저자들은 아래와 같이 말한다.

> 나는 일상생활의 실재를 하나의 질서 정연한 실재로 이해한다... 실재의 현상들은 내가 그것을 어떻게 이해하는지와는 별개로 이미 유형화되어 있다... 일상생활에서 사용되는 언어는 지속적으로 내게 필요한 객관화를 제공하며 그 안에서 이것들을 이해할 수 있도록, 그리고 매일의 삶이 나에게 의미 있도록 질서를 부여한다... 이러한 방식으로 언어는 사회 속에서 나의 삶에 좌표를 제시해 주며, 내 삶을 의미 있는 대상들로 채워준다(1966, p. 21).

추가 설명을 위해, 우리가 시간을 경험하는 방식과 시계(18세기의 발명품)가 우리의 삶을 통제하는 방식을 살펴보자. 버거와 루크만은 이렇게 말한다.

> 이 세상에서 나의 모든 존재는 지속적으로 (시계에 의해서) 질서 지어진다... 나는 프로젝트를 실현시키기 위해 단지 특정한 양의 시간이 주어졌음을 알며, 이는 프로젝트에 대한 나의 태도에 영향을 미친다. 또한, 나는 죽음을 원치 않으므로, 주어진 시간에 대한 인식은 근본적인 불안감을 잊도록 나를 프로젝트 안으로 밀어 넣는다(1966, p. 26).

결과적으로, 시계라는 개념은 우리가 만들었지만, 이제는 시계가 우리의 일상생활을 장악하게 된다.

이 모든 발전과정은 구성주의적 관점에서 과학지식을 어떻게 보아왔는지 잘 설명해 준다. 그러나 가장 핵심적인 폭발은 1960년대 후반 토마스 쿤의 저서인 『과학혁명의 구조』[12]를 중심으로 일어났다. 이 책은 제목처럼 혁명적인

---

12 Kuhn, T.S. (1962) *The Structure of Scientific Revolutions*. Chicago, IL: University of Chicago Press.

시대정신을 반영하며 한때 성경을 포함해서 가장 널리 인용된 책이 되었다. 무엇보다도, 이 책은 과학지식이 진보한다는 오래된 가정, 즉 현실에 대한 가설검증을 계속하다 보면 점점 진실에 근접한다는 믿음에 정면으로 도전한다. 예를 들어, 대부분의 사람들은 지구가 우주의 중심이라는 천동설이 지구가 태양 주위를 공전한다는 코페르니쿠스의 설명으로 뒤집힌 것은 지식의 진보이며, 물리학의 뉴턴 역학이 상대성이론으로 이동한 것은 지식의 획득이라고 생각한다. 쿤은 그렇지 않다고 주장했고, 그의 추론은 지식 사회에 파장을 불러왔다.

쿤의 제안에 따르면, 세상에 대한 우리의 의견들은 패러다임 안에 자리 잡고 있는데, 이는 특정 이론, 어떤 주제와 관련된 신념, 그리고 방법론적 실천을 따르는 사람들 간의 연결망이라고 볼 수 있다. (여러분은 쿤의 "패러다임"과 비트겐슈타인의 "생활양식" 사이에 유사점을 볼 수 있을 것이다.) 따라서, 과학자들은 특정 패러다임 안에서 세상에 접근한다. 가장 정확한 측정조차 그 패러다임 안에서만 합리적이다. 현미경이라는 도구가 무엇에 사용되는지, 그리고 이를 가지고 무엇을 보아야 하는지 미리 알지 못한다면 현미경을 들여다보는 건 무의미하다. 그러므로 과학에서 진보라 불리는 것은 더 객관적이고 정확한 패러다임으로의 이동이 아니다. "새로운 패러다임을 가진 과학자들은 예전부터 보아오던 것과는 다르게 본다"(1962, p. 115)는 것이 쿤의 주장이다. 이로써 더 이상 과학이 유일한 진리를 향해 전진해 나간다는 말을 정당화할 수 없게 되었다.

연구자를 연구하다

과학이 사회적 구성이라는 초기의 저작들은 우리가 과학지식이라고 받아들이는 것이 사회 속에서 어떻게 만들어지는지에 대한 광범위한 연구를 불러일으켰다. 그 예로, 사회과학자들은 마치 원시 부족의 관습을 살펴보듯, 연구자들의 연구 습관을 관찰했다. 이들의 연구 회의에도 참석하고 탐색 질문을 던지고 실험실에서 하는 일을 기록했다. 한 연구에서 라투어와 울가는 조너스 소크(Jonas Salk) 실험실 연구자들이 무엇을 "단순한 의견"이 아닌 "과학적 사실"이라고 간주할지 논의하는 과정을 연구하며 수백 시간을 보냈다.[13] 라투어와 울가의 세심한 관찰에 따르면, 과학자들이

13 Latour, B. and Woolgar, S. (1979) *Laboratory Life: The Social Construction of Scientific*

> 선호하는 이론이나 측정도구가 무엇을 좋은 자료라고 간주할지에 영향을 미치고 있었다. 연구비를 받을 가능성이나 학회지의 정책에 따라 중요하다고 간주되는 내용과 보고서 작성 방식이 달라지는 것도 목격할 수 있었다. 역사학자들 역시 과학의 사회적 역사를 활발히 탐구했다. 예를 들어, 역사학자인 스티븐 샤핀[14]은 진리의 개념을 추적했고, 과학적 진실에 대한 오늘날의 관점이 17세기 신사들 간의 정중한 교류에서 유래했음을 밝혔다. 로레인 대스턴과 피터 갤리슨은 "객관성"이란 개념이 시간에 따라 변화하는 방식을 탐구하며 사람들이 자신의 설명이 "진실에 가깝다"[15]고 주장하기 위해 사용하는 다양한 기법을 살펴보았다. 예를 들어, 왜 우리는 원자가속장치가 우주를 구성하는 기본 물질에 대한 비밀을 밝힌다고 가정하는가? 또는 왜 MRI 사진이 심리적 기질의 신경구조를 말해 준다고 가정하는가? 이것들이 오늘날 사회적으로 선호되는 해석이기 때문이며, 이는 많은 다른 이야기로도 설명될 수 있다.

하지만 쿤의 저서가 갖는 상당한 의의에도 불구하고, 과학지식이 그저 허풍이라고 잘못 결론 내지 않는 것 또한 중요하다. 물론 다양한 논의를 통해 과학이 자연법칙을 드러내고, 가치중립적이며, 진리를 향해 진보한다는 신성함은 제거된다. 그러나 이는 "흡연이 암을 유발한다"거나 "고혈압이 심장질환을 가져온다"는 명제, 혹은 과학적 결과를 묵살하는 것이 전혀 아니다. 과학계에서 이러한 명제는 충분히 검증될 수 있다. 그리고 과학자집단 내에서 공유되는 가치가 더 큰 공공 영역의 가치와도 연결되기 때문에, 과학에서 밝힌 내용이 다른 사람들에게 상당히 유용할 수 있다. 분명히 "암"은 사회적 구성물이고, "죽음" 역시 생물학적 구성물이다. 그러나 인구의 상당수는 기꺼이 과학자와 이러한 정의를 공유하려 하며, 죽음이 아닌 생물학적 삶에 근원적 가치를 둔다. 여기서의 관심은 우리의 가치를 지지해 주는 실천이지, 진리의 문제가 아니다. 동시에, 구성주의자는 세상에 다양한 가치가 있으며, 일부 사람들에게 실질적인 도움이 되는 가치가 다른 사람을 억압할 수도 있다는 점을 인정한다. 예를 들어, 복제, 줄기세포 생산, 유전자 프로그래밍이 그런 경우다.

Facts. London: Sage.

14 Shapin, S. (1995) *A Social History of Truth: Civility and Science in Seventeenth-century England*. Chicago, IL: University of Chicago Press.

15 Daston, L. and Galison, P. (2007) *Objectivity*. Cambridge, MA: Zone Books.

해체에서 재구성으로

이 세 개의 지적 흐름(현실을 구성하는 모든 것에 내재하는 가치를 밝히고, 언어의 통제를 지적하며, 과학지식의 사회적 기반을 밝힌 연구들)은 오늘날 사회구성주의 대화에 주요한 기여를 한다. 그 밖에도 많이 있다. 교육, 상담, 조직변화, 사회복지 영역의 수많은 실천가들이 구성주의 대화에 활발한 기여를 해 오고 있다. 불교철학 역시 구성주의 대화에 중요한 역할을 한다.[16] 오래전부터 불교에서는 인간의 고통이 상당 부분 세상과 우리 자신을 범주 또는 말로 구분지어 이해하기 때문이라고 설파해 왔다. 만일 성공과 실패라는 구분을 짓지 않거나 성공에 가치를 두지 않는다면, 우리는 실패 때문에 괴로워하지 않는다. 범주로 나눠 이해하는 습관을 멈추거나 해체하는 한 가지 방법이 명상이다. 이와 같이, 구성주의 생각은 어느 한 명에 속하지 않는다. 독자를 포함한 모두가 대화에 자유롭게 참여할 수 있다.

이러한 다양한 흐름이 함께 작용하면서 지식, 진리, 객관, 이성에 대한 오래된 관점에 도전한다는 사실이 중요하다. 물론 새로운 전환은 많은 사람들에게 재난일 수 있다. 진리와 개인의 이성, 과학적 연구를 통한 더 나은 미래에의 약속 같은 삶의 핵심 신념이 붕괴됨을 의미하기 때문이다. 민주주의, 종교, 교육, 민족 같은 전통도 모두 위험에 놓인다. 그래서 구성주의적 아이디어에 격렬한 비판을 가하게 된다.(이 주제는 9장에서 다룰 것이다.)

하지만 이 상황을 훨씬 긍정적으로 볼 수 있다. 우선, 과학이나 종교, 정부, 언론과 그 외의 영역에서 주장하는 보편타당한 지식에 대한 해체주의적 도전은 특정 집단이 최상의 우위를 주장할 근거를 제거한다. 이는 통신과 교통의 발달로 전 세계 사람들 간의 갈등이 심각해지는 오늘날 특히 중요하다. 파벌 싸움, 영역 확장 시도, 착취적 관행들, 적대와 저항은 지속적으로 늘어가

16 불교와 사회구성주의 관련성에 대한 설명: Gergan, K.J and Hoskins, D.M. (2006) If you meet social construction along the road: A dialogue with Buddhism. In M. Kwee, K.J. Gergen and F. Koshikawa (Eds.), *Horizons in Buddhist Psychology*. Chargrin Falls, OH: Taos Institute Publications.

고 있다. 이러한 상황에서 우리는 하나의 문화, 특히나 힘이 센 특정 문화를 의심 없이 따라야 하는 것인지 질문해 봐야 한다. 구성주의는 스스로의 가정과 삶의 방식에 대해 겸손한 태도를 키우고, 타인의 관점과 가치에 호기심을 가지며, 누가 옳고 그르냐 하는 논쟁적 싸움을 넘어서 함께 가능성을 찾아가도록 길을 연다. 이러한 면에서, 많은 사람들이 구성주의 관점을 세계의 생존에 핵심이라고 본다.

그뿐만 아니라 구성주의적 대화에는 이보다도 더 중요한 내용이 들어 있다. 바로 재구성의 가능성이다. 만일 모든 것이 사회적 과정에서 나온다면, 우리는 함께 새로운 세상을 창조할 거대한 잠재력을 갖고 있는 것이다. 함께 새로운 이해 방식이나 새로운 관계 맺기 전통, 새로운 삶의 양식을 창조할 수 있다. 자기 자신과 인간관계, 그리고 우리의 문화를 변화시키기기 위해서 전문가나 법률, 군사력, 위대한 리더, 공공정책의 개입을 기다릴 필요가 없다. 우리가 지금 이 순간 함께 이야기함으로써, 우리는 좋든 나쁘든 미래를 창조하는 데 참여하고 있다. 변화를 간절히 바란다면, 세상을 구성하는 전통적 방식을 떨쳐내고 새로운 이해 방식을 만들어야 한다. 단순히 주어진 의미를 거부하는 것, 예를 들어 성차별적이거나 인종차별적 언어를 피하는 것만으로는 새로운 삶의 방식이 보장되지 않는다. 이보다는, 세상을 해석하는 새로운 방식이나 언어를 만들어가는 것이 더 강력하다. 기존의 전통적 이해에 도전하면서 새로운 행동의 가능성을 제시하는 말하기와 글쓰기, 그리고 재현하기(사진이나 영화, 예술, 공연)와 같은 생성적 담론(generative discourses)이 필요하다.

마지막으로 반드시 덧붙일 말이 있다. 구성주의적 아이디어는 "새로운 진실"의 후보자로 나서는 것이 아니다. 또한 구성주의는 사람들이 반드시 수용하거나 버려야 하는 신념체계도 아니다. 위에서 서술한 모든 제안은 사회 안에서 구성된 내용이며, 우리가 구성주의에 물어야 하는 중심 질문은 그 유용성이다. 이 개념을 활용할 때 우리는 어떠한 세상을 만들 수 있는가? 다음 단락에서는 이 내용을 다룬다.

성찰적 실용주의: 세상에 대한 작업 단어들

여기서는 독자들이 이 책의 나머지 부분을 읽을 준비를 하도록 이 장을 요약하겠다. 넓은 의미에서, 나는 과학이나 도덕, 종교, 정치 또는 일상의 삶이든 상관없이 지식이라고 주장하는 모든 것에 접근하는 방식을 발전시키려 노력해 왔다. 모든 것은 공동의 구성물이다. 관계 안에서 태어나, 가치를 포함하고, 이를 공유한 사람들에게 특정 방식으로 도움이 된다. 이러한 입장을 메타 관점(meta-perspective)이라고 말할 수 있다. 지식, 이성, 올바름에 대한 모든 주장에 적용되기 때문이다. 사회구성주의가 마치 우산처럼 그 아래에 모든 이해 전통을 포함하고 있는 그림을 연상해 보면 도움이 될 것이다. 그 안에는 모든 사회적 전통, 그들이 공유하는 이해, 그리고 공통된 삶의 방식이 놓일 수 있다. 그러므로 우리는 우산 아래에서 물리학이나 화학, 생물학과 천체학 같은 모든 종류의 과학뿐만 아니라 역사나 철학, 사회학, 경제학, 수학과 같이 대부분의 대학에 있는 각종 학문주제를 찾을 수 있다. 그 외에도, 모든 종교, 정부, 영리기관, 스포츠 전통 등이 포함된다. 모든 삶의 방식은 사회적으로 의미를 구성하는 과정에서 출현했고, 이 안에서 구성된 개념들을 작업 단어(working vocabularies)라고 부를 수 있다. 따라서 심리치료 분야의 작업 단어는 "느낌"이나 "희망" 등이 포함될 수 있고, 반면에 교사들은 "학생"이나 "생각"과 같은 단어가 필요하며, 은행가는 "이윤"이나 "계좌"가 필요하다.

이러한 경향을 염두에 둔 채, 두 가지에 대해 성찰해 보자. 첫째로 우리는 이렇게 물어볼 수 있다. 세상을 어떠한 특정 방식으로 구성함으로써 무엇이 성취되는가? 이러한 성찰은 진리란 무엇인가에 대한 질문을 제거하고 그 대신 "결과가 무엇인가?"를 묻는다. 근본적으로, 실용성과 관련된 질문이다. 예를 들어, 세상이 뉴런이나 정신 또는 신성한 영혼이 아닌 원자의 소립자로 구성됐다고 보는 공동체에 의해 무엇이 성취되는가? 두 번째로, 우산과 같은 일반적 경향으로 보는 관점은 우리에게 다양한 성취물 안에 들어 있는 암묵적이거나 명시적 가치에 대해 성찰해 보도록 한다. 예를 들어, 과학자들은 세상의 사건을 예측하고 통제하려 하며, 심리학자는 고통을 줄이고, 종교인은 연민

그림 1.4 일반적 경향으로서의 사회구성주의와 작업 단어

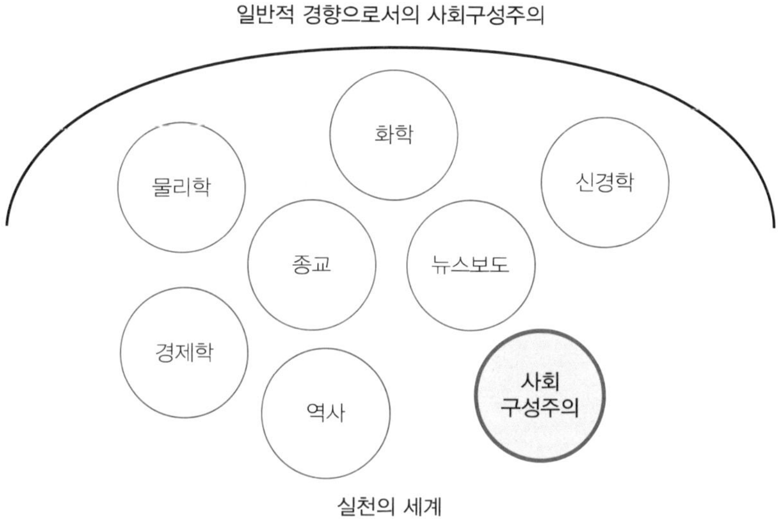

을 키우려 한다. 다양한 집단이 소중히 하는 목표를 구별해 낸다면 우리는 그들의 가능성을 긍정적으로 인정하기 시작할 수 있다. 누가 최종적으로 진리인지, 누가 옳은지 물을 필요가 없다. 그보다는 세상에 다양한 가능성이 있고, 내가 속한 전통 안에 다른 집단이 제공해 줄 수 있는 무언가가 부족하다는 점을 발견할지도 모른다. 동시에, 우리는 어떠한 전통이나 가치가 다른 전통에 의해 침묵당하고 억압되거나 또는 말살됐는지를 탐색해 볼 수 있다. 이는 매우 중요한 일이다. 왜냐하면 우리가 특정 전통이나 삶의 방식에 푹 젖어 살다 보면 이는 더 이상 구성된 것이라고 여겨지지 않으며, 항상 모든 이에게 진실이고 좋은 것으로 보이기 때문이다. 우리가 스스로의 현실과 가치를 근본적이며 거부할 수 없는 것으로 여길 때, 우리는 종종 다른 이의 삶의 방식과 가치를 짓밟게 된다.

요약하면, 일반적인 수준에서 사회구성주의 접근은 성찰적 실용주의(reflective pragmatism)로 기능한다. 우리 삶의 모든 방식에서 그 유용성을 살펴보도록 초대하며, 동시에 호기심과 비판적인 안목을 갖도록 한다. 자, 그렇다면, 이 책은 무엇에 대한 것인가? 우리는 이제 사회구성주의 개념을 우산의 하위부분

(under the umbrella)에 포함시켜야 한다! 구성주의 아이디어들이 이제는 작업 단어가 된다. 우리는 어떻게 이 단어를 사용해서 교육이나 심리, 조직변화, 리더십 그리고 일상생활 영역에서 연구를 하고, 새로운 아이디어를 발전시키고, 실행을 촉진시킬 수 있을까?

두 개의 구성주의: Constructionism과 Constructivism

구성주의적 사고에 발을 들여놓았다면, 곧 이런 질문을 하게 될 것이다. 동일하게 구성주의라고 불리는 "constructionism과 constructivism의 차이는 뭘까?" 가장 기본적인 수준에서, 그 답은 간단하다. 그리고 흥미롭다. 플라톤과 데카르트 그리고 칸트에 뿌리를 둔 오래된 철학적 전통은 개인의 타고난 사고능력을 가장 우선시한다. 20세기 심리학에서 이러한 관점은 구성주의 constructivism을 탄생시켰다. Constructivism은 주도적인 행동주의자들의 관점, 즉 모든 행동은 강화와 같은 환경적 요인에 영향을 받거나 지배당한다는 생각에 도전하며, 우리의 행동이 타고난 정신능력의 결과라고 주장했다. 단적으로 말해, 개인이 강화라고 여기지 않는 이상 세상에 강화물은 존재하지 않는다는 말이다. 예를 들어, 내가 돈에 관심을 갖지 않는 한, 돈은 나를 움직이는 강화물이 아니다. 조지 켈리의 1955년 책인 『개인 구성의 심리학』17은 constructivism의 대표작이라고 할 수 있다. 켈리가 제안한 대로 우리는 정신 내부에 있는 개념들이나 구성 요소들을 이용해서 세상을 이해한다. 자신이 가진 용어들로 세상을 구성한다는 말이다. 그래서 구성주의다.

그렇다면 constructionism과 constructivism의 차이점은 무엇일까? 두 개념 모두 세상을 있는 그대로 알 수 있다는 생각에 도전하며, 무엇을 지식이라고 간주할지 구성하는 과정이 가장 중요하다고 말한다. 하지만 constructivism은 지식의 기원을 개인의 머릿속에 두는 반면, constructionism은 지식의 기원을 사회과정에 둔다. Constructivism은 상당히 개인주의적이며 constructionism은 관계를 중시한다. 개개인이 자신만의 세상을 구성한다는 급진적 구성주의(radical constructivist) 관점을 유지하는 학자는 더 이상 찾기 어렵다. 이러한 시각은 애초에 개인이 세상을 이해하는 사적 범주들을 어떻게 만들어낸 것인지, 또는 만일 각자가 독특한 이해체계를 가진다면 어떻게 의사소통 자체가 가능한지를 설명하지 못하기 때문이다. 보다 일반적인 것은 social constructivism으로서, 우리가 정신 내부의 개념을 통해 세상을 이해하지

17 Kelley, G. (1955/1991) *The Psychology of Personal Constructs*. New York: Routledge.

만, 이러한 개념을 사회적 관계 속에서 취득한다고 보는 관점이다.

이상으로 충분히 설명했지만, 예외도 있다. 일부 학문 분야에서는 (예를 들어, 과학의 역사와 철학을 연구하는 학문의 경우) constructivism이 이 책에서 설명하는 사회적 구성 social construction과 동의어로 쓰인다. 이럴 경우, 저자가 어떻게 개념을 정의 내리는지 주의깊게 살펴보며 읽어나간다. 여하튼, 어느 누구도 단어의 의미를 소유할 수는 없다!

이 책에서 다루는 내용

이 장에서는 사회구성주의와 관련된 대화에서 핵심을 차지하는 몇 개의 제안들을 살펴보았다. 그리고 이러한 대화를 촉발시킨 주요 학문 경향도 설명했다. 이 장에서는 많은 전통적인 이해와 실행에 의문을 던졌다. 그러한 면에서, 새로운 미래의 구축보다는 과거에 대한 비판을 강조했다. 이 책의 나머지 장들에서는 구성주의를 추구할 때의 긍정적 가능성에 초점을 둘 것이다. 2장에서는 우리가 실재를 구성해 가는 방식을 탐색한다. 이러한 구성이 삶의 양식이나 가치, 관계를 유지하는 데 어떠한 위치를 차지하는지 고려해 볼 것이다. 동시에, 우리가 만든 구성물에 스스로가 갇혀버릴 가능성도 살펴본다. 3장에서는 사회과학 연구의 질문을 탐색한다. 구성주의는 전통적 실증 연구에 대해 질문을 제기하지만 이러한 연구 방법을 버리지는 않는다. 동시에, 구성주의 대화는 새롭고 흥미로운 연구 가능성을 열어놓는다. 4장에서는 사회구성주의 그 자체로 돌아온다. 개인을 독립적 결정권자로 보는 전통적 입장에 대한 주요 비판을 간단히 다룬다. 그리고 개인이 아닌 관계에 주요 가치를 두는 대안적 개념을 향한 구성주의자들의 시도를 살펴볼 것이다.

나머지 장들에서는 학문 자체보다는 실행영역으로 관심을 옮긴다. 5장의 초점은 갈등과 적개심을 줄이는 대화다. 변혁적 대화를 통해 세상에 대한 상반된 구성들을 서로 어떻게 연결하는지 관심 있게 살펴볼 것이다. 6장에서는 교육으로 넘어간다. 가르치고, 배우고, 평가하는 새로운 방식에 대한 구성주의적 아이디어를 살펴본다. 7장에서는 심리치료와 건강 분야에서의 새로운 방향을 탐색한다. 8장에서는 조직세계로 관심을 옮겨서 조직과 구성원의 건강에 영향을 미치는 사회구성 과정을 살펴본다. 특히 관계적 리더십에 대해 고려해 볼 것이다.

이러한 논의들을 읽다 보면 여러분에게 질문이, 때로 강한 비판이 생겨날 수도 있다. 이 책에서 펼쳐질 내용들을 의심하지 않고서는 현대사회에서 결코 성장할 수 없다. 마지막 장에서는 사회구성주의에 대한 주요 비판들에 대해 생각해 본다. 진리와 객관성, 과학, 도덕적 상대주의, 정치적 활동 등의 이슈를 다룬다. 만일 언제라도 저항하는 마음이 든다면 마지막 장을 먼저 살짝 들여다봐도 좋다.

성찰

30년 넘는 세월 동안 나는 구성주의 아이디어를 발전시키는 데 깊이 몰두해 왔다. 구성주의는 동료학자들이나 학생들, 상담가들, 조직의 지도자들, 공동체의 설립자들, 건강 분야의 동료이자 친구들, 그리고 가족 등 나의 인간관계에 영향을 미쳤다. 하지만 커리어 초창기의 나는 성실한 "근대주의자"였다. 실험을 하고 이론을 검증하면서 모두를 위한 진리와 진보에 기여한다고 여겼다. 심리학자로 어느 정도 정착했을 무렵, 나는 서서히 심리학의 가정과 약속들을 반추해 보기 시작했다. 의아함이 생기더니, 그 다음에는 회의가, 결국에는 날선 비판이 들었다. 이러한 전환을 겪은 것이 비단 나만은 아니다. 여기저기에 그러한 증거가 있다. 이 장의 내용에도 잘 드러나 있다.

최근 몇 년 동안, 그래도 나는 보다 희망적이 되었다. 구성주의 틀 안에서 전통과 회의 양면을 모두 넘어설 수 있다고 보기 때문이다. 사회구성주의는 비판의 토대에서 자라났지만, 그렇다고 과거를 버린다는 의미가 아니다. 다른 어떠한 세계관과도 다르게, 구성주의는 그 자체의 가정을 진리로 내세우지 않는다. 앞서 언급한 것과 같이, 구성주의 가정은 그 자체가 구성된 것이다. 사회구성주의는 진리로 받들어지길 기다리는 후보자가 아니라 우리가 사용할 수 있는 자원이다. 구성주의자의 대화는 이해를 위한 초대다. 구성주의 생각들이 우리의 대화 방식에 들어올 때, 이는 새로운 대안을 제시하게 된다. 구성주의 관점에서의 중심 질문은 자기 자신이 세계를 구성하는 존재라고 이해할 때 "우리 모두의 삶에 어떠한 일이 일어날 것인가?"이다. 여기에 대한 성찰적 비판도 좋다. 하지만 모든 비판이란 "특정 시각" 또는 관점에서 나온 것이며 다른 관점보다 더 근본적이라고 주장할 수 없다. 따라서 비판이란 없애려는 시도가 아닌 대화의 초대로 받아들여져야 한다. 가장 중요한 것은 구성주의의 메시지다. 함께 대화를 시작하는 순간 우리는 새롭고 더 나은 방식의 존재양식을 만들 가능성을 갖는다. 이 생각은 우리의 많은 대화에 힘을 북돋아준다.

추가 자료

사회구성주의

Abib, M.A. and Hesse, M.B. (1986) *The Construction of Reality*. Cambridge, UK: Cambridge University Press.

Burr, V. (2004) *Social Constructionism*. London: Routledge.

Gergen, K.J. (1994) *Realities and Relationships: Soundings in Social Construction*. Cambridge, MA: Harvard University Press.

Hjelm, T. (2014) *Social Constructionisms: Approaches to the study of the Human World*. London: Palgrave.

Holstein, J.A. and Gubrium, J.F. (Eds.) (2007) *Handbook of Constructionist Research*. Thousand Oaks, CA: Sage.

Lock, A. and Strong, T. (Eds.) (2010) *Social Constructionism: Sources and Stirrings in Theory and Practice*. New York: Cambridge University Press.

Potter, J. (1996) *Representing Reality*. London: Sage.

Sugiman, T., Gergen, K.J., Wagner, W. and Yamada, Y. (Eds.) (2007)

Meaning in Action, Constructions, Narratives and Representations. New York: Springer.

Weinberg, D. (2014) *Contemporary Social Constructionism: Key Themes.* Philadelphia, PA: Temple University Press.

가치중립성의 위기

Desai, G.D. and Nair, S. (Eds.) (2005) *Postcolonialisms: An Anthology of Cultural Theory and Criticism.* New Brunswick, NJ: Rutgers University Press.

Fox, D. and Prilleltensky I. (Eds.) (2008) *Critical Psychology: An Introduction* (2nd edition). Thousand Oaks, CA: Sage.

Haslanger, S. (2012) *Resisting Reality: Social Construction and Social Critique.* New York: Oxford University Press.

Hepburn, A. (2002) *An Introduction to Critical Social Psychology.* London: Sage.

Ibanez, T. and Iniguez, L. (1997) *Critical Social Psychology.* London: Sage.

Watkins, M. and Shulman, H. (2008) *Toward Psychologies of Liberation.* London: Palgrave.

문학이론과 해체

Culler, J. (1982) *On Deconstruction: Theory and Criticism after Structuralism.* Ithaca, NY: Cornell University Press.

Fish, S. (1982) *Is There a Text in this Class? The Authority of Interpretive Communities.* Cambridge, MA: Harvard University Press.

과학과 사회구성

Barnes, B., Bloor, D. and Henry, J. (1996) *Scientific Knowledge*. Chicago, IL: University of Chicago Press.

Danziger, K. (1990) *Constructing the Subject: Historical Origins of Psychological Research*. Cambridge, UK: Cambridge University Press.

Daston, L.J. and Galison, P. (2007) *Objectivity*. Cambridge, MA: Zone Books.

Latour, B. (1987) *Science in Action*. Cambridge, MA: Harvard University Press.

McCarthy, E.D. (1996) *Knowledge as Culture*. New York: Routledge.

Poovey, M. (1998) *A History of the Modern Fact*. Chicago, IL: University of Chicago Press.

Shapin, S. (1995) *A Social History of Truth: Civility and Science in Seventeenth-century England*. Chicago, IL: University of Chicago Press.

미디어 자료

Gergen introductory lecture on social construction: www.youtube.com/watch?v=-AsKFFX9Ib0

PART

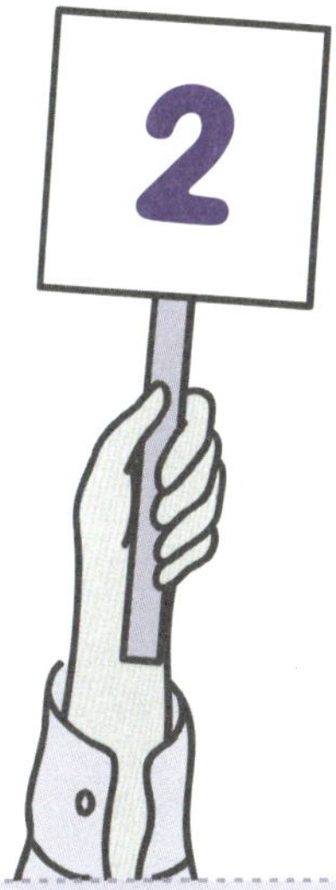

실재와 선의 구성

- 우리가 의지하는 언어
- 일상의 대화: 특별할 것 없는 것의 힘
- 제도적 실재: 푸코가 말하는 권력
- 정체성의 정치: 죽느냐 사느냐
- 성찰
- 추가 자료

PART

02 실재와 선의 구성

몇 해 전, 세미나 수업을 들었던 학생 두 명이 내가 과제로 내준 구성주의 책 읽기를 거부했었다. "진리가 없다면, 어떻게 무언가를 확신할 수 있겠어요?" 라고 그들은 물었다. "올바른 이치가 없다면 어떻게 생존할 수 있나요?" "도덕적 선에 대한 확고한 관점이 없다면 바람직한 행동이란 대체 무엇인가요?" 세미나 수업은 그들이 가치 있다고 믿어온 모든 것을 붕괴시켰다. 두 학생은 학장에게까지 자신들의 불만을 전달했다. 그들이 보기에 세미나 수업은 부도덕하고 허무주의에 빠져 있기 때문에 정규 교과에서 배제되어야 했다. 나는 그들의 우려를 깊이 이해할 수 있다. 그 나이에는 무언가 확고하게 믿을 만한 대상을 원한다. 그 믿음에 대한 구성주의적 도전은 받아들이기 어려운 제안이다. 하지만 이는 단지 전환의 과정이다. 사회구성주의 생각들은 진리와 객관, 과학, 그리고 도덕을 없애려는 것이 아니다. 오히려 이러한 대화는 단순한 헌신에서 벗어나 우리 전통의 한계와 이상을 다시 보자고 요청한다. 무엇보다도, 이러한 대화는 함께 더 나은 미래를 만들어갈 가능성을 열어준다.

그 가능성의 알아보기 위해, 먼저 우리가 당연시하는 세계가 어떻게 만들어졌는지 살펴보자. 예를 들어, 우리는 보통 공해란 몸에 나쁘고, 세계의 원유 공급량은 줄고 있고, 교육은 소득과 관련된다는 사실을 당연시한다. 그러나 구성주의에서 이러한 가정은 우리가 아는 사실의 요약이 아니라 시작점이다. 앞장의 중심 내용을 상기해 보자. 우리는 이러한 내용이 누가 봐도 자명해서 그렇게 믿게 되었을까? 그렇지 않다. 그렇다면 어떻게 이러한 관점을 갖게 됐을까? 왜 이런 내용이 당연해 보일까? 그것이 우리에게 어떠한 영향을 미치나? 이러한 가정을 유지할 때 누구의 목소리가 침묵되는가? 대안을 탐색해 볼 이유가 있는가? 이 장에서는 부인할 수 없이 명백한 것들의 기원을 알아본다. 그 초점은 일상의 현실, 관계 그리고 도덕이 우리의 삶 속에 자리 잡아가는 과정이다. 특히 여기에 중요한 기여를 하는 언어, 일상적 대화의 과정, 그리고 우리가 창조한 제도를 언급하려 한다. 이를 논의를 한 뒤에는 우리의 정체성이 어떻게 구성되는지 살펴보겠다.

우리가 의지하는 언어

내 언어의 한계가 나의 세상의 한계다.

- 루트비히 비트겐슈타인(Ludwig Wittgenstein), *철학적 탐구*(*Philosophical Investigations*)

내가 교실에 들어가서 수업 준비를 하고 강의를 시작하는 것에 놀라는 학생은 아무도 없다. 나 역시 학생들이 조용히 앉아서 내 말에 집중하는 것이 전혀 놀랍지 않다. 사실, 이와 반대라면 그게 더 놀랄 일이다. 만일 내가 교실 안에 기어들어 와서 바닥에 뒹굴면서 웃어댄다면, 그리고 이 지점에서 학생들이 춤을 추기 시작한다면 어떨까? 이렇게 행동하는 것도 가능은 하겠지만 그렇다면 정말 이상할 것이다. 왜 그럴까? 일단 우리가 여러 가정을 공유한다는 사실이 그 한 가지 이유다. 예를 들어, 나는 교사고, 가르치는 것이 내 일이고, 그들은 학생이고, 나에게서 배울 수 있다. 이러한 공유된 가정은 관계를 지속적으로 유지시키는 핵심이다. 보다 형식적으로 말하자면, 우리의 관계에는 "무엇이 존재하는가"에 대한 합의를 의미하는 공유된 존재론(ontology)이 요구된다. 교육 현장이라면 "교사"와 "학생"이 존재한다는 것을 서로 이해한다. 이처럼 존재론은 보통 "교사"와 "학생"처럼 언어로 표현된다. 그런데 관계에서 중요한 것이 단지 언어의 공유만은 아니다. 우리는 모두 언어를 비슷한 방식으로 사용해야만 한다. 함께 문제없이 살려면, "다음번 모퉁이에서 왼쪽으로 돌아"라든지 "7시에 만나자" 또는 "맥주를 마신다"는 표현이 무슨 의미인지 서로 동의

해야 한다. 만일 외과의사인 당신이 간호사에게 수술용 메스를 달라고 했는데 '껌 한 개'를 준다면 아무 소용이 없을 것이다. 언어와 행동을 조율하는 과정에서, 우리는 또한 도덕을 세우는 기초 작업을 한다. 다양한 맥락에서의 말과 행동을 조율할 때, 무언가를 하는 올바른 방법 역시 정한다. 그렇기 때문에 만일 한 학생이 갑자기 음식을 쩝쩝거리며 먹기 시작하면 남들이 눈살을 찌푸릴 것이다. 내가 선생이라면 그 학생에서 수업에 방해가 된다고 말할 것이다. 왜냐고? 수업시간에 그러한 종류의 행동은 "단지 하면 안 된다"는 도덕을 이미 정해 두었기 때문이다.

이와 같이 "옳은 것"을 방해하면 사람들은 이를 자신들이 받아들이고 있는 실재, 그리고 이 실재를 구성하는 모든 행동 유형들에 대한 위협으로 인식한다. 음식을 소리 내어 먹는 행위는 교사로서의 내 정체성을 훼손하고, 나머지 모든 학생들이 학습자가 되는 것을 중단시킨다. 유사하게, 만일 공유된 가정에 동의하지 않거나, 다른 방식으로 말을 하는 사람은 전통을 어겼다고 여겨진다. 나와 같은 학자들은 종종 동료 연구자들의 가정에 동의하지 않을 경우 배척받으며, 많은 성직자들이 비인습적인 종교적 신념으로 인해 순교되었다. "악"은 용인된 패턴을 붕괴하는 데서 시작된다. 실재와 선의 기원을 탐구해 보기 위해서 먼저 우리가 의지하는 언어를 살펴보자.

언어 구조: 제약을 키우다

구성주의의 발전과정에서 언어는 중요한 위치를 차지한다. 언어는 아마도 무엇이 실재이고 옳은지를 타협하기 위한 중심 수단일 것이다. 그런데 여기서 흥미로운 모순에 직면하게 된다. 우리는 오랜 기간에 걸쳐 만들어진 언어 전통을 이어받는다. 예를 들어 영어로 의사소통하려면 동사와 형용사, 타동사와 자동사 등이 필요하다. 이러한 전통을 따르지 않고 두서없이 내뱉으면 의사소통이 안 된다. 사실상, 우리는 이러한 전통에 의지해서 매일을 살아간다. 이는 우리가 타인들과 만족스럽게 지낼 수 있도록 해 주고, 우리를 성장시키며, 삶의 방식을 지속시킨다. 언어가 통하지 않는 나라에서 얼마간 지내봤다면 그 어려움을 알 수 있을 것이다.

하지만 이 동일한 전통이 우리를 가두기도 한다. 물론 그 안에서 보호를 받기도 하지만, 우리는 전통을 벗어나 다른 형태로는 거의 말할 수 없다. 이러한 한계를 알기 위해, 사람이나 장소, 사물 등을 표시하는 명사를 생각해 보자. 명사는 일상의 관계에서 상당히 유용하며 명사 없이 대화하기란 어렵다. 그러나 명사는 또한 탈곡기와도 닮았다. 들판에 가득한 밀을 넣으면 잘게 잘라서 조각으로 분리한다. 명사를 사용할 때 우리는 세상을 분리해서 구성한다. 나무, 집, 길, 사람, 개... 이들은 모두 독립적으로 존재한다. 하지만 세상에 있는 그 어떤 것도 우리에게 분리해서 이해해 달라고 요구한 적이 없다. 만일 우리가 음악의 선율과 화음으로 의사소통을 한다면 세상을 어떻게 이해할까? 선율이 흘러가는 것처럼, 음악은 세상을 고립된 단위로 표현하지 않는다. 그리고 글자로는 불가능한 것을 음악에서는 화음으로 "이야기"할 수 있다. 명사로는 시골의 삶을 보여주는 베토벤의 전원교향곡을 창조할 수 없다. 모든 형식의 언어는, 그것이 동사든, 음악이든, 시각 자료든, 수학적 수치든 간에, 나름의 실재를 창조해 내지만 동시에 우리를 제약한다.

성에 대한 질문

일반적으로, 단어를 사용할 때 일종의 분리된 느낌이 만들어지는데, 이는 언어가 두 개의 쌍 또는 반대어에 기반을 두고 기능하기 때문이다. 단어의 의미는 다른 단어와의 비교에서 나온다. 따라서 우리는 흰색과 검은색, 위와 아래, 안과 밖, 선과 악을 대조해서 말한다. 이것이 왜 성별과 관련 있는가? 남자/여자, 이성애/동성애와 같이 서양 문화에서는 일반적으로 남자와 여자라는 두 개의 성이 있으며, 이성이나 동성을 향한 두 종류의 끌림이 있다고 가정한다. 그리고 문화적 전통은 일반적으로 남성, 그리고 거의 당연하게 이성애에 높은 가치를 둔다. 하지만 구성주의 관점에서 볼 때 현실 그 자체가 이런 식으로 구분해 달라고 요구한 적은 없다. 관심에 따라 다른 구분을 지을 수도 있고 아예 구분하지 않을 수도 있다. 가치가 뒤바뀔 수도 있다. 물론 "고정관념을 깨고 보기"란 어렵다. 두 개념 간의 구분이 "실재"로 작동하고 있기 때문이다.

만일 이 제안이 다소 극단적으로 보인다면 다음을 고려해 보자. 우리는 어떻게 누군가가 여자 혹은 남자인지를 아는가? 생식기로 알 수 있다고 말할지 모른다. 하지만 어린아이들은 생식기의 차이를 모르면서도 성별을 구별해 낸다. 생물학자에게는 생식기가 아니라 염색체가 중요하다. 그래서 만일 "여자" 올림픽 스타선수가 있는데 "그녀의" 염색체가 남성이라고 나오면 자격을 박탈당할 수도 있다. 더 나아가, 자신이 잘못된 몸을 지니고 태어난 듯 느끼는 사람들이 많다. 이들은 종종 수술을 해서 자신의 "진짜 성"을 되찾으려 한다. 이런 문제들에 대한 권위자는 누가 될 수 있을까? 그리고 예를 들어, 유니섹스(남녀공용)처럼, 대안이 가능할까?

성적 취향에 대해서도 많은 주장이 있다. 성적 취향에 관한 객관적 지침은 무엇일까? 만일 여성들이 여자 친구들과 더 많은 시간을 보내고 싶어 한다면, 이것은 성적 취향의 지표일까? 어린 소년들이 서로의 성기를 가지고 장난친다면, 이것은 동성애일까? 십대 소녀들이 서로 키스 연습을 해 본다면, 이들은 레즈비언일까? 만일 "이성"과 성관계를 가졌는데 별로 좋지 않았다면, 이것은 동성애를 가리킬까? 정기적으로 "동성"의 누군가와 성관계를 즐기는 사람이 있다면, 그들은 기본적으로 동성애자일까? 추가적으로, 성교보다는 야한 웹사이트를 보면서 자위하는 걸 더 좋아하는 사람이라든지, 수도승이 되어 성적인 모든 것을 멀리하는 사람은 어디로 분류하는가? 마찬가지로, 성적 취향이 무언지를 결정하는 최종 권위자는 누가 되어야 하는가? 이것 아니면 저것이 아닌 새로운 대안을 만들 수 있을까? 그렇게 한다면 상당수의 비극을 피할 수 있을지도 모른다.

다음에서는 우리를 도와주기도 하면서 동시에 방해하는 주요 언어적 관행을 살펴보자. 바로 은유와 내러티브다.

은유: 빌리고 세우기

진리란 무엇인가? 이동하는 은유의 무리들...

- 프리드리히 니체(Friedrich Nietzsche),

비도덕적 의미에서의 진리와 거짓에 관하여(On Truth and Falsity in their Extramoral Sense)

실재가 중시되는 곳에서, 은유는 안 좋게 비춰진다. 왜 그럴까? 우리는 전통적으로 은유를 "문자 그대로"의 단어와 대조하여 정의 내리기 때문이다. 문자 그대로의 언어는 "사실"이며 "과장되지 않은 것"으로 받아들여지는 데 반해 은유는 단지 겉포장이나 예쁜 말로 여겨진다. 조지 엘리엇은 "우리 모두의...

생각은 은유와 뒤얽혀 있고, 그것에 의지해서 치명적으로 행동한다"고 했다. 그러나 지금쯤이면 이러한 전통적 구분에 결함이 있음을 알아차려야 한다. 단어는 세상을 그대로 보여주지 않는다. 어떠한 단어도 다른 단어보다 더 정확하게 세상에 부합되지 않는다. 오랜 기간 묘사를 하다 보면 점점 사실처럼 느껴진다. 대부분의 사람들은 매일 태양이 뜬다고 말하지만, 우주인에게 이것은 단지 은유일 뿐이다. 사실상, 문자 그대로와 은유적 표현의 차이는 근본적으로 단어를 전통대로 사용하는지 또는 참신하게 사용하는지의 차이다. 모든 묘사는 만일 그것이 어디서 시작됐는가를 추적하다 보면 은유로 볼 수 있다.

조지 레이코프와 마크 존슨은 자신들의 저작에, 『삶으로서의 은유』[1]라는 제목을 붙였다. 우리는 은유를 사용해서 서로 의사소통하기 때문에, 은유가 우리 삶의 방식을 형성한다는 의미다. 앞서 살펴본 대로, 여기에는 위험과 자유가 동시에 놓여 있다. 위험 측면에서 보면, 우리는 실재처럼 되어버린 은유의 희생양이 될 수도 있다. 예를 들어, 사람들 사이에 의견이 다르면 논쟁이 일어난다. 그런데 논쟁은 보통 불쾌한 결과를 낳는다. 서로 언성이 높아지고, 모욕을 주고받으며, 해결책보다는 적대감이 생겨난다. 그런데 왜 이러한 결과가 나왔는지 거슬러 올라가 보면 논쟁을 전쟁과 동일시하는 은유들이 발견된다. 그 몇 가지 예는 아래와 같다.

> 너의 주장은 방어가 어렵다.
> 그는 논쟁에서 모든 약점을 공격했다.
> 그녀의 비판은 목표에 적중했다.
> 그는 그녀의 의견을 박살냈다.
> 나는 그녀와의 논쟁에서 이겨본 적이 없다.
> 그는 내 주장을 모두 격추시켰다.

이렇게 전쟁과 논쟁을 동일시하면서 우리는 전투원처럼 서로를 대한다. 여기서

---

1 Lakoff, G. and Johnson, M. (1980) *Metaphors We Live By*. Chicago, IL: University of Chicago Press.

는 이기거나 지는 것, 파괴하거나 파괴되는 것뿐이다. 하지만 구성주의 관점을 취하고 은유를 의식적으로 자각한다면 자유롭게 다른 선택을 할 수 있다. 만일 논쟁을 게임으로 본다면 어떨까? 때때로 서로 간에 포지션을 바꿔서 다른 쪽 입장을 대변해 이야기할 수도 있다. 양쪽 입장을 모두 존중하면서 여전히 친구로 남을 수도 있다. "마약과의 전쟁", "가난과의 전쟁", "테러와의 전쟁"이라고 말하는 경우도 생각해 보자. 각각의 은유는 적을 만들고, 대화의 기회를 축소시킨다. 만일 우리가 다른 은유를 만든다면, 더 나은 선택이 가능해질까?

자신에 대한 이해로 넘어가 보자. "내 경험" 또는 "내 감정"이라고 부르는 것은 무엇일까? 이것들은 은유 이전에, 즉 우리가 말로 하기 이전에 이미 존재하는가? 구성주의에서는 우리가 의사소통하기 "이전에 존재하는 것"이 무엇인지 답할 수 없다. 일단 한번, 무언가가 있다는 것에 동의해 보자. 하지만 그것을 묘사하기 시작하는 순간 우리는 다시 은유들 속에 놓여진다. 그렇다면 우리가 "사적인 경험"이라고 이해하는 것은 어떨까? 자세히 살펴보면, 사적 경험이라는 개념은 서양 문화에서 개인을 표현하는 핵심적 은유에 의존하고 있는데, 바로 거울이라는 은유를 사용해서 경험을 정의 내리는 방식이다. 세상은 "저 밖에" 있고, 그 내용이 "내 안의" 경험으로 반영된다는 뜻이다. 그러나 이때 정확히 무엇이 "안에" 있고 무엇이 "밖에" 있는지를 분리하는 작업을 멈추면, "내 안의" 경험이라는 생각이 은유임을 알아차릴 수 있다. 어디까지가 밖이고 어디부터가 안인가? 피부? 망막의 표면? 수용 세포? 아니면 피질? 만일 "저 밖의" 경험이라고 여기는 모든 것(예를 들어, "물리적 세상 안"의 모든 것)을 제거한다면, 경험이라고 부를 만한 무언가가 남게 될까? 또 "내 안의" 경험이라고 부를 만한 모든 것을 없앤다면, "경험의 대상들"이라는 것이 여전히 존재할까? 우리가 내부와 외부를 분리시키려고 하는 순간, 불확실성 속으로 던져지게 된다.

학자들이 지적하듯, 역사 속에서도 "경험의 본질"에 대한 서로 대립되는 은유들이 쌓여 왔다. 거울은유에 따르면, 우리는 경험을 수동적으로 이해한다. 단지 스치는 세상을 반영할 뿐이다. 그렇지만 서치라이트(searchlight)로서의 경험이라는 은유도 있다.[2] 이는 어떠한 목적을 달성하기 위해서 세상을 적극적

2 Bruner, J. and Feldman, C.F. (1990) Metaphors of consciousness and cognition in the

으로 뒤지고 밝힌다는 의미다. 거울을 "본다"고 할 때와 서치라이트로 "찾는다"고 표현할 때의 차이점이 느껴질 것이다. 이처럼 안/밖, 능동/수동과 같은 표현은 모두 우리의 경험을 구성하기 위해 빌려온 개념이다.

우리가 감정을 이해하는 방식 역시 은유에 빚을 지고 있다. 몇 개의 기본적 은유가 있는데 이들을 이용해서 상당수의 감정을 표현할 수 있다.[3] 우리는 감정이 우리 안의 동물적인 부분을 표현한다고 믿기 때문에, "그가 분노로 울부짖었다"라든지 "그 사람의 코털을 건드렸다"라는 표현이 가능하다. 동물은 유가 주를 이루기 때문에 "그의 분노는 로봇 같았다"라고 말하기는 어렵다. 우리는 또한 움직이는 힘으로서의 감정이라는 은유를 물려받았기 때문에, "그는 두려움에 이끌렸다"라든가 "사랑이 세상을 움직이다"라고 말한다. 그래서 "그는 너무나 기뻐서 잠에 빠져들었다"라고 말하면 어색하다. 생물학으로서의 감정이라는 은유도 자주 쓰여서, "직감적으로"라든가 "슬픔에 심장이 무너졌다"고 말한다. 이들보다는 사용 빈도가 낮지만, 정신질환으로서의 감정의 은유도 사용한다. 그래서 "그는 분노로 눈이 멀었다", "그녀는 미친 듯이 사랑에 빠졌다"라고 하지, "그의 분노는 성숙함의 척도다"라고 하지는 않는다. 그러므로 "마음을 이야기"할 때는 시의 세계로 들어간다고 봐도 무방하다.

내러티브: 이야기로서의 실재

> 우리는 내러티브로 꿈꾸고, 내러티브로 공상하고, 내러티브로 기억하고,
> 기대하고, 희망하고, 절망하고, 믿고, 의심하고, 계획하고, 수정하고,
> 비난하고, 구성하고, 잡담하고, 배우고, 미워하고, 사랑한다.
> - 바바라 하디(Barbara Hardy), *허구의 시학을 향하여*(*Toward a Poetics of Fiction*)

---

history of psychology. In D. Leary (Ed.) *Metaphors in History of Psychology*. New York: Cambridge University Press.

3 Averill, J.R. (1990) Inner feelings. In D. Leary (Ed.), Metaphors in the History of Psychology; Gergen, K.J. (1995) Metaphor and monophony in the twentieth-centry psychology of emotions. *History of the Human Sciences*, 8, 1–23.

만일 당신이 범죄를 목격해서 증언대에 섰다고 상상해 보자. 당신은 6월 6일 날 밤 무슨 일이 있었는지 기술해야만 한다. 당신은 "파란색... 네 개... 신발... 나는... 머리카락"이라고 말한 뒤 침묵한다. 변호사가 말한다. "아니요, 안 됩니다... 제 말을 잘 들어보세요. 그날 밤 무엇을 봤는지 정확히 말하셔야 합니다." 당신은 이번에도 똑같이 반복한다. 변호사는 점점 화가 치민다. 마침내 판사가 소리친다. "당신을 법정 모독죄로 고발합니다!" 앞선 논의를 바탕으로 생각하면, 판사의 행동은 불공평해 보일 수도 있다. 그날 밤 무슨 일이 일어났든 간에 그 사건이 특정한 방식으로 표현되기를 요구한 것은 아니지 않은가? 말이란 사진과는 다르다. 하지만 "일어난 일을 언급"하는 서양의 전통에서 보면, 판사의 행동은 완전히 타당하다. 이 전통에서는 우리가 **제대로 된 이야기**를 하도록 요구된다. 또는 진짜로 무슨 일이 있었는지 기술해야 한다. 다시 말해 우리는 좋은 이야기가 필요하다.

그런데 서양 기준에서 좋은 이야기를 한다는 것은 무엇을 의미할까? 보다 형식적 용어로, 이는 **내러티브 구성**을 위한 기준에 대해 묻는 것이다. 수긍할 만한 내러티브를 구성하는 관례나 규칙은 무엇일까? 일반적으로 잘 구성된 내러티브로 간주되려면, 적어도 다섯 개의 중요한 요소가 필요하다. 이 다섯 개의 기준을 모두 충족시키지 않아도 내용이 이해될 수 있겠지만, 이상적 기준에 근접할수록 모순되지만 내러티브는 더 "사실처럼" 보인다. 잘 구성된 내러티브에 필요한 중요한 몇 개의 기준은 다음과 같다.

- **중요한 결말**: 우선 잘 수용되는 이야기는 반드시 목표, 설명되어야 할 사건, 도달하거나 피해야만 하는 상태 또는 보다 쉬운 말로 "요점"이 있어야 한다. 보통은 요점을 듣고 나면 바람직하거나 그렇지 않거나 하는 가치가 전달된다. 예를 들어, 법정에서 당신의 증언은 범죄 발생이라는 하나의 요점 위주로 구성되어야만 한다. 단지 단어들을 나열하기만 하면, "요점"이 없다.
- **결말과 관련된 사건들**: 일단 결말이 확실해지면, 무슨 사건들을 이야기에 넣을지가 어느 정도 정해진다. 구체적으로, 내러티브를 잘 구성하면 사건들이 결말을 더욱 개연성 있고 이해하기 쉬우며 생생하게 만들어

준다. 따라서 이야기의 요점이 "범죄"라면, 사람들은 이와 관련된 사건을 듣고자 한다. 당신이 만일 "나는 신발 끈을 묶었어요. 불이 켜져 있고, 샘이 죽은 채 바닥에 누워 있었어요. 나는 치통이 있어요"라고 한다면 여전히 증인으로서의 역할을 못하는 것이다. "오직 진실만"이라는 것은 샘의 죽음과 구체적으로 관련된 사건을 의미한다.

- **사건의 정렬**: 요점이 확실해지고 관련된 사건들이 선택되면, 이를 순서대로 정렬한다. 가장 널리 사용되는 것은 시간에 따른 순차적 정렬이다. 좋은 이야기에서는 사건들이 시간의 흐름대로 펼쳐진다. 그러므로 증언할 때 "그 남자가 창문에서 뛰어내렸어요. 비명이 들렸어요. 샘이 바닥에 죽은 채 누워 있었어요. 총소리가 났어요"라고 말하면 안 된다.
- **인과적 연결**: 이상적인 내러티브는 설명력이 있다. "왕이 죽었고 그 다음에 여왕이 죽었다"는, 단지 사건을 나열해 놓았을 뿐이다. 하지만 "왕이 죽자 여왕이 슬픔에 못 이겨 죽었다"라고 하면 이야기가 시작된다. 내러티브 이론가인 폴 리쾨르가 말했듯 "반드시... 내러티브 안에 설명이 엮어져 있어야 한다."[4] 그러므로 만일 당신이 법정에서, 샘과 해리가 논쟁을 했고, 이에 격분한 해리가 총을 꺼냈는데, 여기에 놀란 샘이 소리를 질렀고, 해리가 총을 발사했으며, 샘이 바닥에 쓰러졌고, 이 광경을 본 해리가 창으로 뛰어내렸다고 이야기한다면 증인으로서 좋은 평가를 받게 된다. 각각의 사건은 선행 사건과 인과적으로 연결되어 매끈한 이야기가 된다.

위와 같은 기준이 중요한지 살펴보기 위해서, 연구자들은 참여자에게 살면서 실제로 일어난 사건 또는 꾸며낸 사건을 말해 달라고 요청했다.[5] 이후 평가자 집단에게 어떤 이야기가 진짜 같은지 구분해 달라고 요청했는데, 그 결과가 흥미로웠다. 진짜든 거짓이든 상관없이, 위에서 설명한 기준에 근접할수록 이

---

4 Ricoeur, P. (1981) *Hermeneutics and the Human Science*. New York: Cambridge University Press, p. 278.

5 Bennett, L.W. and Feldman, M.S. (1981) *Reconstructing Reality in the Courtroom*. New Brunswick, NJ: Rutgers University Press.

야기는 평가자들에게 더 진실되게 보였다. 특히 "사실감"을 높이는 데 중요했던 기준은 중요한 결말과 인과적으로 연결된 사건들이었다. 법정에서든 밖에서든, 진실을 이야기할 때, 인생은 예술을 모방해야 한다.

내러티브와 자기 자신

> '내가 무엇을 해야 하는가?'라는 물음에 답하려면
> 그전에 '나는 어떠한 이야기의 일부인가?'에 답할 수 있어야 한다.
> - 알래스데어 매킨타이어(Alasdair MacIntyre), *덕의 상실(Beyond Virtue)*

만일 여러분이 "그렇다면, 내러티브가 나와 무슨 상관이 있나요?"라고 묻는다면, "모든 것"이라고 말할 수 있다. 잠시 우리가 일상을 "오르막"과 "내리막", 진보와 퇴보, 충족과 좌절이라는 용어로 이해하는 방식을 생각해 보자. 일상을 이러한 방식으로, "오르막"에 있고, 진보를 하며, 충족감을 느낀다고 보는 것은 가치관이 포함된 이야기의 세계에 참여한다는 말이다. 예를 들어, 나는 이 글을 쓰고 있는 순간의 나의 모습을 고립된 행동이 아닌, 과거 어딘가에서 시작하여 나에게 중요한 미래로 나아가는 행동으로 이해한다. 친구나 가족들이 우리를 대하는 방식도 마찬가지다. 이들은 보통 우리를 "어딘가로 가고 있는", "더 나아지고 있는" 또는 "좌절해서 고통받는" 이야기의 주인공처럼 대한다. 이야기 속이 아니라면 우리는 어디에 존재하겠는가?

내러티브로서의 삶을 이해하려면 이야기를 형성하는 주요 요소를 살펴보는 것이 도움이 된다. 먼저 중요한 결말을 고려해 보자. 사람들은 자신의 삶을 이해하기 위해서, "어떻게 하면 X가 될까?", "Y를 성취하기" 또는 "Z에 대한 신념"과 같이 보통 한 개나 그 이상의 결말 또는 목표를 상상한다. 그러면 시간에 따라 사건들이 원하는 목표로 나아가거나 또는 목표에서 멀어지는 2차원의 내러티브 형태가 그려진다. 하나는 **진보하는 내러티브**인데, 여기에는 긍정적인 결말(성공이나 승리 등)이 있고 모든 사건들이 이 목표로 나아가는 이야기가 펼쳐진다. 다른 하나는 **퇴보하는 내러티브**로, 부정적인 결말(실패, 손실 등)

이 있고 이야기는 지속적으로 기울어져 간다. 비록 온전히 진보나 퇴보뿐인 내러티브는 별로 없겠지만, 삶이란 이 두 경우와 비슷할 때가 많다. "시합에서 내가 어떻게 이겼는지", "이러한 결론에 어떻게 이르렀는지", "이러한 결과를 어떻게 성취했는지"와 같은 표현은 진보의 내러티브를 보여주며, "내 연애가 어떻게 깨졌는지", "내가 어떻게 사기를 당했는지", "어떻게 마약에 빠지게 되었는지"와 같은 표현은 퇴보의 내러티브를 보여준다.

그림 2.1 / 내러티브의 기본적 형태

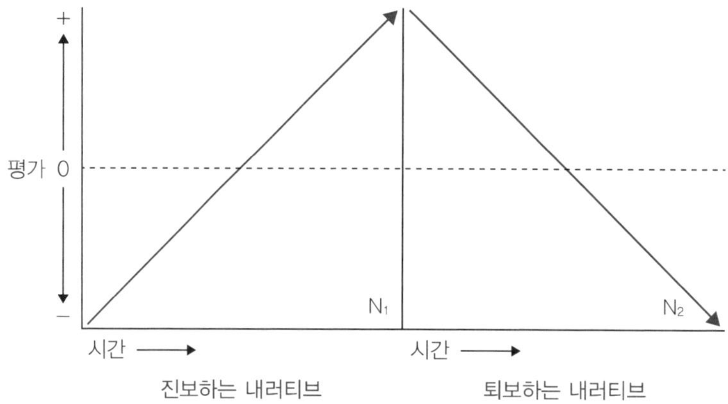

그림 2.2 / 그 후로도 행복하게 내러티브와 영웅 서사 내러티브

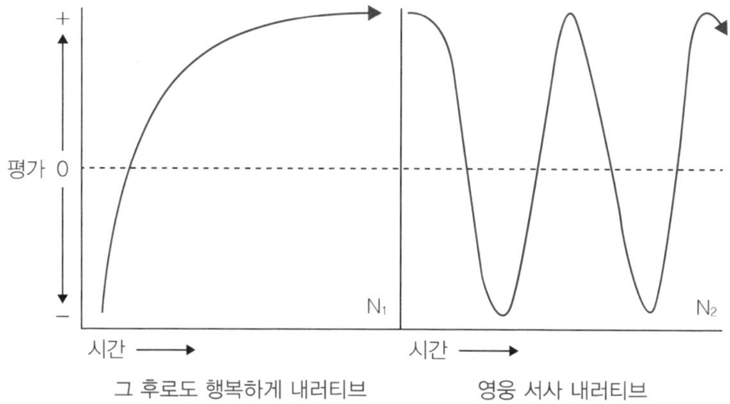

진보와 퇴보의 내러티브에서 변형된 중요한 형태가 있다. 하나는 가장 대중적이면서도 아마도 위험한 변형인 **그 후로도 행복하게 내러티브**다. 이 내러티브는 주로 사람들이 영원히 함께 살아가는 것을 꿈꾸는 낭만적인 관계와 연결된다. 사람들은 로맨스에서 발견되는 행복이 지속되는 삶을 상상하곤 한다. 문화 속에서도 낭만적 이야기는 넘쳐난다. 그러나 "그 후로도 행복하게"라는 이야기에 잘 맞는 대상을 찾기란 어렵다. 그렇기에 위험하기도 하다. 우리는 "앞으로도 이어지는 영원함"을 기대하지만 이를 어떻게 성취할지에 대한 지식은 거의 없다. 일부 학자들은 "그 후로도 영원히"를 고정된 내러티브로 본다면 실망으로 이어질 수 있으므로, 이보다는 두 사람이 함께 써가야만 하는 열린 내러티브로 보자고 제안한다.[6]

특히 남자들은 종종 **영웅 서사 내러티브**에 끌린다. 이 경우, 사람들은 자신의 삶을 오르막과 내리막의 연속으로 이해한다. 목표를 향해 가는 과정에서 어려움이 생기고, 불운이 발생하지만 다시 승리를 향해 헤쳐나가고, 그러다가 한 발 뒤로 후퇴하기도 하면서 마침내 영웅이 된다. 그 외에도, 대중적인 두 개의 내러티브를 언급할 수 있다. 그 하나는 **비극**이다. 높은 위치나 성공의 정점에 오른 누군가가 갑자기 절망이나 실패로 추락하는 내러티브다. 예를 들어, 내 컴퓨터가 고장 나서 그동안 썼던 원고가 다 날아가 버렸다면, 그래서 내 입에서 욕설이 튀어나왔다면, 나는 작업의 절정에서 바닥으로 떨어지는 비극의 내러티브를 표현하고 있는 것이다.

---

6 Raz, A., Wiseman, H. and Sharabany, R. (2007) Give love a chance: Difficulties of adults in establishing long-term romantic relationships. In R. Josselson, A. Lieblich and D. McAdams (Eds.), *The Meaning of Others: Narrative Studies of Relationships*. Washington, DC: APA Publications.

그림 2.3 비극과 로맨틱 코미디 내러티브

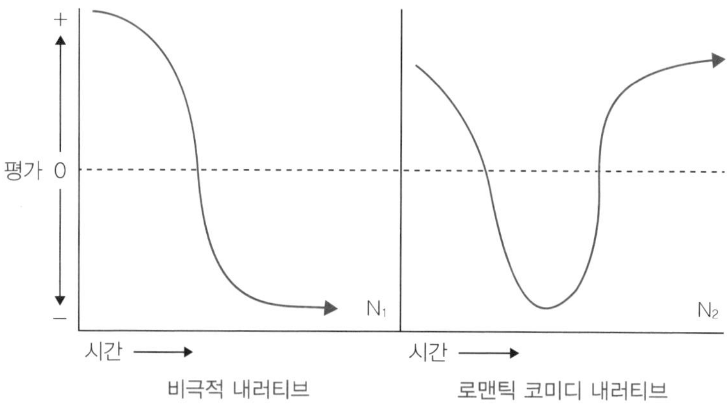

마지막으로, 거의 대부분의 황금시간대 TV 드라마는 소위 로맨틱 코미디[7]의 형태를 취한다. 이 경우, 잘 유지되던 관계는 갑작스러운 재앙(예를 들어, 범죄나 잘못된 판단, 무례한 실수) 때문에 방해받는다. 그리고 이후의 이야기는 마침내 이들이 질서와 안정을 되찾는 일련의 사건들로 채워진다. 아마 여러분 역시 자신의 하루를 이러한 방식으로 이해하는 많은 사람들 중 한 명일지도 모른다. 예를 들어, 아침에는 하루를 잘 시작했지만, 낮 동안에 크고 작은 문제가 생기고, 그래서 이 문제들을 처리하려고 노력하다가 마침내 안도감을 느끼며 잠자리에 드는 것처럼 말이다. 인생은 드라마와 닮아 있다.

내러티브 연구에 대한 자세한 설명은 다음 장에서 소개할 예정이다.

긍정적 노화: 내러티브의 재구성

성인의 삶 전체에 영향을 미치는 내러티브 중 하나는 바로 노화에 대한 걱정이다. 노년은 우리에게 무엇을 의미하는가? 주도적인 내러티브는 상당히 우울하다. 노화라는 개념을 둘러싼 주된 인식은 쇠퇴다. 능력이나 몸의 기능, 외모, 수입 등이 떨어진

7 이 용어는 아리스토텔레스의 고전적 내러티브 이론에서 나왔다. 아리스토텔레스는 나름의 구체적인 내용에 따라 코미디와 로맨스를 구분하였다. 그러나 이 두 유형이 동일한 내러티브 유형을 공유하기 때문에 여기서는 합쳐서 제시하였다.

다. 대부분의 노화는 “한물간” 퇴행의 내러티브다. 실로, 상당한 범위의 실증 연구들은 노화로 인한 기억력과 정보처리능력, 움직임 등의 감소를 밝히는 데 주력하고 있다. 그러므로 많은 사람들이 노화의 증상을 두려워하고 거부하는 것은 놀라운 일이 아니다. 머리를 염색하고 성형을 하면서 노화의 흔적을 지우고 싶어 한다. 퇴행의 내러티브는 사실상 더 큰 인생 내러티브의 일부분이다. 아이가 자라고(진보의 내러티브), 성숙하며(상대적으로 평탄함), 이후에는 쇠퇴한다.

그러나 왜 우리는 이렇게 두려움을 유발하는 삶에 대한 관점을 수용해야만 하는가? 실제로, 노화에 대해 비관적인 관점을 갖는다면 수명이 몇 년 단축된다는 연구 결과도 있다. 만약 다른 관점을 취한다면 우리는 불행으로부터 벗어날 수 있을지도 모른다.

이와 관련해서, 나는 아내인 메리 거겐과 함께 내러티브를 재구성하는 실험을 했다. 우리는 혹시 노년기를 쇠퇴가 아닌 풍성하고 긍정적인 발전으로, 그래서 기대되는 시간으로 이해할 수는 없을지 질문을 던져봤다. 그래서 긍정적 노화 소식지를 만들고 무료로 이메일을 통해 배부했다(www.positiveaging.net). 소식지에는 노화의 혜택과 관련된 연구들을 요약해서 실었다. 예를 들어, 노년기를 인지적 저하로 보는 관점을 상쇄하기 위해서, 이 시기에 지혜가 확장된다는(예를 들어, 모순된 아이디어 간의 균형유지능력) 연구 결과를 포함했다. 기억력 저하의 관점에 대항해서는, 기억의 상실처럼 보이는 것은 이미 더 많은 정보를 저장하고 있는 결과라는 연구를 첨부했는데, 이는 예를 들어 당신이 백 명의 사람을 안다면 천 명의 사람을 알 때보다 더 쉽게 이들을 기억할 수 있다는 의미다. 그 밖에도 나이가 들면서 우리는 보다 정서적으로 안정되며 자신의 흥미를 추구할 기회가 더 많다고 제안하는 연구들도 있다.

우리의 실험 결과는 성공적이었을까? 물론, 성공이란 상대적 개념이지만, 소식지의 구독자는 이제 수천 명에 이르며, 자원봉사 번역가들이 다섯 개의 언어로 좋은 뉴스를 전송한다. 가장 최근에는 중국어로 번역했다. 다시 말하지만, 긍정의 내러티브가 부정의 내러티브보다 더 객관적인 것은 아니다. 그렇지만 당신이라면 나이가 들면서 어떠한 내러티브에 따라 삶을 살아가고 싶은가?

수사학과 실재

현실! 좋은 생각이네요.

- 조지 칼린(George Carlin)

고대의 학습전통을 살펴보면 언어가 우리에게 현실감을 안겨주는 방식에 대한 실마리를 얻을 수 있다. 고대 그리스에서 유망한 젊은 남성들이 반드시 배워야 하는 핵심 요소는 수사학이었다. 이후 수 세기 동안, 아리스토텔레스, 키케로 등의 저작은 대중 앞에서 연설하는 기술을 다듬는 데 사용되었다. 수사학은 설득의 예술이다. 보다 정교하게 표현하면, 언어를 사용해서 자신들이 창조한 세상에 타인들이 참여하도록 초대하는 예술이다. 그러나 객관성, 과학, 그리고 진실에 대한 근대주의자들의 신념이 커져가면서, 수사학 역시 은유와 동일한 운명에 처해졌다. 타인들을 “아름다운 말”(예를 들어, 빈틈이 없으며 감정에 호소하는 말)로 설득시키는 것은 불법이 되었다. 근대주의자에게 진보를 위한 핵심은 명료하고 단순하게 표현된 논리와 사실적 증거다.

최근 수사학은 은유와 마찬가지로 새로운 부흥의 시대를 맞고 있다. 구성주의자들의 대화는 이러한 흥미에 다시 불을 지폈으며, 특히 수사학을 이용해서 효과적인 구성과 비효과적인 구성의 차이를 이해하는 것에 관심을 갖는다. 달리 표현하면, 만일 수사학이 언어의 효과적인 사용이라면, 수사학을 공부함으로써 무언가를 사실로 믿게 만드는 언어의 종류를 이해할 수 있다. 동시에, 만일 우리가 어떻게 설득되었는지 이해할 수 있다면, 우리는 수사적인 효과로부터 해방될 수 있다.

물론, 이미 우리는 광범위한 수사학의 힘을 알고 있다. 광고, 판매전략, 정치 연설에 미사어구가 남발함을 알고 있으면서도 여기에 마음이 흔들리도록 내버려둔다. 더 위험한 건 마치 세상이 어느 누구의 특정 관점에서도 벗어난 있는 그대로의 현실인 듯 “사실들을 보고”하는 대화다. 이런 경우 수사학적 분석이 특히 유용하다. 우리가 “객관적 사실들”로 받아들이는 것들을 만들기 위해서 언어가 어떻게 사용되는지를 이해하면, 객관적 사실이라는 것이 “특정 관점에서 본 사실"임을 알게 된다. 그리고 과학, 정책 수립, 군사결정, 경제학의 권위에 이의를 제기할 수 있다. 수없이 많은 경우에, "사실"에 대한 발표는 다른 이들을 침묵시키는 기능을 한다. 만일 당신이 사실을 가지고 있고 내 말은 단지 "의견"이라면, 내 의견은 묵살된다. 수없이 많은 경우에, 객관적 실재라는 언어는 포함과 배제의 위계질서를 형성하는 데 쓰인다. 단지 과학에서만의 일이 아니다. 일반적으로 그러한 수사적 표현을 말하지 못하는 사람들은 "비현실적이며", "착각에 빠진", "비합리적인" 또는 "자기기만에 빠진" 사람으로 멸시받는다. 따라서 수사학이 어떻게 작용하는지를 이해하면 주도적인 목소리에 도전할 수 있고 이로써 모두가 이야기할 수 있는 장이 열린다.

가장 흥미로운 것은 우리가 단어를 사용해서 "진짜로 실재"인 것을 창조해 내는 방법이다. 일상생활, 뉴스 기사 그리고 과학적 증거라는 객관 또는 사실의 세계가 여기에 해당한다. 앞서, 세상을 마치 사진처럼 그대로 묘사하는 단어란 없다는 이야기를 기억할 것이다. 기사가 객관적인지 아닌지는 어떠한 단어가 선택되었는가에 달려 있다. 그렇다면 어떤 종류의 단어가 객관적인 느낌을 주는가? 사회구성주의에 대한 나의 강의를 듣던 한 선배 교수는 "결국 이 모든 것이 다 구성된 것이라면, 우리는 벽을 통과해서 걸어갈 수도 있겠군. 아니면 날 수 있든지"라면서 헐뜯는 발언을 했다. 참석자들이 웃음을 터뜨렸다. 내가 명백히 바보 같은 실수를 한 것일까? 해답은 선배 교수가 사용한 수사학에 들어 있다.

앞서 은유에 대한 논의에서 우리는 "현실"을 창조해 내는 중요한 방식 하나를 살펴봤다. 은유와 문자 그대로의 묘사 간에는 중요한 차이가 존재하는데 바로 그것이 역사적으로 어떻게 사용되어 왔는가다. 문자 그대로의 묘사는 근본적으로 전통적인 묘사 방식이다. 따라서 그 선배 교수는 단순히 일상적인 언어 사용에 의존해서 나를 비판했다. 다시 말해, 실재에 대한 전통적인 언어를 사용하였다. 자, 그러면 내 답변을 한번 살펴보자. "글쎄요, 내 능력에 대해 잘 모르고 말씀하시는군요. 저는 정말로 날 수 있습니다. 자, 보세요!" 그렇게 말하면서 내가 몇 인치 아래 바닥으로 뛰어내린다. "그건 나는 게 아니지!" 선배는 화내며 말한다. "하지만 저에게는 이것이 나는 겁니다. 그러면 누가 옳은 걸까요?" 여기서 볼 수 있듯, 내가 날 수 있는지 아닌지는 객관적인 사실이 아니라 우리가 언어를 사용하는 방식이다. 객관성과 전통은 이처럼 밀접하게 연결되어 있다.

그림 2.4 당신은 누구의 말을 신뢰하는가? 왜인가?

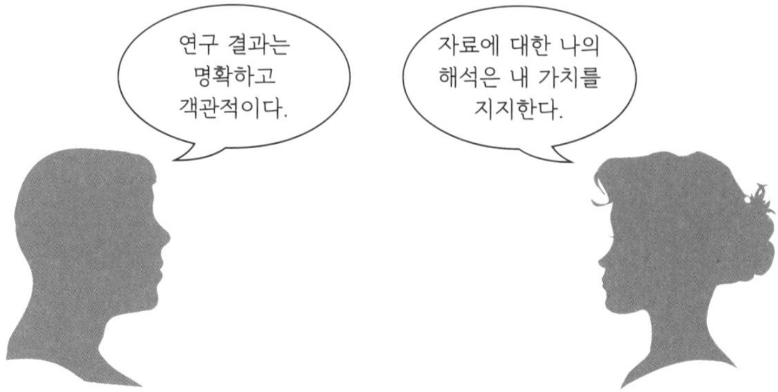

다른 수사학적 기법 역시 중요하다. 심리학 분야 과학 저널에서 가져온 아래의 인용문을 보자.

> 각 대상은 16개의 조절 스위치가 부착된 큰 교환대 앞에 앉혀졌다.

학술 분야의 독자들에게 이러한 표현은 전혀 특별할 것이 없다. 단지 사실에 대한 언급이다. 하지만 이러한 식의 기술과 관련된 세 가지를 주목해 보자. 먼저, 이 말은 "저 밖에" 존재하는 실제 세상의 사건을 언급한다. 즉, 머릿속에서 벌어지는 사건이 아님을 보여준다. 수사학적 용어로 보면 저자는 거리두기 기법을 사용한다고 말할 수 있는데, 독자에게 글 속의 대상이 "주관적"이 아님을, 즉 단지 인상이나 해석이 아님을 약속하는 단어를 사용하는 것이다. 가장 단순하게는, 앞서 언급한 대상을 지목하는 the, that, those 같은 단어는 관찰자의 경험으로부터 관심을 돌리고 대상을 마치 저 멀리 세상 안에 있는 것처럼 만든다. 위의 예에서, 저자는 소위 "전지적인 신의 시점"을 취하며 벌어지는 사건과 자신의 거리를 만든다. 마치 저쪽에서 사건이 발생하며 신이, 어느 누구의 특정한 인상과는 관계없이, 이를 내려다보듯 전달한다.

두 번째로, 이 인용문에는 정서나 감정이 배제되어 있다. 그 이유는 우리가 보통 감정이 들어간 묘사를 편향된 글로 보기 때문이다. 흔히 특정 정당을

신봉하는 정치인이나 뉴스 기자에게는 신뢰가 가지 않는데, 그들의 선호가 객관성을 침해하는 것 같기 때문이다. 중간 입장에서 냉정하게 보도하는 것이 왠지 더 객관적으로 여겨진다. 우리는 "과학이란 사례가 무엇인가에 대한 것이지, 무엇이 되어야 하는가가 아니다"라고 말한다. 과학적 관찰의 세계에서는 정치적, 도덕적, 이념적 추구가 들어설 자리는 없다.(과학 보고서가 종종 읽기 지루한 한 가지 이유다.)

마지막으로, 위의 예시는 고등교육을 받은 사람들이 선호하는 문법 규칙을 따른다. 그러한 규칙을 사용한다는 것은 저자가 "같은 부류의 한 명"임을 보여주기 때문에 신뢰를 얻을 수 있다. 게다가 교육받지 않은 사람들이 어떻게 엄격히 객관적일 수 있겠는가? 그들의 감정이 끼어들지 않겠는가?

만일 저자가 위와 같은 수사학적 규칙을 모두 어겼을 경우 더 이상 객관적으로 느껴질 수 있는지 살펴보자.

> 첫 번째 녀석이 들어왔는데, 허, 그놈 참... 머리모양은 희한하고, 주황색 신발 뭐 그런 거... 테이블에 있는 그 웃기게 생긴 기계랑 있으니까 정말 웃기더군... 꼭 약 먹은 것처럼... 내가 막 웃었지.

물론, 이렇게 말한다고 해서 내가 현실에 대한 수사학적 표현을 버리자고 주장하는 것은 전혀 아니다. 오히려 수사학은 특정 공동체 안에서 매우 중요한 역할을 한다. 수사학의 사용은 종종 신뢰를 주며 공동체에게 가치 있는 결과를 가져온다. 예를 들어, 우주 과학자들은 수사학적 표현을 사용하여 동료들로부터 그들이 동일한 방식으로, 동일한 목표를 위해 언어를 사용한다는 신뢰를 얻고자 한다. 공동체의 기준에 입각해서 사실대로 표현을 하며, 그 결과 인간은 달 표면을 걸을 수 있다. 의사나 군사 전략가, 그리고 경제 전문가들도 마찬가지이며, 수사학이 없다면 법정 증언을 통해 "진실"이라고 부를 만한 것은 아무것도 없을 것이다. 현실에 대한 수사학은 공동체가 효과적으로 기능하기 위해 반드시 필요하다. 이것이 억압과 배제의 문제를 야기하는 경우는 어느 한 공동체의 현실이 보편적 또는 "정말로 진짜"라고 여겨질 때다. 이제 실재를 만들어내는 두 번째 주요 원천을 살펴보자.

일상의 대화:
특별할 것 없는 것의 힘

말하는 자로서 인간은 존재한다.
-마르틴 하이데거(Martin Heidegger), *언어로의 도상에서(On the Way to Language)*

조금 전 나는 딸과 전화통화를 했다. 우리는 가족 식사, 여름휴가, 딸이 필요한 새 겨울코트, 자동차 문제 등등 많은 이야기를 나눴다. 특별할 것 없는 단순한 일상 대화다. 그러나 이 몇 분간의 대화 속에서 우리가 한 일은 즐거운 대화를 훨씬 넘어선다. 우선, 우리는 세상이 무엇으로 만들어졌는지(저녁식사, 휴가, 코트, 차 문제...)에 대한 합의를 지속시켰다. 그리고 이러한 합의는 우리에게 기대되는 행동(코트를 사고, 차를 수리하는 일)을 결정한다. 마지막으로, 우리의 대화는 "딸과 내가 세상을 이해하는 방식, 그리고 소중하게 생각하는 것이 같다!"는 우리의 관계를 확인시킨다. 일상 대화 속에서 현실을 만드는 과정에 대한 획기적 연구를 한 사람은 사회학자인 해럴드 가핑클이다. 『민속방법론 연구』[8]라는 저작에서, 그는 우리가 대화하면서 공통된 현실이라는 느낌을 어떻게 만들어내는지를 탐색했다. 구체적으로, 가핑클은 우리의 상호교류가 민속방법(ethnomethods)이라는 것에 깊이 의지한다고 제안했는데, 이는 합리적이거나 당연시되는 질서를 유지하기 위해서 우리가 사용하는 말과 행동을 뜻한다. 민속방법은 예를 들어 동의를 나타낼 때는 질문 대신 고개를 끄덕인다든지, 누가 농담을 하면 웃어주는 것처럼 단순할 수 있다. 이를 통해 모두가 이해할 수 있고 의지할 만한 공통된 세상이 존재한다는 느낌이 일상 안에 생겨난다.

앞선 논의와도 일관되게, 가핑클은 우리가 단어를 마치 대상을 그대로 보여주는 그림처럼 대한다고 지적한다. 그는 동시에, 우리가 항상 단어와 문구를 다른 맥락으로부터 빌려와서 이것들로 현재의 상황을 버텨낸다고 말한다. 예를 들어, 우리는 "차"라는 단어가 특정 대상을 언급한다고 여긴다. 그러나 그

8 Garfinkel, H. (1967) *Studies in Ethnomethodology*. Englewood Cliffs, NJ: Prentice-Hall.

단어를 사용하여 말하는 대상은 커다랗고 연료를 많이 소비하는 운송수단이며, 문이 두 개 달린 운송수단이며, 작은 바퀴가 세 개 달린 운송수단이다. 차라는 단어가 이 모든 대상을 정확히 보여주지 않지만 우리는 그저 부정확한 단어를 쓰면서 다른 사람들이 우리의 말을 이해할 것이라 믿는다. 가핑클의 용어를 사용하면, 우리는 단어들을 **문맥의존적으로**(indexically) 사용하는데, 이는 무언가를 지칭하거나 언급하는 말이 문맥에 따라 **실용적으로** 다양하게 쓰임을 의미한다. 사실상, 우리가 너무 많은 질문을 제기하지 않기 때문에 이렇게 자연스럽고 당연하게 여겨지는 세계가 유지된다. 사람들이 많은 것에 질문을 던지지 않으며 부정확한 것에 동의할 때 삶은 조화롭게 지속된다.

예를 보여주기 위해서, 가핑클은 수업과제로 학생들에게 일상생활에서의 무언의 규칙을 어긴 뒤 그 결과를 보고하도록 했다. 다시 말해, 이는 우리가 "상식"을 지키기 위해 하는 관행들에 질문을 던져보는 과제였다. 아래의 예는 한 학생이 제출한 과제의 일부다. 이 대화는 함께 차를 타는 카풀 멤버 한 명(A)이 해당 학생(B)에게 그 전날 차의 타이어가 펑크 났다는 이야기를 하는 장면이다.

A: 타이어가 펑크 났어.

B: "타이어가 펑크 났어"가 무슨 의미야?

A: [잠시 놀란 후, 화를 내며] "무슨 의미야?"가 무슨 의미인데? 타이어 펑크가 타이어 펑크지. 그냥 그런 뜻이지, 뭐 별거 있어? 별 이상한 질문을 하네(1967, p. 111).

두 번째 사례에서는, 지인(A)이 학생(B)에게 손을 흔들며 말한다.

A: 안녕하세요?

B: 저의 무엇이 안녕하냐고 물으시는데요? 저의 건강? 재정 상태? 학교생활? 마음의 평화?

A: [얼굴이 붉어지며 평정심을 잃고] 이보세요! 그냥 친절하게 대하려는 것뿐이라고요. 솔직히 당신이 어떤지에 대해서는 하나도 관심 없어요(1967, p. 112).

다른 학생의 경우, 읽은 책에 대해 이야기하는 약혼자를 향해 거의 1분 30초 동안 질문을 퍼부었다. 예를 들어, "'책'이라고 했는데 정확히 무엇을 의미하는 거야?" 등이었다. 그러자 약혼자는 질문을 거부했고, 점점 불편해져서 짜증을 냈다. "그녀는 당황해 보였고, 내가 자기를 짜증나게 한다고 불평했다. 그리고 '그만하라'고 말했다... 옆에 있던 잡지를 펼쳐들고 얼굴을 가렸다... 왜 잡지를 보고 있는지 묻자 입을 가리고 더 이상 말하기를 거부했다"(1967, p. 42). 이러한 예시들이 보여주듯, 만일 우리가, 비록 짧은 순간이라 할지라도, 세상이 당연시하는 방식에 도전하면 우리의 관계는 금세 흔들린다.

이번에는 개인의 정체성 문제를 생각해 보자. 우리는 서로를 늘 "동일한 사람"으로 대한다. 심지어 한 번도 같은 행동을 하고 있지 않아도 그렇다. 우리는 단지 "실용적인 목적"에 의해 "동일한 사람"이다. 당연히 우리는 이러한 방식으로 의지할 만한 세상을 만들어낸다. 그러나 동시에 의지할 만한 세상은 제약이 될 수 있다. 내가 누구인지로부터 벗어나기 어렵게 된다. 영국의 청소년들이 어떻게 자신들을 "노동자 계급"으로 인식하게 되는지에 대한 분석을 예로 살펴보자.[9] 저자인 폴 윌리스가 제안하듯, 사람들은 흔히 경제적 상승이 자연스러운 욕구라고 생각한다. 즉, 모든 사람들은 더 많은 돈을 원한다. 이러한 관점에서는, 전형적으로 노동자 계급을 억압된 사람들, 어쩔 수 없이 사회의 낮은 경제적 지위에 머무르는 사람들로 본다. 그러나 윌리스는 학교에서 현장 조사를 한 뒤 이러한 일반적 신념에 도전했다. 그는 노동자 계급 소년들끼리 그들만의 세상을 구성하며, 자신들이 상류계급과 다르고 그들보다 더 낫다고 생각하고 있음을 발견했다. 예를 들어, 이 소년들은 학교 교사를 다음과 같이 정의한다.

> 조이: 그 사람들은 우리보다 커요. 우리보다는 큰 기득권을 대변해요... 그리고 [우리는] 복수를 할 거예요.
>
> 에디: 교사들은 '자기들이 교사이기 때문에' 지위가 높고 힘이 있다고 생각하지만, 사실 아무것도 아니에요...(1977, p. 11).

9 Willis, P. (1977) *Learning to Labour*. Westmead, UK: Saxon House.

이러한 태도는 수업시간 중 소년들의 행동에도 영향을 미친다. 윌리스는 이렇게 기술한다.

> "이 친구들"이 교실이나 조례에 들어오면, 서로 간에 은밀한 끄덕임이 오고 간다... [이들은] 억눌린 원한을 노골적인 대립 직전까지 몰고 가는 일에 탁월하다... 수업 중에는 입모양으로 주고받는 대화가 수업내용과 대조를 이룬다. "아, 나도 몰라, 씨...", "뭐라는 거야, 멍청이", "제길..." 아주 희미하게 성적인 이중의미가 포함된 말에도 킥킥거리는 웃음과 "와우" 같은 탄성이 터져나온다... 만일 이들의 모의가 도전받으면, 교사의 등에 대고 V 자를 그리며, 양옆에서는 손가락 관절로 우두둑 소리를 내고, 앞에서는 순진한 척 얼버무린다. 관심은 온통 교사의 눈이 아닌 넥타이, 반지, 구두, 손가락에 있다(1977, pp. 12-13).

이러한 "우리"와 "그들" 사이의 분리는 "우리 삶의 방식이 더 우월하다"는 암묵적 윤리로도 드러난다. 집단과 함께 하는 것은 자존심의 문제다.

> 조이: ... 만약 혼자 빈둥거리면, 안 좋아요. 하지만 친구들이랑 같이 있으면 우리는 다 함께인 거죠. 같이 웃고 시간을 보내요...
> 프레드: 우리는 아주 친해요, 그렇게들 말해요, 똘똘 뭉쳐!(1977, pp. 23-24)

사회에서 용인되는 방식으로 행동하는 학생들을 어떻게 묘사하는가에서도 이들이 자신들의 삶의 방식에 두는 가치가 드러난다. 소위, 이러한 "귓구멍들"은(귀는 수동적으로 남의 말을 듣는 사람을 상징한다) 끊임없는 경멸의 대상이다.

> 데렉: [귓구멍들]은 성적표에 A와 B를 다섯 개씩 받는 멍청이들이에요.
> 스팽크시: 그러니까, 걔들이 나중에 학교생활로 떠올릴 만한 게 뭐가 있겠어요? 회상할 게 뭐가 있겠느냐고요. 수업시간에 앉아서, 거시기에 땀나가면서, 안 그래요, 그때 우리는... 그러니

까 우리는 얼마나 회상할 거리가 많은지 보세요, 파키스탄 애들이랑 싸웠지, 자메이카 애들이랑 싸웠지. 선생들한테 장난친 일들은 나중에 생각해 보면 얼마나 재미있겠어요.

조이: [귓구멍들]은 여전히 (비속어) 유치해요, 말하는 거나 행동하는 거나... 지들 탓이에요. 톰 브래들리를 같은 애들이요, 본 적 있어요? 난 걔를 볼 때마다 생각해요... 우리는 인생의 모든 즐거움이랑 모든 (비속어) 쓴맛을 겪어봤는데. 술도 마셨지, 싸움도 했지, 좌절도 겪었지, 섹스도 했지, (비속어), 증오도 했지, 사랑도 했지, 그랬는데, 걔는 이런 걸 전혀 몰라요. 여자도 만나본 적 없고, 술집에 가본 적도 없어요(1977, pp. 15–16).

위와 같은 대화 속에서 "이 친구들"은 차별화된 세상을 만들고 그 안에서 자신들의 장소를 정의 내린다. 이러한 사례를 보면서 그리고 아마도 모든 사례들에서 우리의 현실이 또 다른 구속은 아닐지 질문을 던져봐야 한다.

몸을 구성하다

비판가들은 흔히 세상이란 우리가 구성하기 전부터 존재해 왔다는 점을 지적한다. 구성주의자들은 "무언가가 존재한다"는 데에는 동의하지만, 이 무언가를 기술하려고 하면 어쩔 수 없이 전통적인 구성 방식에 의존해야 함을 강조한다. 전통도 다양하다. 예를 들어, 인간의 몸을 생각해 보자. 무언가가 존재하긴 하는데 이것은 무엇인가? 플라톤은 몸을 무덤으로 묘사했고, 사도 바울은 성령의 전으로, 데카르트는 기계로 묘사했으며, 철학자인 장 폴 사르트르에게 몸은 다름 아닌 자기 자신이다. 오늘날 마케팅 담당자들에게 몸은, 특히 여성의 몸은, 광고 수단이다. 그리고 많은 젊은 사람들에게 몸은 자신의 정체성을 나타내는 문화적 신호로 사용된다. 몸에 문신과 피어싱을 해서 "내가 어떠한 사람인지"를 타인에게 알린다. 이러한 구성의 차이는 매우 중요할 수 있다. 예를 들어, 의학계에서는 의사가 환자의 몸을 단지 "고쳐야 할 대상"으로 보고 접근할 수 있다. 환자의 관점에서는, 그 자신이 고깃덩어리로 환원되어 버리는 셈이다. 그러한 차이의 결과는 무신경한 의사 대 인생 전체를 걸고 중요한 상황에 놓인 환자로 나타난다. 만일 치료과정에서 실수가 발생하면 소송으로 이어질 확률이 높아진다.

많은 사람들이 “아름다움”에 대한 일반화된 구성으로 고통받는다. 의류나 치과 관련 물품, 체중감량 식품, 건강식, 운동 장비 등을 만드는 기업들은 모두 이상적인 몸이란 어떠해야 하는지 정의 내린다. 그리고 이러한 정의 때문에 사람들은 많은 돈을 써서 헬스클럽에 가고 식이요법을 하며 성형을 하지만 그러한 이상향에 다다를 수 없어 고통받는다. 특히 나이가 들면서 자신의 모습이 이상적인 몸과 멀어짐을 느끼면 괴로워진다. 상담전문가들은 거식증이나 폭식증 같은 식습관 장애의 원인이 주로 청소년기 소녀들이 겪는 불안감에서 온다고 말한다. 완벽해지고 싶어서 식이요법에서 빠져나오지 못한다. 그렇지만 재구성의 다양한 가능성은 새로운 대안을 제시해 줄 수 있다. 상담자인 내 친구가 유머러스하게 해 준 이야기처럼 말이다. “내 고객 한 명은 자신의 몸을 증오해 왔어. 안 해 본 다이어트가 없지. 다 소용없었어. 결국 뮤뮤(폴리네시아에서 흔히 입는 텐트같이 생긴 원피스)를 샀어. 그리고 작은 카드에 ‘나는 거식증을 이겨냈다’고 써서 옷 앞에 붙여놨지.”

제도적 실재:
푸코가 말하는 권력

광기는 오직 사회 안에서만 존재한다.

- 미셸 푸코(Michael Foucault), *광기의 역사(Madness and Civilization)*

무엇이 실재이고 옳은지가 만들어지는 가장 중요한 중심은 대화다. 그러나 우리의 언어 전통은 더 큰 조직에 속해 있다. 이들 조직은 실재, 이성, 올바름의 문제에 권위를 행사한다. 예를 들어, 법원은 법에 입각해서 무엇이 옳고 그른지에 대한 권위를 가진다. 과학 계열은 해당 연구 영역에서 무엇이 진실이고 거짓인지에 권위를 주장한다. 종교는 영적 문제에 권위를 행사한다. 우리는 건강문제에 권위를 갖는 의학 전문가들에 의지한다. 사실상, 이들 기관은 우리의 삶을 어떻게 구성할지 결정하는 데 지대한 영향을 미친다. 그래서 많은 사람들이 이들 기관을 권력의 중심으로 본다. 이들은 무엇을 말할 수 있는지 규제하고, 이를 어기면 처벌한다. 구성주의자들은 여기에서 자유와 통제라는 중요한 이슈를 본다.

이러한 이슈는 지난 세기의 가장 위대한 사회 이론가 중 한 사람인 미셸 푸코의 핵심 연구 주제다. 현재 맥락에서, 그의 관심사는 어떻게 사람들이 미묘한 권력 형태에 기꺼이 스스로를 예속시키는가다.[10] 내가 여기서 언급하는 것은 법이나 군사력 같은 명백한 형태의 권력이 아니라 일상 대화 속에서 기능하는 미묘한 형태의 권력이다. 우리는 인생의 대부분을 별 의심 없이 상당히 체계적으로 산다. 학교에 가고, 직업을 가지고, 물건을 사면 돈을 내고, 병원에 가곤 한다. 푸코가 보기에 이러한 특별할 것 없는 관행들은 우리가 권력에 복종함을 보여준다.

어째서 그러한가? 푸코의 논리에 따르면, 많은 주요 제도들(과학, 법, 의학, 정신병리, 교육학 등)은 무엇이 지식인지 주장한다. 이러한 주장 안에는 이들 집단의 가치가 내재되어 있다. 1장에서 제안한 내용을 기억해 보기 바란다. 푸코는 이들 제도를 규율 체계(disciplinary regimes)라고 표현했다. 오늘날, 지식에 대한 이들의 주장은 우리를 건강과 질병, 정상과 비정상, 유죄와 무죄, 유식과 무식으로 구분하는 결과를 낳았다. 이들 체계는 또한 의료 검사, 지능 검사, 범죄경력 조사, 학기말 시험 등 다양한 측정 절차를 활용하는데, 측정을 통해서 우리는 꼼꼼히 조사되고 그들의 용어로 구분된다. 사실상, 의료 검사나 대학 입학자격시험 등 다양한 종류의 시험에 응시할 때, 우리는 자기 자신을 규율 체계에 맡기고, 그들의 용어로 불리고 설명되도록 허락한다. 그리고 이러한 용어를 일상으로까지 가져와서 다른 사람들과 콜레스테롤 수치나 우울증 정도, 학교 성적을 이야기하며 우리의 복종을 증명한다. 우리는 또한 규율 체계의 권력을 확장시킨다. 그러한 면에서 스스로를 예속화하는 데에 참여한다.

푸코의 주 관심은 확장되는 권력/지식의 영역에 대한 저항을 불러 모으는 것이었고, 이 과정을 문화적 훈련이라고 하였다. 푸코는 독자들에게 저항과 전복 그리고 자기 전환을 통해서 이러한 힘에 대항하여 싸우도록 촉구했다. 실제로 정신건강 분야에서 다양한 집단이 이렇게 하였다. 예를 들어, 동성애는 1974년까지 정신의학 전문가들에 의하여 정신병으로 간주되었는데, 동성애 활

---

10 Foucault, M. (1979) *Discipline and Punish*, New York: Vintage; and Foucault, M. (1978) *The History of Sexuality, Vol. 1*. New York: Pantheon.

동가들은 "전문가들"의 이러한 구분 기저에 있는 편견에 주목했다. 푸코의 견해는 또한 정부나 법제도, 교육제도, 정신의학 등에 대항한 수년에 걸친 시위들을 지지해 주었다. 또한 앞 장에서 설명한 대로, 비판적 운동을 확장시키는데 중심 역할을 하였다.

그러나 푸코가 의미하는 "저항의 힘"에도 한계가 있음을 인식하는 것이 중요하다. 무언가를 이해하려면 우리는, 규율 체계든 아니면 비공식적 공동체든, 늘 "지식을 만드는" 어떠한 과정에 참여해야만 한다. 우리는 언어, 모든 질서 또는 규율 밖으로 나갈 수 없다. 만일 우리가 "저항의 힘"이 합리적이라는 언어 전통에 참여하지 않았다면, 저항하지 않을 것이다. 달리 표현하면, 푸코 식으로 권력에서 완전히 자유로워지는 것은 사실상 우리가 가치를 두는 모든 것을 지우는 것이다. 우리가 어떠한 사회적 제도에 참여하지 않으면 다른 사람의 사랑을 받을 수 없다. "가족"이라 부르는 체계가 없이는 부모가 자녀에게 사랑을 베풀 수 없다. 법제도가 없이는 정의를 성취하기 힘들다. 그러므로 완전한 거부보다는 다양한 제도의 긍정적, 부정적 결과 모두를 살펴보아야 한다. 해당 전통은 우리가 바람직하다고 여기는 것을 어떻게 지지하는가? 어떠한 면에서 실패하는가? 이 과정에서 1장에서 논의한 성찰적 실용주의를 되새겨 볼 필요가 있다.

정체성의 정치:
죽느냐 사느냐

모든 평범한 존재들처럼, 나는 유형 짓기와 그것이 수반하는 죽음을 두려워하고 책망한다. 그리고 이것이 나를 붙잡고 옥죄이게 놔두지 않을 것이다...

- 트린 민하(Trin Minh-ha), *여성, 원주민, 타자*(*Woman Native Other*)

이 장에서는 공통의 실재와 선을 구성하는 세 가지 주요 원천인 언어 전통, 일상 대화 그리고 사회 제도를 살펴보았다. 이들은 구성된 사회를 안정적으로 유지시킨다. 또한 나는 언어의 구조, 우리를 공통된 실재 안으로 끌어들이는 대화 방식 그리고 기득권을 유지시키는 체계의 권력에서 빠져나오기가 얼마나 힘든지 설명하며, 비판적 성찰과 저항의 가능성이 매우 중요하다고 강조하였다. 그러나 이 마지막 부분에서는, 구성된 세계의 유동성에 초점을 둠으로써 앞서 강조했던 안정성과 균형을 맞추고자 한다.

사람들이 어디에서 대화를 나누든 의미가 발생하며, 모든 관계 안에는 다양한 전통들이 모여 있고 그 속에서 새로운 표현 형식이 생겨난다. 또한 전통들 사이에서는 끊임없이 그들의 존재를 위협하는 갈등도 있다. 따라서 가족이라는 맥락에서 이동하여 친구집단이나 수업, 운동장, 종교 시설 등으로 옮겨가면 우리는 계속해서 중심이 되는 실재와 가치를 바꿀 것이다. 또한 하나의 맥락에서 중심적인 실재와 가치들을 다른 맥락으로 가져올 수도 있는데, 그럴 경우 새로운 조합이 만들어지기도 한다. 예를 들어, 운동선수들이 시합 전에 모여서 기도를 할 수도, 혹은 가족들과 저녁식사 자리에서 수업시간에 읽은 책에 대해 논의할 수도 있다. 물론 갈등도 발생하는데, 예를 들어 또래 집단과 공유하는 실재와 가치가 가족들과의 자리에서는 충돌한다든지, 자신의 종교적 관점이 친구들로부터 비난받기도 한다. 그러므로 사회적 삶은 우리가 구성한 세상을 안정되게 지속하는 힘과 이를 저지하는 힘 사이의 역동적인 오르내림이다.

이러한 역동적 움직임을 더 자세히 보기 위해, 정체성의 문제로 관점을 돌려보자. 나는 누구인가, 또는 나는 무엇인가? 여기에 어떻게 답하는가에 따라 많은 것이 좌우된다. 자신을 개신교, 천주교, 무슬림 또는 유대인 등으로 인식하거나 또는 백인, 흑인, 아시아인, 남자, 여자로 인식하는 것은 삶을 어떻게 살아가는지에 큰 차이를 가져온다. 그런데 당신이 자신을 정의 내리는 방식의 상당 부분은 자신의 선택이 아니라 타인들이 당신을 어떻게 말로 표현하는가(당신에 대한 묘사, 설명, 비난 또는 찬사)에 달려 있을 것이다. 이러한 말들은 유형을 만들어내고 당신이 그 안에 어떻게 부합하는지를 결정한다. 나아가, 이러한 단어들은 당신이 원하지 않은 것일 수도 있다. 그래서 정체성 위기를 유발하지만 당신은 이를 온전히 제어할 수 없다. 예를 들어, 어른이 되어 고향집에 돌아갔는데 부모님은 그를 여전히 아이처럼 대하기도 한다. 여성이 조직에 입사했는데 남자들이 자신을 동료 직원으로 대하기보다는 엄마처럼 대하는 걸 발견하기도 한다.

사회적 수준에서 이 문제를 고려해 보자. 우리 모두는 하나 이상의 사회적 집단과 동일시된다. 여성, 남성, 기독교인, 유대인, 흑인, 백인, 독일인, 아일랜드인, 히스패닉 등등. 이러한 집단은 종종 영화나 소설, 뉴스 기사, 광고 같은 미디어에서 관심의 대상이 된다. 자신의 집단이 수백만 명의 사람들에게 묘사될 때 우리는 완전한 무기력에 직면한다. 여성들이 어리석고 감정적으로 묘사되거나, 아시아인들이 복종적으로, 독일인들이 위협적으로, 아일랜드인들이 공격적으로 묘사될 때, 우리도 여기에서 자유롭지 못하다. 이는 단지 대중적 이미지의 문제만이 아니다. 이렇게 구성된 묘사가 공유되면서 당연한 실재처럼 되어버린다. 그리고 이러한 실재는 공공 정책이나 교육문제, 치안 활동 등에 영향을 미친다. 흑인이나 의심스러운 무슬림들에 대한 정보가 수집되고 독일인을 향한 반감이 생긴다. 나아가, 이러한 대중적 묘사는 당사자들에게 영향을 미친다. 예를 들어, 사람들은 미디어를 보면서 여성답다는 것, 동양인이나 이성애자답다는 것이 무엇인지를 배우게 되며, 이러한 고정관념과 유사하게 행동하기 시작한다.

미디어가 다양한 집단에 대한 고정관념을 만들 때, 이제 우리는 정치의 영역으로 들어간다. 미디어 이미지 때문에 상처받는 사람은 누구인가? 누가 혜택을 얻는가? 어떻게 하면 바꿀 수 있을까? 이러한 질문을 던진 결과 몇 가지 주요한 움직임들이 활발히 일어나기 시작했다. 첫 번째 움직임은 가장 두드러지는데, 바로 저항(resistance)이다. 초창기에는 미디어에서 폭력배로 묘사되는 이탈리아계 미국인들, 백인에게 아첨하는 이미지로 묘사되는 아프리카계 미국인들, 성적 대상으로 단순하게 묘사되는 여성들이 비판의 목소리를 내기 시작했다. 이제 이러한 저항은 몇 배로 늘어났다. 북아메리카 원주민들은 자신들이 미개하고 원시적으로 박물관에 재현되는 것에 저항하고, 게이와 레즈비언들은 할리우드 영화가 어떻게 동성애 혐오를 조장하는지 지적하며, 연장자들은 노인이 무기력하게 묘사되는 것에 저항한다.

정체성의 정치적 문제에 몰두하는 많은 사람들에게, 이러한 형태의 저항은 단지 시작일 뿐이다. 보다 중요한 것은 스스로를 통제하는 것에 대한 도전이다. 여기서 정체성 정치학의 두 번째 흐름이 발생하는데, 이들은 정체성 행동주의(identity activism)에 관심을 갖는다. 사회이론가인 에르네스토 라클라우의 말에 의하면 "중요한 질문은... 사회적 주체가 누구인가가 아니라 그들이 어느 정도까지 스스로를 대변할 수 있는가이다."[11] 또는 흑인 페미니스트 패트리샤 힐 콜린스는 이렇게 말한다.

> 흑인 여성 스스로가 자신을 정의 내려야 한다. 이러한 주장은 관련된 대화 전체를 재구성한다. 단지 흑인 모계주의 입장을 거부하고 흑인 여성들의 이미지를 기술적으로 정확하게 묘사하라는 시위가 아니라, 정의를 내리는 바로 그 과정 안에서 작동하는 권력관계를 강조한다. ... 흑인 여성 스스로가 자신을 정의 내리자고 주장하는 행위는 인간 주체로서 흑인 여성의 힘을 입증한다.[12]

이러한 관점에서 볼 때, 자신의 민족적, 인종적 또는 종교적 정체성은 스스로를 통제하는 것과 타인에 의해 통제당하는 것이 대립하는 투쟁의 장소다. 따라서 텔레비전 방송국들은 잘 드러나지 않는 집단의 경험에 더 많은 시간을 할애하라는 압력을 받는다. 페미니스트, 아프리카계 미국인, 동성애 공동체들에 의한 그리고 이들에 대한 틈새 잡지가 급증하고 있으며, 소외된 사람들의 삶을 그들의 목소리로 보여주는 영화나 연극, 책이 쏟아져 나온다.

그러나 정체성 행동주의를 향한 이러한 움직임에 문제가 없는 것은 아니다. 만일 당신이 "자신이 속해 있는 사람들"에 대한 글을 쓰거나 영화를 만든다면, 당신은 그들을 대변하는 사람이 되며 사실상 통제하기 어렵게 흘러간다. 나아가, 이러한 집단에 있는 많은 사람들이 "같은 부류"로 묘사되는 방식에 이의를 제기한다. 예를 들어, 만일 저자가 억압된 사회로 인한 "자신들"의 불행, 가령 깨진 가정, 마약, 폭력 등을 드러내고 싶어 한다면, 신분이 노출된 집단은 배신감을 느낄 수 있다. 이들은 비정상이거나 무기력한 희생자로 묘사된다. 반면, 저자가 해당 전통의 부유함과 즐거움, 집단의 유대를 강조하길 원할 경우, 역시 반감이 터져 나온다. 예쁘게 포장해 놓았을 뿐 어떠한 정치적 행동도 유발하지 못한 채 단지 현실유지로 만족한다는 잘못된 인상을 주기 때문이

---

11 Lauclau, E. (1990) *New Reflections on the Revolution of Our Time*. London: Verso, p. 36.
12 Hill Collins, P. (1990) *Black Feminist Thought*. New York: Routledge, pp. 106–107.

다. 흑인 페미니스트 벨 훅스는 흑인 영화감독인 스파이크 리가 흑인과 여성을 묘사하는 방식에 대해 아래와 같이 비판한다.

> 흑인 남성에 대한 묘사는 백인 인종주의자들이 상상하는 전형적인 고정관념을 재확인시킨다. 백인 관객들을 위협하기보다는 그들의 두려움을 완화시킨다. [그 영화에는] 흑인 여성과 자유를 향한 그들의 투쟁은 배제되어 있다... 영화 속 모든 흑인 여성은, 그녀들이 엄마이든, 딸이든, 여동생이든 상관없이 어는 순간 성적 대상으로 묘사된다.[13]

그렇다면 우리는 누군가가 어떠한 집단을 대변하도록 믿고 맡길 수 있을까? 그 답은 "각자가 자기 자신을 대변하기"가 되어야 하지 않을까? 이는 집단이 결속하여 정치적 힘을 행사하는 것의 종말을 가져오지 않을까? 동시에, 집단의 결속은 나름의 문제를 갖는다. 집단에 속한다고 분류되는 많은 개인들은 그러한 유형 짓기에 분개한다. 그들은 집단으로부터 "우리와 함께 할 것" 그리고 "우리와 동일할 것"에 대한 압박을 느낀다. 이들은 전통을 따르고, 함께 시간을 보내며 집단을 지지하기 위해 힘쓰고, 집단 안에서 결혼을 하고, 집단을 위한 투표를 하도록 기대된다. 그러나 집단의 구성원으로 보이는 모든 사람들이 그렇게 행동하길 원하는 것은 아니다. 독실한 기독교 신자인 유대인, 게이 활동주의자인 파키스탄인, 피임을 하는 천주교인, "백인"과 결혼하는 아프리카계 미국인 등이 있다. 이들은 경멸당하고 추방될 수도 있다.

이러한 문제는 범주의 해체(category deconstruction)라는 세 번째 정체성 정치학 움직임을 촉발시켰다. 이러한 움직임의 중심에는, 누구에 의해 어떻게 묘사되든 상관없이, 사람들에 대한 모든 재현은 대상을 본질화(essentialize)하는 경향이 있다는 비판이 존재한다. 이는 여성, 게이, 아시아인과 같은 사회적 범주가 마치 이들의 본질인 것처럼, 다시 말해 사람들 안에 있는 내재적 특질이나 성향(예를 들어, 공격적인, 게으른, 거만한, 나약한, 주도적인 또는 신뢰할 수 없는)을

---

13 hooks, b. (1990) *Yearning, Race, Gender, and Cultural Politics*. Boston, MA: South End Press, pp. 179–182.

의미하는 것처럼 여기는 것을 의미한다. 특히 교과서, 인구조사, 뉴스 기사 등에서 지속적으로 사용되는 인종이 그러하다. 그러나 특정 피부색이나 키, 얼굴의 수염을 가진 사람들 안에 잠재해 있다가 겉으로 드러나는 본질적 특징이란 없다. 문화연구가 스튜어트 홀이 말하듯, "여기서의 쟁점은... '흑인'이란 정치적 그리고 문화적으로 구성된 범주임을 인식하는 것이다. 여러 문화에 걸쳐 변화하지 않는 고정된 또는 선험적 인종 범주에서 나온 것이 아니며, 그렇기에 본질이라고 확신할 것이 전혀 없다."[14]

그림 2.5 전 세계 사람들이 더 많이 교차하면서, 정체성 정치학의 중요성은 점차 희미해질 것이다. 우리의 다양한 행동양식 안에서, 우리는 모두가 더 큰 우리의 일부분이 된다.

집단에 속한 사람들을 본질화하는 경향은 소외와 불신, 증오를 키운다. 집단 내부의 사람들에게 "우리는 다르다, 그리고 외부인은 우리를 이해하지 못하거나 우리 공동체에 완전히 참여할 수 없다"는 암시를 심어준다. 외부적으로는 모든 집단이 타자가 된다. 서로 소외되고 자신만을 위하며 남을 불신한다. 미

14 Hall, S. (1996) New ethnicities. In D. Morley and K. Chen (Eds.), *Stuart Hall: Critical Dialogues in Cultural Studies*. London: Routledge, p. 443.

국 사회 안에도 많은 집단이 존재하며 이들은 나름의 이슈를 갖기 때문에 이론가들은 "문화 전쟁"이라고까지 말한다.[15]

이러한 문제를 볼 때, 우리는 어떻게 잘 지낼 수 있을까? 정체성 정치학의 미래는 무엇일까? 여기에 하나의 답은 없으며 대화는 진행 중이다. 먼저, 본질주의에 대한 이러한 비판에 배신감을 느끼는 사람들이 있다. 이들의 주장을 들어보면, 여성과 소수자들이 이제 막 자율성과 자기주도성을 갖추기 시작하는데, 즉 자신들의 정체성에 책임을 지려는 이 시점에, 비판가들이 그들의 근본주의를 지적하기 시작한 것이다. 이렇게 되면 사회를 비판하고 사회 변화를 가져오려는 근거가 없어져 버린다. 예를 들어, 만일 "여성"이라는 것이 없다면, 즉 "여성"이라는 범주가 사회적으로 구성된 것이라면, 어떻게 여성의 동등한 권리를 주장할 수 있겠는가? 마찬가지로 어떠한 집단의 정체성이나 정의를 주장할 근거는 무엇이겠는가?

그러므로 전통적 범주를 지속시키는 것은 명백히 중요하다. 그러나 그 범주들이 사회적 구성임을 인식하는 것 역시 더 나은 미래를 위한 핵심이다. 어째서 그러할까? 앞선 주제들을 다시 언급해 보면, 우리는 이들을 실용적 목적을 위한 범주들로 볼 수 있다. 실용적이라 함은, 단어들이, 정치적이든 아니든, 상황에 따라 사용될 수도 있고 아닐 수도 있음을 의미한다. 여기서 언급하는 것은 범주들만이 아니라, 이러한 범주와 부합하는 행동 방식도 해당된다. 페미니스트 철학자 주디스 버틀러가 제안했듯, 남자와 여자 같은 범주들은 "자연적 사실"을 의미하지는 않지만 "문화적 수행"을 상징한다.[16] 근본적으로, 사람들은 수행을 할지 말지에 있어서 자유롭다. 이 말은 동일한 근로에 동일한 임금을 요구하며 정치적 목적을 위해서 여성으로서 수행할 수 있다는 의미다. 그러나 침실에서는 이성애자 또는 레즈비언의 역할을 할 수도 있다. 범주들이 수행되는 한, 그 기저에 근본이란 존재하지 않는다.

이러한 관점을 취해서, 우리는 자신이 무엇이 될 수 있는지의 범위를 확

---

15 Thomson, I. T. (2010) *Culture Wars and Enduring American Dilemmas*. Ann Arbor, MI: University of Michigan Press.

16 Butler, J. (1990) *Gender Trouble: Feminism and the Subversion of Identity*. New York: Routledge.

장시켜야 하며, 뿐만 아니라 기존 전통의 대안들을 창조해야 한다. 예를 들어, 만일 남성이라는 것이 문화적 수행이라면, 다른 존재 방식에 대한 경험을 통해 이를 확장하고 풍성하게 해 보는 것은 어떨까? "남성"이라는 범주가 잘 들어맞지 않는 새로운 수행을 창조해 보는 건 어떨까? 버틀러 스스로는 젠더의 일반적 경계를 흐리는 수행을 선택한다. "젠더 밴딩(gender bending, 성별에 따른 성역할이나 전형적 모습을 의도적으로 뒤집기)"와 "양성애(bisexuality)"가 그 예다. 이러한 모든 섞임은 "우리와 그들"이라는 구분과 소외를 약화시킨다. 사회적 정체성에 대한 도전은 상당 부분 우리의 손에 달려 있다.

성찰

이 장에서 언급한 많은 아이디어들은 나에게 지적 자극을 주며 개인적으로도 유용하다. 내게는 이러한 생각들이 확실성의 추구나 "진리" 또는 "정답" 찾기의 포기를 의미한다. 이들은 매일의 일상에 새로운 방식을 열어주었다. 물론 나 역시 삶에서 당연시해 온 것들을 재고해야만 했지만, 신선한 가능성들은 어디서든 펼쳐졌다. 예를 들어, 내 아내인 메리와 다툴 때, 우리는 잠시 멈춰서 상황을 달리 볼 수는 없는지, 또는 우리가 사실은 서로 대립하는 듯 보여도 많은 부분에서 서로 일치하는 건 아닌지를 물어볼 수 있다. 그러면 싸움이 흥미로운 대화가 되면서 서로를 존중할 수 있다. 또는 내가 걱정하고 있는 문제를 선택한 뒤 이를 보다 나은 이야기로 말할 수는 없는지 스스로에게 물어봐도 좋다. 만일 세상을 묘사하고 설명하는 모든 방식이 구성된 것이라면, 나는 창의적인 대안을 자유롭게 고려해 볼 수 있다. 우리 집 뒷마당의 오래된 구덩이를 어떻게 하면 예술작품으로 탈바꿈시킬 수 있을까? 냉장고에 먹다 남은 음식만 있는데, 이것을 이용해서 어떤 특별한 요리를 만들 수 있을까? 우리는 "실제 존재하는 것이 무엇인지"에 대한 말은 다 잊어버리고 세상과 우리 자신에 대한 이야기를 만들어낼 수 있다. 물론 어떤 이야기들은 다른 것보다 더 믿음이 간다. 만일 우리가 전통으로부터 너무 멀리 벗어난다면 이에 대한 대가를 치른다. 그럼에도 여전히, 세상에 존재하는 것들은 어느 한 가지 방식의 묘사나 가치만을 요구하지 않는다. 어리석은 실수를 한다고 해도 "나름대로 배운 것은 있다"고 말할 수 있다.

추가 자료

사회구성주의와 관련된 은유적 표현들

Brown, R.L. (2003) *Making Truth: Metaphor in Science.* Urbana, IL: University of Illinois Press.

Lakoff, G. and Johnson, M. (1980) *Metaphors We Live By.* Chicago, IL: University of Chicago Press.

Leary, D. (1990) *Metaphors in the History of Psychology.* New York: Cambridge University Press.

Pickering, N. (2006) *The Metaphor of Mental Illness.* New York: Oxford University Press.

Soyland, A.J. (1994) *Psychology as Metaphor.* London: Sage.

실재와 개인의 내러티브적 구성

Bamberg, M. (Ed.) (2007) *Narrative – State of the Art.* Philadelphia, PA: John Benjamins.

Josselson, R., Lieblich, A. and McAdams, D. (2007) *The Meaning of Others: Narrative Studies of Relationships.* Washington, DC: APA Publications.

Randall, W.L. (2014) *The Stories We are: An Essay on Self–creation* (2nd Edition). Toronto: University of Toronto Press.

Ruse, M. (2001) *Mystery of Mysteries: Is Evolution a Social Construction?* Cambridge, MA: Harvard University Press.

실재에 대한 수사학

McClosky, D.N. (1985) *The Rhetoric of Economics*. Madison, WI: University of Wisconsin Press.

Poovey, M. (1998) *A History of the Modern Fact. Problems of Knowledge in the Science of Wealth and Society*. Chicago, IL: University of Chicago Press.

Pooter, J. (1996) *Representing Reality: Discourse, Rhetoric and Social Construction*. London: Sage.

Shapiro, B.J. (2003) *A Culture of Fact: England 1550-1720*. Ithaca, NY: Cornell University Press.

Simons, H.W. (Ed.) (1990) *The Rhetorical Turn: Invention and Persuasion in the Conduct of Inquiry*. Chicago, IL: University of Chicago Press.

일상 대화의 구성

Antaki, C. and Widdicombe, S. (Eds.) (1998) *Identities in Talk*. London: Sage.

Edwards, D. and Potter, J. (1992) *Discursive Psychology*. London: Sage.

Francis, D. and Hester, S. (2004) *An Invitation to Ethnomethodology: Language, Society and Interaction*. London: Sage.

Heritage, J. and Clayman, S. (2010) *Talk in Action: Interactions, Identities and Institutions*. Oxford: Wiley-Blackwell.

Shotter, J. (2008) *Conversational Realities Revisited*. Chagrin Falls, OH: Taos Institute Publications.

사회 제도와 권력 그리고 실재

Miller, L. (2007) Foucauldian constructionism. In J.A. Hostein and J.F.

Gubrium (Eds.), *Handbook of Constructionist Research* (pp. 216–238). New York: Guilford Press.

Munoz, C. (2007) *Youth, Identity, Power: The Chicano Movement.* London: Verso.

Pettenger, M.E. (2007) *The Social Construction of Climate Change: Power, Knowledge, Norms, Discourses.* London: Ashgate.

정체성과 문화적 역동

Butler, J. (2006) *Gender Trouble: Feminism and the Subversion of Identity* (2nd Edition). New York: Routledge.

Castells, M. (2003) *The Power of Identity: The Information Age.* New York: Wiley–Blackwell.

Connolly, W.E. (2002) *Identity/Difference: Democratic Negotiations of Political Paradox* (Expanded Edition.). Minneapolis, MN: University of Minnesota Press.

Gregg, G.S. (2007) *Culture and Identity in a Muslim Society.* New York: Oxford University Press.

Smith, K.E.I. and Leavy, P. (Eds.) (2009) *Hybrid Identities: Theoretical and Empirical Examinations.* London: Haymarket.

Thomson, I.T. (2010) *Culture Wars and Enduring American Dilemmas.* Ann Arbor, MI: University of Michigan Press.

PART 3

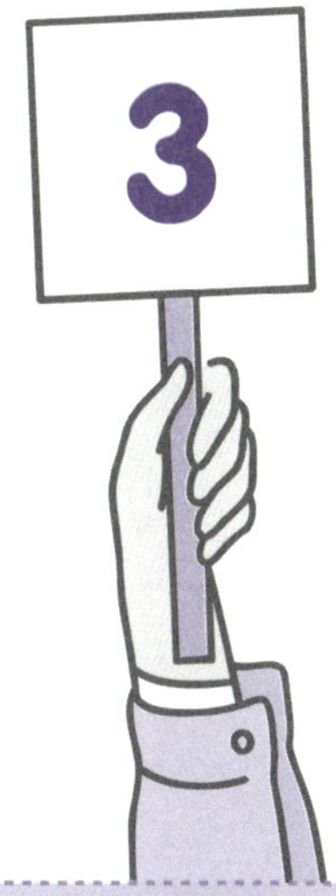

인간 탐구의 지평

- 경험주의에서 구성주의로
- 변화하는 연구 전통들
- 담론 연구: 구성된 세상의 탐구
- 상상력의 활동: 질적 탐구
- 성찰
- 추가 자료

PART

03 인간 탐구의 지평

내 동료들은 나에게 어린 학생들에게 사회구성주의를 가르쳐서는 안 된다고 말한다. 왜일까? 구성주의 사고는 우리가 소중히 여겨온 이상인 진실, 객관성 그리고 지식에 대해 질문을 던지기 때문이다. 이들은 만일 어린 학생들이 이러한 의심에 빠진다면 공부나 연구에 대한 모든 흥미를 잃을 거라고 우려한다. 또한 학생들이 권위를 주장하는 모든 것에 회의적이 될 것이며, "이 모두가 사회적으로 구성되었다"면 아무런 행동할 가치를 못 느낄 거라고 이들은 걱정한다. 이러한 두려움은 사회구성주의를 잘못 이해한 데서 나온다. 제대로 이해한다면, 구성주의적 생각들은 기존에 해 온 지식창출의 노력을 풍성하게 하고, 동시에 새롭고 흥미로운 가능성을 폭넓게 열어준다. 구성주의는 회의감을 키우기보다는, 다양한 관점들을 인정하도록 우리를 초대한다. 우리의 상상력과 혁신능력 그리고 가능한 방식으로 함께 공존할 가능성을 확장시킨다.

이 장에서는 구성주의가 인간과학 연구에 변혁을 일으키고 새로운 탐구의 물결에 기여하는 방식에 초점을 맞춘다. 심리학, 사회학, 인류학, 역사, 정치학, 커뮤니케이션, 사회복지, 그 이외의 분야에서도 흥미로운 연구가 넘쳐흐른다. 이러한 발전은 연구자를 해방시키고 연구의 가능성을 확장하며 연구자와 사회의 관계를 더 가깝게 만든다.

이러한 발전을 알아보기 전에 우선 한 세기 넘게 인간과학을 주도해 온 경험주의적 연구 전통을 살펴보자. 우리가 보게 될 것처럼, 구성주의는 획기적인 전환점이며 연구에 대한 생각 전체가 전환된다. 그렇다면, 전통적 경험주의에 대한 주요 비판은 무엇이고, 이들의 긍정적인 면은 무엇일까? 경험주의와 구성주의는 서로 평화롭게 유지될 수 있을까?

경험주의에서 구성주의로

20세기 초반, 인간과학은 자연과학의 연구 방법을 따르기 시작했다. 물리학, 화학 그리고 생물학의 발전은 연구자들에게 깊은 인상을 남겼다. 일반적으로, 이러한 경향을 **경험주의**(empiricist)라고 하며, 문자 그대로 "경험에 의거함"을 의미한다.(약간 다르게, 일부 독자들은 **실증주의**(positivism) 또는 **후기실증주의**(post-positivism)라는 용어를 사용할 수 있다.) 이러한 경향은 1장에서 과학지식을 논의하며 소개했었다. 연구에 대한 경험주의와 구성주의의 관점이 어떻게 다른지 이해하기 위해서, 경험주의의 핵심 가정은 무엇이며 구성주의는 이를 왜 거부하는지, 구성주의가 제안하는 보다 확장된 가능성은 무엇인지 자세히 알아보자.

- **현상을 가능한 한 정확히 측정**: 경험주의적 연구는 연구 현상의 존재를 어느 정도 실재로 가정한다. 연구자의 과제는 이 현상 고유의 성질을 밝히는 것이다. 그래서 먼저 엄격한 연구 방법을 개발하고 현상을 정확히 측정하는 것을 목표로 한다. 예를 들면 연구자가 정신질환, 범죄, 지능 또는 사회계층에 관심을 가질 경우, 이들을 연구할 방법과 측정도구를 개발하여 측정한 후 현상을 타당하게 기술해야 한다.
- **구성주의의 답변**: 연구자들이 선택하는 "연구할 현상" 안에는 이미 그들이 속한 문화적 전통이 언어로 표현되어 있다. 정신질환, 범죄, 공격성, 이타주의는 누군가에게 발견되기를 기다리며 "그 자체로 거기에" 존재하는 것이 아니다. 이것들은 문화적 구성이며, 단지 해당 문화의 역사 안에 너무나도 깊게 내재되어 있어서 마치 "진짜로 거기에" 독립적으로 존재하는 것처럼 믿게 된 개념들이다. 그렇다면 "현상을 타당하게 측정"한다는 말은 독립적인 세상의 반영이 아니라, 오히려 특정한 방식으로 세상을 구성하는 것이라고 볼 수 있다. 연구자가 자신의 측정이 타당하다고 주장한다는 것은, 단순히 그렇게 동의하는 공동체가 있다고 주장하는 것과 동일하다. 타당도는 단지 사회적 합의를 반영한다. 물론 믿음의 전통을 바탕으로 자신의 연구를 하는 것은 전적으로 정당

> 하겠지만, 구성주의는 성찰적 실용주의를 바탕으로 타당도에 접근한다. 구체적으로, 구성주의가 지능검사 방식을 우려하는 이유는 그것이 사람들을 머리가 좋고 나쁨의 연장선 위에서 판단하는 세상을 만들기 때문이다. 측정에 의해 누가 도움을 받고 누가 피해를 입는가? 대중들이 IQ라는 실재를 믿어왔기 때문에, 검사점수가 낮은 사람은 피해를 입을 수 있으며, 점수가 잘 나온 사람들은 잘못된 우월감을 가지게 된다.

이러한 측면에서, 많은 연구자들이 합의에 도전하고 "주도적 담론"을 비판한다. 그리고 일부 연구자들은 자신들의 탐구를 사용해서 새롭고 혁신적인 실행을 만들고자 희망한다. 구성주의적 경향은 이러한 출발점을 제공한다.

- **개인적 편견의 제거**: 잘된 경험주의 연구의 목적은 세상을 있는 그대로 반영하는 것이다. 따라서 과학자들은 자신의 편견이 관찰에 끼어들지 않도록 해야 한다. 자신이 보고 싶은 것이 예측에 영향을 미쳐서도 안 된다. 과학은 그 사례가 **무엇인가**에 초점을 맞추어야지, 연구자의 관점에서 **무엇이 일어나야 하는가**를 보는 것이 아니다. 연구 주제에 대한 감정이나 강한 윤리적 또는 정치적 동기, 깊은 종교적 관심을 갖는 과학자는 의심스럽게 여겨진다. 과학자는 자신과 연구 대상 사이에 냉정한 거리를 유지해야 한다. 한 경험주의자인 동료는 나에게 이렇게 말했다. "나는 내 페미니스트 신념을 연구실 문 밖에 놓아둡니다."
- **구성주의의 답변**: 과학자들은 사회적 전통 안에 참여하며, 자신이 무엇을 하든지 그들의 전통을 반영하게 된다. 모든 사회적 전통은 특정 가치를 지닌다. 따라서 과학자들이 무엇을 연구하든 이들의 연구 과정은 자신이 속한 곳의 전통적 가치를 반영할 것이다. 이러한 가치는 문제를 정의할 때 선택하는 단어에서부터, 연구 방법, 그리고 사람들의 행동을 묘사하는 데에 이르기까지 연구의 모든 부분에 들어간다. 예를 들어, 과학자가 공격성, 편견 또는 억압을 연구하는 것은 이러한 개념들이 도덕적 유의성을 가지는 문화 안에 그들이 참여하기 때문이다. 연구가 도덕적이고 정치적으로 편견이 없다는 주장은 정당하지 않으며 오해의

소지가 있다. 구성주의자의 관점에서, 자신의 가치는, 자기 스스로를 포함하여, 시야로부터 숨겨져서는 안 된다.

구성주의자의 관점에서 보면, 연구자는 자신의 가치에 의해 동기부여되어서 연구를 시작해야 한다. 자신이 연구를 통해 무엇을 성취하고 싶은지 물어볼 필요가 있다. 예를 들어, 당신은 "정신질환이 있다"고 불리는 사람들에 대한 새로운 관점을 공유하고 싶은가? 금연 프로그램의 긍정적 효과를 보여주고 싶은가? 교내 왕따 문제를 줄이고 싶은가? 또는 새로운 리더십 관행을 만들고 싶은가? 이러한 가치에 대한 관심은 연구 방법의 선택과도 관련된다. 연구 방법은 또한 도덕적 책임을 반영한다. 연구자는 그들의 용어로 사람들을 구성하며 삶의 양식을 제안한다. 이러한 이유로, 많은 구성주의자들은 실험 연구를 피하는데, 종종 참여자를 조종하고 잘못된 방향으로 유인하는 실험이 포함되기 때문이다. 실제로 연구자가 권위적인 입장에 선 채, 참여자를 관찰하고 보고되어야 할 대상으로 소외시키는 전통적 방법에 대해 우려하는 사람들이 많다. 동시에, 구성주의자들은 자신의 가치가 공유되지 않을 수도 있음을 알기 때문에 연구를 진행하는 과정에서 비판적 성찰과 대화에 열린 자세를 취한다. 가치를 추구한다는 것이 증거의 위조를 의미하지는 않는다. 일단 주어진 연구 전통에 참여하게 되면, 이 공동체의 신뢰를 지속시키는 것이 필수적이다.

- **예측과 통제**: 대부분의 경험주의 연구는 자연이 지속된다는 가정을 바탕으로 한다. 그 말은, 시간이 흘러도 과학현상이 비교적 안정적으로 유지됨을 의미한다. 이러한 이유로 우리는 연구가 쌓여갈수록 현상을 더 잘 알게 되고, 지식은 점점 수정될 수 있다. "무엇이 어떠한 결과를 야기하는지"에 대해 더 잘 예측할 수 있고, 인류에 도움이 되는 방식으로 사건을 통제할 수 있다. 예를 들면 천연두나 장티푸스에 대한 지식이 쌓이면서 결국 이러한 질병을 통제할 수 있었다. 지구 온난화 관련 지식이 쌓이면 온난화의 효과를 안정시킬 조치를 취할 수 있을 것이다. 흔히 말하는 바와 같이, 실험은 인과관계를 추적하는 유일한 방법이다. 실험 연구는 과학자들이 예측을 시험해 볼 수 있도록 해 준다.

- **구성주의의 답변**: 자연과학의 경우에는 자연이 지속된다는 가정이 어느 정도 장점을 갖지만, 인간의 행동과 관련해서는 한계가 있다고 볼 수 있다. 이는 인간과학에서 참여자들이 연구 가설에 대해 듣게 되면 주저 없이 이를 부정하는 사실에서 명확히 알 수 있다. 예를 들어, 만약 연구자가 사람들에게 이들이 공격성을 보이거나 차별적 발언을 할 것이라 예상하고 있다는 말을 하면, 사람들은 거의 대부분 그러한 행동을 하지 않는다. 자연과학에서는 이런 일이 거의 일어나지 않는다. 살이 찢기면 피가 날 것이라든지 독을 먹으면 죽을 거라 말했다고 해서 이러한 상황에서 피를 흘리지 않거나 죽지 않음을 선택할 수는 없다. 사실상 대부분의 인간 행동은 사람들이 의미 그리고 관련된 행동양식을 함께 구성한 결과라고 볼 수 있다. 인간의 행동은 가변적이고 끊임없이 움직이기 때문에 명확히 예측하기란 어려운 과제다. 구성주의자들은 만약 우리의 목표가 예측이 아니라 긍정적인 사회 변화를 가져오는 것이라면 어떨까 하는 질문을 던진다.

더 나아가, 구성주의자들은 전통적인 인간과학이 표본을 수집하고 동물들을 관찰하는 생물학 연구 전통을 상당량 이어받았다고 주장한다. 예측과 통제의 시도가 인간 연구로 옮겨가게 된 것이다. 정작 연구자 자신들은 표본이 되어 연구되어지길 원치 않으면서, 오직 연구 대상만이 이러한 역할에 적합하다고 본다. 연구자들은 연구 대상의 행동을 예측하려는 목표로 이들에 접근하며 암묵적으로 이들의 위신을 손상시킨다. 이러한 연구자들은 "우리는 당신보다도 당신에 대해 더 잘 안다..."라고 공언하며 자신들을 연구 대상보다 더 우세한 위치에 둔다. 반면 구성주의자들은 과정이 민주적으로 진행되는 연구 방법을 찾는다.

- **관찰을 숫자로 전환**: 경험주의 연구자는 전형적으로 말로 된 언어란 정확한 차이를 포착하기에는 어설픈 도구라고 본다. 만일 세상에 대한 설명이 숫자체계로 전환될 수 있다면, 높은 정확성이 성취될 수 있다. 예를 들어, "더 많은" 그리고 "더 적은"과 같은 대략적 개념이 아닌 보다 정교하게 묘사된 차이로 옮겨갈 수 있다. 또한 숫자는 가장 중립적으로

기술하는 언어를 대표한다. 이론적 용어로 설명할 때와는 달리, 관찰을 수치화하면 정교한 통계분석이 가능하다. 높은 신뢰도를 가지면 원인/결과 관계가 믿을 만하다고 예측할 수 있다. 통계 결과로 강화되면 우리는 미래에 대한 신뢰할 만한 예측을 시작할 수 있다.

- **구성주의의 답변**: 언어가 숫자로 전환된다고 해서 기술이 더 정확해지지는 않는다. 숫자가 단어나 음악 또는 그림보다 "세상의 모습"에 더 적합하지는 않다. 단지 세상을 재현하는 한 가지 방식일 뿐이다. 특정 면에서 유용하기도 하지만, 숫자로 바꾸면 사람들이 가치 있고 의미 있다고 여기는 대부분을 잘라내게 된다. 만일 친구가 강간이나 강도를 당하면 어떨까? 어떠한 행동이라도 하기 위해 우리의 마음이 움직일 것이다. 반면 이러한 사건이 범죄자 통계로 바뀌면, 고통받는 개인은 장면에서 지워진다. 대부분 통계수치를 슬쩍 본 뒤 아무 일 없는 듯 하루를 살아간다. 한 연구 참여자가 말했듯, "통계는 인간에게서 눈물을 지워버린 것"[1]이다. 더 나아가, 통계 언어는 전문가의 언어로서, 이를 말하는 사람들에 의해 미묘하고 기발한 많은 방식으로 사용될 수 있다. 연구 결과가 전문가들만의 통계 언어로 대중에게 발표되면, 사람들은 그저 아무 말도 하지 못한다. 이러한 결론이 도출되기 위해 어떠한 조작이 필요했는지 파악할 수 없기 때문에, 질문을 제기할 수도 없다. 이처럼 통계는 대중의 입을 막고 이해를 모호하게 하는 기능을 할 수 있다.

구성주의자들이 모두 통계를 거부하지는 않는다. 특정 목적에서는 통계가 매우 가치 있다. 통계는 여러 개의 가능한 언어 중 하나를 차지한다. 그러나 우리는 언제, 어디서, 그리고 누구를 위해 이것이 가치 있는지 신중히 생각해 봐야 한다.

- **하나의 답**: 경험주의 연구는 단 하나의 객관적 세상을 가정하며, 이 세상에 하나의 진실만이 존재한다고 제안한다. 그러므로 어떠한 질문에

---

1 Linda B. (Lather, P. & Smithies, C. (1997) *Troubling the Angels: Women Living with AIDS.* Boulder, Co: Westview Press, p. xxvi.에 인용된 내용)

도 **하나의 진실한 답**을 추구한다. 좋은 과학은 혼재된 의견들을 대체할 하나의 명료한 진실의 목소리를 찾는다. 연구자의 과제는 경쟁하는 가설들을 경험적으로 실험해서 무엇이 옳은지를 결정하는 것이다.

- **구성주의의 답변**: 세상의 본질이 무엇이든, 이것을 보여주기에 최적화된 단 하나의 언어나 그래프 또는 그림은 존재하지 않는다. 더 나아가, 모든 기술이나 설명은 가능성과 동시에 한계를 갖는다. 예를 들어, 인간 세상을 "남성"과 "여성"으로 나누면 특정 목적에는 매우 유용하겠지만, 우리의 행동을 금지하고 가능성을 축소하는 기대치가 만들어진다. 따라서 모든 목소리를 폐기하고 하나만을 남기는 경험주의의 시도는 다양한 가능성을 억압한다. 그리고 연구자의 목소리가 최종적으로 우위를 장악할 때, 그 아래의 목소리들은 침묵 속으로 밀려난다. 과학자들에 의해 정신질환자, 학습부진아, 시각장애인, 청각장애인, 자폐 등으로 분류된 사람들을 고려해 보자. 이러한 많은 집단이 이제는 자신들 나름의 용어로 불리기를 강력히 요구한다. 그들은 "우리를 배제한 채 우리에 대해 이야기하지 말 것!"을 주장한다. 구성주의자에게 연구의 목적은 해석하고, 구성하고, 그리고/또는 세상을 가치 있는 방향으로 변화시키는 것이다.

경험주의자와 구성주의자가 연구에 접근하는 방식을 요약하고 비교하면 다음과 같다:

경험주의	사회구성주의
관찰	해석/구성
가치 중립	가치 포함
객관적 방법들	지지적 실행들
타당도	합의
진실	사회적 유용성
통계	풍부한 기술

경험주의 연구의 결실

경험주의 연구 전통에 대한 비판을 통해 어떠한 결론을 내려야 할까? 실험, 자료 수집, 통계 등을 버리라는 주장일까? 광범위한 영역에 걸친 경험주의 과학 논문과 서적, 핸드북을 치워버려야 할까? 전혀 그렇지 않다. 경험주의와는 달리, 구성주의의 목적은 하나의 진실만을 따르고 다른 경쟁자를 모두 침묵시키는 것이 아님을 기억하라. 구성주의자들은 모든 이해의 전통이 나름의 유용한 통찰과 실행양식을 제공한다고 인정한다. **경험주의 전통 역시 예외가 아니다.** 이러한 관점에서, 사회과학에서 경험주의 연구의 가능성을 다음과 같이 고려해 보자.

- 경험주의 연구 결과는 생생한 예시를 보여준다.
  진실에 기여하지 않는다 해도, 경험주의 연구는 강력한 예시를 제공할 수 있다. 연구 결과는 아이디어에 생명력을 불어넣어서 우리가 그 중요성과 타당성을 인식할 수 있도록 돕는다. 이러한 면에서, 좋은 연구는 보도 사진이나 TV 뉴스의 목격자 진술과 같은 기능을 한다. 사람들의 마음을 움직이고 몰입시킨다. 내가 처음 스키너의 강화이론을 접했을 때도 그랬다. 비록 지적 그리고 정치적 입장에서 그 이론에 저항할 준비를 했었음에도 불구하고, 교수가 "강화 수반성", "조작적 반응" 등을 설명하면서 동시에 음식 알갱이들로 비둘기들의 우연적 움직임을 완전히 통제하는 걸 보았을 때, 나는 행동주의 관점의 힘을 인정하지 않을 수 없었다. 그 이론의 타당성은 내 안에 늘 남아 있을 것이다.

- 경험주의적 결과는 도덕과 정치적 이슈에 대한 논의에 활기를 불러일으킨다.
  단지 추상적인 개념들만으로 논의를 진행하면 종종 무미건조하고 도덕적 중요성을 느끼기 어렵다. 그러나 경험주의적 결과는 강력한 목소리로 전달되며, 그 이슈들을 "실생활의" 용어로 시각화해서 보여준다. 전통적 실험 연구인 스탠리 밀그램[2]의 복종실험을 예로 들어보자. 이 실험

---

2 Milgram, S. (1974) *Obedience to Authority*. New York: Harper & Row.

에 참여한 실험 대상자는 인간에게 위험할 수 있을 정도의 전기 충격을 다른 참여자에게 가하도록 요구받는다. 대부분의 실험 대상자들은 자신이 하는 행동에 깊은 혼란을 느끼면서도 명령에 복종해서 타인에게 전기 충격을 가했다. 심지어 상대방이 의식이 없어 보일 때까지 말이다. 이 연구가 증명한 것은 딱히 없지만, 오늘날까지도 이어지며 사람들이 복종하도록 훈련되는 방식이나 저항의 중요성에 대한 성찰을 불러일으킨다. 비슷하게, 클라우드 스틸은 부정적인 고정관념으로 위협받으면, 소수집단 학생들의 학업 성취가 떨어질 수 있음을 증명했다.[3] 주어진 상황과 해석에 따라 이 내용이 맞을 수도 아닐 수도 있겠지만, 이 연구는 고정관념과 교육적 관행에 대한 광범위한 논의를 불러일으켰다.

- 경험주의적 결과는 유용한 정보와 예측을 만들어낼 수 있다.
  비록 상당수의 실험 연구가 사소한 행동 연구에 한정되어 있지만(예를 들어, 사람들이 설문지를 어떻게 작성하는지, 버튼을 어떻게 누르는지, 불확실한 상황을 어떻게 평가하는지), 경험주의적 방법은 사회에서 유용하게 쓰일 수 있는 정보와 예측을 제공해 준다. 예를 들어, 실업, 빈곤, 범죄, 마약과 같은 정보는 정책을 만들 때 매우 유용할 수 있다. 예측의 관점에서 보면, 정당들은 선거결과를 예측하길 원하고, 보험 회사들은 자동차의 사고 가능성을 알고자 하며, 교도소의 보호감찰 위원회는 재범률을 알고 싶어 한다. 또한 전통적 연구는 공동체의 정신건강 관리의 필요성이나, 특수 교육 프로그램에 참여한 학생들의 성공 여부를 결정하는 데에도 사용될 수 있다. 다시 말해, 특정 목적과 특정 시기에 따라 예측은 도움이 될 수 있다.

이처럼 구성주의 연구 접근은 전통적 연구 방식을 버리는 것이 전혀 아니다. 버리려는 것은 엄격한 방법이 우리를 진리에 가깝게 하고, 더 제대로 이해하

---

3 Steele, C. M. (1997) A threat in the air: How stereotypes shape intellectual identity and performance. *American Psychologist,* 52(6), 613–629.

도록 도우며, 세상에 대한 정확한 모델을 제시한다는 전통적 정당화다. 앞서 본 바와 같이, 이러한 실행들은 다른 목적들을 달성하는 데는 유용할 수 있다. 1장에서 제안했듯, 구성주의 경향은 성찰적 실용주의에 적절하다. 구성주의는 어떠한 종류의 연구를 하고, 어떠한 주제를 중심적으로 다루고, 어떠한 가치를 수용해야 하는지를 지시하지 않는다. 대신, 연구자가 다음을 숙고해 보도록 제안한다.

- 무엇을 달성하고자 하는가?
- 이러한 성과는 사회적으로 어떻게 유용한가?
- 이러한 성과는 누구에게 가치 있는가(또는 그렇지 않은가)?
- 연구 방법과 여기에 내재된 가치는 무엇인가?
- 연구 결과는 누구에게 어떻게 전달될 것인가?

변화하는 연구 전통들

경험주의에서 구성주의 연구로의 이동은 많은 학자와 실행가들에게 영감을 불러일으켜 왔다. 이는 연구자가 더 이상 어느 특정 연구 방법에 제한되지 않음을 의미한다. 자신의 구체적인 목표를 달성하는 데 도움이 되는 연구 방식을 스스로 선택 또는 창조할 수 있다. 성찰적 실용주의의 관점에서 우리는 연구 실행과 관련된 모든 전통을 활용할 수 있다. 이들을 서로 합치거나 변용시키기도 하고, 또는 새로운 탐구 방식을 만들기도 한다. 여기서는, 먼저 전통적 방식을 수정한 연구 방식들을 살펴볼 것이다. 그 다음에는 담론을 강조하는 혁신적 방법들을 살펴본다. 이 방법들은 전통적 경험주의의 요소를 지니면서도 새롭고 중대한 일탈을 시도한다. 세 번째로 살펴볼 것은 기존의 연구 전통과는 상당히 단절된 연구 방식이다. 실로, 연구라는 개념 그 자체를 새롭게 바라본다.

혼합 연구

구성주의 경향을 띤 연구가 시작된 한 가지 중요한 계기는 경험주의 연구자들이 그들 방법의 한계를 맞닥뜨리면서다. 특히 그 결과에 사람들의 삶의 질이나 정책이 걸린 실질적인 연구들에서 그렇다. 예를 들어, 사람들은 신체적 건강을 촉진하거나, 질병으로부터 회복하거나, 오래 살 수 있는 방법에 대해 광범위한 관심을 갖는다. 비록 구성된 범주이지만, 대부분의 사람들은 이러한 구성을 유용하고 가치 있게 본다. 나도 그중 한 명이다. 그리고 경험주의 연구자들은 이러한 결과를 측정할 신뢰도 높은 도구를 개발할 수 있다. 이미 사회적 지지와 건강 사이의 긍정적 상관관계를 증명하는 수백 개의 실증 연구가 나와 있다. 만일 사람들이 강한 사회적 지지를 받는다면, 이들은 더 건강하고, 질병으로부터 더 빠르게 회복하고, 더 오래 살 가능성이 있다. 그렇지만 사회적 지지란 무엇이며, 어떻게 작동하는 걸까? 초기 연구들은 친척이나 친구의 수와 같은 표준화된 지표를 사용했다. 그렇지만, 이러한 측정은 정교하지 못하며 상관도 낮아 보였다. 어떻게 하면 더 잘 이해할 수 있을까? 한 가지 확실한 답은 지지가 무엇을 의미하는지 사람들에게 물어보는 것이다. 누구의 지지가 가장 힘을 북돋아주는가? 때로 원치 않는 지지도 있는가? 이해를 높이려는 이러한 단순하고 명확한 시도 안에는 연구를 대하는 중요한 전환이 숨어 있다. 이 차이는 보통 양적 대 질적으로 특징지어진다. 이는 연구자가 개발한 표준화되고 수치화 가능한 측정도구의 사용으로부터 벗어나 사람들의 경험을 존중하고 그들이 구성한 세상에 대해 이야기를 듣는 방향으로의 전환이다.

또한 이러한 전환은 앞서 논의한 몇몇 요지와도 잘 맞는다. 사람들에게 그들의 경험을 물어보면서, 연구자는 다양한 목소리와 가치를 탐구하기 시작하며 사람의 경험을 수치로 축소시키는 경향을 피한다. 동시에, 잘 듣고 성찰하는 속에서 보다 정교한 측정도구를 개발할 수 있다. 예를 들어, 잘 진행된 인터뷰를 통해 연구자는 관계망의 크기 그리고 감정적 지지(사랑과 공감 등)와 실질적 지지(돈이나 육아 등) 간의 차이점을 구별하기 시작한다. 더 나아가, 사생활 침해나 억압의 가능성이 있는 지지에 대해서도 설명할 수 있다. 그 결과,

주제에 대한 이해가 높아지는 것뿐만 아니라 더 나은 건강관리 실행과 정책이 만들어진다.

같은 이유로, 많은 사회적 프로그램의 효과성을 평가하는 연구자들은 양적 그리고 질적 방법을 혼합했을 때 매우 도움이 됨을 발견하였다. 예를 들어, 도심지역 공동체를 강화하기 위해(교육을 향상시키고, 직장을 늘리고, 공원을 개발하는 등) 많은 돈을 투자할 경우, 이 프로그램이 장기적으로 효과적일지에 대한 걱정이 높아진다. 거주자들에게 사전 사후 측정을 하고 삶의 질에 대한 인식이 통계적으로 유의하게 증가했는지를 살펴볼 수도 있겠지만, 이러한 차이는 이들에게 어떤 일이 발생했는지에 대해서는 거의 말해 주지 않는다. 공동체에 거주하는 사람들에게 그들의 삶이 좋은 쪽이든 나쁜 쪽이든 어떻게 변했는지를 묻기 시작할 때 비로소 이 프로그램의 역할에 대한 이해가 시작된다. 이제는 혼합 연구가 사회과학에서 널리 받아들여지고 있다.[4]

문화기술지의 진화

학자들은 오랜 기간 다른 문화를 연구하는 데에 관심을 가져왔다. 이러한 연구 대부분이 문화인류학이라는 학문 분야에 속한다. 주된 연구 방법인 문화기술지는 연구자들이 자신이 연구하는 집단의 사람들과 함께 지내며, 메모를 적고, 매일의 일상에 참여한 뒤, 다시 고국에 돌아와서 이들 문화에 대한 자세한 설명을 보고하는 식이었다. 이러한 방식을 "내부자의 관점"에서 고려하기 전까지는, 모든 것이 충분히 합리적으로 보인다. 그러나 예를 들어 돈 많은 외국인 한 명이 나중에 자신의 동료들에게 우리 같은 사람들에 대해 보고할 목적으로, 우리 집의 구석진 곳에 앉아서 일거수일투족을 관찰한다고 해 보자. 그 외국인이 진정으로 우리를 이해할까? 우리가 인정할 만한 방식으로 우리에 대한 글을 쓸까?

"타인을 연구하는 것"에 대한 비판은 동양이라는 개념이 학문적으로 구성

---

4 참고할 만한 자료: Cresswell, J.W. (2003) *Research Design: Quantitative, Qualitative, and Mixed Methods Approaches* (2nd Edition). Thousand Oaks, CA: Sage.

되었다고 주장한 에드워드 사이드의 중요한 저술[5]로 거슬러 올라갈 수 있다. 수 세기 동안 유럽의 여행자와 학자들은 "동양 사람"의 매너나 관습, 신념, 전통 등에 대한 묘사를 해 왔다. 20세기에 이르러서는 매우 많은 자료가 쌓여서 동양학이라는 학문 분야가 생겨났다. 그러나 사이드가 제안했듯, 동양은 근본적으로 "유럽의 발명품"으로써, 유럽인의 흥미 안에서 자라난 타인에 대한 재현일 뿐이다. 이러한 흥미는 단지 호기심과 유희에 지나지 않는다고 사이드는 지적한다. 오히려 "오리엔탈리즘은 서양 방식의 지배와 재구성 그리고 동양에 대한 권위의 행사다"(1978, p. 6). "동양인들"을 연구하면서 일종의 우월감 그리고 정치적 지배의 정당함이 슬며시 생겨난다. 또는 아프리카 "본토인"과 관련해서, 아프리카 인류학은 "미션을 수행하는 백인들의" 일기장이다.

이러한 비판은 문화기술지 연구 실행에 큰 파장을 불러일으켰다. 한편으로, 인류학자들은 "타인"을 특성 지으려는 자신들의 시도와 관련된 정치적이고 가치 편향적인 문제를 비판적으로 돌아보게 되었다. 또한 인류학자들은 전통에서 변형된 연구 방법을 개발하기 시작했다. 이러한 변형 중 가장 중요한 한 가지는 협력적 문화기술지(collaborative ethnography)다. 미국 남서부에서 온 키오와 인디언(Kiowa Indians)의 노래에 대한 루크 레시터의 연구[6]는 그 훌륭한 예다. 레시터는 키오와 사람들과 우정을 발전시켰고, 함께 여행하며 그들의 주술의식에 참석했다. 나중에는 이러한 행사에서 노래를 부를 수 있는 정도로 발전되었다. 그들의 음악에 대한 글을 쓰기로 결심했을 때, 레시터는 키오와 친구들의 도움을 받아 이 프로젝트를 진행했다. 그들은 단지 의견의 제시만이 아니라 글 쓰는 과정에도 도움을 주었다. 해당 연구는 레시터 개인의 것이 아니라 키오와인들이 자신들의 관점에서 이야기하도록 한 협력의 결과다.

---

5 Said, E. (1978) *Orientalism*. New York: Vintage Books.

6 Lassiter, L. (2005) Collaborative ethnography and public anthropology. *Current Anthropology*, 46, 83–106.

일상의 문화기술지: 질서와 혼란

문화기술지에 대한 비판은 특정 문화에서 온 연구자들이 다른 문화의 특성에 대해서 주장을 내세울 때 가장 두드러진다. 반면 흥미롭고 중요한 문화기술지 연구는 우리 자신의 문화를 돌아보는 기회로 사용될 수 있다. 특히 구성주의자들은 사람들이 자신들이 구성한 삶의 질서를 보호하기 위하여 무엇이 진실이고 올바른지를 서로 어떻게 타협해 가는가에 관심을 갖는다. 일단 삶의 방식을 개발하면, 사람들은 이것을 지키려고 상당한 노력을 기울인다. 역사적으로 사람들이 종교 전통을 지키기 위해서 행해 온 치명적인 방법들만 봐도 알 수 있다. 이렇게 극적인 것까지는 아닐지라도, 은연중에 발생하는 무질서를 막기 위한 미세한 방어들이 우리의 일상에 가득하다. 이러한 말들을 한번 살펴보자.

> "왜 전화 안 했나요?"
> "그 사람들을 기다리게 하면 안 됩니다."
> "당신 오늘은 유난히 조용해 보이네요."
> "방이 완전 엉망이네요."

이런 표현들은 모두 우리의 정돈된 삶에 발생하는 작은 위협들을 제거하는 역할을 한다. 그리고 생활하기에 편하게 여겨지는 우리의 구성된 세상을 망치기란 아주 쉽다. 신발을 한 짝만 신고 엄지손가락을 빨면서 수업 중에 노래를 흥얼거려 본다든지 또는 콧구멍에 파스타 조각을 집어넣고 있으면 적어도 몇 분간은 주변 세상이 와해될 것이다.

삶의 질서유지의 중요성은 다니엘 챔블리스의 간호사의 일상에 대한 연구[7]에서 살펴볼 수 있다. 병원에서는 사방에 혼란스러운 위협이 존재한다. 금방이라도 환자의 몸이 갑자기 굳어지거나 죽을 수도 있고, 그 가족들이 슬픔에 제정신이 아닐 수 있으며, 정보의 흐름이 끊기거나, 의사들이 식이요법을 바꾸길 원하거나 하는 일이 발생할 수 있다. 이러한 위협은 보통의 일상생활이라고 여겨지는 것을 해치기 때문에 사람들을 더 동요시킨다. 병에 걸리거나 죽어가는 사람들을 마주하는 것, 상처를 보살피는 것, 끔찍하게 망가진 몸을 대하는 것은 보통 비일상적이다. 따라서 간호사들은 반드시 근무지에서 자신들의 심리상태를 "지극히 정상적인 것"으로 전환하는 방

7 Chambliss, D. (1996) *Beyond Caring: Hospitals, Nurses, and the Social Organization of Ethics*. Chicago, IL: University of Chicago Press.

식을 찾아야만 한다. 챔블리스가 연구에서 결론지었듯, 간호사들은 자신들의 일상을 보호하는 다음과 같은 다양한 방법을 개발한다.

- 외부인을 들여보내지 않는다: 이것은 면회시간을 둠으로써 어느 정도 유지가 가능하다. 만일 방문객이 문제를 일으킨다 해도 간호사들은 마치 모든 것이 괜찮은 것처럼 (실상은 그렇지 않다 하더라도) 행동한다. 핵심은, 필요한 일을 할 수 있도록 정돈된 평온을 유지하는 것이다.
- 문제가 발생할 때조차 반복되는 일상을 지속한다: 혼란한 상황에서는 뚜렷한 해결책이 없다. 이런 경우, 간호사들은 자신들이 가장 잘 아는 것, 즉 표준화된 일상으로 복귀한다.
- 유머를 사용한다: 벌어지는 일에 대해 농담을 하는 것은 상황을 다시 복원하는 중요한 방법이다. 농담은 꽉 매여 있는 현실로부터 벗어나게 하고, 이를 새로운 각도로 보게 하며, 거리를 유지시킨다. 의사와 간호사들 사이에서 유머는 일상적이며, 자칫 비정상적인 세상 속에서 정상성을 만들어낸다.

담론 연구:
구성된 세상의 탐구

구성주의자가 제안하듯, 우리 삶의 패턴은 관계 안에서 시작되고 유지된다. 이러한 관계의 핵심은 우리가 일상적으로 하는 말과 글, 다시 말해, 무엇이 사실이고 합리적이며 좋은가에 대한 우리의 담론이다. 그러므로 구성주의 연구자가 이러한 관행에 관심을 갖는 것은 놀랄 일이 아니다. 만일 우리의 삶이 서로 공유된 말하는 방식으로 성립된다면, 이러한 방식이 어떠한지를 연구해야 한다. 앞 장에서는 우리의 현실을 창조하는 언어의 핵심 역할에 대해 소개했었다. 여기서는 두 개의 연구 방식을 집중적으로 다루고자 한다. 첫 번째는 언어 사용의 **내용**에, 두 번째는 그 **과정**에 관심이 있다. 내용 연구들은 우리가 세상을 어떻게 묘사하고 설명하는가를 통해 사람들이 구성하는 특정 세상의 예를 보여준다. 과정 연구들은 주고받는 상호과정 속에서 우리가 어떻게 현실을 만들어가는지에 더 관심을 둔다.

이러한 모든 연구는 결론을 지지하기 위해 관찰을 사용한다는 점에서 경험적임을 알아야 한다. 그러나 이들 대부분은 전통적 경험주의 연구와는 두 가지 면에서 중요한 차이가 있다. 먼저, 전통적 방법에 부여된 많은 엄격한 기준을 따르지 않는다. 대규모 표집이나 측정, 통계는 없다. 오히려 연구자는 일상생활에서 사용하는 언어로부터 주장의 정당성을 입증해 낸다. 부분적으로, 이렇게 자유로운 형식으로 접근하는 이유는 자료란 결코 스스로 말하지 않으며 이에 대한 연구자의 해석이 필요하기 때문이다. 연구자들은 해석을 통해 자료가 무엇을 의미하는지를 구성한다. 전통적 방법의 엄격성은 해석의 안전장치가 아니다.

두 번째 중요한 차이로, 상당수의 담론 연구는 전통적인 경험주의 연구의 목적인 예측과 통제를 버린다. 구성주의에 영향을 받은 연구자들은 모든 연구에 가치가 포함된다는 것을 이해한다. 따라서 연구를 통해 그들이 가치 있게 여기는 목적을 더 확장시키고자 한다. 사회 비판을 위한 수단으로 연구를 활용할 수도 있다. 예를 들어, 연구자들은 어떻게 학계의 담론이 교육정도가 낮은 사람들을 이해로부터 배제시키는지 지적할 수 있다. 그 밖에도 연구자들은 언어의 일반적인 관례를 밝힘으로써 우리를 거기에서 해방시키려는 목적을 갖기도 한다. 교묘한 방식의 인종차별이나 성차별적 표현을 연구하는 것이 그 예다. 내용 관련 연구로는, 내러티브 연구가 가장 잘 알려진 담론 연구의 형태다.

내러티브: 구성된 삶의 탐색

> **이야기되지 않은 행동, 이야기되지 않은 현재 존재함이란 불가능하다.**
>
> **- 윌리엄 로웰 랜달**(William Lowell Randall), *우리라는 이야기들*(*The Stories We are*)

내용 관련 연구에서 가장 활발한 연구 경향의 하나는 사람들이 자신의 삶을 어떠한 내러티브로 구성하는가다. 이러한 연구는 추상적인 가설을 검증하는 전통 연구와 반대되는 입장에 선다. 가설을 검증할 때는, 연구자의 목소리가 주도한다. 연구자는 이론을 제안하고 사람들이 그 제안대로 행동하는지 아닌지를 관찰한다. 참여자와의 협의는 거의 없으며 참여자는 단지 연구될 뿐이다. 반대로, 대부분의 내러티브 연구는 참여자들의 직접적인 경험을 소개한다. 그들의 목소리가 존중되고, 연구자는 이를 대중에게 전달한다.

내러티브 연구는 매우 다양하며 여러 학문 분야에 걸쳐 있다. 길리건의 『다른 목소리로』[8]라든가 벨렝키의 『여성들의 앎의 방식』[9]과 같은 페미니스트 고전 연구들은 직접적인 경험을 효과적으로 사용한다. 이 연구들은 여성들의 내러티브를 사용해서 이들이 공통적으로 어떻게 도덕적 결정을 내리거나 지식을 형성하는지를 밝혔다. 다른 연구자들은 자서전을 사용해서 사회에 영향을 미치는 경제와 정치적 요인들을 밝힌다. 또 다른 연구자들은 가족 이야기, 구술사, 일기, 편지 등을 사용해서 옛 시대에 대한 통찰을 얻기도 한다. 이것이 모두 변형된 내러티브 연구들이다.

내러티브 연구는 사회 정의를 위해 자주 사용된다. 연구자는 사회에서 소외된 사람들에게 목소리를 낼 기회를 제공하며, 이들이 직접 경험한 이야기를 통해 새로운 이해를 시도한다. 이러한 시도가 없었다면 시야에 들어오지 못했을 사람들이 자신들의 언어로 "자신의 이야기를 하도록" 격려한다. 그럼으로써 사람들이 이들의 삶을 더 잘 이해하고 이들이 처한 어려움을 인정하기를 바란다. 궁극적으로, 이러한 시도는 사회 집단 간 거리를 좁히고 사회적 또는 정치적 행동을 취하도록 만들 수 있다. 예를 들어, 학자들은 미국에 있는 멕시칸 불법체류자들의 경험과 이들 이민자들이 새로운 나라에 들어오면서 자신들의 정체성과 타협하는 방식을 기록해 왔다. 다른 연구자들은 전 세계적으로 수백만에 달하는 아시안 난민 여성의 극심한 외로움을 연구해 왔다. 이 여성들은 자신의 나라로부터 추방된 채 인간적 교류를 거의 갖지 못한 상태다. 미국 인디언과 뉴질랜드 마오리족의 내러티브는 이들의 스트레스와 억압적인 삶의 여건에 대한 관심을 불러일으켰다.

---

8 Gilligan, C. (1982) *In a Different Voice*. Cambridge, MA: Harvard University Press.

9 Belenky, M., Clinchy, B.M., Goldberger, J.N.R. and Tarule, J.M. (1986) *Women's Ways of Knowing*. New York: Basic Books.

구원의 내러티브

내러티브 연구는 우리에게 문화에 대한 통찰을 주기도 한다. 심리학자인 댄 맥아담스[10]가 제안하듯, 예를 들어, 미국인이 자신의 삶을 구성하는 주요한 내러티브의 하나는 구원의 내러티브다. 이것은 근본적으로 자신의 삶이 보잘것없거나 또는 궁지에 몰린 상태에서 시작하여 점차 자부심을 느낄 만한 지위로 발전한다고 보는 내러티브다. 자신의 가치를 되찾게 되는 것이다(2장에서 논의한 진보하는 내러티브를 참고). 구원의 내러티브에는 다양한 변이가 존재한다. 초기에 죄를 지었다가 나중에 용서받는다든지, 가난했다가 부자로, 미성숙한 상태에서 자기실현으로, 질병에서 건강함으로 또는 무지에서 앎으로 이동할 수도 있다. 이러한 이야기들은 우리 주변에서 쉽게 찾을 수 있다. 대부분의 높은 성취를 한 사람들(운동선수, 정치인, 연예인 등)은 종종 자신에 대해 그렇게 이야기한다. 아마 독자들 중에서도 구원의 내러티브를 품은 이들이 있을 것이다. 맥아담스의 설명대로, 이러한 내러티브는 역사 속에 깊게 뿌리내리고 있다. 마치 우리 스스로를 긍정적으로 이해하도록 돕는 역사적 유산과도 같다. 맥아담스는 또한 생산성이 높은 성인이라면 자신들의 노력에 의미를 더해 주는 구원의 내러티브가 필수적이라고 말한다. 이들은 남을 위해 좋은 일을 함으로써 자신들이 타인에게서 받은 도움을 사회에 환원한다고 느낀다.

구원의 내러티브가 유죄를 선고받은 범죄자에게 유용할 수 있다고 제안하는 추가 연구들도 있다. 교화된 범죄자들을 대상으로 한 연구에서, 구원의 내러티브는 중요한 역할을 한다.[11] 범죄자들은 종종 그들의 예전 삶을 우울한 단어로 설명한다. 그 안에는 불운이나 가난, 가족의 해체 등이 늘 한 부분을 차지한다. 그리고 이들은 범죄를 저지른다. 그 이유는 다양한 방식으로 설명되는데, 일부는 힘, 그리고 자신의 삶에 대한 통제권을 찾기 위해서, 다른 이들은 남들처럼 성공하기 위해서라고 말한다. 갱단의 일원이 된다든지 자신의 대담함으로 남들에게 깊은 인상을 주는 것도 이들에게는 중요했다. 그러나 연구를 보면 교화된 범죄자들의 이야기에는 늘 "자신의 방식이 잘못됐음을 깨닫는" 터닝 포인트와 더 나은 삶을 위한 가능성이 들어 있다. 물론 모든 교화된 범죄자들이 "올바른" 삶을 유지하기란 어렵다. 그러나 이런 경우는 보통 사회적 지지가 부족해서다. 이 연구의 정책적 시사점은 분명하다. 만일 우리가 전과

10 McAdams, D. (2005) *The Redemptive Self: Stories Americans Live By*. New York: Oxford University Press.

11 Maruna, S. (1997) Going straight: Desistance from crime and self-narratives of reform. In R. Josselson and A. Lieblich (Eds.), *Narrative study of Lives* (vol. V). Thousand Oakes, CA: Sage, pp. 59-97.

자들이 다시 범죄를 저지르기를 원치 않는다면, 이들이 구원의 이야기를 인식하도록 할 방법을 찾아야 한다.

위에서 언급한 바와 같이, 내러티브 연구는 비판적이고 창의적 역할을 수행할 수 있다. 예를 들어, 메리 거겐은 사회 최상류층에 존재하는 젠더 불균형에 관심을 가졌다.[12] 어째서 기회가 있음에도 지도자 역할을 하는 여성은 적은가? 거겐은 만일 우리가 내러티브 안에서 삶을 살아간다면, 지배적인 남성 내러티브가 여성의 내러티브와는 다를 것이라 생각했다. 남자들은 높은 수준의 성취가 당연시되는 이야기 속에서 자신들을 보는 반면("그것 없이는 대체 인생이 무엇이란 말인가?"), 여성들은 그러한 내러티브를 덜 즐긴다("왜 내가 그렇게 해야만 하는가?"). 이는 여성들이 자신에 대한 이해의 폭을 넓힐 필요가 있다는 말일까? 거겐은 높은 성취를 이룬 남성과 여성들의 자서전을 탐색했다. 그 결과는 당혹스러웠다. 성공한 남성들은 비인도적으로 보이는 매우 다른 용어를 써서 자신의 삶을 묘사했다. 가족, 친구, 감정, 자신의 몸에 대한 배려는 별로 찾아보기 어려웠다. 아래의 예와 같다.

- 노벨 물리학 수상자인 리처드 파인만이 아내의 죽음 이후 로스앨러모스의 일터로 돌아왔을 때: "연구실에 돌아왔을 때(도중에 타이어가 또 하나 펑크 났다), 사람들이 어떻게 된 일인지 물었다. '그녀가 죽었어요. 그리고 연구 프로그램은 어떻게 되어가고 있나요?' 사람들은 내가 그 문제를 계속 떠올리는 걸 원치 않음을 바로 알아챘다"(Gergen, 2001: 63-64).
- 포드와 크라이슬러의 CEO인 리 아이아코카가 심장마비로 사망한 아내의 죽음을 회상한 후: "무엇보다도, 당뇨병을 앓는 사람은 스트레스를 피해야 한다. 불행하게도, 내가 선택한 직업적 길에서는, 이것이 사실상 불가능하다"(같은 책에서).
- 석유재벌 존 폴 게티가 처음으로 대규모의 석유를 채굴한 감상을 묘사

---

12 Gergen, M.M. (2001) *Feminist Reconstructions in Psychology: Narrative, Gender and Performance*. Thousand Oaks, CA: Sage.

하며: "들뜸과 승리의 기분은... 가장 종잡을 수 없는 (그리고 종종 위험하고 악의적인) 먹잇감을 찾아, 이를 사로잡음으로써 자연의 헤아리기 힘든 역경을 물리쳤음을 아는 데서 생겨난다"(같은 책에서).

남성들과는 대조적으로, 여성들은 보다 여러 방향으로 목표가 분산되어 있고, 다른 사람들과의 관계에 더 깊게 연결된 듯 보였다. 아래의 예를 보자.

- 유명 오페라 여가수 비벌리 실즈가 초창기 시절에 대해 이야기하며: "나는 내가 오페라 가수로서의 직업을 진심으로 원하는지 아닌지를 재평가하기 시작했다. 그리고 원하지 않는다고 결정했다... 그때 나는 28세였고 아이를 갖고 싶었다"(같은 책에서).
- 테니스 스타 마르티나 나브라틸로바가 첫 윔블던 우승을 묘사하며: "생애 첫 윔블던 챔피언이 되었고 아버지의 수년간의 꿈을 이뤘다... 나는 크리스가 등을 토닥이며, 웃으면서 나를 축하하는 모습을 느낄 수 있었다"(같은 책에서).
- 고위 경영자인 니엔 챙이 문화혁명 당시 죄수로 갇혀 지낸 몇 년간 거미와의 관계를 회상하며: "내 작은 친구는 나약해 보였다. 몇 걸음마다 넘어지고 멈춰 섰다. 거미도 아플 수 있는지, 아니면 단지 추위 때문인지... 변기에 앉을 때마다 나는 거미줄을 건드리지 않도록 조심스럽게 한쪽으로 비껴 앉아야 했다"(같은 책에서).

여성들의 이야기를 읽으며, 성취에 대한 거겐의 개념에 전환이 일어났다. 비록 여성들도 이들이 선택한 분야에서 동등하게 성공을 이루었지만, 그들은 성과물에만 100% 몰두하지 않았다. 대부분 경력을 추구하면서 관계 유지에도 힘을 기울였다. 연구의 결론에서 기술했듯, 만일 남성들이 자신에 대한 이해의 폭을 더 넓힐 수 있었다면 세상은 더 많은 해택을 누렸을지 모른다.

담론의 활동: 책임감과 도덕 질서

지금까지는 주로 말로 표현되거나 글로 써진 내용을 다루는 담론 연구들을 설명했다. 그러나 과정을 살펴보는 대조적인 탐구 방향도 있다. 언어가 어떻게 기능하는지, 관계 속에서 무엇을 성취하는지를 연구한다. 만약 누군가가 당신에게 우울하다고 말한다면, 이는 중요한 내용이다. 동시에, 그 내용은 관계에서도 중요한 역할을 한다. 당신을 친구 또는 도와주는 사람의 위치로 가져다 놓으며, 공감해 주고 조언해 줄 수 있는 누군가로 정의 내린다. 누군가가 이야기할 때마다, 두 번 듣는 것이 중요한데, 한 번은 무슨 말을 했는지, 또 한 번은 언급된 내용이 어떠한 행동을 촉발하거나 억누르는지다.

과정 관련 초기 연구는 앞 장에서 논의했던 민속방법론(ethnomethodology)의 흐름에서 시작되었다. 어떻게 우리가 서로 협력하면서 세상을 만들어가는가에 대한 관심은 많은 경우 대화분석(conversation analysis)의 형식으로 진행된다. 이 경우 연구자들은 단어, 문구, 대화의 공백, 그리고 대화가 펼쳐지는 특징들을 꼼꼼하게 살펴본다. 이를 바탕으로 우리가 어떻게 단어를 사용해서 "대화적 대상"을 창조하는지, 상호 이해에 도달하는지, 우리의 정체성을 획득하는지, 무엇이 옳고 그른지 결정하는지 등을 밝힌다(몇 가지 연구의 예를 이 장의 마지막에 있는 참고문헌에 포함하였다). 이해를 돕기 위해 다음과 같은 일상표현을 고려해 보자.

> "어떻게 나를 그런 식으로 대할 수 있는가?"
> "당신의 그런 행동은 정말 바보 같았다."
> "우리의 약속을 기억하지 못하는가?"
> "당신은 내 말을 듣지 않았다."

이러한 문구들은 대화할 때 바로잡기 위한 목적으로 사용하는 몇 가지 예다. 어린 시절 듣던 꾸지람에서부터 성인이 되어 견뎌야 하는 침묵과 정적까지, 바로잡기란 쉽게 말해 조직화된 사회 속에서 사는 일이다. 비난과 공격, 응시는 도덕 질서로 불리는 것, 다시 말해 가치 있는 삶의 방식을 유지하기 위한 수단이다. 물론, 단 하나의 도덕 질서만 있는 것은 아니다. 우리 모두는 다수의 관계에 참여하며, 각각의 관계는 나름의 특정 질서를 발전시키는 경향이 있다. 하나의 관계에서 도덕적으로 옳게 여겨지더라도 다른 쪽에서는 그렇지 않을 수 있다. 사회생활은 복잡하며, 그 결과 우리는 자주 "좋은 사람"이란 어떠해야 하는지와 관련된 타인의 기대를 저버린다. 이런 상황 속에서 바로잡기가 동원된다. 이론가인 존 쇼터는 바로잡기 기능의 작동 방식을 언급하기 위해서 사회적 책무성이라는 용어를 사용한다.[13] 바로잡기는 우리에게 자신을 해명하도록, 우리의 행동을 설명하도록 요구한다. 그리고 만일 제대로 설명한다면, 우리는 좋은 사람이라는 자신에 대한 정의를 유지한다.

쇼터가 제안하듯, 바로잡기에 직면했을 때 우리는 자신의 행동을 변명과 정당화라는 두 가지 주요 방식으로 설명한다. 변명과 정당화의 논리는 서로 다르며 다른 방식으로 기능한다. 변명할 때 자주 사용되는 표현을 살펴보자.

"그럴 의도가 아니었다."
"내 잘못이 아니다."
"내가 잘못 생각했다."
"내 감정만 앞섰다."
"그 사람들이 하라고 시켰다."

이 메시지들은 모두 "이것은 내 본모습이 아니다"라는 점을 전달하며 도덕 질서를 다시 되돌리려고 시도한다. 그럼에도 변명은 기존 질서에 도전하지 않음을 기억하자. 이들은 단지 비난하는 사람을 향해 "당신은 내가 일탈했다고 생각하겠지만 그렇지 않다. 나는 같은 사람이다. 모든 것은 예전 그대로다"라고 전달한다.

반면, 정당화의 예를 몇 개 살펴보면 다음과 같다.

"그는 그럴 만한 자격이 있다."
"사업이란 원래가 그렇다."
"그것은 자기 방어였다."

---

13 Shotter, J. (1984) *Social Accountability and Selfhood*. Oxford: Blackwell.

"우리는 자유 국가에서 산다."

정당화는 다수의 도덕 질서가 존재함을 인식하고 그중 하나를 사용해서 결국 그/그녀는 좋은 사람이라고 대답한다. 그 사람이 일탈한 점은 비난받을 수도 있겠지만, 그러한 일탈은 비난하는 사람이 인식해야만 하는 도덕 질서에 어긋나지 않음을 보여준다. 정당화는 비난하는 사람에게 "그렇다, 나는 당신이 나를 왜 비난하는지 안다. 그러나 당신은 내 행동이 어떻게 정당한지 인정해야만 한다"고 말한다.

비판적 담론 분석

담론 연구에서 중요한 한 종류는 우리가 당연시하는 현실에 도전한다. 보통 객관적이거나 명백히 사실이라고 받아들이는 것들이 단지 사람들 사이에서 합의된 결과이기 때문이라고 지적한다. 이러한 연구들은 진리를 주장하는 이들의 권위를 제거하고 대안을 위한 대화를 모색한다. 예를 들어, 언어가 성적 취향과 젠더, 인종과 민족, 돈의 가치, 사회적 일탈, 정신질환, 자연, 국가 정체성 등을 구성하는 데에 어떻게 사용되는지를 밝힌다.[14] 담론 연구는 세 가지 주요 방식으로 일상의 평범한 사실주의를 해체한다.

- 역사적 대비: 오늘날 실재로 받아들이는 것들이 늘 그러하지는 않았음을 입증한다. 예를 들어, 중세에는 무관심, acedia(삶에 대해 "될 대로 되라"와 같은 태도)이 일반적인 정신질환이었으나, 오늘날에는 그렇게 여겨지지 않는다. 따라서 우리는 "우울"이나 "불안"의 실재에 도전하고 우리의 경험을 더 잘 구성할 방법을 탐색해 볼 수 있다.
- 문화적 대비: 만일 문화마다 실재가 다르다면, 우리가 속한 지역의 실재 역시 국지적이며, 보편적이지 않다는 뜻이 된다. 예를 들어, 다른 문화에서 감정을 표현하는 단어가 서양과 다르기 때문에, 우리는 미국인의 감정 경험이 서양의 구성물임을 이해할 수 있다.
- 담론적 구성: 여기서의 초점은 우리의 실재를 창조하는 단어게임의 특정 형태다. 대다수의 담론 분석과는 달리, 여기서 중요한 것은 비판과 해방이다. 사법제

---

14 Gubrium, J.F. and Holstein, J. (2009) *Analyzing Narrative Reality*. Thousand Oaks, CA: Sage.

도에서 특정 사실을 "범죄"로, 또는 범죄가 아닌 것으로 타협해 가는 방식을 통해 우리는 범죄가 그 자체로 주어진 사실이 아니라, "대화적 대상"임을 알 수 있다. 그렇기에 누가 구속 수감될지 결정할 때 정치와 가치가 관여한다는 것을 엿볼 수 있다. 동성애자와 대마초 흡연자를 감금하는 것이 그 예다.

상상력의 활동: 질적 탐구

지난 두 세기 동안, 사회과학에서 조용한 방법론적 혁명이 진행되어 왔다.

- 노먼 덴진(Nornam K. Denzin) & 이본 링컨(Yvonne S. Lincoln), *질적 연구 핸드북*(*Handbook of Qualitative Research*)

사회과학에서 경험주의 전통은 중요하지만, 연구를 하는 한 가지 접근이며 한계가 있다. 구성주의는 다양성을 환영한다. 모든 연구 접근은 나름의 관점을 더하고, 다양한 가치를 표현하고, 세상을 살아가는 대안을 만든다. 사회과학 분야의 수많은 연구자들에게, 이러한 아이디어는 신선한 자극이 되어 왔다. 구성주의는 주류 경험주의에 밀려 사라질 위기에 있는 많은 연구를 포함하여 사회과학의 모든 전통들에 신빙성을 더해 주었다. 예를 들어, 주관적 경험을 연구하는 현상학(phenomenology)은 풍부하고 수준 높은 전통을 가지고 있지만 거의 시야에서 사라져왔다. 해석의 예술이자 과학이며 수 세기에 걸친 전통을 지닌 해석학(hermeneutic) 연구 역시 억눌렸었다. 구성주의자들은 이러한 가치 있는 관점들에 새로운 관심을 갖도록 초대한다.

동시에, 새로운 연구도 환영한다. 어떤 종류의 실행들을 상상할 수 있을까? 현재, 새로운 연구 방법이 사방에서 시도되고 있으며 이 글을 쓰는 순간에도 폭발적으로 발전하고 있다. 이러한 발전은 질적 탐구(qualitative inquiry)의 범주에 속한다. 질적 연구는 다양한 방향으로 이동하고 있으며, 관심 있는 독자들은 이 장의 마지막에 있는 참고문헌을 찾아보기 바란다. 여기서는 내가 특히 흥미롭게 생각하는 세 가지 연구 형식을 간략히 언급하겠다.

자문화기술지(Autoethnography)

전통적인 경험주의 연구는 연구자를 연구 대상과 분리한다. "우리 연구자들이 당신들을 연구한다"는 것이 핵심이다. 그러한 위계에 저항해서 새로운 연구 방법들이 만들어졌다. 내러티브 연구는 참여자의 말을 귀담아 들으려는 중요한 시도 중 하나다. 내러티브 연구자들은 사회에서 아무도 귀 기울이지 않거나 소외된 사람들이 자신들의 이야기를 하도록 돕는다. 그렇지만 결과를 작성하는 일은 여전히 연구자의 손에 상당 부분 달려 있다. 상당량의 내러티브가 "재단과정에서 잘려나간다." 자문화기술지는 연구자와 연구 대상 간의 분리로부터의 혁신적인 차별을 시도한다. 자문화기술지의 연구자는, 동시에 연구 대상이기도 하다. 연구자는 자신의 고유한 인생 경험을 활용하며 이를 독자와 공유한다. 주로 많은 사람들이 마주치는 삶의 조건들이 이러한 경험에 속한다(임종을 기다리는 배우자와 함께 사는 것, "커밍아웃", 억압받는 소수자가 되는 것, 질병을 안고 사는 것 등). 또한 글을 쓸 때는 독자들의 마음에 와닿도록 미학적인 요소를 추구한다.

예를 들어, 『날씬함을 쫓는 문화에서의 비밀스런 삶』이라는 글에서, 리사 틸만-힐리는 거식증을 가진 채 성장하는 두려움과 고통을 이야기한다.[15] 처음으로 연인에게 자신의 거식증에 대해 털어놓으려는 시도를 묘사하는 아래의 글에서는 세 개의 내러티브 목소리가 사용된다.

> "더글라스?" *긴장한 내 목소리가 그를 불렀다.*
> "응..."
> "할 말이 있어." *아무래도 시작이 별로다.*
> "뭔데?" 그가 묻는다.
> "예전에 말했어야 했는데... 말 안했다고 화내지 않았으면 좋겠어." 심호흡. 들이마시고. *좋아, 잘하고 있어.*

---

15 Tillmann-Healy, L.M. (1996) A secret life in the culture of thinness: Reflections on body, food, and bulimia. In C. Ellis and A. Bochner (Eds.), *Composing Ethnography*. Walnut Creek, CA: AltaMira Press.

"그게 뭔데?" 그가 이번에는 좀 더 강하게 묻는다.

긴.......... 침묵. "리사, 왜 그래?" *그가 초조해하기 시작한다. 그냥 내뱉어.*

"오, 세상에, 더글라스. 나는... 내가... 맙소사!" *너 이미 너무 많이 와 버렸어. 무너지지 마. 그냥 말해, 리사. 단어를 입 밖으로 말해.*

"내가... 약간 좀... 거식증이 있었어..." *제길! 나는 이 단어의 소리가 싫어.*

"... 15살 때부터." *입 밖으로 나왔어. 말했어.*

더글라스는 그 문제에 대해 또 누가 알고 있는지 몇 가지 물어봤고, 이어서 또 물었다.

"음, 지금은 얼마나 심각한데?"

"예전에는 더 심각했어."

"그걸 물어본 게 아니야."

"그렇게 나쁘지는 않아". *거짓말*

"나를 만난 뒤에도 그랬어?" *네가 알았다면 그랬겠지.*

"몇 번 정도, 하지만 네가 걱정하지 않았으면 좋겠어". *아, 제발. 제발 걱정해 줘.*

"그렇게 하면 네 몸이 어떻게 되는지 알아야만 해." *믿어줘, 나도 알아. 다 알아.*

"네가 나에게 말해 줘서 정말 기뻐." 내가 울기 시작하자 그가 말한다. "사랑해, 리사. 내가 어떻게 도와야 하는지 말해 주겠어?" *지금 도와줬어. 이게 나에게 얼마나 큰 의미인지 상상도 못할 거야.*

그는 나를 가깝게 끌어안고, 내가 잠들 때까지 내 머리를 쓰다듬었다. 나는 22살이다. (2)[16]

이 글에서 저자는 숨겨왔던 거식증을 드러내며 독자들을 자신이 살아온 경험 안으로 끌어들인다. 또한 동일한 상황에 있는 다른 사람들에게 희망을 준다.

---

16 같은 책에서, pp. 97–98.

그리고 자신의 경험을 "날씬함의 문화"라는 맥락 안에서 논의함으로써, 독자들이 그녀의 특정 문제를 문화에서 파생된 결과물로 보도록 돕는다. 우리는 독자로서 우리 자신의 편견을 다시 생각해 보아야 한다. 우리 중 상당수가 은연중에 마른 사람을 높이 평가하고, 살찐 사람을 거부하지는 않는가? 만일 그렇다면, 우리는 저자가 마주하는 종류의 문제에 기여하고 있는 것은 아닌가?

연구 방법으로의 자문화기술지는 가치 있는 기여를 한다. 연구자들은 자신이 직접 경험한 일을 다른 사람에게 도움이 될 수 있는 방향으로 공유할 수 있다. 그러나 모든 실행과 마찬가지로, 여기에도 한계가 있다. 모든 연구자가 이렇게 공유할 독특한 경험이 있지는 않으며(또는 공유하고 싶은 것도 아니며), 설득력 있는 글쓰기 실력을 갖춘 것도 아니다. 자문화기술지는 또한 "나의 경험"이 중요하다는 개인주의 전통을 지지하는 경향이 있다. 이러한 전통에 대해서는 다음 장에서 다룬다.

협력적 탐구(Collaborative Inquiry)

경험주의 연구에서 연구자는 연구 대상과 거리를 유지한다. 연구자는 "연구되는 대상"들에게 멀리 있는 알 수 없는 사람이다. 이들은 예를 들어 일방향 거울이나 연구 조교, 개별 접촉이 없는 설문지를 사용해서 안전한 거리를 유지한다. 이는 타인으로부터 지식을 얻는 최선의 방법이 그들과 거리를 둔 채 감정을 절제하고 개입하지 않는 것임을 시사한다. 구성주의자들은 여기에 질문을 던진다. 자신의 가족이나 친구를 이해할 때는 그렇게 하지 않는다. 사람들과 거리를 유지하는 대신 어떻게 지식을 얻을 수 있을까? 흥미로운 대안은 이들과 **함께** 연구를 진행하기다. 협력적 노력 속에서, 참여자들과 연구자는 서로에게 의존하고, 모두의 목소리는 중요하게 여겨진다. 상황을 보는 다양한 방식이 드러날 수도 있다. 협력적인 성취가 바로 지식이 된다.

협력적 시도는 탐구에 새로운 도전을 불러일으켰다. 이러한 연구들의 형식은 다양하다. 연구 과정이 공통의 목적과 참여자의 희망에 달려 있기 때문에 정해진 규칙이 없다. 예시 연구로, 중년기 여성들이 심리학자와 함께 모여서 폐경기를 어떻게 구성하는지, 그리고 이것이 자신의 삶에 어떻게 부합하는지(또는

그림 3.1 캐나다에 있는 빅토리아 대학의 마리 홉킨스와 그녀의 동료들은 마약 중독으로 소외된 십 대 소녀들을 연구하면서 참여자 각각에게 카메라를 주고 자신의 삶을 시각적으로 담아오게 했다. 이 사진은 심각한 필로폰 중독과 거리생활로 삶을 저버리려 했던 17세 소녀 B가 찍은 것이다. 이 사진은 '내 삶의 지금 시점에서 나는 누구인가?'라는 포괄적 질문에 대한 답이다. 그녀는 이 이미지를 포함과 배제, 소외와 외로움, 그리고 전혀 느껴본 적 없는 어린 시절에 대한 갈망이라고 설명했다. 울타리 뒤로는 놀이터가 보인다.

그렇지 않은지)를 논의한 경우가 있다.[17] 다른 예로, 심리상담자들이 내담자와 함께 그들의 특정 문제와 상담의 효과에 대한 전문적 글쓰기를 하였다.[18] 다른 곳에서는 페미니스트 학자들이 여성들과 함께 감정이 삶에 미치는 의미를 재구성하는 작업을 하였다.[19]

---

17 Gergen, M. (2001) *Feminist Reconstructions in Psychology: Narrative, Gender, and Performance*. Thousand Oaks, CA: Sage.

18 Tomm, K. (1992) Therapeutic distinctions in an ongoing therapy. In S. McNamee and K.J. Gergen (Eds.), *Constructing Therapy: Social Construction an the Process*. London: Sage.

19 Crawford, J., Kippax, S., Onyx, J., Gault, U. and Benton, P. (1992) *Emotion and Gender:*

협력적 탐구의 인상적인 예는 패티 래더와 크리스 스미디즈의 『천사들을 괴롭히다(Troubling the Angels)』[20](천사는 북미에서 HIV/AIDS 감염자를 의미하는 은유: 역자)라는 연구다. 이 책은 HIV/AIDS에 걸린 여성 25명과의 협력에서 나왔다. 이 여성들은 수년 동안 함께 만나서 그들의 개인적인 삶과 공통된 문제들, 그리고 그들의 통찰을 다른 사람에게 알릴 수 있는 가능성을 논의했다. 그들의 서로에게 힘이 되어주고, 자신의 삶에 의미를 더하며, 다른 여성들에게 유용한 통찰과 정보의 제공하기를 희망했다. 그 결과 다양한 목소리가 결합된 놀라운 합작품이 완성되었다. 가장 두드러진 부분은 여성들의 목소리다. 예를 들어, 린다 B는 집단 구성원 한 명에게 이렇게 말한다.

> 난 내 삶을 통틀어 그 어느 때보다도 더 외로워. 일부는 내가 자초한 일이고, 상당 부분은 거절당하는 것에 대한 두려움이야. 혼자서 슬픔에 잠겨 있는 게 나아. 거절당하는 것은 사람이 겪어야 하는 가장 힘든 일이야.

로리가 즉시 답변한다.

> 나는 관계를 가지는 것이 가능하다고 생각해. 네가 준비가 되었을 때, 한번 누군가에게 도전해 봐(1997, p. 103).

이어지는 긴 논의에서 이 여성은 어떻게 누군가에게 자신의 감염사실을 말하고, 관계를 시작하고, 안전하게 성관계를 가졌는지를 이야기하고 통찰을 공유한다. 이들은 가능성과 위험, 그리고 삶을 지속해 가는 경험을 배우고 공유한다.

참여자들의 목소리뿐만 아니라, 두 명의 연구자 역시 자신들의 느낌, 회의감, 어울리고 싶은 희망을 공유하고, 때로 개인적인 이슈나 이론적 통찰을 드러낸다. 또한 관련된 과학적 정보, 통계 그리고 HIV 관련 연구 결과도 포함

Constructing Meaning from Memory. London: Sage.

20 Lather, P. and Smithies, C. (1997) *Troubling the Angels: Women Living with HIV/AIDS*. Boulder, COL Westview Press, p. xxvi.

한다. 마지막으로, 자기 성찰적 관점에서, 참여자들은 자신들의 작업을 돌아보고 성공과 실패에 대해 코멘트를 한다. 연구자들은 마무리 말을 추가하지 않는다. 이들은 연구 참여자와 함께 프로젝트를 하면서 다양한 색조를 가진 가능성의 세계를 만들었다.

협력적 경향은 다양한 방향으로 퍼져가는 중이다. 협력적인 프로젝트를 하고 난 후, 게시판을 만들어서 작업과정에 대한 서로의 성찰, 회의, 통찰을 공유하기도 한다. 다른 연구자들은 연구에 대한 자신들의 가치와 가정을 성찰하는 데 도움을 줄 수 있는 동료들을 모으기도 한다. 심리상담자들은 내담자를 초대해서 함께 협력해 가며 상담과정에 대한 글을 쓰기도 한다. 각각의 경우, 더 많은 목소리와 가치들이 추가되면서 보다 풍성한 결과가 만들어진다. 이러한 협력의 가치는 실행 연구로 이어진다.

실행 연구(Action Research): 사회 변화에 시동을 걸다

> 미래를 예측하는 최선의 방법은 미래를 변화시키는 것이다.
>
> - 앨런 케이(Alan Kay)

전통적인 과학 연구에서는 안정된 세상을 사실로 간주한다. Re/search(연구)는 찾아보고, 다시 찾아보면서, 끊임없이 현상에 대해 알아내고 행동을 예측하는 우리의 능력을 향상시키는 행위다. 반면, 구성주의자는 세상의 의미를 구성하고 재구성하면서 자신을 변화시킬 수 있다. 변화의 가능성은 도처에 있다. 연구자들은 사회 변화에 적극적으로 개입할 필요를 느낀다. 단순히 무엇인가를 있는 그대로 반영하고, 설명하고, 기술하려는 시도가 아니라 무엇이 될 수 있는가의 가능성을 추구한다. 이러한 연구 중 두드러진 것이 바로 실행 연구다. 실행 연구는 1960년대의 정치적 혼란 속에서 활기를 띠었다. 실행 연구는 다양한 색깔을 지닌 움직임으로써, 각자가 강조하는 부분과 이데올로기적 입장에 차이를 보인다. 연구자들이 공통적으로 동의하는 한 가지가 있다면, 바로 실행 연구는 협력적이어야 한다는 점이다. 사람들에 대해서 연구하는 것이 아니라, 이들과 함께 연구한다. 보통, 연구자는 특정 목표나 이상을 가지고 협력 관계를 시작한다. 리즌과 브레드버리의 말처럼 "실행 연구는 살아있는 탐구의 방식으로 그 목적은... 사람들의 성장을 돕기 위해 실행과 아이디어를 연결하며... 관여와 호기심, 그리고 중요한 문제제기를 통해 실질적인 이슈들에 영향을 미치는 참여적인 탐구 공동체를 창조하고자 한다."[21]

일례로, 콜롬비아 시골의 한 아프리카 후예들의 집단은 점점 전기에 의지해서 삶을 유지하고 있었다.[22] 공동체 구성원들은 경기가 하락하면서 전기료가 부당하게 상승했음을 발견하였다. 가격 상승으로 혜택을 보는 것은 공기업이었다. 개별적인 불만은 무시되었고, 기업은 공동체의 전기를 끊어버리겠다고 협박하기 시작했다. 공동체에는 분노와 무기력이 팽배해졌다. 대학 내 실행 연구자들의 도움으로, 공동체 위원회가 형성되었다. 위원회는 공동체 회의를 연달아 주최하면서 사람들이 좌절감을 토로하고 결속력을 다질 수 있도록 도왔다. 이들이 착취당하는 모습을 자세히 보여주는 이야기들도 수집하였다. 이후 공동체는 증거자료로 쓰기 위해 개별 영수증의 복사본을 자체적으로 수집하기 시작했다. 모임이 여러 번 더 지속되면서 행동을 위한 전략이 마련되었다. 공동체가 공기업과의 타협을 요구하면서 더 이상 전기료를 내지 않겠다고 협박하자, 회의가 시작되었다. 궁극적으로 이들의 행동은 서비스의 폭넓은 향상뿐만 아니라, 서민들의 민주주의를 만들어내게 되었다.

활동이 벌어지는 곳

실행 연구는 오늘날 가장 빠르게 성장하는 질적 탐구의 한 가지 형태다. 부분적으로 이러한 성장은 이상주의적 열정을 지닌 많은 젊은이들이 더 나은 세계를 만드는 데 기여하고자 사회과학에 발을 들인 덕분이다. 아쉽게도 전통적인 연구 방식은 이들에게 충족감을 주지 못한다. 이러한 연구는 학회지에 실리는 것이 주목적이다. 일

21 Reason, P. and Bradbury, H. (Eds.) (2007) *Handbook of Action Research* (2nd Edition). London: Sage, p. 1.

22 deRoux, G. (1991) Together against the computer: PAR and the struggle of Afro-Colombians for public services. In O. Fals-Borda and M.A. Rahman (Eds.), *Action and Knowledge: Breaking the Monopoly with Participatory Action Research*. New York: Apex Press.

부 연구는 궁극적으로 사람들을 돕는 데 사용될 수 있겠지만, 드물거나 별로 드러나지 않는다. 반대로, 실행 연구는 변화를 직접적으로 만들기 위해 연구자들이 다른 사람과 함께 연구하는 것이 가능하다. 물론 이러한 연구의 결과도 학회지에 실려서 공유될 수 있겠지만, 이것이 연구의 원동력은 아니다. 이들을 필요로 하는 곳도 많다. 실행 연구를 하는 연구자는 비싼 연구비나 실험 장비, 연구 대상 또는 방대한 데이터를 요구하지 않는다. 몇 가지 예를 들면, 실행 연구자들은 아래의 사람들을 돕는 일을 해 왔다.

- 여성 수감자들에게 교육 기회를 제공하기
- 가난한 지역 사람들이 마약을 끊고 교육적 그리고 경제적으로 나은 삶을 살도록 돕기
- 초등학생들의 의사 결정 기술을 향상시키기
- 빈곤지역 주민들이 건강관리 프로그램을 개발하도록 돕기
- 북부 아일랜드의 개신교도와 천주교인 간의 갈등을 중재하기
- 당뇨 환자들과 의료진이 보다 생산적으로 함께 작업하도록 돕기
- 네덜란드의 노년층이 더 나은 보살핌을 받도록 돕기
- 칠레의 저소득 공동체들이 자체적으로 발전하도록 조직화하기
- 짐바브웨의 교사들이 보다 대화적인 교수전략을 개발하도록 돕기
- 이란의 농부들이 보다 협력적으로 작업하도록 돕기

이처럼, 실행 연구의 가능성은 무궁무진하다.

수행(퍼포먼스)적 탐구

오늘날 가장 급진적이고 흥미로운 연구들은 다양한 형식의 퍼포먼스(연극, 시, 사진, 예술, 댄스 등)를 활용한다. 아마도 여러분은 그러한 활동이 사회과학에 속할 수 있는지 궁금할 것이다. 구성주의 관점에서는 여러 면에서 가능하다. 먼저, 세상이 특정한 방식으로 묘사나 설명되기를 요구하지 않았다는 말을 떠올려 보자. 현상을 반영하는 단 하나의 단어는 존재하지 않는다. 이러한 관점에서, 전통적인 사회과학 글쓰기는 평범하고 감흥이 없으며 추상적이고 복잡하다. 이러한 글은 동료 전문가들에게도 별로 정이 안 갈 뿐더러, 전문 분야 밖

에 있는 사람들은 사실상 읽기조차 어렵다. 비판가들이 지적하듯, 이러한 글쓰기는 엘리트주의를 반영하다. 단지 특정 계층에 속한 사람들에게만 한정될 뿐, 연구의 대상이 된 사람들, 특히 교육수준이 낮거나, 빈곤층이나, 소외계층 사람들에게는 이해가 어려운 글이다. 따라서 구성주의자들은 묻는다. 왜 사람들의 관심을 끌고 명확하며 공유될 수 있는 글쓰기 스타일을 사용하지 않는가?

그리고 왜 우리의 대화를 글쓰기로 한정 짓는가? 어째서 연극이나 사진, 예술, 음악, 춤 등은 사용하지 않는가? 이 모두는 세상을 다른 방식으로 구성할 수 있고 서로 다른 독자들에게 다가간다. 연극을 고려해 보자. 이러한 매체에 대한 관심은 브라질의 연극 연출자이자 정치적 활동가였던 아우구스또 보알(Augusto Boal)의 작품에서부터 시작했다. 군사 독재 아래에서 어려움을 겪으면서, 그는 어떻게 하면 사람들에게 이들이 착취당하고 있음을 알릴 수 있는지, 그리고 이에 대해 사람들이 거리낌 없이 토로하고 행동을 취할 수 있는 방식은 없는지 고민했다. 그의 1974년 책인 『억압받는 사람들의 연극(Theater of the Oppressed)』[23]에서, 보알은 의식을 고취하고 청중들이 행동하도록 초대하는 다양한 드라마적 실행들을 서술하였다. **관객-배우**(spec-actor)라는 개념을 창안해서, 관객들이 수동적인 역할에 머무르지 않고 함께 연극에 참여하도록 했다. 예를 들어, 거칠고 권위적인 상사가 직원을 망신 주는 장면을 연출한다고 가정해 보자. 만일 그 직원이 이러한 굴욕을 수용해서는 안 된다고 믿는 관객이 있다면, 그 사람은 연극 중간에 무대에 들어와서 저항의 장면을 보여줄 수 있다.

로스 그레이와 크리스티나 신딩[24]은 유방암 전이로 고통받는 여성들과 함께 연구를 하면서 연극을 사용하였다. 이 여성들은 건강과 죽음에 대한 두려움뿐만 아니라 의사, 가족 구성원, 친구들과의 관계에서도 고통을 겪고 있었다. 병을 앓게 되자 친구들은 거리를 두었으며 사람들은 단지 병자로만 대할 뿐 이들의 풍부하고 복합적인 삶에 대해서는 고려하지 않았다. 일부 여성들은

---

23 New York: Theater Communications Group.

24 Gray, R. and Sinding, C. (2002) *Standing Ovation: Performing Social Science Research about Cancer*. Walnut Creek, CA: AltaMira Press.

다른 사람들에게 자신의 두려움을 표현하는 데 어려움을 느꼈다. 사람들이 이러한 고통에 대해 듣는 것을 원치 않았기 때문이다.

여성들은 자신들이 직면한 문제들을 연극을 통해 관객들에게 보여주길 바랐다. 연구자들은 이 여성들이 대본을 쓰고 연극을 구성하도록 도왔으며 전문적인 배우들과 함께 연기에 참여했다. 처음에 이 연극은 병원 직원들을 교육시키기 위해 쓰였다. 이들이 암 환자들을 온전한 존재로서 이해함으로서 치료가 향상되기를 기대했다. 그런데 이 연극이 상당히 인기를 끌게 되면서 이를 공공장소로 이동해서 가족들과 일반 시민들이 배우고 감동받을 수 있도록 하였다.

여러분은 여전히 이러한 공연이 정말로 **연구**가 될 수 있는지 의아할지 모른다. 연구라기보다는 단지 사람들과 의사소통하는 건 아닐까?라고 말이다. 그렇다면 우리가 어떻게 지식을 만들어가는지 돌아볼 필요가 있다. 연구란, 실

그림 3.2 빌 로린스(Bill Rawlins)는 오하이오 대학 커뮤니케이션학과 교수다. 수행적 탐구가 늘어나면서, 그는 작곡가와 기타리스트로서의 자신의 재능을 학문적 흥미와 결합할 수 있었다. 『Sample』이라는 연구는 한 88세 노인이 어느 공동체가 자신의 삶을 어떻게 구해 주었는지를 설명하는 내용이다. 연구자는 이 작품을 전통적 사회과학 연구의 건조하고 수동적인 글쓰기와는 대비되는 방식으로 접근했으며, 자신이 노년층 인구를 대표하는 형식을 취했다. 어떻게 묘사를 했을까? 다음의 링크에서 이 공연을 찾아볼 수 있다: http://vimeo.com/53209682.

험실에서 장비를 준비하든, 설문지를 설계하든 또는 협력적인 작업을 하든 관계없이 늘 활동의 과정이다. 구성주의적 용어로 말하면, 이러한 다양한 활동들은 세상을 특정 방식으로 만들어낸다. 따라서 우리가 사회과학에 수행적인 영역을 추가하면, 세상을 이해할 수 있는 영역이 확장되는 효과가 있다. 수행을 통한 앎을 강조하는 것을 **예술기반 연구**(arts based research)라고 한다. 예를 들어, 본인 가족의 삶을 대화로 보여주는 연극대본을 쓴다면 자신에 대한 이해가 확장될 수 있다. 또는 자신에게 매우 소중한 누군가에 대한 시를 쓴다면, 그 사람을 다른 방식으로 이해할 수 있다. 사진 역시 대상을 새롭게 보여주거나 구성할 수 있다.

이러한 도전들(자문화기술지, 협력적 탐구, 실행 연구, 퍼포먼스)은 오늘날 폭발적으로 늘어나는 연구 방식의 일부일 뿐이다. 이 모두는 인간과학에 중요한 기여를 한다. 나아가 과학을 사회와 더 가깝게 만들어준다. 연구에서 사회 문제를 직접적으로 언급할 뿐만 아니라, 이를 대중들이 사용하는 언어로 전달한다. 나는 앞으로 어떠한 가능한 미래가 펼쳐질지 기대를 안고 산다.

성찰

구성주의 관점의 연구들은 전통적 연구에서 요구하는 "올바른 방법"을 버렸다는 점이 나에게는 매우 고무적이다. 내가 대학원에 다니던 시절에는, 여러 개의 방법론과 통계 과목이 필수였다. 우세한 방법과 그보다 낮은 방법이 있었으며, 최고의 학술지에서는 오직 전자만을 수용했다. 당시에는 지식에 "실질적인 기여"를 하고자 한다면, 우세한 방법만이 허용되었다. 지금까지도 거의 비슷한 관점이 사회과학을 주도한다. 나는 특정 주제에 호기심이 생겨서 연구를 시작했다가도 엄격한 방법론적 기준을 따르고, 측정도구를 타당화하고, 통계기법을 설명하고 나면 모든 알맹이가 빠져나가는 느낌을 수없이 느껴왔다. 작은 가설을 검증하는 데도 1년이 걸리고, 학회지 심사를 통과하기까지 또 1년, 학회지에 논문이 실리기까지 또 1년이 걸린다. 작은 목표에도 달팽이처럼 느리게 가면서 종종 걸려 넘어진다. 구성주의 관점에서는 "더 나은 방법"이란 없다. 방법을 통해 진리를 얻을 수 있다는 생각 자체에 도전한다. 이보다는, 다양한 탐구 목표를 고려하고 이것을 가장 효과적으로 달성할 수 있는 실행 방법을 찾거나 새롭게 만들도록 초대한다. 이 장에서는 사회를 비판하고, 의심 없이 받아들여 온 관습으로부터 벗어나고, 사회생활에 대한 우리의 가정에 도전하고, 대안적 삶의 방식을 높이 평가하고, 사회 변화를 이끌기 위한 연구들을 살펴보았다. 그리고 이러한 목적을 이루기 위해서 상상력을 마음껏 발휘할 수 있음을 보았다. 독자들이 자유롭게 이러한 여행에 함께 해도 좋을 것이다.

추가 자료

실증 연구와 구성주의적 대안들

Danziger, K. (1990) *Constructing the Subject: Historical Origins of Psychological Research*. Cambridge, UK: Cambridge University Press.

Gergen, K.J. (1993) *Toward Transformation in Social Knowledge* (2nd Edition). Cambridge, UK: Cambridge University Press.

Holstein, J.A. and Gubrium, J.F. (Eds.) (2007) *Handbook of Constructionist Research*. New York: Guilford Press.

Slife, B.D. and Williams, R.N. (1995) *What's behind the Research? Discovering Hidden Assumptions in the Behavioral Science*. Thousand Oaks, CA: Sage.

Tashkkori, A. and Teddlie, C. (2003) *Handbook of Mixed Methods in Social and Behavioral Research*. Thousand Oaks, CA: Sage.

담론 연구

Schiffrin, S. (2001) *The Handbook of Discourse Analysis*. Oxford: Blackwell.

Wetherell, M., Taylor, S. and Yates, S.J. (2001) *Discourse as Data: A guide for Analysis.* London: Sage.

Wetherell, M., Taylor, S. and Yates, S.J. (2001) *Discourse Theory and Practice: A reader.* London: Sage.

Woofit, R. (2005) *Conversation Analysis and DIscourse Analysis: A Comparative and Critical Introduction.* London: Sage.

관련 저널:

Discourse and Society

Discourse and Communication and Discourse Studies

내러티브 탐구

Clandinin, J. (Ed.) (2007) *Handbook of Narrative Enquiry: Mapping a Methodology.* London: Sage.

Elliot, J. (2005) *Using Narrative in Social Research: Qualitative and Quantitative Approaches.* London: Sage.

Josselson, R. and Lieblich, A. (Eds.) (2000) *Making Meaning of Narratives.* Thousand Oaks, CA: Sage.

관련 저널:

Journal of Narrative and Life History

Storyworlds: A Journal of Narrative Studies

Narrative Inquiry

Narrative Matters

대화과정

Heritage, J. and Clayman, S. (2010) *Talk in Action: Interactions, Identities, and Institutions.* London: Wiley-Blackwell.

Sidnell, J. (2010) *Conversation Analysis: An Introduction.* London: Wiley-Blackwell.

Sidnell, J. and Stivers, T. (Eds.) (2010) *The Handbook of Conversation Analysis*. London: Wiley-Blackwell.

질적 탐구

Denzin, N.K. and Lincoln, Y.S. (2011) *The Sage Handbook of Qualitative Research* (4th Edition). Thousand Oaks, CA: Sage.

Ellis, C. and Bochner, A.P. (Eds.) (1997) *Composing Ethnography: Alternative Forms of Qualitative Writing*. Thousand Oaks, CA: Sage.

Gergen, M.M. and Gergen, K.J. (2012) *Playing with Purpose: Adventures in Performative Social Science*. Walnut Grove, CA: Left Coast Press.

Jacobsen, M.H., Drake, M.S., Keohane, K. and Petersen, A. (Eds.) (2014) *Imaginative Methodologis in the Social Sciences: Creativity, Poetics and Rhetoric in Social Research*. Farnham: Ashgate.

Jones, S.H., Adams, T.E. and Ellis, C. (Eds.) (2013) *Handbook of Autoethnography*. Walnut Creek, CA: Left Coast Press.

Josselson, R. (2013) *Interviewing for Qualitative Inquiry: A Relational Approach*. New York: Guilford Press.

Knowles, J.G. and Cole, A.L. (Eds.) (2008) *Handbook of the Arts in Qualitative Research*. London: Sage.

Madison, D.S. and Hamera, J. (Eds.) (2006) *The Sage Handbook of Performance Studies*. London: Sage.

McNamee, S. and Hosking, D.M. (Eds.) (2012) *Research and Social Change: A Relational Constructionist Approach*. London: Routledge.

Randall, W.L. and McKim, A.E. (2008) *Reading Our Lives: The Poetics of Growing Old*. New York: Oxford University Press.

Reason, P. and Bradbury, H. (Eds.) (2008) *Handbook of Action Research* (2nd Edition). London: Sage.

Saldaña, J. (2011) *Ethnotheater: Research from Page to Stage*. Walnut

Grove, CA: Left Coast Press.

Smith, J. (2008) *Qualitative Psychology: A Practical Guide to Research Methods* (2nd Edition). London: Sage.

Waldaman, A. and Levi, R. (2011) *Inside the Place, Not of It: Narratives from Women in Prisons*. San Francisco, CA: McSweeney.

관련 저널:

Action Research

Educational Action Research

Qualitative Inquiry

Qualitative Research in Psychology

Qualitative Psychology

Forum: Qualitative Social Research: www.qualitative–research.net

International Journal of Action Research

The Qualitative Report: www.nova.edu/ssss/QR/index.html

PART

관계적 자아

- 생성이론(Generative Theory)
- 문제의 자아
- 개인주의: 분리와 불만족
- 관계로서의 개인: 첫 번째 단계
- 관계로서의 개인: 새로운 버전
- 관계적 행동으로서의 정신
- 다양한 자아(Multi-being): 우리는 함께 무엇이 되어갈까?
- 성찰
- 추가 자료

PART

04 관계적 자아

태초에 관계가 있었다.

- 마틴 부버(Martin Buber), *나와 너(I and Thou)*

구성주의 아이디어는 자칫 우리를 불안하게 만든다. 어쩌면 이 책의 1장은 진실과 객관성을 중시하는 전통 대 구성주의 개념이 서로 맞붙는 전투처럼 보였을지 모른다. 그러나 바라건대 지금쯤이면 구성주의 생각들이 제시하는 해방감과 혁신 가능성을 인정하는 사람도 있을 것이다. "구성주의는 저에게 완전히 새로운 세상을 열어줍니다"라고 내게 말해 준 한 학생처럼 말이다. 하지만 다시 마음을 다잡기 바란다. 이 장에서는 또 다른 과감한 시도를 제안한다. 우리가 소중히 여기는 것에 도전하며, 자신이 누구인지에 대한 새로운 이해, 그리고 선택할 수 있는 새로운 행동양식을 소개한다. 먼저 우리가 당연시하는 몇 가지를 생각해 보자.

- 아이들이 스스로 생각할 수 있도록 가르쳐야 한다.
- 행동은 상당 부분 그 사람의 생각에 달려 있다.
- 논리와 감정은 종종 충돌할 수 있다.
- 자신의 느낌과 욕구를 이해하는 것은 중요하다.
- 정서는 타고난다.
- 성숙할수록 자율과 진정성이 생긴다.

이 장에서는 이러한 모든 가정들을 의심해 볼 뿐만 아니라, 우리 자신을 이해하는 완전히 새로운 방식을 소개한다. 그렇다고 위의 가정들이 사실이 아니라는 말이 아니다. 구성주의자들은 무엇이 궁극적으로 맞거나 틀린지 결정 내리지 않는다. 잠시, 잘 알려진 인류학자인 클리포드 기어츠의 아래의 말을 고려해 보자.

> 서양에서 보는 개인은 경계를 지니고, 고유하며, 통합된 동기와 인식을 가진 우주이면서, 인식과 감정, 판단, 행동을 역동적으로 조절하는 뚜렷하게 조직된 하나의 전체이자, 또 다른 전체인 타인들, 사회, 그리고 자연적 배경과 대비를 이루는 존재다. 그러나 이 개념이 우리 안에 아무리 깊게 박혀 있다고 해도, 세계의 다양한 문화적 맥락에서 보면 오히려 이상한 생각이다.[1]

위의 관점에서 볼 때, 개인에 대한 전통적 이해 방식은 그렇게 잘못됐다고 할 수는 없지만 한계를 지닌다. 그리고 만일 한계가 있다면, 우리는 대안을 자유롭게 구성할 수 있다. 이 장에서 다룰 내용은 그 대안인 관계적 자아(relational self)에 대한 것이다. 구체적 설명에 앞서, 먼저 이론이 무엇이고, 어떻게 창의적으로 사용할 수 있는지 짧게 살펴보겠다. 그런 다음 창의력을 발휘해서 관계적 관점에서 자아를 보는 이론들을 탐색할 것이다. 최종적으로, 이 모든 내용은 다중 자아(multi-being)라는 개념 안에 하나로 합쳐진다.

생성이론 (Generative Theory)

보통 과학자들에게 이론이란 세상에 대한 사실을 요약하고 통합하는 방식이다. 다윈의 진화론이나 아인슈타인의 상대성이론이 그 좋은 예다. 그러나 구성

---

1 Geertz, C. (1979) From the native's point of view: On the nature of anthropological understanding. In P. Rabinow and W.M. Sullivan (Eds.), *Interpretive Social Science*. Berkeley, CA: University of California Press, p. 59.

주의자에게 이론에 대한 이러한 관점은 한계가 있다. 물론 생물학이나 물리학 같은 탐구 전통 안에서는 이러한 종류의 이론이 유용하다. 그러나 이는 주로 기존 연구 전통을 유지하는 데 사용될 뿐, 대안적인 삶의 방식을 만드는 목적과는 관련성이 없다. 반면 사회과학에서는, 사람들의 행동을 특정 방식으로 묘사하고 설명하면 이러한 재현이 직접적으로 문화 속에 스며든다. 예를 들어, 과학자들이 사람들을 편견이 있다거나, 순응적이다, 지능이 낮다, 정신질환을 앓는다, 억압되어 있다, 착취당한다, 힘이 있다는 식으로 묘사하면 이는 빠르게 주변 문화에 흡수되어서 우리가 서로를 이해하고 대하는 방식에도 영향을 미친다. 그렇다면 문화적 삶에 미치는 이론의 영향을 비판적으로 살펴보고 또 어떻게 긍정적으로 활용 가능한지 질문을 던져봐야 한다. 앞선 장들에서는 비판적인 입장을 많이 다루었다. 이 장에서는 '해당 이론이 생성적인가 아닌가?'라는 새로운 기준을 제안하고자 한다. **생성이론**(generative theory)**은 당연시하는 관습적인 이해에 도전하며 동시에 새로운 의미와 행동을 이끌어내는 방식으로 묘사하고 설명한다.**[2] 프로이트의 이론들은 당연히 생성적이었다. 의식이 인간 행동의 중심이고, 성욕은 단지 사소한 기능만 하며, 도덕은 근본적으로 선하다는 전통적인 가정에 도전했기 때문이다. 마르크스 이론 역시 경제적인 계급의 차이, 그리고 경영자와 노동자 사이의 임금 격차가 "자연스러운 것"이라는 인식에 질문을 던졌기에 생성적이다. 그 외에도 개인의 행동이 강화를 통해 만들어졌다는 스키너의 행동주의 이론들은 인간이 자유의지를 지닌 주체적인 대상이라는 기존의 관점에 정면으로 대항한다. 각각의 사례들은 상당한 파장을 불러일으켰다. 정신의학 전공이 생겨났고, 러시아 혁명이 발생했으며, 교육적 실행에 개혁이 일어났다. 이런 이야기를 하는 이유는 이러한 개혁의 결과를 두둔하는 것도, 이러한 이론들이 오늘날에도 생성적이라고 주장하는 것도 아니다. 단지, 사회 변화를 가져오는 중요한 방법 중 하나가 바로 대담한 이론을 통해서라는 말을 하려는 것이다.

여기서 제안하고 있는 내용이 급진적 성격을 띤다는 점을 알아야 한다.

---

2 생성이론에 대한 더 자세한 설명은 다음을 참고: Gergen K.J. (1993) *Toward Transformation in Social Knowledge* (2nd Edition). London: Sage.

전통적인 실재론적 관점에서 학자들의 임무는 세상을 정확하게 설명하며 있는 그대로 묘사하는 것이다. 만약 범죄가 발생하면, 연구자들은 예방책과 관련된 연구를 진행한다. 전통적인 기준으로 보면 범죄에는 원인이 있고 당연히 이를 방지해야 한다. 즉, 문제에 현실적으로 접근한다는 것은 우리의 관습 그리고 연관된 생활 방식의 유지를 의미한다. 이러한 이론은 보수적 성격을 띠며 사회변혁이 아닌 땜질 수준에 머문다. 반면 생성이론으로 옮겨가면, 전통을 유보하고 새로운 설명 방식을 시도해 볼 수 있다. 예를 들어, 거리의 범죄를 자신의 명성을 높이려는 수단으로, 또는 "가진 자"가 "없는 자"를 억압하는 방식으로 본다면 어떻게 될까? 다소 일반적이지는 않더라도, 이러한 대안들은 새로운 탐구나 다른 가능한 삶의 방식을 열어준다. 어떤 의미로 보면 생성적 이론화는 시적 행동주의(poetic activism)의 형태다. 단어를 사용해서 위험을 무릅쓰고 관습을 흔들며 새로운 이해와 가능성을 창조하도록 요구하기 때문이다.

이 장은 생성이론을 향한 한 걸음에 해당한다. 나는 자아라는 구체적인 사례를 통해 창의적 변화가 가능함을 보여주고 싶다. 사람들은 스스로를 독특하고 자율적이며 논리와 타고난 열정을 지녔다고 생각한다. 그리고 개별 자아들이 모여서 관계가 형성된다고, 다시 말해 사회란 개별 자아들로 구성되었다고 말한다. 이러한 오래된 전통을 어떻게 바꿀 수 있을까? 어떠한 대안을 구성할 수 있을까? 그보다도, 애초에 왜 그러한 시도를 해야 하는가? 먼저 그 질문부터 다루어보자.

문제의 자아

> 어느 누구도 가상의 독특성에 대한 언급 없이 살아갈 수 없다.
> 우리는 이를 자아라고 부른다.
>
> - 폴 스미스(Paul Smith), *주체에 대한 인식(Discerning the Subject)*

사람은 스스로 생각할 수 있고 또 그렇게 해야 한다는 믿음은 우리에게 자연스럽다. 이러한 관점은 서양 문화에서 수백 년간 이어져왔다. 1637년 데카르트는 "나는 생각한다. 고로 나는 존재한다"라고 자신 있게 주장했고 이후 몇 세기에 걸쳐 정신 영역과 관련된 듯한 사건과 과정들이 지속적으로 증가해 왔다. 내면세계를 지칭하는 영어 단어는 거의 3,000개에 달한다. 우리 각자는 모두 생각, 감정, 동기, 욕망, 바람, 요구, 아이디어를 갖고 있다는 말이 당연하지 않은가? 이러한 정신적 요소가 없다면 인간이 아니라 열등한 무엇일 것이다. 오늘날 우리 모두는 스스로의 정체성이나 자신이 진정으로 원하는 것을 알아야 한다고 느낀다.

그러나 스스로 생각하고 느끼는 주체라는 인식이 매우 그럴듯해 보임에도 불구하고, 많은 학자들이 여기에 회의적이다. 사람들의 일반적인 믿음에서 만들어진 몇 가지 철학적 문제들을 살펴보자.

- 어떻게 정신적인 사건이 육체적인 몸의 움직임을 가져오는가? 만일 우리가 먹겠다고 결심하면(정신적 사건), 이는 어떻게 신경세포를 자극하는가? 우리의 신경체계에 영향을 미칠 수 있는 "정신적 과정"이란 정확히 무엇을 의미하는가?
- 우리는 외부세계를 어떻게 알 수 있는가? 만일 정신세계 안에서 살아간다면, 그 외부에 무언가가 있다는 것을 어떻게 확신할 수 있는가? 우리가 세상이라고 부르는 무언가를 경험한다고 해도, 만일 그러한 경험이 정신적으로 만들어낸 것이라면 어떻게 되는가?
- 만일 "저 외부에" 물리적 세상이 있다고 가정한다면, 그것이 애초에 "내 안의" 세계에 어떻게 들어오는가? 그것이 들어온 것인지 아닌지를 어떻게 아는가?
- 우리는 다른 정신들이 존재한다는 것을 어떻게 알 수 있는가? 어쩌면 우리 스스로가 이러한 생각을 만들어낸 것은 아닌가?

여기서 나의 관심은 사적인 자아라는 전통적 관점에서 생겨난 풀기 어려운 철학의 문제가 아니다. 모든 가정에는 한계가 있으며 삶의 방식을 완벽하게 설명하기란 불가능에 가깝다. 더 중요한 질문은 이것이다. 정신세계가 머릿속에 있다는 가정은 문화적인 삶에 무엇을 암시하는가? 정신과정에서 행동이 나온다고 믿을 때 우리는 무엇을 얻고 무엇을 잃는가?

아마 대부분은 이러한 개념이 서양 문화에 긍정적으로 기여했다고 동의할 것이다. 독립적 사고에 대한 가정은 민주주의 제도에 꼭 필요하다. 즉, 우리 각자는 스스로 생각할 권리를 부여받았다. 이는 공교육의 가치로 연결되는데, 일반적으로 개인들이 제대로 사고할수록, 민주주의가 더 효율적으로 진행된다고 여겨지기 때문이다. 나아가, 개별 주체에 대한 믿음이 없다면, 도덕적 책임을 갖는 기관들은 무너져버릴 것이다. 만일 개인이 스스로 선택할 능력이 없다면, 일상생활과 법률적인 부분 모두에서, 서로가 책임감 있게 행동하리라는 믿음을 가질 수 없다. 확실히, 우리는 개인주의 전통에 상당한 빚을 지고 있다. 이를 버릴 생각을 해 본 적도 없다. 그러나 여기에 수반되는 어두운 면 역시 고려해야 한다.

개인주의:
분리와 불만족

최근에는 개인주의에 대한 불만족이 급속도로 높아지고 있다. 그 이유는 부분적으로는 전 세계 사람들이 서로 각축을 벌이고 갈등이 발생하는 세계화의 진행 때문이다. 과연 서양의 방식이 최선이라고 단정 지을 수 있을까? 미국과 개발도상국들 모두에서 보이는 여러 민주주의 실패사례들은 어떠한가? 개인을 사회의 기반으로 보는 경우, 누가 이익을 얻고 누가 손해를 보는가? 개인주의는 21세기를 성공적으로 이끌 수 있을까? 오늘날에는 개인주의적 신념이 세계를 위협한다고 보는 사람들이 많다. 비록 역사적으로 성과를 이루었지만 이제는 달리 볼 시간이다. 다음의 비판들을 고려해 보자.

고립된 개인들의 문제

만약 나에게 가장 중요한 것이 내 안에 있고 나만의 것이라면, 나는 당신을 어떻게 여길까? 애초에 당신은 본질적으로 "타인"이다. 나와 분리되어 존재하는 외부인이다. 그리고 나는 본질적으로 혼자다. 이 세상에 혼자 와서 혼자 떠난다. 나아가, 나의 사적 세계는 당신에게 온전히 드러나지 않기 때문에, 당신은 결코 이를 제대로 알거나 이해할 수 없다. 마찬가지로, 만일 당신에게 가장 중요하고 당신을 움직이는 것이 늘 "가면 뒤"에 있다면, 나는 결코 당신에 대해 확신할 수 없고, 당신이 나에게서 무엇을 숨기는지, 진정 무엇을 원하는지 결코 알 수 없다. 심지어 가장 친밀한 순간에도 나는 당신이 진정으로 무엇을 느끼는지 알 수 없다. 그 결과, 서로 간의 고립은 불신으로 이어진다. 확신할 수 있는 건 아무것도 없고 어떠한 말이나 행동도 완전히 신뢰할 수 없기 때문에, 항상 의심이 따라다닌다.

이러한 의심은 사람들이 기본적으로 자신의 이익에 의해 동기부여된다고 보는 글쓰기 전통으로까지 이어진다. 그 결과는 토마스 홉스에게 "만인에 대한 만인의 전쟁"이었고, 지그문트 프로이트에게 인간을 움직이는 기본적 추동은 쾌락이며, B.F. 스키너에게 조직행동은 보상과 처벌로 형성되고, 현대 경제학자들에게 우리 모두는 이익을 최대화하고 손해를 최소화하려는 사람들이다. 사실상, 여기저기서 모두가 이기적이라고 말한다. 타인에 대한 불신은 자신도 믿지 못하게 만든다. "남들이 나보다 나은가?" 하는 생각이 따라다닌다. 각종 평가에서부터 우리를 유혹하는 광고 속 모델에 이르기까지, 수많은 직간접적인 잣대들은 끊임없이 우리의 부족한 부분을 상기시킨다. 자존감과 관련된 깊은 문화적 고민들은 이처럼 고립된 자아에서 기원을 찾을 수 있다. 우리는 "자연적으로" 자신의 가치에 대해 고민하지 않는다. 만일 고립된 개인들이라는 용어로 세상이 구성되지 않았다면, 자존감에 대한 우려는 사라질 것이다.

자아도취와 도구로서의 타인들

나는 나 자신을 축하한다.

- 월트 휘트먼(Walt Whitman), *풀잎*(*Leaves of Grass*)

고립과 소외 그리고 불신은 개인주의에서 발생하는 두 번째 문제와도 연결된다. 만약 자기 자신이 존재의 중심이라면, 그리고 결코 타인을 완전히 알거나 신뢰할 수 없다면, 우리의 최고 미션은 "1순위 지키기"가 된다. 그 결과 자신이 "충분히 괜찮은 사람"이고 남들보다 더 나아지기를 바라며 스스로를 개발하고 자존감을 키우는 데 많은 시간을 할애한다. 개인주의 전통에서는 이 모두가 자연스러운 일이며 오히려 남을 위해 노력하는 게 더 이상한 일이다. 타인에 대해서라면 "그 사람이 나를 어떻게 도와줄지", "내가 무엇을 손해 보는지"를 끊임없이 질문해 봐야 한다. 이러한 경향을 보다 일반적인 용어로 도구주의자, instrumentalist(또는 공리주의자 utilitarian)라고 부른다. 이러한 관점에서 보면, 타인은 고유한 가치를 지니지 않는다. 이들이 어떤 식으로든 우리를 만족시키는 도구일 때에만 우리는 합리적인 행동을 한다. 물론 남을 돕기도 하지만, 이는 이타성이 칭찬, 만족, 더 나은 공동체와 같이 보상을 가져다줄 때뿐이다. 크리스토퍼 래쉬는 『나르시시즘의 문화』에서 개인주의적 충동에 따른 "나 먼저"의 태도를 강하게 비난한다.[3] 도구주의로 살아갈 때 우리의 삶은 사소한 감정적 관계와 성적 친밀감으로 전락해 버린다고 말한다. 단지 자기만족을 위해서 사랑과 성적 친밀감을 가질 경우, 이러한 행위의 전통적 가치는 약화된다. 마찬가지로, 단지 "경력을 쌓기 위한" 학문 연구나 "선거에서 이기기 위해" 설정된 정치 활동은 깊이가 없고 공허하다.

자기만을 위한 삶은 자연을 도구로 보는 경향으로 이어진다. 자기가 먼저이기 때문에 자연은 "나에게" 도움이 되거나 또는 위험한 대상일 뿐이다. 이러한 사고가 기업과 정부기관으로 확장되면 재앙이 일어난다. 자연 자원(석탄,

---

3 Lasch, C. (1979) *The Culture of Narcissism*. New York: W.W. Norton.

철, 원유)은 약탈되고, 삼림은 그루터기로 변하며, 수자원은 오염되고 고갈되며, 수많은 종의 동물들은 멸종당한다. 이 모든 행위가 개인적 이익을 높이려고 저질러진다. 많은 이들이 주장하듯, 더 많은 이윤과 성장, 삶의 질이라는 개인적 이득을 벗어나 지속 가능성으로 관점을 바꾸지 않는다면 지구는 황폐해질 것이다.

그림 4.1 이 작품에서 예술가인 레기네 발터(Regine Walter)는 세상을 분리해서 보는 방식이 소외된 삶을 가져온다고 제안한다.

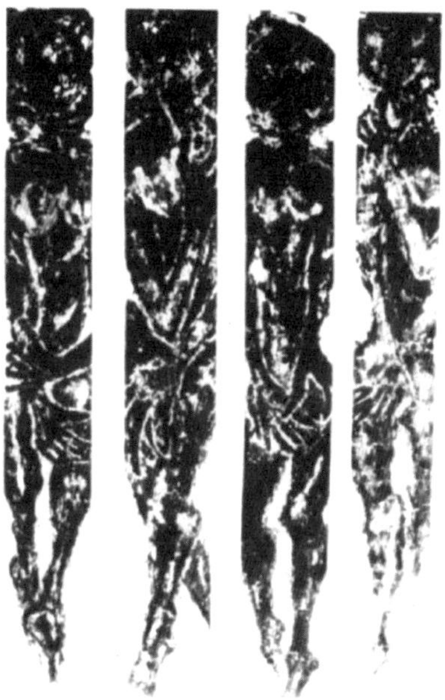

인위적 관계

흔히 듣는 말 중에 "우리 관계에는 노력이 필요하다"라든지, "이 관계는 이미 끝났다" 혹은 "팀워크를 키워야만 한다"는 표현이 있다. 이 모두는 개인주의 가정에서 나온다. 만일 자신들이 최우선이라고 믿는다면, 그래서 사회가 개별 행위자들로 이루어졌다면, 관계란 "만들어지고", "키워지고" 또는 "교정되어야" 한다. 사실상, 개인이 가장 중요한 현실이며 관계란 인위로 잠시 만들어진 상태다. 하기야 사람이 한 명의 온전한 개인으로 되어 있다면, 굳이 왜 관계가 필요할까? 로버트 벨라와 그의 동료들은 『미국인의 사고와 관습』이라는 알려진 책에서 자기표현과 자유, 자기개발, 자기만족을 강조하는 오늘날의 개인주의가 사회를 안정되게 유지시키는 데 핵심이 되는 사회 제도의 기반을 약화시킨다고 주장한다.[4] 예를 들어 "사랑과 결혼을 심리적 만족으로만 볼 경우, 이러한 제도가 오랜 기간 사람들에게 안정되고 충실한 관계를 제공해서 그들이 속한 사회 속에 단단하게 자리 잡도록 해 온 사회적 기능을 무너뜨릴 수도 있다"(1985, p. 85). 개인주의적 입장에서 보면 결혼한 뒤에 자유와 자기표현을 향한 욕구가 좌절되었다고 느낄 경우 그 결혼을 지속할 이유가 별로 없다. 자기가 핵심이 되는 존재이고, 만일 결혼이 마음에 안 맞는 동반자라면, 그만 끝내야 맞다. 마찬가지로, 개인주의자에게 봉사활동이나 공동체 정치 같은 "유대관계는 구속으로, 가치와 관습은 강요로 느껴진다."[5]

좁아진 이해

스스로를 독립된 결정권자로 믿다 보면 바람직하지 않은 행동들(이상행동, 범죄, 추행, 고집불통)을 이해하는 쉬운 방식이 생겨난다. 그 사람 내부의 기능이 잘못되었다고 의심해 보는 것이다. 이상행동을 하면 "정신질환"을, 범죄를 저지르면 "선악 판별능력"의 부재를, 추행하고 고집을 부리면 "뿌리 깊은 편견"을 살펴본다. 개인들이 문제를 일으키면, 치료나 교육, 또는 감금으로 이들을 교정한다. 그런데 잠깐. 누군가의 행동이 전적으로 개인한테서만 나올까? 역사나 상황과는 별개로? 그럴 가능성은 희박하다.

만일 우리가 이 세상 안에, 관계 속에, 직업 세계에, 물리적 환경에 깊게 개입되어 있다면, 왜 개인의 정신상태를 문제행동의 원인으로 지목할까? 일은 지겹고 상사는 폭군이라면, 왜 자신의 우울증을 치료받아야 할까? 어째서 직

4 Bellah, R.N., Madsen, R., Sullivan, W.M., Swidler, A. and Tipton, S.M. (1985) *Habits of the Heart.* Berkeley, CA: University of California Press.

5 Wallach, M. and Wallach, L. (1983) *Psychology's Sanction for Selfishness.* San Francisco, CA: Freeman, p. 1.

업 환경을 바꾸지 않을까? 개인주의의 전제는 상황의 일부분만 보기 때문에 문제에 지나치게 단순한 방식으로 대처한다. 더 넓은 환경을 탐색하지 못한 채 개인들 각자에게만 치중한다. 이는 몹시 제한적인 대처일 뿐더러 계속해서 주변 요소가 배제될 경우 상황이 악화될 수 있다.

이상이 서양 개인주의 전통에 대한 비판의 일부다. 그 가치에도 불구하고, 독립된 개인에 대한 강조는 심각한 결함이 있다. 개인이 사회의 핵심 요소가 되면 고립과 불신, 자아도취, 경쟁이 야기된다. 사람들의 관계는 기만과 권모술수로 전락한다. 당면한 문제들은 놀랄 만큼 단순하게 취급된다. 우리에게 대안은 없을까? 더 나은 매일의 일상을, 공동체를, 조직을, 정부를 구성할 수 있을까? 기존의 전통을 버리자는 의미가 아니다. 구성주의는 생성적인 대안을 고안하도록 우리를 도전시킨다. 이제는 이러한 가능성에 대해 알아볼 차례다.

관계로서의 개인:
첫 번째 단계

행위 뒤에 행위자가 없다.

- 주디스 버틀러(Judith Butler), *젠더트러블(Gender Trouble)*

먼저 앞으로 제안할 내용을 분명히 하겠다. 만일 우리가 감각하고, 생각하고, 느끼고, 행동하는 개별 주체라는 현실을 당연시해 왔고, 이러한 인식에 결함이 있다면 어떠한 대안들이 가능할까? 많은 가능성들이 제시되고 있지만, 사회구성주의 대화 속에서 독특한 하나의 가능성이 출현한다. 아래의 내용을 고려해 보자.

사회구성주의는 무엇이 실재이고 옳은지가 사회적 과정에서 나온다고 본다. 관계 속에서 지식으로 간주되는 것이 자라난다. 사실상 구성주의 대화는 개인보다는 관계를, 고립보다는 연결을, 적대보다는 유대를 선호한다. 하지만 개인주의 전제를 관계 지향적으로 새롭게 구성하는 것이 가능할지에 대해선 여전히 의문이 남는다. 일단 개인주의는 우리의 언어 속에 깊게 뿌리내려 있다. 앞서 말했듯, 개인의 정신상태를 언급함으로써 이러한 실재를 창조해 내는 단어는 수천 개가 넘는 반면 관계를 언급하는 단어는 얼마 없다. 관계라는 개념 자체도 개별 단위인 개인으로 만들어졌다고 생각한다. 마치 체스판의 폰이나 룩, 비숍 등의 개별 특징을 끊임없이 언급하면서도 체스 게임 그 자체에 대해서는 그다지 할 말이 없는 것과 같다. 그렇다면 이렇게 적은 단어를 가지고 어떻게 생성적인 이론을 구성할 수 있을까?

다행히 앞선 학자들이 닦아온 길을 따라갈 수 있다. 이들이 중요한 재료와 자원들을 갖추어놓았다. 그러면 관계적 이해를 향한 세 개의 중요한 길인 상징적 상호작용, 드라마트루기(연극적 접근), 그리고 문화심리학으로 들어가 보자. 그런 다음에는 이들 전통을 어떻게 넘어설지 생각해 보자.

상징적 상호작용: 상호주관적 개인들

> 개인은 오직 다른 개인들과의 관계 속에서 존재할 수 있다.
> - 조지 허버트 미드(George Herbert Mead), *정신·자아·사회*(*Mind, Self and Society*)

1930년대 이래로 사회심리학 분야는 사람들을 개인적 관점에서 연구했다. 만들어진 외부의 자극 조건에 대해 개인들이 어떠한 인지, 동기, 감정적 반응을 일으켜서 공격성, 이타성, 편견 또는 끌림이라는 반응을 하는지 알고자 하는 실험 연구가 이루어졌다. 관계란 독립적인 개인들이 모였을 때 발생하는 것이라 여겼으며, 그다지 사회심리학자들의 흥미를 유발하지 못했는데, 관계 안에는 개인의 마음이 빠져 있기 때문이었다.

그러던 중 1934년, 조지 허버트 미드가 『정신·자아·사회』라는 고전을 출판하면서 중요한 대안적 관점이 나오게 된다.[6] 이 책에서 그는 개인의 생각이나 행동이 사회과정과 별개로 존재하지 않는다고 제안했다. 미드에 따르면,

---

6 Mead, G.H. (1934) *Mind, Self and Society*. Chicago, IL: University of Chicago Press.

우리는 서로 간에 조율할 수 있는 초보적 능력을 지니고 태어나는데, 주로 손동작, 목소리, 얼굴 표정, 시선 같은 제스처에 반응한다. 자신의 몸짓에 반응하는 타인을 보면서 우리는 서서히 생각(미드는 "상징적 과정(symbolic process)"이라고 지칭했다)이라고 부를 수 있는 능력을 개발해 간다. 언어란 사람들이 공통의 정신적 상징을 공유하면서 가능해지는데, 다시 말해 참여자들이 모두 말로써 동일한 상징을 언급하는 걸 의미한다.

또한 상징을 공유하는 능력은 역할 취하기(role-taking)라고 하는 내재적 능력의 도움을 받는다. 이는 자신의 제스처에 반응하는 타인을 보면서 우리가 그들의 역할을 취한다는 뜻이다. 그들의 반응을 우리 안에서 경험하면서 다른 사람들의 제스처가 그들에게 무엇을 상징하는지에 대한 이해가 가능해진다. 예를 들어, 아이가 화를 내며 소리를 지르자 그 아버지가 위협적으로 손을 치켜든다면 아이는 무서워서 소리침을 멈춘다. 동시에 아이는 아버지가 자신의 소리침을 허용하지 않는다는 것을 이해하게 된다. 이 상황에서 아버지의 역할을 취함으로써 아이는 소리침을 참을 수 없다는 아버지의 상징적 세계를 이해한다.

미드의 제안에 따르면, 역할 취하기를 통해 자신에 대한 이해도 생겨난다. 나의 행동에 반응하는 타인의 역할을 취함으로써 내가 누구인지를 알아간다. 그러면서 점차 일반화된 타자(generalized other)라는 이해가 생겨나는데, 이는 다양한 상황에서 다른 사람들이 내게 보이는 반응들을 합친 것이다. 이 속에서 자신에 대한 일관된 이해 또는 "자신이 진짜 누구인지"가 만들어진다.

상징적 상호작용이론은 서로 간의 의존을 중요시한다. 우리는 자신이 누구인지를 타인으로부터 알아가기 때문에 서로가 깊이 연결되어 있다. 미드에게 있어서 "자기 자신과 타인 사이에 명확한 경계를 긋기란 어렵다. 왜냐하면 자신이 존재하고 개인으로서 경험을 하는 것은 오직 타인이 존재하고 그들이 우리의 경험에 함께 들어와 있는 경우에만 가능하기 때문이다"(1934, p. 164).

이러한 중요한 지적 기여에도 불구하고 상징적 상호작용은 우리의 논의를 더 이상 이끌지 못한다. 몇 가지 문제가 있다. 우선, 관계에 대한 강조에도 불구하고 상징적 상호작용은 개인주의 요소를 강하게 유지한다. 미드의 설명대로라면, 우리는 세상에 개인적 주체로 태어나고, 개인적 주체가 타인을 "경험"해야 하며, 자기라는 개념을 발전시키기 위해 정신적으로 "타인의 역할을 취해야" 한다. 사실상, 근본적인 단위는 여전히 개별 정신이다. 우리가 애초에 개별 정신에서 시작한다면, 어떻게 다른 사람의 마음을 헤아리는 것이 가능할까? 또한 상징적 상호작용에는 사회적 결정론이 강하게 풍긴다. 세상과 자신에 대한 우리의 생각은 궁극적으로 타인에 의해 결정된다. 우리에 대한 그들의 관점이 없이는 자기라는 개념도 없다. 그렇다면 우리는 인과관계가 포함되지 않은 이론을 상상해 볼 수 있을까?

드라마투르기(Dramaturgy, 연극적 접근): 무대 위의 개인

사람들을 연극무대에 오른 배우로 보는 생각은 오랜 역사를 지닌다. 셰익스피어는 "모든 세상은 무대다. 그리고 모든 여자와 남자는 배우일 뿐이다"라고 썼다. 이러한 관점은 20세기 들어 어빙 고프먼의 연구로 다시 부각되었다. 고프먼은 잘 알려진 작품인 『자아연출의 사회학』을 통해 사람들은 끊임없이 신호를 보내서 자신이 누구인지를 타인들에게 알린다고 하였다.[7] 마치 무대 위 배우처럼 의상, 헤어스타일, 장신구 등을 선택하고 특정 목적에 맞는 대외적 정체성을 만든다. 말이나 얼굴표정 같은 행동을 통해 타인들에게 우리를 그러한 사람으로 대해 달라는 암시를 보낸다. 고프먼의 말대로 "무대에서 역할을 행하는 개인들은 암묵적으로 관객들에게 자신이 그들 앞에서 연출하고자 하는 인상을 관객들이 진지하게 받아들여 줄 것을 요청한다"(1959, p. 17). 고프먼이 신중하게 선택한 아래의 인용문은 이를 잘 보여준다. 이 인용문은 윌리엄 샌섬의 소설의 일부로, 영국 사람인 프리디가 휴가철 스페인 호텔의 해변가에서 처음으로 자신을 드러내는 장면에 대한 묘사다.

> 하지만 어떠한 경우라도 그는 사람들의 시선을 끌지 않기 위해 조심했다. 무엇보다도, 자신의 휴가에 잠재적인 친구가 될 만한 이들을 향해 자신은 그들에게 전혀 관심이 없음을 분명히 했다. ... 만약 공이 자기 쪽으로 날아오면, 깜짝 놀란 척한 다음에 얼굴에 즐거운 웃음을 짓는다

7 Goffman, E. (1959) *The Presentation of Self in Everyday Life*. Garden City, NY: Doubleday.

(친절한 프리디). ... 주위를 둘러보며 해변가의 사람들을 얼떨떨한 듯 바라보다가 웃음을 띤 채 공을 던져준다. ... 하지만 이상적인 프리디를 조금은 과시할 때가 되었다. 무슨 책을 읽는지 표지를 훔쳐보고 싶어하는 누군가가 볼 수 있도록 자신의 책을 이리저리 움직인다. 선택한 책은 고전이지만 그렇다고 너무 과하지도 않으며 교양인이라면 알 만한 호머의 스페인 번역본이다. 그런 다음 비치가운과 가방에 모래가 들어오지 않도록 잘 접어둔다(꼼꼼하고 지각 있는 프리디). 천천히 일어서서 자신의 큰 몸을 편하게 스트레칭 한다(멋진 남성다운 프리디). 샌들을 옆으로 던져둔다(결국은, 자유분방한 프리디).[8]

고프먼은 우리가 공적인 자신을 연출하는 동시에 관객들이 무대 뒤로는 접근하지 못하도록 막는다고 제안한다. 만약 무대 뒤에서 벌어지는 삶을 타인들이 본다면 자신의 정체성을 수용하지 않을 수도 있다. 예를 들어, 대학생들이 부모와 함께 있을 경우라면, 친구들과 금요일 밤을 보내는 삶은 무대 뒤가 된다. 만약 부모님이 무대 뒤를 보게 된다면 자신의 아들이나 딸이 그들 앞에서 보이는 단정한 이미지를 믿지 못할 것이다. 마찬가지로, 부모들의 침실에서의 삶은 무대 뒤가 된다. 자식들에게 이 영역이 노출되기를 바라지 않는다. 사실상, 부모와 자식이 함께 있을 때는 서로가 진지하게 받아들여지기를 원하는 지엽적인 정체성을 만들어낸다. 그러나 어떤 면에서 보면 이것은 거짓이다. 고프먼의 이론은 연극적 접근이라고 불리는데 사회적 삶은 무대이고 여기에서 서로가 서로에게 영향을 미치는 공연이 열린다.

연극적인 관점에서 개인은 근본적으로 사회 속에서 정의된다. 우리의 행동은 **타인을 위한** 것이다. 또한 개인은 행동의 주체이며 다른 사람에 의해 만들어지지 않는다. 동시에, 이러한 관점은 불안정한 결과를 가져온다. 만일 이를 진지하게 받아들인다면, 관계란 결국 무엇인가? 고프먼의 분석은 사람들이 마치 사기꾼처럼 타인들에게 진정한 자신이 아닌 것을 믿게 만든다고 제안한다. 보이는 모습은 가면이고, 그 아래에 또 다른 가면이 있다. 진실함 그 자체

---

8 Sansom, W. (1956) *A Contest of Ladies*. London: Hogarth.

는 또 다른 거짓이고, 심지어 행위자 자신을 속인다. 이러한 관점은 타인과 자신에 대한 깊은 회의를 가져오며 사랑이나 감사 또는 애정 어린 행위를 의심하게 만든다. 결국 스스로를 믿고 수용하기 어려워진다. 따라서 이 이론은 매혹적이고 상당히 사회적이지만, 더 나은 무언가가 필요하다.

문화심리학: 계속 이어지다

말하기/생각하기는... 사회문화적 행위다.

- 루이스 홀츠만(Lois Holzman), *성장을 위한 학교*(*Schools for Growth*)

사회과학에서 오래 지속된 논쟁 중 하나는 본성 대 양육의 문제다. 인간 행동의 얼마만큼이 생물학적 요인에 기인하며 얼마만큼이 사회화에 따른 것일까? 예를 들어, 사랑에 빠진다면 생물학적 요인일까 아니면 문화적 전통 때문일까? 운동을 잘하고 싶다면 유전자에 달렸을까 아니면 그렇게 키워져야 할까? "본성"을 중시하는 생물학적 입장에서는 개인주의를 선호한다. 사람들은 사회상황과는 상관없이 그렇게 행동한다. 사회 속에서 만들어진다고 해도, 유전자가 그렇게 구성되었기 때문에 일어난 일이다. 반면 "양육"을 주장하는 쪽은 사회적인 개인 쪽을 선호한다. 완전한 사회적 관점을 향해 도전적인 한 발을 내딛게 된 계기는 러시아 심리학자인 레프 비고츠키의 초기 연구부터다.[9] 무엇보다도 비고츠키는 생각하고, 계획하고, 집중하고, 기억하기 같은 "고차원의 정신작용"은 모두 문화에 의해 결정된다고 보았다. 이는 생물학에서 그 기원을 찾는 전통적인 심리학과는 극명한 차이다. 전통적 심리학 연구에서는 일반적으로 "인지기능의 본질"에 초점을 두며, 서로 다른 인종이나 종교 전통 내부의 인지기능에는 거의 관심을 두지 않는다. 반면, 비고츠키는 고차원의 정신과정이 관계에서 나온다고 보았다. "사회적 관계나 사람들 사이의 관계가 모

---

9 Vygotsky, L. (1981) The genesis of higher mental functions. In J.V. Wertsch (Ed.), *The Concept of Activity in Soviet Psychology.* Armonk, NY: M.E. Sharpe, p. 163.

든 고차원적 (정신의) 기능과 그 관계의 근간이 된다"(1981, p. 163). 정신기능은 사회과정을 반영하며 완전히 독립적인 생각이란 없다. 생각은 늘 사회적 삶 속에 속해 있고 이를 반영한다. 비고츠키는 정신 안에 있는 모든 것은 이미 사회에 속했던 것이라고 제안한다.

그림 4.2 발달심리학자인 벤 브레들리는 사회적으로 협력하는 인간의 능력이 매우 초기부터 나타난다고 믿는다. 브레들리의 한 연구에 참여한 사진 속 세 명의 아기들은, 모두 한 살 미만이다. 아기들은 서로를 향해 몸과 얼굴을 기울이고 있다.

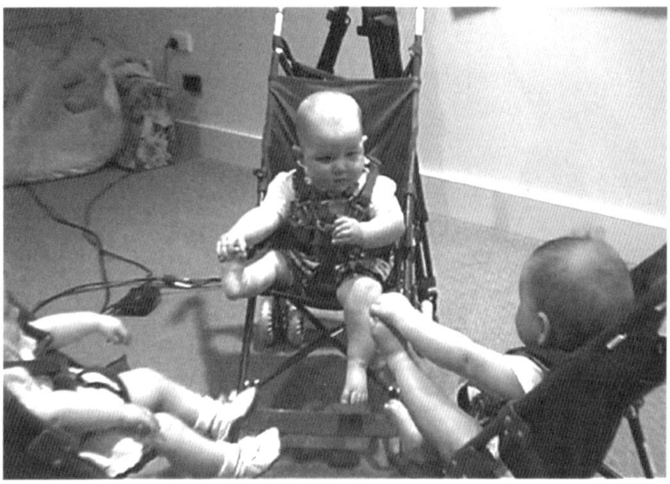

비고츠키의 이론들은 소위 문화심리학이라는 동시대의 움직임을 촉발시켰다. 핵심 지지자들 중 한 명인 제롬 브루너는 흥미로운 아이디어를 제안했다. 사람들이 왜 그러한 행동을 하는지에 대한 우리의 일상적인 설명(이를 민속심리학, folk psychology라고도 한다)은 실제로 우리가 생각하는 방식을 반영한다는 것이다.[10] 예를 들어, 우리는 사람들의 행동을 욕구, 신념, 목적, 바람 등의 측면에서 설명한다. "그 사람은 이기고 싶었다" 또는 "그녀는 이것을 사실로 믿었다" 처럼 말이다. 브루너의 제안대로, 이러한 말하는 방식(사람들의 말)은 우리의 실제 사고의 형태를 반영한다. 민속심리학을 서로 공유하지 못할 경우 관계를

10 Bruner, J. (1990) *Acts of Meaning.* Cambridge, MA: Harvard University Press.

어떻게 이끌어갈지 전혀 알 수 없다. 우리가 아는 사회란 끝나버린다. 브루너에 따르면, 사람들 사이의 신념은 내러티브를 통해 마음으로 전달된다. 내러티브적으로 생각할수록 타인을 더 잘 이해하게 된다. 예를 들어, 우리는 "알렉스는 상을 타고 싶었는데, 수지가 이겨서 화가 났다. 그래서 수지와 말을 하지 않는다"고 생각한다. 나아가, 브루너는 이러한 정신적 내러티브가 우리가 세상을 경험하는 방식을 구성하고 감정을 조절한다고 제안한다. 내러티브적 지식 덕분에 주어진 상황에서 어떠한 감정이 적절한지 그렇지 않은지를 이해한다. "실로 우리 삶의 모습은, 다시 말해 머릿속에서 정돈되지 않은 채 영속적으로 변해 가는 자전적인 이야기의 초안은, 오직 [우리의] 문화적 해석체계 덕분에 우리 자신과 타인들에게 이해가 가능해진다"(1990, p. 34).

부자연스러운 감정

보통 서양에서는 사람들이 느끼는 두려움과 분노, 슬픔과 같은 감정을 자연스럽게 여긴다. 다양한 감정이 생물학적 시스템 속에 들어 있다가 진화를 통해 발전해 왔다고 믿는다. 그렇지 않고 태어난 사람은 비정상일 것이다. 반면 구성주의의 입장은 다르다. 사람들이 알아차리기 전부터 자연적으로 존재하는 감정이란 없다고 본다. 감정을 지칭하는 단어들은 지극히 서양의 관점에서 나왔다. 인류학자인 캐서린 루츠[11]의 연구를 예로 들어보자. 그녀는 남태평양의 이팔루크 사람들을 연구했는데, 이들의 감정은 서양과는 매우 달랐다. 이팔루크 사람들은 파고(fago)라는 단어를 자주 사용했는데, 이에 해당하는 영어단어가 없었기 때문에 그녀는 사람들이 언제, 어떻게 이 단어를 쓰는지 관찰할 수밖에 없었다. 이 단어는 때때로 서양에서 연민이라고 부르는 것과 비슷했다. 예를 들어, 이팔루크 사람들은 아무도 돌봐줄 사람이 없는 이들을 파고한다고 말했다. 반면 다른 상황에서 파고는 서양 문화로 "사랑"이라는 단어의 기능을 했다. 한 여성은 "나는 내 남동생을 파고하기 때문에 조카들을 돌봐준다"고 이야기했다. 뿐만 아니라 그녀는 동생에게 못되게 구는 어린 남자 조카에게 "동생을 파고해야지"라며 혼을 냈다. 그 외에도 파고는 서양인들이 슬픔을 말하는 방식처럼 쓰였다. 일례로, 한 여성은 "내가 가장 최근 파고를 했을 때는 이틀 전 어머니가 돌

11 Lutz, C. A. (1988) *Unnatural Emotions*. Chicago, IL: University of Chicago Press. 추가로 참고할 책은 Frevert, U. (2011) *Emotions in History–Lost and Found*. Budapest: CEU Press.

아가셨을 때예요"라고 말했다. 이뿐만 아니라, 파고는 존경하는 사람에게도, 집이 그리울 때도, 노래를 아름답게 부르는 사람에게도 사용되었다. 사실상, 우리는 이팔루크 사람들의 감정 상태에 명확히 상응하는 서양의 단어를 찾지 못한다. 루츠의 제안대로 "감정이란 개인적으로 성취하는 것이 아니라 사회생활 속에서 만들어지는 것이다"(1988, p. 63).

물론, 우리는 매우 자연스럽게 감정을 느낀다. 그래서 감정이 생물학적으로 결정되며 보편적이라고 말한다. 그러나 미국 청소년의 로맨스를 연구한 결과를 보면 그렇지만은 않다.[12] 미국 중서부 지역 청소년들을 삼 년간 문화기술지적으로 살펴본 결과, 소녀들이 일반적으로 "감정을 다루는 방식" 네 가지가 드러났다.

- 반드시 이성에게만 연애 감정을 가져야 한다.
- 이미 여자 친구가 있는 남학생에게 연애 감정을 가져서는 안 된다.
- 한 번에 한 사람만 좋아해야 한다.
- 늘 누군가를 좋아해야 한다.

이러한 규범에서 벗어난 감정을 느끼는 경우는 불안해질 수 있다. 이팔루크 사람들이나 그 밖의 다른 문화에 속한 사람들에게 이러한 규범은 실로 이상하게 보일 것이다.

문화심리학은 지식 차원뿐만 아니라 실용적인 면에서도 중요하다. 문화적인 관점은 특히 교육현장에서 중요한 시사점을 지닌다. 전통적인 교육은 학생 개인의 정신능력(사고, 지식, 이해) 향상에 주력해 왔다. 학생들의 할 일은 주어진 교재를 보고 배우는 것이다. 그러나 문화적 관점에서는 교육과정의 초점이 개별 학생의 정신이 아닌 교사와 학생, 그리고 학생들 간의 관계로 이동한다. 특히 비고츠키에 따르면, 관계 속에서 학습의 장이 펼쳐진다. 타인들과 활동하는 속에서, 말 그대로 자신을 넘어선 타인의 관점을 취하게 된다.

한편, 문화심리학의 중요한 기여에도 불구하고, 우리는 다시 한번 이러한 설명이 만족스러운지 물어봐야 한다. 여러분은 이미 그 한계를 눈치 챘을 수

---

12 Simon, R., Eder, D. and Evans, C. (1992) The development of feeling norms underlying love among adolescent female. *Social Psychology Quarterly*, 55, 29–46.

도 있다. 그 주된 이유는 상징적 상호작용을 논의할 때 이미 암시됐었다. 미드와 비슷하게, 문화심리학자들은 어떻게 문화적 이해가 개별 정신에 들어오게 되는지를 설명하는 데 어려움을 겪는다. 만일 정신세계가 백지상태라면, 어떻게 타인의 목소리나 행동을 이해할 수 있는가? 언어나 행위에 대한 이해가 전혀 없는 아기들은 어떻게 부모의 말과 행동을 흡수하도록 배울 수 있을까? 나아가 여전히 사회적 결정주의의 문제가 남는다. 만일 생각이 주변 문화를 취한 결과라면 개인은 사회의 로봇이나 다름없을까? 우리는 생각 속에서 단지 과거의 전통을 계속 이어갈 뿐일까? 자, 그럼 더 나아가 보자.

관계로서의 개인:
새로운 버전

앞서 논의한 상징적 상호작용, 드라마투르기, 문화심리학은 한 가지 주요한 측면에서 유사하다. 모두 정신세계는 세상에 참여함으로써 생겨난다고 가정한다. 각각의 사례에서 사회적 세상이 정신보다 앞서 존재하는 걸 알 수 있다. 즉, 정신이 사회화된다. 물론 이는 관계의 중요성을 잘 드러내지만, 여전히 궁금증을 남긴다. 사회적 세상이 어떻게 정신 "안으로 들어오는지" 알기 어렵다는 점뿐만 아니라, 여전히 개인들의 정신은 각자의 머리 안에, 분리되고 알지 못하는 상태로, 남아 있기 때문이다. 개인주의를 성공적으로 넘어서려면 여기에서 보다 급진적으로 벗어나야 한다. 개인과 세상, 개인과 타인, 개인과 사회라는 전통적인 구분을 지워야 한다. 스스로를 사회과정의 공동 창조자로서 이해할 필요가 있다. 그럴 때 우리는 "우리가 있기 전에는 나와 너도 없다"고 말할 것이다. 이상한 생각 같은가? 아래에서 러시아 문학이론가 집단의 연구를 살펴보면서 새로운 문을 열 수 있는지 살펴보자.

바흐친 그룹: 대화주의

> **어떠한 발화자도, 결국, 우주의 영원한 침묵을 깨뜨리는 첫 번째 발화자가 아니다.**
> - 미하일 바흐친(Mikhail Bakhtin), *소설 속의 담론(Discourse in the Novel)*

1917년 러시아 혁명 직후, 레닌그라드에 있는 소수의 문학 학자들 사이에서 활발한 대화가 진행되었다. 이들의 관심은 주로 언어가 사회, 정치, 예술에 사용되는 것이었고 논의에 공감대가 형성되었다. 특히 그 논의에서 두드러진 학자는 미하일 바흐친이었다. 바흐친의 글은 내용이 방대하고 복잡하며, 단순한 요약이 불가능하다.[13] 아주 간략히 살펴본다면, 흔히 대화주의라고 불리는 그의 핵심 아이디어는 개인이 완전히 사회 속에서만 이해된다는 생각의 기초를 제공한다.

한번 다음의 대화를 생각해 보자. 우리는 강의실을 나서고 있고 내가 당신에게 "발표가 너무 지루했어"라고 말한다. 이렇게 대화 안으로 들어가는 것을 바흐친은 발화(utterance)라고 부른다. 발화는 단어 하나에서부터 긴 독백의 형태까지 모두 가능하다. 이제, 이 발화가 당신에게 언급되었다고 생각해 보자. 바흐친의 용어로, 발화는 언급성(addressivity)을 포함한다. 나아가 이 발화가 당신에게 언급된 이후에, 나는 일련의 반응(끄덕임 또는 "아마 너는 중요한 걸 놓쳤나보다. 나는 흥미로웠어")을 기대한다. 바흐친에 의하면 응답성(answerability)이 있어야 한다. 뜬금없고 어느 누구도 향하지 않은 발화는 이해되지 않는다. 발화의 의미는 "당신을 겨냥한" 말임에 달려 있다. 바흐친의 설명에 의하면, 내가 사용하는 특정 단어는 구체적으로 당신을 위해 준비된다. 만일 내가 "Die Rede war Langweilig"라고 했는데 당신이 독일어를 모른다면 언급성과 응답성이 모두 결여된다. 그런 면에서, 내가 당신을 대화의 파트너로 보고 이야기할 때, "화자는 청자가 된다." 또한 내가 하는 말은 언어사용의 역사에서 나온다. 단어는 내가 만들어낸 것이 아니라 다양한 다른 맥락에서 사용되는 것을 빌려온 것이다. 우리는 문화의 다양한 말하기 장르에서 말을 빌려오는데 바흐

13 바흐친 작품의 주요 설명은 Holquist, M. (2002) *Dialogism: Bakhtin and His World*. New York: Routledge를 참고

친은 이를 언어의 다양성(또는 이어성(異語性), heteroglossia)이라고 한다.

이러한 설명이 내포하는 힘은 강력하다. 첫 번째로, 우리가 나누는 대화의 어디에도 우리의 정신이 명확하게 언급되고 있지 않다는 점을 고려해 보자. 우리는 언급하고 여기에 응답할 발화를 생성하기 위해 사회적 역사를 활용하며, 이때 인지, 동기, 지각과 같은 정신적 내용은 언급되지 않는다. 둘째로, 위의 설명은 지극히 관계적이다. 두 개별 개체가 대화를 나눌 때 오직 관계 안에서만 "이해가 가능하다." 달리 표현하면, 우리가 오래 지속되어 온 문화적 과정에 참여해야만 우리는 의미 있는 주체가 된다. 우리는 그 과정에 참여할 수 있지만 어느 한 명이 이를 만들어낼 수는 없다. 합리적이거나 지각 있는 말을 할 수 있는 개인의 능력은 문화적 과정에 참여한 덕분에 얻어진다. 자신과 타인은 의미 생성에 함께 묶여 있다. 바흐친의 말로, "의미 있다는 것은 소통하는 것이다."[14] 이 과정에 대해서는 다음 장에서 더 자세히 다룰 것이다. 여기서는 정신의 의미에 대해 재구성해 보자.

그림 4.3 마법은 사이(between)에 존재한다.

14 Bakhtin, M. (1981) *The Dialogic Imagination: Four Essays*. Ed. and Trans. C. Emerson and M. Holquist. Austin, TX: University of Texas Press, p. 287.

관계적 행동으로서의 정신

자, 그러면 이 모든 이야기는 사람들의 정신에 대해 어떻게 설명할까? 생각하고, 느끼고, 바라고, 기대하는 것들 말이다. 여기에는 관심이 없는가? 만일 우리가 정신적 과정이라는 개념을 만들어냈다면, 왜 여기에 매달려야만 하나? 정신에 대한 담론이 개인주의를 지속시킨다면, 왜 그냥 버리지 않는가? 여기서 잠시. 구성주의는 결코 언어를, 그것도 단순히 우리가 만들어냈다는 이유 하나로 버리자고 주장하지 않는다. 우리가 스스로를 위해 구성해 낸 모든 언어를 버린다면, 대화 자체가 불가능해진다. 게다가 정신에 대한 담론을 버리면 문화에 참여할 수 없다. "기분이 어떠니?", "너랑 있어서 즐거워", "한번 생각해 볼게" 등을 말하지 못한다면 어떻게 함께 할 수 있겠는가? 대신 우리는 이러한 용어의 의미를 다시 정립할 수 있다. 먼저 두 개의 제안을 살펴본 뒤, 특별한 사례를 다루고자 한다.

수행(performance)으로서의 정신적 담론

첫 번째 내용은 앞서의 논의와 자연스럽게 연결된다. 이미 살펴보았듯, "너를 사랑해"라든가 "나 화났어" 같은 발화가 정신의 내면상태를 전달하는 것인지 확인할 방법은 없다. 그렇지만 "너를 사랑해"라는 발화는 관계 안에서 강력한 힘을 발휘한다. 두 사람을 친밀함이나 헌신으로 묶어주거나, 반대로 상대방을 도망가게 만들 수 있다. 사실상, 발화는 상대방을 특정 종류의 관계로 초대하는 중요한 역할을 담당한다. 이렇게 본다면, "너를 좋아해", "사랑해", "너에게 완전히 빠져버렸어"와 같이 밀접하게 관련된 문구들은 동일한 것을 다르게 말하는 방식도 아니고, 각각 정신의 서로 다른 부분과 관련된 것도 아니다. 그보다는 각각이 사회에서 조금씩 다른 방식으로 기능하며 관계를 미묘하게 바꾸거나 수정해 간다. 예를 들어 "너를 좋아해"는 어쩌면 열정적 관계를 우정으로 바꿔놓는다. "너에게 완전히 빠져버렸어"는 영화나 연극의 대사처럼 보다 정형화된 표현이라서 "너를 사랑해"라는 말에서 전달되는 진정성이 부족하다.

"사랑해"는 보다 편한 표현이라서 친구나 진지한 관계에서 쓸 수 있다.

또한 이러한 표현을 할 때 "그저 단어들"만 언급하지 않는다. "너를 사랑해", "나 화났어" 또는 "정말 걱정이 돼"라고 표현할 때, 제스처나 시선, 자세 같은 모든 행위 안에 단어가 내포되어 있다. 예를 들어, 눈은 바닥을 내려다보며 희미한 목소리로 입가에 미소를 띤 채 "나 화났어"라는 말을 한다면, 화보다는 이상하고 모호하게 들릴 수 있다. 서양에서 "화가 났음"을 전달하려면, 단호하고 큰 목소리로 말하며 굳은 얼굴과 경직된 자세를 취하는 것이 일반적이다. 즉, 우리는 감정이나 생각, 기억 등을 **가지고** 있는 것이 아니라, 이것들을 **수행**한다. 수행하기 때문에 의사전달에서 단어가 핵심이 아닐 수 있다. 따뜻한 웃음과 선물, 그리고 경제적 지원은 "열 마디 말보다 강할 수" 있고, 위협적인 소리나 노려봄은 말로 비난하는 것과 비슷하게 느껴질 수 있다.[15]

행위를 통해 정신을 보여준다고 해서, 마치 이러한 표현이 인위적이거나 계산된 행동인 듯 결론 내서는 안 된다는 점을 강조하고 싶다. 강렬한 운동경기를 하고 있는 자신을 상상해 보자. 막 뛰어다니고 흥분되어 있으며 온통 여기에 빠져 있다. 이러한 자신의 행동이 조작된 것이며 인위적이고 단지 결과를 가져오기 위한 행동이라고 말하는 경우는 거의 없다. 반면, 운동경기 그 자체는 문화적 발명품이다. 이렇게 볼 때, 우리들 일상의 상당 부분은 **진지한 게임**이라고 말할 수 있다. 화, 사랑, 기억 등을 수행할 때도 마찬가지다. 비록 문화적 전통 안에서 행동을 하고 있지만 우리는 여기에 온전히 빠져 있을 수 있다.

관계적으로서의 수행

정신에 대한 말, 그리고 관련된 행동을 하는 상황을 고려해 보자. 우리는 길을 가다가 또는 교실에 앉아 있다가 뜬금없이 "나 화났다"고 소리 지를 수는 없다. 그러면 그렇게 할 수 있는 경우를 생각해 보자. 우선, 우리의 표현은 관계

---

15 이 영역과 관련된 연구와 이론의 예: Hochschild, A. (1983) *The Managed Heart: Commercialization of Human Feeling*. Berkeley, CA: University of California Press; Tuner, R.H. (1978) The role and the person. *American Journal of Sociology*, 84, 1–23; Matza, D. (1969) *Becoming Deviant*. Englewood Cliffs, NJ: Prentice-Hall.

의 역사 속에서 의미를 획득해 왔다. 다시 말해, 많은 경우 이러한 표현들은 수세기에 걸친 관계 속에서 마련되어 온 것이다. 100년 전만 해도 아내가 부정하면 남편이 "질투에 눈이 멀어서" 아내와 그 애인을 "너무나 당연하게" 죽일 수 있었다. 시간이 흐르면서, 질투를 보는 관점이 순화되고 당연한 살인은 부부 상담이나 이혼으로 대체되었다. 또한 정신을 수행으로 드러낼 때는 늘 청자를 향해 있다. "내가 원하는 건...", "그가 느끼기에...", "그녀가 생각하기에..."와 같은 심리적인 상태에 대해 말을 할 때, 우리는 명시적이든 또는 암묵적이든 어떠한 종류의 관계 속에 있는 누군가를 언급한다. 덧붙여서, 수행으로 드러낼 때는 대상을 고려해서 표현이 가다듬어졌음을 의미한다. 예를 들어 아이에게 화를 표현하는 것과 동료나 부모에게 화를 표현하는 것은 동일하지 않다. 어떻게 표현할지 구성하는 단계에서부터 상대방이 고려된다.

따라서 우리의 수행은 정신을 담고 있는 게 아니라 관계다. 그 안에는 관계의 역사뿐만 아니라 앞으로 어떠한 관계를 지향하는지가 들어 있다. 이러한 두 이론적 설명, 즉 정신적 담론을 수행으로 보는 것과 수행을 관계 안에 내재된 것으로 보는 것을 통해 드디어 정신이 관계에 의해 그리고 관계 안에서 구성된다는 하나의 입장이 성립된다. 전통적으로 설명해 온 절대적 개인은 없다. 단지 체화된 행동이 있으며, 그러한 행동은 관계 안에서, 그리고 관계로 인해 의미를 지닌다.

그러면 이러한 관점이 일상생활에 어떻게 적용되는지 살펴보자. 특히 사고력, 기억, 감정에 초점을 맞춰보자.

관계로서의 사고력

우리는 자주 합리적 생각이 정신 안에 들어 있는 것처럼 말한다. 예를 들어, "한번 생각해 보겠다", "내가 추론해 본 바로는...", "당신의 오산이다", "당신은 지금 비논리적이다"라고 말한다. 하지만 언제부터 이렇게 사고력이 정신 안에 들어 있다고 믿게 되었을까? 여기에는 16세기 철학자인 르네 데카르트가 많은 기여를 하였다. 데카르트는 모든 것의 존재를 회의해 볼 수 있지만 회의하고 있는 행동 그 자체는 회의할 수 없음을 발견하였다. 그리고 회의하는 것은 인간이 생각하는 행위이므로, 사고력을 인간 존재의 핵심 요소로 보았다. 그런데 데카르트는 어떻게 자신이 사고하고 있음을 알 수 있었을까? 어찌어찌 뇌 속을 들여다보면서 "야, 이것 보게! 여기에 생각이 있고 이쪽에는 감정이 있구나" 하고 알았을까? 그럴 것 같지는 않다. 데카르트가 합리적 사고에 대한 글을 쓰기 위해서 그는 이미 단어를 알고 있어야만 한다. 그렇다면 그는 다른 사람과의 관계 덕택에 사고에 대한 글쓰기 능력을 얻게 된 것이다. 사실상, 인간의 사고력이라는 개념은 인간 본성을 나타내는 것이 아니라 공동의 구성물이다.

지금부터는, 생각이란 우리 머리(또는 뇌) 속에 들어 있는 무언가가 아니라 우리가 수행하는 어떤 것이라는 입장을 취할 것이다. 이러한 수행 안에는 전통적인 관계의 패턴이 들어 있다. 예를 들어, 내가 학생의 에세이 과제를 평가하면서 여백에 "좋은 생각임"이라고 적을 경우, 이는 학생의 머릿속에서 일어나는 과정에 대한 평가가 아니다. 기본적으로 대학에서 말하는 좋은 생각이란 학문 분야의 규칙에 따라 글을 쓰는 능력이다. 만일 길을 잃는다면, 좋은 생각이란 나침판을 사용하는 능력일 수 있고, 놀이터에서 노는데 아이들이 괴롭힐 경우에는 피하거나 싸울 방도를 찾아내는 것이 "좋은 생각"일 수 있다. 사고력은 사회적으로 인정된 행동이다.

이쯤에서 여러분에게 의심이 생길 수 있다. 그렇다면 우리가 혼자 주체적으로 하는 모든 행위를 부정한다는 말인가? 물론 혼자서 학기말 페이퍼를 쓰거나 누군가가 했던 기분 나쁜 말을 곱씹어 보기도 한다. 이것들은 정신 내적인 과정이 아닐까? 대중 앞에서 수행되는 것이 아니라 "머릿속에서 벌어지는" 일이 아닐까? 하지만 잘 살펴보자. 예를 들어 학기말 페이퍼를 쓸 때, 우리는 무엇을 할까? 글 속에서 의미 있는 주장을 펼치려는 것은 바로 사회적인 행동에 참여하려고 준비하는 일이다. 따라서 사적으로 하는 무언가를 생각이라고 부르고 싶겠지만, 이는 근본적으로 공적인 행동을 사적으로 수행하고 있는 것이다.

이해를 돕기 위해, 배우가 대본연습을 한다고 가정해 보자. 빈 방에서 큰 소리로 혼자 대사를 연습하거나 또는 소리를 안 내고 조용히 암기할 수도 있다. 후자의 경우, "상상"하거나 "생각으로 미리 연기"해 보는 것일 수 있다. 하지만 단지 관객이나 완벽한 연기가 없을 뿐, 근본적으로 그 배우는 대중적인 행동을 수행하는 중이다. 마찬가지로 학기말 페이퍼를 쓰거나 프레젠테이션 준비를 한다고 가정해 보자. 방에서 혼자 조용히 준비하고 있지만 가상으로는 동기들이나 교수, 친구들의 반응을 "들을 수" 있다. 그리고 그 반응에 따라 "이렇게 표현하면 안 돼", "이 말을 꼭 넣어야 해", "이렇게 말하면 크리스가 좋아할 거야…" 하면서 단어를 수정할 수 있다. 이처럼 생각이란 정신이 자동적으로 표현된 것이 아니라 혼자서 수행하는 공적인 대화다.[16]

그러면 이번에는 관계적인 측면에서 기억과 감정을 살펴보자.

집단의 기억

"그 당시를 기억하세요…?"
"빗변의 제곱은 무엇인가요?"
"강도가 침입한 날 벌어진 사건을 묘사해 주시겠어요?"

기억에 대한 질문은 주변에서 늘 들을 수 있고, 여기에 어떻게 대답하는지가 때로 삶을 바꾸기도 한다. 많은 심리학자들에게 "기억"이라는 단어는 개인의 머릿속에서 일어나는 특정한 과정을 의미한다. 이 과정은 신경학을 기반으로 하고 그 기능이 모든 사람에게 보편적이다. 그런데 이러한 개인적 관점을 관계라는 대안적 입장으로 볼 수는 없을까? 사실 "나는 기억한다"는 표현이 특정한 심리학적 또는 신경학적 상태를 보고한다고 보기는 어렵다. 어떠한 종류의 상태를 보고하고 있는 것인가? 어떻게 "머리 내부를 들여다보며" 이것이 "생각"이나 "욕망"이 아닌 기억이라는 걸 알 수 있는가? 이보다는 존 쇼터가 말하듯, "우리가 경험에 대해서 말할 때는 기본적으로 경험 그 자체를 재현하는 것이 아니라, 특정한 사회 질서를 구성하고 지속시키는 방식으로 이야기한다."[17] 이렇게 볼 때, 기억이란 개인적 활동이 아니라 집단적인 것이다.

아래의 예는 한 집단의 영국 학생들이 나눈 대화의 일부분이다. 이들이 예전에 본 영화 E.T.를 어떻게 회상하는지 살펴보자.

---

16 Hermans, H.J.M. and Kempen, H.J.G. (1993) *The Dialogical Self*. New York: Academic Press.

17 Shotter, J. (1990) The social construction of remembering and forgetting. In D. Middleton and D. Edwards (Eds.), *Collective Remembering*. London: Sage, pp. 122–123.

다이앤: 그 영화는 정말 슬펐어.
레슬리: 어린 소년이 연기를 참 잘했지.
다이앤: 진짜 대단했어.
티나: 특히 마지막 장면에서 그 소년이...
카렌: 덜덜 떨었잖아, 안 그래?
존: 영화 보면서 안 울었었던 사람 있어?
레슬리: [강조하면서] 난 안 울었어. 내 자신이 대단해.
다이앤: 처음에 바로 우주선에 타지 못했을 땐 좀 짜증이 났어. ... 이야기 전개 자체는 정말 지루했지 않아?
카렌: 그러게.
레슬리: 어, 정말 지루했어.
티나: 특수효과가 다했지.
폴: 학교에서 술 취해서 벌어진 장면들 몇 개는 정말 웃겼어.
레슬리: 맞아.[18]

영화를 묘사하는 방식은 수없이 많다. 색감의 사용이나 다양한 장면의 길이, 캐릭터의 변화, 도덕적 교훈 등에 대해 말할 수 있다. 그런데 위의 예를 보면 학생들의 묘사가 합쳐지기 시작함을 발견할 수 있다. 서로 이야기하면서 "어떤 일이 있었는지"에 대한 설명을 만들어낸다. 슬픈 장면, 훌륭한 연기 실력, 지루한 줄거리에 동의해 가는 과정에서 이들이 무엇을 기억으로 선택할지가 정해진다. 나중에 누군가가 "E.T. 봤어? 어떤 영화야?"라고 묻는다면 동의한 내용들 중에서 답변을 할 것이다.

유사한 예로, 선생님이 "3곱하기 3은?"이라고 물으면 질문을 받은 학생은 "9"라고 답하는데, 이는 정신 내면의 상태를 보고하는 것이 아니다. 그 학생은 "구구단을 외우는 것"이라는 사회적 전통 안에서 행위를 하는 중이다. 그리고 가족들이 모여서 나누는 옛날 추억은 "그들의 머릿속에서 진행되는 영화"가

---

18 Middleton, D. and Edwards, D. (1990) Conversational remembering: A social psychological approach. In D. Middleton and D. Edwards (Eds.), *Collective Remembering*. London: Sage, pp. 31-32.

아니라 이러한 대화를 오랜 세월 나누면서 특정한 형태가 갖춰진 대화의 형식인 것이다. 사람들이 전쟁이나 혁명과 같은 정치적 사건을 어떻게 기억하는지를 연구한 나의 스페인 동료들은 이렇게 말한다. "심지어 아주 사적이고 아무한테도 얘기해 본 적이 없는 개인적인 기억조차도 다른 사람과 공유된 것들과의 관계 안에서 존재한다. 언어, 관용구, 사건들, 그 밖의 모든 것이 자신이 그 일부분인 사회 안에서 공유된 것들이다."19

분산된 인지(Distributed cognition)

기억이나 그 밖의 정신과정을 관계적으로 말하는 또 다른 방식은 이러한 인지작용이 사회적으로 여러 사람에게 분산되어 있다고 보는 것이다. 이는 무엇을 의미할까? 알파벳을 배우고 있는 아이를 생각해 보자. 엄마가 묻는다. "로라야, F 다음이 뭐지?" 아이가 말을 못하고 있으면 엄마가 도와준다. "good(좋은)... goose(거위)... gravy(고깃국물)...". 로라는 눈이 반짝해지면서 "G!" 하고 바로 대답한다. 이 경우 "정확한 기억"이란 엄마와 아이 사이에서 분산되어 만들어진다고 볼 수 있다. 아이가 답을 했지만 엄마가 상기시켜 준 것이 핵심이었다. 학자들은 대부분의 기억이 공동체 안에 분산되어 있다고 제안한다. 예를 들어, 한 나라의 역사적 인물이나 사건에 대해 기억되는 내용들은 다양한 대화뿐만 아니라 교과서, 신문, TV 방송, 영화에 분산되어 있다.20 이렇게 볼 때, 한 나라의 역사는 사회적으로 구성되며 노련한 정치인이라면 잘 알고 있듯 늘 새롭게 구성될 수 있다. 메리 더글라스의 제안대로, 합리적 결정이란 조직 내부의 다양한 대화에서 나오기 때문에 "조직이 생각한다"고 봐도 무방하다.21 어리석은 결정은 한 사람의 머리에서 나오는 것이 아니다. 사람들이 말하는 방식, 대화에 참여하고 배제되는 대상 등이 포함된 집단 전체에서 나온다. 이러한 맥락에서, 대형 항공기 승무원을 대상으로 중요한 연구 하나가 시행되었다. 이들은 비행경로, 날씨 상태, 착륙과 같은 "현명한 결정들"을 함께 내리기 위해 긴밀히 협력해야만 한다.22 이들의 협력에

---

19 Iniquez, L., Valencia, J. and Vasquesz, F. (1997) The construction of remembering and forgetfulness: Memories and histories of the Spanish civil war. In J. Pennebaker, D. Paez and B. Rime (Eds.), *Collective Memory of Political Events*. Mahwah, NJ: Erlbaum, p. 250.

20 예시가 되는 책으로는 Schudson, M. (1992) *Watergate in American Memory*. New York: Basic Books.

21 Douglas, M. (1986) *How Institutions Think*. London: Routledge & Kegan Paul.

22 예시가 되는 책으로는 Engestrom, Y. and Middleton, D. (Eds.) (1986) *Cognition and*

생사가 달려 있다. 연구 결과에 따르면, 상당수의 비행기 사고는 상급자가 지위가 낮은 승무원의 조언을 무시한 결과로 발생했다. 집단 사고의 오류는 치명적일 수 있다.

감정 시나리오

감정은 관계 유형에 대한 것이다.

- 이안 버킷(Ian Burkett), *감정과 사회관계(Emotions and Social Relations)*

보통 우리는 감정을 "자연적으로 타고난" 인간본성의 일부라고 생각한다. 엄마들은 자신의 아이가 온전히 기능하는 감정 세계를 지닌 채 태어난다고 가정한다. 아이의 울음은 화가 났다는 신호로, 웃음은 행복하다는 표시로 여긴다. 과학자들은 감정이 유전된 것이라는 연구들을 바탕으로 이러한 관점을 지지한다. 심리학자들은 감정의 생리적 기반을 찾으려 하고 "기본 감정"이라는 보편성에 대해 논의한다. 그러나 이러한 전통적 관점에서 보면 감정이란 사람의 머리나 몸 안에 존재할 뿐더러 분노, 질투, 증오 같은 감정들은 우리가 어떻게 할 수 없는 것처럼 느껴진다. 유전적으로 자연스럽게 느껴지는 감정에 이끌리듯이 말이다. 게다가 서양인들은 감정을 묘사하는 자신들의 단어가 당연하고 보편적인 양 멋대로 생각한다. 서양인의 관점으로 보면서 이팔루크 사람들의 파고(fago)나 일본인들의 마에(mayae) 같은 표현은 그냥 배제시켜 버린다. 이런 의미에서 우리는 문화적 제국주의로 나아가며 다른 문화에 대한 이해를 "단지 현지인들이 믿는 것" 정도로 축소시킨다.

만일 우리가 감정 표현을 문화적 수행으로 본다면, 정체된 상태와 제국주의라는 문제를 벗어날 뿐만 아니라 새로운 가능성을 열 수 있다. 감정이 문화적 산물임을 알기 위해서, 먼저 **언제 그리고 어디서 감정을 표현할 수 있는가**에 대한 사회적 규칙을 살펴보자. 장례식에 가서 즐거워하면 방해가 되는 것처럼, 길을 가는 사람 아무에게나 "사랑합니다!"라고 소리칠 수는 없다. 이러한 규칙을 어기면 대가를 치른다. 또한 **감정을 어떻게 표현할지**에 대한 사회

Communication at Work. Cambridge, UK: Cambridge University Press.

적 관습이 존재한다. 웃으면서 화를 내면, 상대는 당신이 화났다고 생각하지 않는다. 사랑을 고백하면서 침을 뱉으면, 사랑으로 느껴지지 않는다. 마가렛 웨더렐이 말하듯, 감정은 "정서적 실천"이다.[23] 앞서 2장에서 감정에 대해 논의한 것을 기억해 보자. 감정을 수행할 때는 타인이 어떻게 반응할 수 있는가에 대한 규칙이 암시된다. 만일 내가 당신에게 나의 두려움을 털어놓고 있다면 당신은 재주넘기를 시작할 수 없다. 만일 내가 당신에게 나의 슬픔을 말한다면, 당신은 즐거워서 환호할 수 없다. 그러면 사람들이 당신을 이상하게 본다. 사실상, 우리에게 감정이 있는 것이 아니라, 우리는 감정을 문화적으로 정의 내려진 행동으로 나타낸다.

다른 예를 통해 비교해 보자. 당신은 나에게 다가올 시험이 불안하다고 말한다. 나는 문화적으로 "맞는 행동"을 하며 당신에게 왜 시험이 두려운지 묻는다. 이제 다시 당신이 말할 차례이며, 당신은 문화적 전통 안에 속해 있다. 만일 당신이 새처럼 두 팔을 팔딱거리면 문화 밖에 있는 것이고, 공부할 시간을 내기 어려웠다는 사실을 말하면 관습 안에서 이해가 된다. 이제 다시 내가 말할 차례이며, 이 상황에서는 몇 개의 답변만이 적절해 보인다. 예를 들어, 나는 당신을 안심시킬 수는 있지만, 발을 밟을 수는 없다. 이처럼 감정의 수행은 보다 확장된 상호작용 패턴의 일부분이다. 여기서 시나리오라는 개념이 도움이 되는데, 시나리오란, 연극에서와 마찬가지로, 상호의존적인 행동의 조합이 쓰여 있는 대본이다.[24] 시나리오 속 각각의 행동은 다음에 일어날 행동의 장을 마련한다. 또한 이어지는 행동을 통해 앞선 행동을 이해할 수 있다. 각각의 배우가 순서대로 수행하는 가운데 공연 전체의 통일성이 만들어진다.

이러하듯, 우리의 감정적 수행은 타인과 함께하는 공연의 일부라고 볼 수 있다. 분노에 찬 고함이나 우울해서 축 처져 있는 모습 모두 감정적 시나리오 상에서 볼 때만 이해된다. 나아가, 좋은 드라마와 같이 감정적 시나리오에는 시작과 끝이 포함된 경우가 많다. 한밤중에 갑자기 전기가 나가면, 두려움이라

---

23 Wetherell, M. (2012) *Affect and Emotion: A New Social Science Understanding*. London: Sage.

24 참고할 만한 책으로는 Gagnon, J. and Simon, W. (1973) *Sexual Conduct*. Chicago, IL: Aldine.

는 시나리오가 시작된다(즐거움이나 짜릿함은 안 된다). 반대로, 누군가가 당신에게 슬프다고 말을 하면 당신은 그 사람이 웃을 때까지 위로와 지지를 해 줄 수 있다. 그 시나리오가 종료되고 나면, 이제는 편안하게 농담을 하거나 휴가 계획을 말할 수 있다. 이런 관점에서, 감정은 개인의 마음에 들어 있는 사적인 것이 아니라 함께 주고받는 "춤"과도 같다. "당신의 즐거움"은 당신의 것이 아니라 "우리의 것"이며, "나의 분노"는 "우리의 분노"가 된다.

감정을 시나리오로 보는 시각이 제시하는 바는 많다. 그 하나는, 우리의 감정적 삶을 변화할 가능성을 열어준다는 점이다. 우리의 행동은 생물체 안에 갇혀 있지 않으며 지속적으로 협상되고 새롭게 만들어질 수 있다. 일례로 요즘 여섯 명 중 한 명이 앓는다는 "정신질환"인 우울증의 경우를 보자. 시나리오 관점에서 우울이란 홍역이나 볼거리처럼 개인이 가지고 있는 무언가가 아니다. 그보다는 사람들이 문화적으로 알아볼 수 있게 우울을 행동으로 나타낸 상태다. 여기서 잠시, 이들의 상태를 정말로 우울이라고 판단할 수 있을까? 오늘날 서양 문화에서는 실패하거나 누군가를 잃게 되면 우울해하는 것이 적절하다고 본다. 그런데 우리가 이런 상황에서 우울해져야만 하는 걸까? 실패나 헤어짐은 생물학적 반응을 유발하지 않으며, 우리는 얼마든지 우울함에 다른 방식으로 대처해도 된다. 많은 경영자들처럼 실패를 유익한 학습 경험으로 볼 수도 있고, 헤어짐으로 인해 책임감으로부터 벗어났다고 느낄 수도 있다. 흥미롭게도 수백만 명의 사람들이 시련에 대한 대처방안으로 불교의 명상을 활용한다. 여기서 배울 점은 없을까? 우리에게는 "규칙을 바꿀" 자유가 있다.

이 논의의 마지막으로, 행복을 주는 맛, 냄새, 색깔, 성적 끌림과 같은 즐거움은 어디에서 왔을지 생각해 보자. 우리 몸 안에 그러한 즐거움이 내장되어 있었을까? 대부분의 즐거움이 관계에서 나왔을 가능성은 어떠한가? 역사적 연구들은 달콤한 맛이나 역겨운 냄새가 상당 부분 문화에 기인하다고 제안한다.[25] 아름답다는 생각, 맛있거나 역겨운 느낌 역시 마찬가지다. 내 무릎에 얹어진 사랑하는 사람의 손은 즐겁게 느껴지지만, 의사나 버스 옆자리 낯선 사람의 손길은 전

25 Corbin, A. (1986) *The Foul and the Fragrant: Odor and the French Imagination*. Cambridge, MA: Harvard University Press / Classen, C., Howes, D. and Synott, A. (1994) *Aroma: The Cultural History of Smell*. New York: Routledge.

혀 다르다. 나는 셜리를 만나기 전에는 오페라를 한 번도 좋아하지 않았고, 마이크랑 친해지기 전엔 스카치위스키는 즐기지 않았으며, 스탠과 함께 가기 전까지는 야구경기가 지겹기만 했다. 아마 여러분 역시 그런 경험이 있을 것이다.

다양한 자아(Multi-being): 우리는 함께 무엇이 되어갈까?

관계적 자아에 대한 이 장을 마무리하면서, 그림을 하나 그리고 싶다. 아마 나비모양처럼 보일 것이다. 이 그림은 앞선 제안들과 시사점을 하나로 요약해서 보여준다. 먼저, 길을 걷고 있는 자신을 상상해 보자. 당신은 무엇을 지닌 채 걷고 있는가? 가장 두드러진 것은 당신의 가능성들이다. 당신이 타인들과 함께 살아온 과정에서 얻게 된 말과 행동하는 다양한 방식들이라고 할 수 있다. 우리의 모든 언어가 과거의 관계에서 나왔음은 이미 이야기했다. 우리가 말하는 모든 것은 관계의 역사에서 나온다. 그러나 이게 다가 아니다. 내 경우, 아버지와의 관계를 통해 아버지와 닮을 가능성을 얻었다. 나는 아버지의 많은 행동을 본받아서 열심히 일한다든지 가족을 위해 책임을 다할 수 있다. 또한 나는 이 관계 속에서 만들어진 나의 여러 가능성을 동시에 지닌다. 맡은 일을 하기 싫어하는 소년이 되거나 또는 아버지의 보살핌을 감사하는 사람이 되는 방법을 안다.

물론, 이는 단지 하나의 관계에서 나온 가능성일 뿐이다. 대상은 확장된다. 우리는 가족 구성원들, 친구들, 연인들, 교사들, 종교적 인물들과의 관계에서 얻은 가능성을 지닌다. 어린 시절 친구나 초등학교 1학년 선생님, 반에서 못된 애들, 예전 "짝사랑"의 흔적을 지닌다. 거기에 가상의 인물들과의 관계까지 더해질 수 있다. 예수나 간디, 헬렌 켈러처럼 책에서 읽은 사람 또는 레이디 가가나 존 레논, 비욘세처럼 영화나 TV에서 본 사람들도 있다. 우리는 다양한 가치, 태도, 이상, 스타일도 지녔다. 광범위한 관계의 역사로부터 우리 자신이 되는 다양한 가능성을 획득해 왔다. 그림 4.4는 다양한 자아의 조건을 형상화해서 그린 것인데, 긴 타원 모양들은 각 관계에서 가져온 가능성을 표현한다.

그림 4.4 다양한 자아: 개인은 다양한 가능성을 가지고 있다.

개인을 다양한 자아로 보는 이러한 관점은 새롭고 흥미로운 대화로 이어진다. 이 중 두 가지를 간략히 살펴보면 다음과 같다.

- 핵심 자아를 찾으려는 노력은 잘못된 것이다. 서양 전통에서는 오랜 기간 "스스로를 알라"고 가르쳤다. 그리고 우리는 자신을 찾으라고, 자신이 진정 원하는 것을 찾으라고 들어왔으며, 진정한 자신의 모습과 비슷한 것이 무엇일지 상상해 본다. 하지만 다양한 자아의 관점에서 볼 때 이는 잘못된 가르침이며 우리를 한계에 가둘 수 있다. 물론, 습관이나 관습이 너무나 편안해서 마치 자신의 본 모습처럼 느껴지기도 한다. 그렇지만 이는 하나의 가능성이며, 실제의 자신을 규정하는 것이 아님을 알 때, 보다 풍성한 삶의 장이 열린다.
- 갈등은 자연스러운 것이다. 우리는 일관되어야 한다고 배웠고, 비일관적인 것은 뒤처지는 것으로 치부한다. 그래서 자신에 대한 입장이 불안정한 사람들에게 양극성 장애나 조현병이라는 병명을 붙인다. 하지만 우리가 다양한 자아를 가지고 있다면, 이는 재고해 볼 일이다. 그간의

> 여러 관계 속에서 우리는 선과 악, 옳고 그름, 가치와 무가치에 대한 여러 생각을 흡수한다. 그중에는 서로 상반되는 가치도 포함될 수 있다. 맛있는 음식을 먹는 것은 가치 있지만, 체중이 느는 것은 피해야 할 가치다. 공부는 가치 있지만, 자유롭게 노는 것도 가치 있다. 스스로 성취하는 것은 가치 있지만 남들과 협력하는 것도 가치 있다.

휴버트 허먼스와 해리 캠펜이 언급했든, 우리는 **대화적 자아들**(dialogic selves)이다.[26] 이들의 용어로 말하면, 우리가 대화를 나눌 때는 다양한 "나의 입장"이 생겨난다. 예를 들어 부모님과 이야기할 때, 그리고 아이들에게 이야기할 때 나의 입장이 달라진다. 다양한 나의 입장들은 내면에서 갈등을 일으키기도 한다. 흔히 말하는 "양심의 소리"란 내 입장(어쩌면 부모님이나 종교적 인물의 목소리)이 반대되는 입장("이러면 정말 신날꺼야")과 충돌할 때를 말한다. 내 입장들 사이의 조화를 찾기보다는 그 긴장과 모호함을 수용하는 편이 더 좋다. 다양한 목소리, 그리고 사용할 수 있는 가능성에 열려 있기 때문이다.

지금까지 우리는 관계 안에서 다양한 가능성을 지닌 한 명의 개인에 대해서만 고려했다. 여기에 다양한 자아를 지닌 다른 사람을 합쳐 보면 다음과 같은 그림이 만들어진다. 그리고 새로운 이슈가 드러난다.

그림 4.5 다양한 자아들의 끊임없는 비행

26 Hermans, H.J.M. and Kempen, H.J.G. (1993) *The Dialogical Self*. New York: Academic Press.

- **타인들의 가능성은 무엇인가?** 일반적으로 우리는 자신에 대해 잘 안다고 느끼고, 다른 사람들이 나에게 어떤 존재인지를 확신하며, 그들이 다른 상황에서 어떻게 행동할지를 대략 예측할 수 있다. 그것이 틀렸다는 것은 아니다. 대부분의 사람들은 상당히 지속적인 습관적 자아를 유지한다. 그러나 우리가 여기서 다른 사람들에 대해 놓치고 있는 것은 이들이 보이는 것을 너머 다른 존재가 될 가능성이다. 자신에 찬 강연자가 불안으로 고통받을 수 있고, 우울한 친구가 위로받는 걸 즐길 수 있으며, 테이블 건너편의 천사 같은 소녀가 부모에게는 독살 맞을 수 있다. 그러므로 누군가가 진정 어떤 사람인지를 찾기보다는 그들이 어떤 사람이 될 수 있는지 묻는 것이 도움이 된다. 당신의 행동에 따라, 놀라운 가능성을 끄집어낼 수도 있다. 관계 속에서 그들이 어떤 사람이 되는가는 상당 부분 당신에게 달렸다.
- **우리는 함께 무엇이 될까?** 전통적으로 우리는 자신의 행복을 추구한다. 누구와의 관계 속에서도 "내 기분은 어떻지?" 하고 물으며, 상대방이 괜찮은지 묻기도 한다. 하지만 관계적 입장에서 보면 더 중요한 질문은 "**우리는** 지금 어떻지?"이다. 더 좋은 대화, 공동의 즐거움을 함께 만들 수 있을까? 논쟁을 피하고, 우리의 차이를 공동의 배려로 해결할 수 있을까? 이는 나나 당신에 대한 질문이 아니라, 우리가 함께 잘해 나갈 수 있을지의 질문이다.

타인에 대해 잘 알다 보면, 관계가 소원해질 위험 또한 존재한다. 친구에게 나를 어떻게 생각하는지 솔직히 말해 달라고 했다가는 우정에 금이 갈지 모른다. 우정이란 서로 인정해 주는 시나리오상에서 최선으로 유지된다. 친구가 내 지능이 낮다고 생각하거나 내 코가 이상하다고 얘기하면 더 이상 가까워지기 어렵다. 지인의 "몰라도 될 비밀"을 알게 돼서 그들이 싫어지는 경우도 있다. 아내와 나는 의학계에 종사하는 한 젊은 부부와 이야기하던 도중 이들이 신용사기로 매장에서 모피코트를 훔친 사실을 알게 되었다. 이들과는 다시 만나고 싶지 않았다. 이처럼 우리는 아무것도 모른 채 평온하게 지내는 것과 위험한 모험을 하는 것 사이에 끼인 불확실성이라는 소중한 상태에 살고 있다.

우리 스스로를 다양한 자아로 이해하면서 끊임없는 관계의 흐름에 녹아들다 보면 새로운 대화들로 나아갈 수 있다. 이러한 대화는 이제 시작단계다. 당신의 참여를 기다리고 있다.

성찰

내가 관계적 자아에 상당한 열정을 가지고 있음이 이 글에서 뚜렷하게 드러났을 것 같다. 그 열정의 일부는 개인 각자의 행복이 아닌 관계의 행복에 더 큰 가치를 두는 미래에 대한 희망에서 나온다. 구성주의에서 볼 때, 우리는 관계 속에서 선과 악, 기쁨과 슬픔, 행복과 절망이란 세상을 만든다. 그렇다면 역시 관계를 통해 개인의 행복이 성취될 수 있다. 더 나은 세상을 바란다면, 우리의 에너지를 관계에 쏟아야 한다. 관계를 돌보면 소외와 자아도취, 권력투쟁, 피를 부르는 적대감이 설 자리는 줄어든다. 반면, 이 책에서 나는 사람들 사이의 관계만 고려한 것 같다. 이 점은 보충되어야만 한다. 장기적으로 볼 때, 관계의 개념은 우리가 속해 있는 지구 전체로 확장될 필요가 있다. 우리는 사람을 개별 주체로 보아왔던 방식대로 인간과 환경을 구분해 왔다. 그 결과는 끔찍한 재앙에 가깝다. 인간관계에서 그래왔듯이 환경을 소외시키고, 단지 인간의 안위를 위해 힘을 행사하고 착취할 수 있는 자원이나 영역으로 여겼다. 관계적 개념이 절실하다. 우리는 스스로를 자연의 친밀한 파트너로 보아야 한다. "모든 나의 관계는…"으로 시작하는 라카오 인디언의 기도처럼 말이다.

추가 자료

개인주의

Bellah, R.N., Madsen, R., Sullivan, W.M., Swidler, A. and Tipton, S.M. (1985) *Habits of the Heart*. Berkeley, CA: University of California

Press.

Illouz, E. (2008) *Saving the Modern Soul: Therapy, Emotions, and the Culture of Self-Help.* Berkeley, CA: University of California Press.

Sampson, E.E. (2008) *Celebrating the Other: A Dialogic Account of Human Nature.* Chagrin Falls, OH: Taos Institute Publications.

상징적 상호작용

Blumer, H. (1986) *Symbolic Interactionism: Perspective and Method.* Berkeley, CA: University of California Press.

Denzin, N. (1992) *Symbolic Interaction and Cultural Studies: The Politics of Interpretation.* Oxford: Blackwell.

Hewitt, J.P. (1994) *Self and Society.* Boston, MA: Allyn & Bacon.

연극으로서의 삶

Cahill, S., Sandstrom, K. and Froyum, C. (Eds.) (2014) *Inside Social Life: Readings in Sociological Psychology and Microsociology.* New York: Oxford University Press.

Caughey, J.L. (2006) *Negotiating Cultures and Identities: Life History Issues, Methods, and Readings.* Lincoln, NB: University of Nebraska Press.

Hochschild, A. (1983) *The Managed Heart.* Berkeley, CA: University of California Press.

문화심리학

Bruner, J. (1990) *Acts of Meaning.* Cambridge, MA: Harvard University Press.

Cole, M. (1996) *Cultural Psychology.* Cambridge, MA: Harvard University Press.

Heine, S.J. (2007) *Cultural Psychology.* New York: W.W. Norton.

Shweder, R.A. and Haidt, J. (2000) The cultural psyhcology of the emotions: Ancient and new. In M. Lewis and J.M. Haviland-Jones (Eds.), *Handbook of Emotions* (2nd Edition). New York: Guilford Press.

관계적 자기

Burkitt, I. (2008) *Social Selves* (2nd Edition). London: Sage.

Burkitt, I. (2014) *Emotions and Social Relations.* London: Sage.

Edwards, D. (1997) *Discourse and Cognition.* London: Sage.

Gergen, K.J. (2008) *Relational Being: Beyond the Individual and Community.* New York: Oxford University Press.

Hermans, H.J.M. and Gieser, T. (Eds.) (2012) *Handbook of Dialogical Self Theory.* Cambridge, UK: Cambridge University Press.

Kirschner, S. and Martin, J. (Eds.) (2010) *The Sociocultural Turn in Psychology: The Contextual Emergence of Mind and Self.* New York: Oxford University Press.

Middleton, D. and Brown, S.D. (2005) *The Social Psychology of Experience: Studies in Remembering and Forgetting.* London: Sage.

Olick, J.K., Vinitzky-Seroussi, V. and Levy, J. (Eds.) (2011) *The Collective Memory Reader.* New York: Oxford University Press.

Wertsch, J.V. (1991) *Voices of the Mind.* Cambridge, MA: Harvard University Press.

Wetherell, M. (2012) *Affect and Emotion: A New Social Science Understanding.* London: Sage.

PART

대화:
갈등과 전환

- 대화 탐구: 핵심 개념들
- 대화와 차이
- 전환적 대화로
- 전환적 대화의 차원을 확대하기
- 성찰
- 추가 자료

PART

05 대화: 갈등과 전환

이 장에서는 오늘날 가장 심각한 문제 중 하나를 다룬다. 바로 차이 속에서 살아가기다. 누군가는 "차이 속에서 죽어간다"고 할지 모른다. 앞선 장들에서 제안하였듯, 우리가 함께 성공적으로 서로의 행동을 조율한다면 신뢰할 만한 의미, 자신에 대한 정체성, 옳고 그름에 대한 이해 그리고 삶의 목적이 있는 세계로 나아간다. 성공적인 조화 속에 우리는 삶에서 가장 중요한 관계를 형성한다. 이 관계란 신뢰할 수 있고, 의미 있으며, 우리에게 힘을 준다. 그러나 여기에 근본적인 모순이 들어 있다. 가치와 즐거움, 편안함의 원천이 또한 엄청난 괴로움을 주기도 한다. 대부분의 세계의 유혈사태가 어떻게 시작됐는지 거슬러 올라가면 가장 소중한 관계가 나온다. 왜 그럴까?

구성주의 입장에서 보면, 우리가 바라는 세상을 만들다 보면 동시에 별로 바라지 않던 대안적 세상 역시 만들어진다. 우리가 가치를 두는 모든 것에는 부정적인 뒷면이 존재한다. 그곳에는 타인들, 우리의 일부가 아닌 그들이 산다. 우리가 부부, 동호회, 모임, 조직, 종교 또는 나라 등 무엇에 대해 이야기하든 여기에는 "우리가 더 낫다"는 실재를 만들어내는 강한 경향성이 존재한다. 우리를 치켜세우는 과정에서 그들에 대한 폄하가 따라온다. 그 결과 서로에 대한 반감, 물리적 회피, "그들은 악마"라는 개념이 만들어진다.

수많은 연구와 수만 명의 죽음이 말해 주듯, 굳은 믿음으로 묶인 집단은 그 경계 밖에 있는 모두에게 위험한 존재가 될 수 있다.[1] 이러한 공동체에서

---

1 집단 간 적대에 대한 연구들로는 Brewer, M. (2003) *Intergroup Relations*. Buckingham, UK: Open University Press; Ashmore, R.D., Jussim, L. and Wilder, D. (2001) *Social Identity, Intergroup Conflict, and Conflict Reduction*. New York: Oxford University Press; Levy, S.R.

는 “혐오 발언”이 성행하며 차별과 감금, 나아가 적의 제거가 진행된다. 여기서 내가 말하는 것은 침략, 테러리즘, 대규모 학살 같은 두려움만이 아니다. 우리는 너무나 손쉽게 가족, 친구, 스포츠 팀, 동호회, 공동체, 인종, 경제계층, 정치 집단, 종교와 국가를 중심으로 벽을 세운다. 자신의 집단 안에서는 잘 살아가지만 동시에 늘 차별과 적대의 씨를 품고 산다.

우리는 중대한 시기에 서 있다. 세계가 서로 벽을 쌓는 가운데 유혈사태의 가능성이 극적으로 증가하고 있다. 커뮤니케이션 기술의 증가로 흩어져 있는 목소리들이 통합되고 안건이 만들어진다. 예를 들어, 종교적 근본주의자들이 라디오와 TV를 통해 시시각각 이념적, 정서적 지지를 끌어낸다. 백인 우월주의자들은 인터넷으로 자신들의 대의에 삶을 헌신할 동반자를 찾을 수 있다. 테러리스트들은 휴대전화와 인터넷으로 전 지구적 파괴를 계획하고 실행한다. 모임과 연대는 더 이상 지리적으로 한정되지 않으며, 피하고 싶어도 외지인의 침입을 막을 수 없다. 더 심각한 것은, 위험한 무기가 군대 밖에서도 사용된다는 점이다. 미국 전역에서 총기가 사용되며 인터넷상에 수제 폭탄 제조법이 나돈다.

어떻게 하면 “모두가 모두에 적대적인” 미래를 피할 수 있을까? 이러한 중대한 도전과제에 쉬운 답은 없다. 그러나 구성주의는 한 가지 중요한 자원에 눈을 돌린다. 바로 대화다. 집단 안에서 함께 나누는 대화가 영감과 행동의 주요 원천이라면, 집단 사이의 갈등을 줄일 때에도 이러한 자원이 사용될 수 있다. 그런데 어떻게 대화를 진행해야 할까? 이 장의 나머지 부분에서는 이 질문에 대해 알아본다. 우선, 대화 그 자체의 성격에 대해 고려해 볼 것이다. 대화를 구성주의 관점에서 이해할 때, 함께 살아가는 새로운 방식을 탐색할 수 있다. 몇 가지 주요 개념을 소개한 뒤에는 갈등을 줄이는 대화를 다룬다. 먼저 몇 가지 전통적 또는 현실주의적 접근에 대해 논의하고 나서 이들의 장단점을 알아본다. 이를 바탕으로 전환적 대화라는, 더 희망적인 미래를 목적으로 한 대화를 살펴볼 것이다.

---

and Melanie, K. (2008) *Intergroup Attitudes and Relations in Childhood through Adulthood.* New York: Oxford University Press.

대화 탐구:
핵심 개념들

삶은 본질적으로 대화다. 산다는 것은 대화에 참여하는 것이다.
- 미하일 바흐친(Mikail Bakhtin), *대화적 상상력*(*The Dialogic Imagination*)

대화에 대한 학술서가 상대적으로 적다는 것은 흥미로운 일이다. 개인에 초점을 두다 보니 관계의 과정은 시야에서 벗어난 듯하다. 따라서 대화에 대한 전체 이론을 펼치는 대신, 여기서는 많은 구성주의자에게 특히 유용한 몇 개의 개념을 살펴보겠다. 다음의 다섯 가지 개념은 갈등 상황에 유용할 뿐만 아니라, 좋든 나쁘든 함께 대화를 하는 것과 관련된다.

공동 작업(Co-action), 그리고 의미의 기원

사회구성주의라는 말에서 사회란 정확히 무엇을 의미할까? 보통 우리는 "사회"라는 단어를 두 명의 독립적인 개인들이 함께 하는 것으로 여긴다. 개인들이 이야기할 때, 자신의 머릿속에 있는 의미를 말 속에 포함한다고 생각한다. 하지만 앞선 장에서 이미 이러한 전통적 관점의 문제를 이야기했다. 내부를 들여다보고 의미하는 바를 알아내는 것이 어떻게 가능하단 말인가? 그리고 의미가 "머릿속"에 있다면 서로를 이해하는 것이 가능이나 하단 말인가? 이런 질문을 통해 관계적 자아라는 개념에 도달했고, 의미는 개인의 마음이 아닌 관계적 과정에서 나온다고 하였다. 개인의 마음이라는 개념은 관계적 과정 속에서 생겨난 구성물이라고 제안했다.

대화 안에서 무슨 일이 벌어지는지를 이해하려면, 이러한 관계적 과정을 더 자세히 알아볼 필요가 있다. 만일 "머릿속"에 있지 않다면, 의미란 어떻게 생겨나는가? 그 답을 하기 위해 우리가 친구라고 가정해 보자. 어젯밤 파티가 있었고 다음 날 아침이 되었다. 내가 당신에게 말한다. "어제 파티 정말 대단하지 않았어?" 이제 당신의 가능한 답변을 고려해 보자. (1) 당신은 주변의 시끄러운 음악 때문에 내 말을 듣지 못한다. 그래서 아무런 답을 하지 않는다. (2) 당신은 웃으며 말한다. "맞아, 정말 멋졌어." (3) "글쎄, 모두가 그렇게 생각했을 것 같진 않은걸." 자, 그러면 이 세 가지 응답이 나의 발화에 어떤 영향을 미쳤는지 보자. 첫 번째, 응답에 실패한 경우, 당신은 나의 발화를 일어나지 않은 사건으로 축소시킨다. 사실상의 부정이다. 나는 아무 말 않는 편이 낫다. 두 번째인 파티가 좋았다는 말은 나의 말을 긍정한 것이다. 반면 세 번째 응답에서, 당신은 나의 말을 미심쩍은 것으로 만든다.

그러면 내 말의 의미란 무엇인가? 이는 모두 당신의 반응에 달려 있다. 당신이 듣지 못했다면, 내가 한 말은 아무런 의미가 없다. 오직 당신이 무언가 답을 했을 때만 의미가 생긴다. 그리고 그 의미는 여러 방향으로 발생할 수 있고, 그 방향을 내가 컨트롤하기는 거의 어렵다. 당신은 긍정적인 답을 함으로써 내 말을 살릴 수도 있고, 미심쩍어함으로써 내 말을 실수로 만들 수도 있다. 동시에, 당신의 반응은 오직 내가 한 말과 관련해서만 의미를 갖는다. 아무데서나 "맞아, 정말 멋졌어"를 외칠 수도 없고 그 말이 이해되는 것이 아니다. 길을 가면서 난데없이 그런 말을 하면 이상한 사람 취급을 받을 수 있다. 당신의 말이 의미 있기 위해서는 나의 말이 필요하다. 즉, 우리 중 어느 누구도 단독으로는 의미를 만들 수 없다. 의미는 행동을 조율할 때 또는 공동 작업을 할 때, 태어나고, 유지되고 또는 사라진다.

공동 작업 과정은 단지 단어들을 교환하는 것뿐만이 아니다. 그 안에서 함께 의미를 창조해 낸다. 그러므로 내가 손을 뻗었을 때 당신이...

손을 잡으면, 내 인사를 받아들이는 것이다.
손을 밀치고 나를 끌어안으면, 내가 우리의 우정을 과소평가했던 것이다.
무릎을 꿇고 손등에 입을 맞추면, 나는 내 권위를 입증한 것이다.
등을 돌리면, 나는 모욕당한 것이다.
매니큐어를 발라준다면, 나는 당신의 고객이다.

우리가 걷고, 말하고, 웃고, 울고, 기도하고, 전투에 참여하는 방식, 사실상 우리가 하는 모든 행동은 협력적인 행동 속에서 의미를 부여받는다. 만일 공동 작업의 결과가 아닌 것을 모두 제외한다면 남는 것은 단지 몸의 기능뿐이다.

공동 작업의 과정은 시간의 흐르면서 끝없이 확장될 수 있다. 만일 당신이 내게 꽃을 준다면, 나는 꽃을 마음의 선물로 여기고 기뻐할 것이다. 그러나 이것이 추천서를 받기 위한 것임을 나중에 알게 된다면, 이제는 그 꽃을 환심을 사려는 목적으로 대할 것이다. 이처럼 의미는 늘 움직이고 있다. 어떠한 말이나 행동도 완전히 명확하지는 않다. 의미를 명확히 하려는 시도들은 새로운 가능성을 제시한다. 의미는 영원히 대화의 다음 순서에 달렸으며, 대화는 근본적으로 공동 작업 안에서 일어나는 모험이다.

왜 논쟁이 쓸모없는 경우가 많을까?

사람들이 전쟁을 벌이는 대신 논리적 논쟁을 할 수 있게 되면서 인류가 진일보했다고 한다. 그리고 많은 사람들은 우리가 적절한 자료를 수집해서 논리원칙에 따라 논쟁을 하면 모두가 수용하는 결론에 이를 것이라 믿는다. 사실, 팩트를 제대로 평가해 보면 우리가 직면하는 갈등에 대한 최선의 답이 나온다. 흥미로운 것은, 합리적 논쟁이 조화롭게 끝난 적은 거의 없으며, 특히 교육, 법, 정부, 기업 같은 체제를 어떻게 제대로 운영할지와 같은 공공의 문제에 대해서는 더욱 그러하다. 구성주의는 여기에 대해 다음과 같이 설명한다. 우선, 갈등의 당사자들이 동일한 현실을 공유하지 않는다. 예를 들어, 낙태를 반대하는 사람들과 합법적 낙태를 요구하는 사람들 사이에서는 여성의 수정란이 “인간”인가의 문제는 사실과 추론으로 해결이 불가능하다. 세상을 구성하는 방식이 다르기 때문이다. 마찬가지로 공격용 무기 소유가 합법인지의 여부, 정부가 소외층을 도와야 하는지, 반대로 그들이 스스로 자립하도록 두어야 할지도 그러하다. 한쪽 진영에서 말하는 사실이 반대편과는 관련이 없다.

합리적 논쟁이 실패하는 두 번째 이유는 앞서 논의한 공동 작업과 관련이 있다. 누군가의 말이 의미 있으려면 상대의 반응이 요구된다. 마찬가지로 합리적 논쟁도 그 자체로는 아무것도 아니다. 상대가 어떻게 반응하는가에 따라 합리성이 부여된다. 따라서 상대방이 무언가를 합리적 논쟁이라고 여겨주기 전까지는 그 말의 지위가 보류된다. 게다가 논쟁이 곧잘 전쟁으로 비유되듯, 상대방은 그 말을 무시하거나 폄하할 확률이 높다. 일단 논쟁이 시작되면, 어느 쪽도 상대방이 듣기에 그럴듯한 말을 해 주지 않는다. 논쟁에 휘말린 사람들은 그저 어처구니없는 소리만 주고받는다고도 말할 수 있다.

인접 쌍(Adjacency Pairs)과 대화적 시나리오(Dialogic Scenarios)

모든 대화는 익숙하기도 하고 독특하기도 하다. 익숙한 이유는 늘 과거의 공동 작업 전통을 빌려오기 때문이다. 익숙한 전통에서 오지 않았다면 의사소통 자체가 어려울 것이다. 동시에 모든 대화는 독특한데, 처해 있는 역사나 맥락이 늘 바뀌고 있어서다. 예를 들어, 동일한 말을 연달아 한다면 반복이 되어버리기 때문에 처음과 같은 중요도는 없어진다. 한 말을 또 하고 또 하는 주변 사람을 생각해 보면 알 수 있다.

그런데 여기서 전통을 자세히 살펴보자. 예를 들어, 친구에게 "네 글이 정말 좋았어"라고 말하고 친구는 "응, 고마워"라고 응답했다. 이 패턴은 익숙하다. 감사를 표시하는 문화 전통을 따르고 있다. 이러한 이어짐을 **인접 쌍**이라고 하며 대화를 구성하는 기본 요소들이 된다. 또한 앞서 보았듯 발화는 공동 작업이다. 서로가 상대의 말을 규정한다. 예를 들어, 칭찬은 감사하다는 답변 때문에 칭찬이 되고, 감사하다는 답변은 칭찬에 이어서 나왔기 때문에 그렇게 규정된다. 다른 비슷한 쌍들은 다음과 같다.

A: 질문을 한다. B: 답을 한다.
A: 제안을 한다. B: 제안에 반대하거나 동의한다.
A: 도움을 요청한다. B: 도와준다.
A: 좋은 소식을 전한다. B: 감사를 표한다.

인접한 쌍을 일종의 드라마처럼 볼 수도 있다. 앞선 행동은 다음에 일어날 일을 기대하게 한다. 그리고 만약 B가 이런 상황에 어울리지 않는 이상한 농담을 하거나, 어린 시절을 회상하거나, 잘 알지도 못하는 지역의 날씨를 말한다면 어떻게 될까? 여기서 우리는 새삼 전통의 힘을 느낄 수 있다. 매일의 일상이 부드럽게 진행되는 것은 무엇보다도 우리가 익숙한 패턴을 반복하고 있기 때문이다.

그런데 대화가 하나의 인접 쌍으로만 된 경우는 거의 없다. 여러 차례 이어지며 다양한 방향으로 전개될 수 있다. 이러한 광범위한 경향을 **대화적 시**

나리오라고 부른다. 대화적 시나리오는 대화의 일상적인 유형이다. 특히 이 중에서도 우리가 함께 살아가는 데 중요한 세 가지 유형이 있다. 바로 생성, 유지 그리고 퇴행의 시나리오다. 생성의 시나리오에서는 참여자들이 서로 기여하면서 대화가 진행된다. 그러면서 대화는 "어디론가 나아간다." 배움과 창의성, 그리고 즐거움도 생긴다. 아래의 예는 생성의 시나리오를 보여준다.

사만다: 내 생각에는, 그 사람들이 이곳의 땅을 파헤치지 못하도록 우리가 웹사이트를 만들고 지지 세력을 모아서 여기에 대항해야 한다고 봐.
거스: 좋아, 그런데 직접 얼굴을 보고 알리는 것도 추가해야 할 것 같아. 웹사이트 말고도 실제로 사람들이 함께한다는 걸 알리면 큰 도움이 될 거야.
로버트: 만약 나가서 사람들을 만난다면, 이달 말에 유세를 하는 것은 어때? 그러면 제대로 시작할 수 있어.
사만다: 자 드디어 시작이다. 이 모든 것들을 하나씩 진행하자.

반대로, 유지의 시나리오는 일상의 삶을 지속시키는 평범한 대화를 주고받는 것이다. "잡담"이라고 할 수도 있는데 이를 통해 변화가 생겨나지는 않는다. 그러나 유지의 시나리오가 얼마나 중요한지를 종종 간과하는 경우가 많다. 그저 시시한 이야기 또는 "중요한 일"을 논의하기 전에 나누는 준비 대화처럼 여기기도 한다. 하지만 유지의 시나리오는 많은 경우 우정, 가족관계, 그리고 공동체를 하나로 묶어주는 역할을 한다. 나 역시 오랜 시간이 지나서야 그 중요성을 알게 된 경우다.

퇴행의 시나리오는 함께 사는 데 가장 지장을 주는 대화다. 적대감이나 침묵을 가져오고 때로 관계 그 자체를 깨버리기도 한다. 처음에는 잘 드러나지 않게 시작하지만, 어느 선에서 멈추지 않으면 관계가 흔들린다. 보통 이렇게 시작한다.

A: 제안을 한다. B: 제안을 공격한다.

A: 명령을 한다. B: 명령에 불복한다.
A: B를 탓한다. B: A를 탓한다.

그림 5.1 공동 작업: 오직 함께 하면서 의미가 만들어진다.

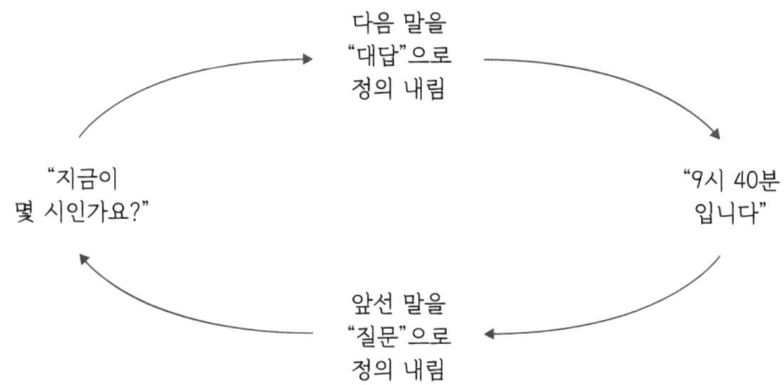

이와 같이, 적대관계에 있는 집단이 모이면 파괴적인 대화가 오간다. 그런데 서로 의견이 맞지 않으면 논쟁하고, 명령하고, 비난하는 것이 자연스러운 걸까? 구성주의자는 그렇게 보지 않는다. 이러한 시나리오는 매우 오랜 기간 지속되어 왔기 때문에 자연스럽게 보이는 것이다. 더 나은 미래를 위해서는 바람직한 방향으로 대화를 전환해야 하며, 이와 관련해서 곧 살펴볼 것이다.

관계적 성취로서의 이해

> 이해를 "정신적 과정"으로 생각하지 말라.
> 왜냐하면 그러한 표현이 당신을 혼란스럽게 하기 때문이다.
> - 루드비히 비트겐슈타인(Ludwig Wittgenstein), *철학적 탐구*(*Philosophical Investigations*)

우리는 서로 이해하는 것에 대해 자주 이야기한다. 일상에서도 이러한 대화를 나눈다.

"당신은 나를 이해하지 못해요."
"내가 어떻게 느끼는지 당신은 알 수 없어요."
"당신이 무얼 의미하는지 이해하기 힘드네요."
"당신은 내가 하는 말을 듣지 않는 것 같아요."

또한 우리는 사적이든 공적이든 좋은 관계의 기본은 서로 이해하는 것이라고 믿는다. 그렇다면 서로 간의 이해는 어떻게 가능하며 그토록 자주 오해가 생기는 것은 왜일까? 서로를 더 잘 이해할 능력을 키울 수 있을까?

이는 중요한 질문들이다. 먼저, 나는 이해에 대한 우리의 전통적 생각이 상당히 잘못되었음을 제안하려 한다. 왜 그러한지를 살펴본 뒤, 훨씬 도움이 되는 접근을 소개할 것이다. 이해에 대한 일반적 관점은 2천 년이나 된 오랜 전통에서 나왔다. 보통 이해란 "상대방이 생각하는 것"이나 "상대의 마음"을 아는 것으로 여겨왔다. 이 경우 의미가 "머릿속"에 들어 있다고 믿는 것이다. 이러한 관점에서 보면 말과 행동, 그리고 얼굴표정은 단지 우리의 생각이나 느낌을 상대에게 정확히 전달하는 수단에 불과하다. 의미가 발행하는 지점은 정신세계다. 언어는 단지 의미를 상대에게 전달하는 운송기관이나 배관 같은 것이다. 과연 그러할까?

잠시 당신이 심리상담자라고 가정해 보자. 지금 토마스라는 내담자가 와서 이렇게 말하고 있다.

"아버지가 돌아가신 이후로는 모든 것이 잘못된 것 같습니다. 아무것도 할 수 없어요. 시작할 엄두조차 못 냅니다. 전혀 동기부여가 되질 않고, 일에도 흥미를 잃었습니다. 도대체 뭐가 잘못된 건지 모르겠습니다."

토마스의 말은 충분히 명확하다. 그러나 이런 표현들이 그의 정신적 삶에 대해 무엇을 말해 주는가? 당신은 언어라는 외부의 장치를 사용해서 숨겨진 내면의 의미를 파헤치기 어려운 과제에 직면한다. 분명히 토마스의 내면 상태를 직접적으로 알 수 없다. 눈의 망막 너머로 들여다볼 수도 없다. 그렇다면 어떻게 그의 내면 상태에 대해서 결론 내릴 수 있을까? 무엇이 그를 움직이게 하고 그는 정말로 어떻게 느끼는가? 무슨 말이 하고 싶은가? 어떻게 토마스를 이해할 수 있을까?

답을 잘 모르겠다면, 당신만 그런 것이 아니다. 상대의 마음을 해석하는 문제는 실로 수 세기에 걸쳐 서양 최대 지성인 학자들의 도전과제였다.[2] 이는 성경에 써진 신의 의도를 이해한다든지, 코란의 구절을 통해 예언자를 이해한다든지 또는 시나 복잡한 산문을 이해하는 것만큼이나 도전과제다. 많은 것들이 "올바른 해석"에 달려 있다.(실로 수많은 사람들이 그들의 말에 대한 남들의 해석 때문에 처형당했다.) 약 300년 동안 해석학 연구 분야에서는 해석에 정당성을 부여하는 그럴듯한 근거를 찾기 위해 노력해 왔다. 중요한 것은, 보편적으로 수용되는 해법이란 없다는 사실이다.[3]

이 문제를 풀기가 왜 이토록 어려울까? 한번 고려해 보자. 만일 내담자인 토마스의 말을 확실히 알 수 없다면, 우리는 다른 지표들을 찾을 것이다. 토마스의 말 속에서 우울함을 느꼈다고 해 보자. 아직 확신할 수 없으므로 그의 느낌을 더 물어본다. 그러면 그는 "네, 계속 우울했습니다"라고 답한다. 아하, 이제는 명확해졌다. 아니, 그럴까? 토마스가 우울하다고 말했을 때 정말 그러한지 어떻게 아는가? 그가 우울이라고 말한 의미가 내가 아는 우울과 동일하다는 것을 어떻게 아는가? 슬픔이나 피로, 정신적 불안, 저혈압 같은 것은 아닐까? 당신은 계속 질문을 할 수 있지만, 그의 답변이 내면을 드러내지 않는다는 걸 곧 알게 된다. 아무리 토마스의 행동을 관찰하고 심리검사를 해 보아도, 늘 같은 문제에 봉착한다. 그의 정신 안을 들여다볼 수는 없다. 단지 추정할 뿐.

그러므로 누군가를 이해한다는 것은 상대방의 정신세계를 꿰뚫어 보는가

---

2 철학에서는 이러한 도전과제를 보통 "다른 마음의 문제"라고 규정한다. 예시가 되는 책으로는 Avramides, A. (2001) *Other Minds*. London: Routledge; Ryle, G. (1949) *The Concept of Mind*. London: Hutchinson.

3 상당 부분의 해석학 연구는 성서의 의미를 밝히는 데에서 기원했다. 해석학은 해석자라는 그리스어에서 나왔으며 그리스 신화의 헤르메스의 이미지에서 영감을 얻었다. 헤르메스는 신의 메시지를 인간에게 전달했지만, 또한 장난치기를 좋아했다고 알려져 있다. 따라서 메시지의 진짜 의미를 판명하려면 특별한 기술이 필수적이다. 근대 해석학 분야의 가장 알려진 연구는 한스 게오르크 가다머(1975)의 『진리와 방법』이다. Hans-Georg Gadamer (1975) *Truth and Method*. Eds. C. Barden and J. Cumming. New York: Seabury. (독일어 원저는 1960년에 출판)

의 문제가 아니다. 그렇다면 우리가 상대방을 이해하고 있는 듯한 느낌은 어떻게 설명할 수 있을까? 바로 앞서 설명한 관계적 시나리오에서 아이디어를 찾을 수 있다. 아래의 예에서는 바버라의 할아버지의 죽음에 대한 두 친구의 답변이 나와 있다.

> 바버라: 나 오늘 너무나 슬퍼. 아침에 할아버지가 돌아가셨다는 소식을 들었거든. 어릴 때 할아버지는 나에게 정말 소중한 존재셨어. 나를 아끼고 지지해 주셨거든. 내 인생의 친구와도 같은 분이셨는데... 기분이 멍한 것 같아.
>
> 친구 A: 정말 너무 안됐다. 얼마나 힘드니? 몇 년 전 우리 할머니가 돌아가셨을 때 나도 비슷한 느낌을 받았어. 많이 힘들었어...
>
> 친구 B: 그러게... 세상사가 다 그런 거지. 얘들아, 콜라 먹으러 갈까? 감자튀김이랑. 어때?

누가 바버라를 더 잘 이해하고 있는가? 묻지 않아도 잘 알 수 있다. 거의 바버라의 입장에서 위로를 한 친구 A와는 달리 B는 바버라의 아픔에 연민을 보이지 않는다. 이 두 친구 모두 바버라의 마음에 직접 들어갈 수는 없다. 단지 그녀의 행동이나 말에 반응할 뿐이다. 그리고 우리 대부분은 친구 A의 반응에 익숙하다. 바로 그것이 문화적으로 아픔과 연민을 표현하는 관계적 시나리오의 일부이기 때문이다. 반대로, 친구 B의 반응은 흔치 않으며 이상하기 때문에 진짜 친구인지 의심스럽기까지 하다. 그러므로 이해란 관계적으로 얻어지는 것이다. 이해한다는 것은 특정 방식으로 행동하고 상대방이 그 행동을 이해한 것으로 받아들이게 한다. 달리 말하면, 이해란 관계가 조화롭게 조율될 수 있도록 공동 작업을 하는 것이다. 그렇다면 상호 간 이해란 서로가 자연스럽게 춤을 추거나, 원반던지기를 하거나, 카누의 노를 젓는 것과도 비슷하다.

대화의 선택 지점(Conversational Choice Points)

이처럼 대부분의 대화는 오래된 전통이나 시나리오에서 나온다. 그러나 "너무나 자연스럽게" 되어버린 일반적 시나리오로 인해 어려움이 발생할 수 있다. 어떤 대화는 당연해 보여서 마치 달리 대처할 방법이 없는 듯 보일 수 있다. 예를 들어, 누군가가 당신의 의견을 공격한다면 방어하고픈 강한 충동을 느끼지 않겠는가? 이 맥락에서, 나는 또 다른 중요한 개념인 **대화의 선택 지점**을 소개하려 한다. 대략적으로 설명하자면, 이는 어떠한 말이 언급되었든지 간에 그 이후에 따라오는 말이 정해진 것은 아님을 의미한다. 상대에게 무슨 말을 들었든, 심지어 공격을 받았든 간에 당신에게는 다수의 선택권이 있다.

퇴행의 시나리오에서는 이러한 대안을 보기가 쉽지 않다. 공격에 방어로 대응하는 대화는 고대부터 있어 왔다. 동시에, 이러한 시나리오의 역사가 깊은 만큼 다양한 변이 역시 만들어졌다. 이러한 변이에 익숙해질수록 당신에게는 대화를 움직일 더 많은 선택권이 주어진다. 위에서 언급한 "비난 게임을" 예로 들어보자. A는 B가 실패했다고 비난하고, B는 여기에 비난으로 응답한다. 꽤나 익숙하지 않은가? 그리고 원리상 비난 게임은 끝없이 이어진다. A와 B는 상대방의 잘못을 끝없이 찾아낼 수 있다. 그 과정에서 이들의 적대감도 커져간다. 그런데 이와는 다른 덜 익숙한 반응을 고려해 보자.

> A는 B의 실패를 비난한다. 그리고 B는 다음과 같이 반응한다:
> 사과한다.
> 부분적으로 비난을 수용한다.
> 비난이 적절하지 않음을 밝힌다.
> A에게 왜 다른 사람을 비난해야 하는지 묻는다.
> 그 상황을 가볍게 지나친다.
> 침묵한다.

이 외에도 다른 답변들이 가능하다. 조금만 상상력을 동원해 보면, 우리는 완전히 새로운 가능성을 만들 수 있다. B가 자신들의 비난 게임이 위험하다고 지적하면서, 그 상황을 해결할 다른 방식을 제안하는 경우도 가능하다. 중요한 것은 상호 비난이 고정된 시나리오가 아니며, 우리는 늘 대응을 할지 말지, 그리고 어떻게 대응할지의 선택권을 갖는다. 이처럼 갈등 중재 전문가들은 종종 대화를 전환하는 새로운 방식을 창조한다.

사회적 위치 짓기(Social Positioning)

대화의 중요한 측면 중 하나는 참여자들이 정의 내려지는 방식이다. 나는 어떠한 입장이나 위치를 차지하는가? 내 권리는 무엇이며, 나에게 기대되는 바는 무엇인가? 이러한 관점에서 다음의 발화를 살펴보자.

> 빨간 불을 그냥 지나친 당신에게 경찰이 말한다: “차에서 내리세요.”
> 친구가 당신에게 말한다: “영화 보러 가자.”
> 아이가 당신에게 말한다: “공 차고 놀아도 돼요?”

여기에서 그들이 한 말의 내용과는 별개로, 그들은 당신을 정의 내린다. 경찰은 지시를 하고 있으며 당신을 무력하게 규정한다고 볼 수 있다. 친구의 말은 당신을 동등하게 정의 내리므로 원하는 대로 자유롭게 대답할 수 있다. 이 둘과는 달리 세 번째 요청에서는 당신을 힘 있는 누군가로 대한다. 당신은 아이의 소망을 충족시킬 수도 아닐 수도 있다. 이처럼 일상적인 대화 속에서 우리는 서로를 끊임없이 그리고 미묘하게 정의 내리고 상대방을 특정 유형의 사람으로 대한다. 롬 하레와 그의 동료들은 이를 **사회적 위치 짓기**[4]라고 부르며, 이러한 정의 내림 속에서 우리는 알게 모르게 서로 간의 권리와 책무, 다시 말해 우리가 무엇을 할 수 있고 무엇을 해야만 하는지를 성립해 간다고 말한다. 적대적 대화에서는 위치 짓기가 핵심이다. 보통은 상대방을 머리가 이상하고, 비도덕적이며, 잘못된, 열등한 존재로 규정한다. 그래서 이런 말을 한다.

---

4 Harré, R. and Van Langenhove, L. (Eds.) (1999) *Positioning Theory: Moral Contexts of Intentional Action*. Makden, MA: Blackwell.

"어떻게 그런 말을 할 수 있는지 이해가 안 됩니다."
"당신들은 아무 생각도 없이 일을 이런 식으로 만드는군요."
"아, 그러니까 당신 말은 거기에 대해 생각조차 안 해 봤다는 얘기네요."

그림 5.2

이 모두 미묘하게 상대방을 열등한 사람으로 규정한다. 그리고 일반적인 시나리오대로라면, 상대방은 판도를 바꿔서 이쪽을 열등한 입장으로 규정하는 응답을 하게 된다. 여기서도 역시 전통적 시나리오에 대한 대안들을 만드는 것이 도전과제다.[5]

이들 다섯 개 개념은 대화의 과정을 이해하는 데 핵심이 된다. 이들을 활용하면 파괴적 대화를 피하고, 보다 긍정적인 대화를 나눌 방도를 고려할 수 있다. 이어지는 적용의 예시들을 통해 그 효과를 느낄 수 있을 것이다.

5 Positioning theory(지위이론)를 평화 구축 대화에 적용한 예로는 Slocum-Bradley, N. (Ed.) (2013) *Promoting Conflict or Peace through Identity*. Farnham, UK: Ashgate.

대화와 차이

앞서 나는 우리가 집단 안에서 편안하게 잘 지낼수록, 집단 외부의 사람들과는 갈등을 겪기 쉽다는 점을 언급했다. 이는 이해에도 동일하게 적용된다. 서로를 잘 이해할수록, 그 외의 사람들은 이해하기 어렵다. 우리만의 행동 양식과 조화로운 일상이 생겨날수록 다른 이들의 삶과는 거리가 생긴다. 그들을 이해하기 어렵고, 그들 역시 마찬가지다. 그러다 보면 특정 집단은 머리가 이상하거나 악마처럼 보일 수 있다. 아마도 당신에게 이들은 신나치주의자나 백인 우월주의자, 조직폭력배, 테러리스트 집단일 것이다. 사회 속에서 살다 보면 어쩔 수 없이 집단들 간의 소외가 발생한다.

그렇다면 편견이란 내면의 완고함이나 정서적 편향 같은 성격상의 결함을 보여주는 표시가 아니다. 한 집단이 공유하는 정당한 신념은 다른 이들에게 "편견"이다. 우리가 무엇이 진실이고 옳은지에 대한 의견을 일치시킬수록, 바람직하지 않은 계층 역시 만들어진다. 단결, 응집력, 형제애, 헌신, 결속, 공동체로 향할수록 소외가 함께 발생한다. 사실상 우리 모두는 적어도 하나의 (그리고 아마도 많은) 다른 집단(들)에게는 바람직하지 않게 여겨질 것이다. 그렇다면 우리는 억압과 테러리즘, 전쟁, 대학살로 이어지는 끝없는 갈등을 방지할 수 있을까?

이러한 도전에 대항할 가능한 자원은 무엇일까? 다시 말하지만, 갈등이 대화 속에서 생겨난다면, 갈등에 대한 최선의 대안도 대화가 될 수 있다. 적대감의 장벽을 넘어 의사소통을 하려면 새로운 협력 방식이 요구된다. 이 장의 나머지 부분에서는 먼저 갈등 상황에서 사용되어 온 전통적 대화 방식을 살펴볼 것이다. 비록 효과가 있지만, 전통적 대화 방식은 현실주의 가정 때문에 한계를 갖는다. 그런 다음에는 관계적 관점에서 출발한 **전환적 대화**(transformative dialogue)라고 불리는 접근에 대해 살펴볼 것이다.

흥정에서부터 중재까지

당신을 위하여, 또 나를 위하여
만일 우리 두 사람이 동의하지 않는다면
지옥에나 가라!
- 전통적인 건배사

만일 우리가 어떠한 상황에 대해 의견이 다르지만 심각한 싸움을 피하고 싶다면 "싸움 대신 논의하는 것"이 확실한 대안이다. 그러나 잘 알고 있듯, 이러한 논의가 이상적으로 흐르는 경우는 결코 없다. 오해와 속임수, 미묘한 권력 싸움이 넘쳐난다. 이에 대한 한 가지 해결책은 형식화하는 것이다. 다시 말해, 싸움 없이 결론을 도출하기 위해 고안된 논쟁의 규칙이나 기준을 만든다. 규칙에 따른 대화법은 최근 인기가 높아지고 있다. 거기서 얻는 것은 무엇이며, 부족한 부분은 무엇일까?

간략히 말하자면, 이러한 대화 방식은 **실재론**(realism)과 **합리주의**(rationalism)라는 두 개의 전통에 기반을 둔다. 실재론의 측면에서 이 대화 방식은 고정된 이득과 손실이 존재하는 세상을 가정한다. 즉 돈, 영역, 석유, 환경 복지, 종교적 전통 등이 걸려 있다. 합리주의 측면에서, 개인을 독립적 행위자로 보고, 각자가 인식 가능한 목적을 성취하기 위해서 합리적인 추론을 활용한다고 가정한다. 여기서의 바람은 양측의 차이점을 해결하는 이상적인 방식을 제공하는 것이다. 논쟁은 갈등을 해결하기 위해 공식화된 접근의 한 가지다. 그러나 이미 우리는 논쟁에 의지해서 차이를 해결하는 방식의 한계를 보아왔다.

전통적 논쟁의 대안으로 가장 일반적인 것이 **흥정**이다. 갈등의 당사자들은 다양한 선택에 따른 손해와 이득을 고려해서 자신에게 가장 높은 보상을 가져오기 위해 거래를 제안한다. 만약 당신의 정당은 세율을 올리고 싶은데 다른 쪽은 낮추기를 원한다면, 당신은 "만일 그쪽에서 세금을 조금 올리는 데 표를 보태준다면, 나는 그쪽 당의 방위비 지급 정책을 지지하겠습니다"라고 흥정을 제안할 수 있다. 한 흥정 기획자의 말처럼 "흥정은 합의를 통해 이득을 추구하는 것이다."[6] 최선의 흥정 전략은 이득을 최대화하고 손실을 최소화하는 것이다. 흥정은 경영이나 정치에서 갈등이 심각할 때 전형적으로 사용된다. 상상할 수 있듯, 각자가 서로의 이익만을 추구하는 직설적인 흥정은 잡아먹지 않으면 먹히는 경쟁의 장이 된다. 심지어 흥정이 성공적일 때마저 서로에 대한 배척과 불신이 남는다.

직설적인 흥정의 문제를 인식한 다른 갈등 전문가들은 **협상**이라는 기술을 발전시켰다. 여기서는 자신의 이익을 최대화하는 것에서 상호 간의 보상을 최대화하는 것으로 초점이 옮겨간다. "이 상황에서 우리 모두가 얻을 수 있는 최선의 것"을 찾는다. 『Yes를 이끌어내는 협상법』, 『No를 피하는 협상법』 같은 베스트셀러의 저자인 로저 피셔와 윌리엄 유리는 협상의 당사자들이 "상호 간의 이익"을 이끌어내는 전략들을 소개한다.[7] 각 당사자들은 자신들의 기본적인 관심사를 분명히 하고, 이 협상에서 얻고자 하는 것과 이것이 자신에게 얼마나 중요한지를 확인한다. 이를 협상 테이블에 제시하고 공통으로 공유되는 관심사를 찾아본다. 만약 양쪽이 모두 얻고자 하는 목표가 있다면 (예를 들어, 안전이나 평화와 같은) 양측이 수용할 수 있는 해결책을 찾아나간다. 협상은 주로 서로 어느 정도 신뢰가 있는 기업이나 정부 맥락에서 이루어지는 것이 대부분이다.

협상과 비슷하면서도 비교해서 살펴볼 필요가 있는 것이 **중재 접근**인데, 여기서는 적대감을 줄이는 데 집중한다.[8] 주로 대립관계를 벗어나 협력과 통합적 문제해결을 강조한다. 당사자들은 상황에 대한 서로의 생각과 느낌을 듣고 이해하며 여러 개의 대안을 만들고 상호 간에 동의할 만한 대안을 찾아 노력하게 된다. 중재는 이혼이나 아이 양육문제 같은 사람 사이의 갈등에 주로 사용된다.

---

6 Lebow, R.N. (1996) *The Art of Bargaining*. Baltimore, MD: Johns Hopkins University Press, p.1.

7 Fisher, R. and Ury, W. (1981) *Getting to Yes*. Boston, MA: Houghton Mifflin; Ury, W. (1993) *Getting Past No*. New York: Bantam.

8 예시로는 Bush, R.A. ad Folger, J.P. (1994) *The Promise of Mediation*. San Francisco, CA: Jossey-Bass; Susskind, L. and Cruikshank, J. (1987) *Breaking the Impasse: Consensual Approaches to Resolving Public Disputes*. New York: Basic Books.

내러티브 중재

중재 전문가들은 일반적으로 흥정이나 협상보다는 "친절하고 부드러운" 갈등해결 방식을 모색한다. 이 중 가장 발전된 방식이 내러티브 중재다.[9] 내러티브 중재자는 갈등이 관계 속에서 발생한다고 본다. 사람들이 서로 적이 되는 주된 이유는 자신들이 헌신하는 세상을 각자 다르게 구성하기 때문이다. 자신들은 마땅히 받을 자격이 있고 상대방이 잘못됐다고 이야기한다. 당연한 말이지만, 내러티브는 대화를 통해 변화할 수 있다. 중재자는 대화의 형식을 바꾸기 위해 서로에게 보다 도움이 되는 대안적 내러티브를 발전시키도록 당사자들을 초대한다. 예를 들어, 논쟁하는 사람에게 마치 갈등이 그들 외부에 있으면서 협상을 방해하는 요소인 듯 이야기할 것을 요청한다. "이 문제가 우리들을 집어삼키고 있습니다. 서로 이 문제를 없애버릴 방법을 찾아야만 합니다." 이처럼 상호 비난하는 익숙한 습관을 버리고 함께 공동의 적에 맞서게 한다.

또한 갈등 당사자들 사이의 관계가 좋았던 시절을 회상하도록 요청한다(예를 들어, "여러분의 관계가 잘 유지되던 시절에 대해 이야기해 주세요"). 그 시절 이야기를 하다 보면 서로를 긍정적으로 표현하고 자신들의 관계가 한때는 가치 있었음을 깨닫는다. 그 결과 적대감이 누그러질 뿐만 아니라 새로운 내러티브를 구성할 재료가 만들어진다. 중재자는 참여자들 외에 가족이나 친구, 동료들을 초대하기도 한다. 특히 이 갈등으로 인해 어떤 식으로든 상처를 받은 이해관계자가 도움이 된다. 이해관계자는 갈등 당사자들에게 자극과 지지를 제공하며 그들이 상대방과 처한 상황을 다른 식으로 보게끔 돕는다. 이를 통해 새로운 내러티브 또는 새로운 이해가 만들어진다. 특히나 가족과 친구들이 이렇게 구성된 내러티브를 공유한다면 갈등은 생산적인 협력으로 대체된다.

논쟁, 흥정, 협상, 중재는 모두 갈등 해결에 도움이 될 수 있다. 국제 간 분쟁이나 노사 갈등부터 공동체와 가족 내 갈등까지 모두 그 효과를 경험해 왔다. 그러나 여기서 더 나아갈 필요가 있다. 앞서 언급했듯, 내러티브 중재를 제외하고는 이 모든 방식이 "세상이란 눈에 보는 그대로이며, 개인의 사고능력을 적용하면 최선의 해결책이 있을 것이다"라는 실재론과 합리주의 전통에 뿌리를 두고 있다. 구성주의 관점에서 보면 실재나 합리성 모두 사회의 구성물이

---

9 Winslade, J. and Monk, G. (2001) *Narrative Mediation*. San Francisco, CA: Jossey-Bass.

다. 예를 들어, "문제", "나의 이익", "최선의 해결책"은 기존 담론 전통에 기반을 둔다. "이것이 문제다"라고 인정해 버림으로써 이어지는 대화를 한정지어 버린다. 우리가 무엇을 말하든, 그것이 현실이 된다. 만일 우리가 "당신의 이득"과 "나의 이득"을 분리해 버리면, "도덕적 의무", "정의", "시대정신" 등에 대한 대화의 싹이 잘린다. 구성주의에서는 함께 더 나은 대안들을 찾도록 격려한다.

개인의 사고능력을 강조하는 것도 문제다. 근본적으로 독립적인 행위자들이 각자 자신에게 최선을 추구하는 세상을 구성하기 때문이다. 각자 사적인 이해, 관점, 논리를 지닌 분리된 독립적 개인들 사이의 관계를 대화라고 정의내리면 서로 간에 간극이 발생한다. 결과가 어떠하든 상대방은 늘 나와 다르며, 속을 알 수 없고, 근본적으로 못 믿을 사람으로 남는다. 반대로 의미가 관계 속에서 성취된다고 볼 때 새로운 형식의 대화가 가능해진다.

전환적 대화로

> 만일 의미를 공유하고 진실을 공유할 필요가 있다면,
> 우리는 무언가 다른 것을 해야만 한다.
> - 데이비드 봄(David Bohm), *대화론(On Dialogue)*

만일 대화가 합작품이라면, 적대감과 공동체 모두 우리가 함께 만든 것이다. 우리가 참여한 대화의 종류에 따라 나아갈 방향이 정해진다. 권투시합과 림보게임을 비교해 보자. 둘 다 함께 하는 행동인데, 하나는 상대방이 의식을 잃고 누운 채로, 다른 하나는 서로가 깔깔대며 경기가 끝난다. 이처럼 소외에서 긍정의 대화로, 나아가 생성의 대화로 변화하려면 어떠한 움직임이 필요할지 고려해 보자. 이를 **전환적 대화**(transformative dialogue)라고 부를 수 있다. 대화에 참여하는 사람들은 새로운 형태의 협력을 하게 된다. 새로운 형태는 전통에서

가져왔지만 새로우며 보다 우호적인 실재를 창조해 갈 수 있도록 돕는다. 각자 반대편에서가 아니라 함께 세상을 구성한다. 아마도 여러분은 "뭐, 좋은 소리지만, 어떻게 그런 대화가 가능할 수 있습니까?"라고 물을지 모른다.

공공 대화 프로젝트

그러면 한 가지, 상당히 성공률이 높은 방식을 고려해 보자. 그런 다음 그 요소들을 자세히 살펴볼 수 있다. 도움이 된 것은 무엇이고, 왜 이 방식이 효과적이었나? 그리고 어떻게 하면 더 나아질 수 있을까? 1989년, 매사추세츠의 워터타운에서 있었던 공공 대화 프로젝트에서는 몇 명의 가족 상담사들과 동료들이 자신들의 기술을 공공 영역에서의 혐오 발언에 적용해 보았다.[10] 이들의 시도는 수년에 걸쳐 발전했으며 놀랄 만한 결과를 가져왔다. 낙태 문제로 반대 진영에서 싸우는 활동가들을 함께 모으려는 이들의 시도를 살펴보자. 낙태 관련 논쟁은 아무런 진전이 없는 상태인데, 대부분 서로가 무엇이 실재이고 도덕적인지에 대해 전혀 다른 방식의 세상을 구성하고 있기 때문이다. 한 집단이 인간으로 인식하는 것이 다른 쪽에서는 그렇지 않으며, 한 집단이 살인으로 규정하는 것이 다른 쪽에서는 단지 의학적 절차일 뿐이다. 위기는 커가고, 상당한 적대감이 퍼진다. 그 결과는 치명적일 수 있다. 신의 이름으로 살인이 저질러질 수 있다.

해당 공공 대화 프로젝트 사례의 경우, 기꺼이 반대편과 논의할 의향이 있는 몇몇 활동가들이 모였다. 프로젝트 관계자는 이들에게 불편하다면 어떠한 활동에도 참여할 필요가 없음을 확인시켰다. 이들에게 입장을 바꿀 것을 권유하지도 않을 것이다. 모임은 뷔페 저녁과 함께 시작됐다. 식사 시간에는 낙태에 대한 입장을 **제외한** 자신들 생활의 여러 측면들을 공유할 수 있었다. 저녁식사 후 퍼실리테이터는 "다른 종류의 대화"로 참여자들을 초대했다. 그리고 특정 입장을 대변하지 말고, 각자가 독특한 개인의 입장에서 자신의 생

---

10 Herzig, M. and Chasin, L. (2005) *Fostering Dialogue across Divides: A Nuts and Bolts Guide from the Public Conversations Project.* www.publicconversations.org/docs/resources/James_website.pdf

각과 느낌을 공유하고 서로 궁금한 점을 질문하도록 하였다. 먼저 참여자들은 중간에 방해 없이 다음 세 개의 질문에 순서대로 답을 하였다.

1. 이 문제에 어떻게 관심을 갖게 되었나? 이와 관련된 개인적인 관계나 중요한 사건은 무엇인가?
2. 낙태 문제를 둘러싼 당신만의 고유의 신념이나 관점에 대해 말해 달라. 당신에게 이 문제의 핵심은 무엇인가?
3. 우리가 만났던 많은 사람들은 낙태 문제를 다루는 자신들의 접근 방식의 일부분이 다소 애매하다거나 또는 자신들의 신념에 반하는 딜레마나 갈등을 포함한다고 말한다. 당신은 혹시 우리와 공유해 줄 수 있는 다소간의 불확실함, 확신이 부족한 부분, 우려되는 사항, 가치의 갈등 또는 복잡한 감정 등을 경험하는가?

처음 두 질문에는 보통 큰 아픔과 상실, 고통의 이야기가 나왔다. 참여자들은 많은 회의를 드러냈으며, 반대편의 사람들도 모두 불확실한 부분들이 있다는 것을 알고 놀라했다.

그 다음에는 참여자들끼리 서로 질문할 기회가 주어졌다. 단, "질문으로 위장한 도발"이 아닌 "진심으로 궁금한 상대의 개인적 경험이나 신념 등"을 묻도록 하였다. 참여자들이 중요하게 여기는 다양한 이슈들을 논의한 후, 마지막 토론에서는 "대화가 어디로든 진행되도록" 한 것에 대한 느낌을 공유했다. 몇 주가 지난 뒤 전화 통화로 확인해 보니 긍정적인 반응이 나왔다. 참여자들은 이 투쟁에 얽힌 복잡한 양상을 더 잘 이해하며 토론장을 나왔고 "상대편"을 훨씬 긍정적으로 보게 되었다. 물론, 자신들의 근본적인 입장에는 변화가 없었으나 더 이상 이 문제를 흑백논리로 보거나 반대편을 악마로 여기지 않았다.

공공 대화 프로젝트에 감동한 것은 나만이 아니다. 그런데 무엇이 이 대화를 효과적으로 만들었을까? 다른 갈등 상황에 적용할 만한 점은 없을까? 아래에서는 전환적 대화와 밀접하게 관련된 세 가지 행동양식을 살펴보려 한다.

자신의 스토리 이야기하기

서로에 대한 비난을 피하려면 대화를 어떠한 방향으로 이끌어야 할까? 공공 대화 프로젝트의 성과로 보면 우선 자기표현의 기회가 필수적이었다. 앞서 참여자들에게 본인의 관점과 중요하게 여기는 것을 공유할 기회가 주어진 것을 떠올려 보자. 대화가 진행되려면 우리가 누구이고 무엇을 중요시하는지 공유하는 것이 중요하다. 만일 두 사람이 서로 "당신이 내 입장을 이해하지 못한다면 대화는 없다"는 입장만 고수한다고 해 보자. 이들의 관계는 악화될 게 뻔하다. 상대에 대한 혐오발언만 난무한다. 반면, 공공 대화 프로젝트에서는 참여자들에게 낙태 문제에 관여하게 된 자신들의 경험을 물어본 것이 도움이 되었다. 이야기 식으로 자신을 드러내면 적어도 세 가지 면에서 전환적 대화에 도움이 된다. 먼저, 이야기는 이해하기 쉽다. 우리는 어릴 때부터 이야기를 들으며 커왔기 때문에 추상적인 논쟁보다는 이야기를 더 잘 이해할 준비가 되어 있다. 둘째로, 이야기는 추상적인 아이디어보다 청자의 참여를 더 많이 유도할 수 있다. 이야기를 들으면서 머릿속에 이미지를 떠올리고, 스토리를 따라가며 말하는 사람의 아픔과 기쁨을 함께 느낀다. 웃음이 나거나 눈물을 흘리기도 한다. 마지막으로, 개인적인 이야기는 거부보다는 수용을 반응을 이끄는 경향이 있다. 만일 그것이 "당신의 이야기이고 당신의 경험"이라면 나는 "당신이 틀렸다"고 말하기 어렵다. 반면, 상대방이 추상적인 논리로 나에게 반대한다면, 우리의 논쟁 전통에서는 이를 거부하는 것이 보통이다. 원리원칙을 들이대는 것은 마치 작은 신이라도 된 듯 상대방에게 계명을 따르라고 촉구하는 것과 다름없다.

타인을 인정하기

자신의 이야기를 하는 것만으로는 전환적 대화를 가져오기에 부족하다. 표현한 것을 인정받았다는 느낌, 다시 말해 이해받고 인정받는 것이 필수적이다. 공동 작업의 논리에 따르면, 만약 내가 말한 것을 당신이 인정하지 않거나 폄하하면, 나는 제대로 아무것도 표현하지 않은 셈이 된다. 당신의 인정은 내 말이 합리적이라고 여김을 보여준다. 즉, 나의 표현 중 무언가에 당신이 동의할 수 있다는 것이다. 타인의 인정은 나의 가치와 내 경험의 타당성을 존중하는 것이므로 매우 중요하다.

물론, 서로 반대의 실재에서 사는 사람들끼리 어떻게 인정할 수 있을지 궁금할 것이다. 동의하지 않는데 어떻게 인정할 수 있는가? 앞선 공공 대화 프로젝트에서 서로 궁금한 것을 묻도록 한 것이 기억나는가? 궁금증은 인정의 표시다. 유사하게, 상대방의 이야기를 주의 깊게 들어줄 때도 조용히 그 사람을 인정하게 된다. 심리치료사인 하렌 앤더슨은 경청을 통한 인정의 중요성을 언급한다. 그녀의 제안에 따르면 "심리치료사가 열린 마음과 진정성 있는 자세로 상대방의 실재와 신념, 경험 속으로 들어갈 때" 치료는 전환적 변화를 가져온다. "경청의 자세와 태도란 상대방의 말을 존중하고, 그 사람을 향해 연민을 가지며, 상대의 이야기가 경청할 가치가 있음을 믿어주는 것이다."[11]

원형으로 둘러앉아 이야기 나누기

위에서 소개한 대화 방식은 서양 전통에서 나왔다. 국가를 넘나드는 차이를 다루려면, 서양 이외의 다양한 대화적 실행들을 추가할 필요가 있다. 그중 하나가 원형으로 둘러앉아 이야기 나누기다. 여기에서 변형된 다양한 방식들을 아프리카나 미국 원주민 부족을 포함한 전 세계에서 찾아볼 수 있다.[12] 모임은 기도나 시낭송 또는 침묵 등 집단 구성원들의 의식에서 시작하기도 한다. 참여자들이 둥글게 앉음으로써 위계가 아닌 동등함이 강조된다. 나아가, 모든 참여자가 돌아가며 이야기하기 때문에 모두의 목소리가 공동의 의식을 높이는 데 기여하게 된다. 이들 각자는 "진심 그대로를" 말할 수 있으며, 특히 공동의 관심(예를 들어, 공동체의 긴장감, 건강 시설, 공동의 위협)에 대한 자신의 느낌과 생각을 자유롭게 표현한다. 보통 발언자들 사이로 파이프나 지팡이 같은 물건을 전달하는데, 이 물건이 자신에게 오면 그 사람이 발언권을 갖는다. 말을 하는 동안 다른 사람들은 침묵으로 존중을 표한다. 발언권이 있는 사람은 침묵으로 대신할 수 있다. 이야기가 진행되는 사이에 긴장상태가 생기면 집단 전체가 잠시 침묵을 유지한다. 원형으로 이야기를 하다 보면 지식과 생각, 감정들

---

11 Anderson, H. (1997) *Conversation, Language, and Possibilities*. New York: Basic Books, p. 153.

12 Bojer, M., Roehl, H., Knuth-Hollsen, M. and Magner, C. (2008) *Mapping Dialogue: Essential Tools for Social Change*. Chagrin Falls, OH: Taos Institute Publications.

이 효과적으로 공유된다. 또한 집단 참여자들은 서로 고립된 적대관계가 아닌 우리를 구성하는 독립된 단위로서 스스로를 대하도록 권유된다. 원형으로 이야기 나누는 방식은 반감을 줄이는 데 효과가 있다고 보고된다.

이 전통에서 나온 URI 협력 써클(Interfaith Cooperation Circles: https://uri.org/)은 전 세계 25개국 이상에서 많은 변화를 일으키고 있다. 연합 종교 이니셔티브의 부분으로써, 각각의 써클은 적어도 세 개의 다른 종교에서 구성원을 모은다. 각 구성원들은 스스로 활동하면서 빈곤, 폭력, 수자원 부족까지 자신들의 공동체가 당면한 문제를 다룬다. 일례로, 이들은 우간다의 어린 병사들을 구했고, 이집트와 이스라엘에서 서로 다른 신념 간 대화를 발전시켰으며, 중동의 지속적 유지를 위한 뉴스와 정보를 제공하고, 필리핀에서 사제/이슬람 종교지도자 포럼을 성사시켰다. 지금은 600개가 넘는 집단이 활동하고 있으며 국가 차원에서는 생각조차 못하는 종류의 평화와 이해를 가져오기 위해 힘쓰고 있다.

유사성을 드러내기

공공 대화 프로젝트의 중요한 성공 요인 중 세 번째는 가장 미묘하게 작동한다. 이 모임은 식사를 함께 하는 것에서 시작하고, 그에 앞서 참여자들은 웃으며 인사를 나누고 악수를 교환한다. 날씨나 직업, 세금, 스포츠처럼 즉흥적인 주제들에 대해 이야기를 나눈다. 전환적 대화는 이러한 공유에서 발전한다. 왜냐하면 그 안에서 서로 간의 유사점을 찾을 수 있기 때문이다. "더웠던 올 여름"의 경험이나 "최근 치솟는 세금" 걱정이나 "레드 삭스가 양키스를 어떻게 이겼는지"를 말하면서 이들은 근본적으로는 "나 역시 당신과 비슷하다"는 것을 드러낸다. 적이 아니라 이웃이 된다. 많은 이슈와 관련해서 서로 지지적일 수도 있다. 퍼실리테이터들의 요청대로 자신들 신념 안의 "애매한 부분들"이나 다소간의 불확실성 또는 복잡한 감정을 이야기할 때도 유사성이 드러난다. 자신의 회의감을 이야기하다 보면 적대적인 감정이 완화된다. 따라서 낙태 옹호자들이 일부 회의감을 드러낼 때, 낙태 반대주의자들은 그 안에서 자신의 이야기를 듣게 되고, 그 반대도 마찬가지다. 그러면서 거리가 좁혀지고, 양극화가 희미해지며 차이를 넘어설 가능성이 열리게 되었다.

전환적 대화의 차원을 확대하기

자신의 스토리 이야기하기, 상대방을 인정하기, 유사점을 드러내기라는 공공대화 프로젝트의 세 가지 요소는 성공적인 대화의 핵심으로 작용했다. 심지어 몇몇 사람들은 프로젝트가 끝난 이후에 몇 달이나 따로 만나기도 했다. 그런데 여기서 좀 더 나아가, 세 가지 요소 이외의 덜 두드러진 요소들도 고려해 보자. 특히 두 가지가 평화적인 관계를 구축해 가는 과정에 기여했다.

상호 비난에서 관계적 책임으로

> **"우리는 단지 한 사람만 비난할 뿐이다. 그리고 그건 바로 상대방이다."**
> **- 뉴욕 레인저스 하키선수인 베리 벡(Barry Beck)이 우승 결정전에서 싸우고 난 뒤**

서양 전통에서는 보통 개인이 자신의 행동에 도덕적 책임이 있다고 본다. 스스로의 행동은 개인에서 나오며(도덕적 주체), 따라서 개인이 잘못된 행동에 책임이 있다. 강도나 강간, 살인 등이 발생하면 개인에게 책임을 묻고 싶어 한다. 같은 이유로 놀라운 업적이나 영웅적 행위에 대해서도 개인을 칭찬한다. 그러나 이렇게 개인에게 책임을 두는 담론이 분열을 가져온다. 상대의 행동을 비난할 때, 나는 모든 것을 잘 알고 늘 옳기만 한 사람의 입장이 된다. 상대방은 나의 평가를 받아야 할 경멸의 대상이며 교정되어야 하는 사람인 반면 나는 칭찬받을 만한 힘 있는 위치를 유지한다. 그러면서 상대방과 멀어지고 반감이 생겨난다. 이러한 상황이 우리와 다른 집단으로 옮겨가서 서로에게 책임을 전가하다 보면 문제는 악화된다. 가난한 사람들은 가진 자들이 착취한다고 비난하고 가진 자들은 가난한 사람들이 게으르다고 비난한다. 종교적 보수주의자들은 동성애가 사회를 타락시킨다고 비난하며 동성애자들은 보수주의자들의 편협함을 탓한다. 서로가 상대의 잘못을 찾아내는 한편 자신은 전혀 문제가 없다고 본다. 이 과정에서 적대감은 커져가고 "비난 게임"은 전환적 대화의 가능성을 망쳐버린다.

공공 대화 프로젝트에서는 비난하는 경향을 간단하게 금지사항으로 규정했다. 질문을 할 때에도 비난의 말이 나올 만한 부분은 허용하지 않았으며 심지어 질문을 가장한 비난도 막았다. 규칙상 대화의 파트너는 침묵해야 했다. 그런데 이 부분에서 중요한 질문이 제기된다. 일반적인 상황에서는 대화의 규칙을 적용하는 것이 거의 불가능하지 않은가? 만일 일상 속에서 서로 비난하는 일이 그렇게 흔하다면 우리는 어떻게 파괴적인 대화로 흘러가는 것을 멈출 수 있을까? 이 맥락에서 새로운 개념을 소개하는 것이 좋을 것 같다.

공동 작업의 논리에 따르면, 논쟁이나 싸움 또는 우정은 함께 만들어내는 것이다. 어느 누구도 혼자 할 수 없다. 따라서 우리는 개인적 책임이라는 개념을 관계적 책임으로 교체할 수 있다.[13] 어떻게 하면 우리가 함께 대화의 결과, 그리고 미래의 관계에 책임을 질 수 있을까? 확실한 것은, 상호 비난이 관계적 책임에 방해가 된다는 점이다. 이러한 패턴을 피할 방도를 찾을 수 있을까? 기존의 문화적 관행 안에서 대화의 시나리오를 보다 긍정적으로 옮겨갈 방법을 찾을 수 있을까? 아래의 몇 가지 방법들을 고려해 보자.

- 내부의 타자들: 만일 내가 당신과 대화하면서 혼자 큰소리로 떠든다면, 당신이 나를 비난할 충분한 이유가 있다. 하지만 그렇다고 직접적인 공격을 한다면 우리 관계는 어색해진다. 한 가지 가능한 선택은 내 안에 다양한 목소리들이 있다고 보고 이 상황에서 주인역할을 하며 좌지우지하고 있는 목소리를 넌지시 언급하는 것이다. 예를 들어 당신이 나에게 "이야기를 듣다 보니 마치 당신의 아버지가 대화를 주도하며 말하는 것처럼 들렸어요..." 또는 "마치 과거 당신의 선생님이 말하는 것처럼 들리네요..."라고 한다면, 언짢음을 전달할 수 있으면서, 동시에 나는 "나 자신"이 아닌 내 안의 무언가에 대한 것으로만 평가를 한정할 수 있다. 우리들이 "진정한 자기"라고 여기는 것은 공격받지 않는다.

----

13 McNamee, S. and Gergen, K.J. (1999) *Relational Responsibility: Resources for Sustainable Dialogue*. Thousand Oakes, CA: Sage.

이 "나"라고 하는 것은 어떠한 경우라도 지켜져야 한다. 당신은 내가 여러 개의 다른 모습을 지니며, 이 순간에는 그중 하나가 이야기하고 있는 것처럼 말할 수 있다.

- **결합된 관계**: 만일 열띤 논쟁 중에 당신이 나를 모욕하면, 나 역시 당신의 행동을 공격할 테고 우리 관계는 악화된다. 반면 이 상황이 어느 누구의 잘못도 아니며, 우리의 관계 맺는 방식에서 나온 것이라고 본다면 다른 결과가 나올 수 있다. 이것은 나와 당신의 대결이 아니라 우리가 함께 만든 행동이다. "지금 우리가 서로 무얼 하고 있는지 보세요." "어떻게 우리가 이런 상황까지 왔을까요?" 또는 "이러다가는 서로가 힘들겠어요. 다른 방식으로 이야기해 보는 건 어떨까요?"라고 말함으로써 개인에 대한 비난이 아닌 잘못 방향을 튼 관계로 초점을 바꿀 수 있다.
- **집단의 실재들**: 엘리스는 테드가 거슬린다. 어지럽히고, 뒷정리 안하고, 자기 위주로 생각하고, 그녀의 말은 듣지도 않는다. 테드는 엘리스가 너무 깔끔 떨고, 그의 일에는 관심도 안 가지며, 재잘대는 것을 참을 수 없다. 이들은 서로에 대한 비난으로 속이 끓는다. 그러나 대화의 형식과 방향을 바꿀 수 있는 다른 단어를 사용할 수 있다. 특히, 스스로를 단일한 개인이 아닌 집단이나 전통, 가족 등을 대변하는 사람으로 볼 수 있다. 그러면 개인의 흠집을 찾는 습관 대신 집단 간의 차이를 고려하게 된다. 예를 들어, 만일 테드와 엘리스가 자신들의 별로 안 좋아 보이는 행동의 일부가 서로 다른 젠더 전통에서 나왔다는 걸 인정하면 관계 맺기를 다른 방향으로 옮겨갈 수 있다. 집단의 차이로 초점을 이동하면 개인을 공격할 필요성이 줄어든다.
- **체제와의 관련성**: 수년 전, 오클라호마의 청년인 티모시 맥베이는 오클라호마 연방정부청사를 폭파한 혐의로 유죄판결을 받았다. 160명이 넘는 사람들이 희생되었고 이 중에는 아이들도 많았다. 맥베이에게는 사형이 선고되었고 사람들은 드디어 안도감을 느꼈다. 정의가 행해졌다. 일상으로 돌아갔다. 그런데 맥베이가 속했던 민병대의 논리를 고려해 보자. 그들의 관점에서 연방정부는 미국의 전통을 훼손하고 자신들의

권리를 짓밟았으며 이 땅을 떠나도록 강요했다. 이러한 사악한 힘에 대항해야만 정의가 살아날 것이다. 사실상 맥베이의 범죄와 그에 대한 우리의 반응 아래에는 동일한 비난의 논리가 자리 잡고 있다. 달리 말하면, 멕베이의 범죄는 우리 대부분이 지지하고 유지하려는 바로 그 전통의 연장선이다. 이 말은 그의 범죄를 용서하자는 것이 아니다. 개인을 비난하는 전통이 불충분함을 말하는 것이다. 우리는 시야를 넓혀서 자신이 혐오하는 패턴을 만들어내는 데 스스로가 참여하고 있는 방식을 고려해 볼 필요가 있다.

새로운 세상을 함께 만들기

공공 대화 프로젝트는 적대감을 줄였으나, 여기서 충분히 다루지 못한 부분이 있다. 관용을 가르쳤지만, 관계를 보다 긍정적이거나 생산적 방향으로 돌려놓지는 못했다. 구성주의 관점에서는 대화만으로 새롭고 서로가 공유하는 실재와 선을 창조하기 어렵다. 필요한 것은 대화 안에서 **상상적 순간**이라고 불리는 시간인데, 대화 참여자 양쪽 모두 아직까지 실현시키지 못한 비전을 함께 나누는 것이다. 상상적 순간은 참여자들의 태도를 전투에서 협력으로 돌려놓는다. 공동의 목적을 향해 움직이며 그 과정에서 서로를 우리로 재정의한다. 이들을 움직이는 가장 강력한 수단은 바로 공동의 대의명분이다. 서로의 차이를 잠시 보류하고 양측이 모두 지지하는 행동이나 정책을 만든다. 예를 들어, 서로 투닥거리던 부부가 힘을 합쳐 자신들의 집안일에 감 놔라 배 놔라 하는 참견꾼과 싸울 수 있으며, 급진적 페미니스트와 보수주의자들이 음란물을 몰아내기 위한 운동에 힘을 합할 수 있다. 더 넓게 보면, 한 나라를 위협하는 침략자들 앞에서 모두 하나가 될 수 있다. 사회심리학자들은 이러한 공통관심사를 **상위 목적**이라고 지칭해 왔다.[14]

---

14 Sherif, M. (1958) Superordinate goals in the reduction of intergroup conflict, *The American Journal of Sociology*, 63, 349–356. / Sherif, M., Harvey, O.J., White, B.J., Hood, W.R. and Sherif, C.W. (1961) *Intergroup Conflict and Co-operation: The Robbers Cave Experiment*. Norman, OK: University of Oklahoma Book Exchange. / Kelman, H.C. (1997) Group

그러나 나는 이 논의를 어두운 소식으로 마무리해야 한다. 이스라엘과 팔레스타인 청소년 사이의 대화를 연구한 필립 햄맥은 종종 정치적 음모로 인해 대화에 진전이 일어나지 못함을 지적한다.[15] 햄맥은 잘 계획된 대화를 통해 사이가 벌어진 청소년들의 관계가 가까워질 수 있음을 발견하였다. 서로 간에 큰 변화가 일어나고 새로운 미래를 상상할 수 있었다. 그러나 이들은 여전히 더 큰 집단의 구성원이다. 만일 이 집단들이 전투를 벌인다면, 그간 나눴던 대화가 결국 아무런 의미도 없게 된다. 특히 정부 수준의 전투일 때 더욱 그러하다. 불행한 사상자가 나오고, 유대인 정착촌이 건설되고, 정치적 집단을 향해 치명적인 서약을 하다 보면 긍정적이지만 아직은 취약한 대화의 결과는 머지 않아 깨지고 만다. 많은 사람들이 바라듯, 문화 전체와 정부 수준을 아우르는 대화적 접근이 개발되어야 한다. 이러한 바람에서 나온 운동들이 민주적 변화를 위한 파트너들(Partners for Democratic Change: partnersglobal.org), 숙의민주주의 협력단(Deliberative Democracy Consortium: deliberative-democracy.net), 다양한 시민 사회를 향한 운동들이다. 적대적인 관계에 있는 정부들이 전환적 대화를 나누는 것이 가능할지의 여부는 여전히 불투명하다.

성찰

전환적 대화는 나에게도 개인적으로 중요한 주제다. 갈등은 일상에서 흔히 일어난다. 가장 친밀한 관계에서부터 이웃과의 관계, 직업과 그 외의 관계에서도 그렇다. 나 역시 공공 대화 프로젝트의 방법을 자주 활용한다. 비난을 피하는 것이 가장 효과가 있으며, 다른 사람을 인정해 주거나 보다 공감적으로 대하는 것도 도움이 된다. 동시에, 내가 이를 늘 활용하는 것은 아니다. 전환적인 태도 변화가 가능한 상황임을 알면서도 하지 못하는 경우가 있다. 예를 들어,

---

processes in the resolution of international conflicts. *American Psychologist*, 52, 212–230.

15 Hammack, P.L. (2010) *Narrative and the Politics of Identity: The Cultural Psychology of Israeli and Palestinian Youth*. New York: Oxford University Press.

나는 일이 뭔가 잘못되면 남을 탓하는 경향이 있는데, 나 역시 관계적 책임을 공유한다는 걸 잊게 된다. 머리로는 알면서도 타인과 나 사이에 골을 만들기도 한다. 책을 통해 학문적으로만 이해해서는 부족하다는 뜻이다. 아는 것과 행동하는 것은 다르다. 우리는 대화의 기술을 향상시킬 방법을 찾아야 한다. 지금과는 다르며 더 실용적인 종류의 교육이 필요하다.

추가 자료

흥정, 협상, 중재

Arrow, K.J., Mnookin, R.H., Ross, L., Tversky, A. and Wilson, R.B. (Eds.) (1995) *Barriers to Conflict Resolution.* New York: W.W. Norton.

Bercovitch, J. and Rubin, J.Z. (Eds.) (1992) *Mediation in International Relations: Multiple Approaches to Conflict Management.* New York: St Martin's Press.

Bush, R.A. and Folger, J.P. (1994) *The Promise of Mediation.* San Francisco, CA: Jossey-Bass.

Dawson, R. (2000) *Secrets of Power Negotiating.* Franklin Lakes, NJ: Career Press.

Folger, J.P. ad Jones, T.S. (Eds.) (1999) *New Directions in Mediation.* Thousand Oaks, CA: Sage.

Goshgarian, G. and Krueger, K. (2005) *Dialogues: An Argument Rhetoric and Reader.* London: Longman.

Monk, G. and Winslade, J. (2013) *When Stories Clash: Addressing Conflict with Narrative Mediation.* Chagrin Falls, OH: Taos Institute Publications.

Shell, G.R. (2006) *Bargaining for Advantage: Negotiation Strategies for Reasonable People.* New York: Penguin.

Winslade, J. and Monk, G. (2001) *Narrative Mediation.* San Francisco, CA: Jossey−Bass.

대화적 실행

Bojer, M., Roehl, H., Knuth−Hollsen, M. and Magner, C. (2008) *Mapping Dialogue: Essential Tools for Social Change.* Chagrin Falls, OH: Taos Institute Publications.

Gastil, J. (2010) *The Group in Society.* Thousand Oaks, CA: Sage.

Isaacs, W. (1999) *Dialogue: The Art of Thinking Together.* Strawberry Hills, NSW: Currency.

Pearce, B. and Littlejohn, S.W. (1997) *Moral Conflict: When Social Worlds Collide.* Thousand Oaks, CA: Sage.

Sampson, C., Abu−Namir, M., Liebler, C. and Whitney, D. (Eds.) (2010) *Positive Approaches to Peacebuilding: A Resource for Innovators.* Chagrin Falls, OH: Taos Institute Publications.

Strauss, D. (2020) *How to Make Collaboration Work.* San Francisco, CA: Berrett−Koehler.

Stewart, J. (2013) *U&ME: Communicating in Moments that Matter.* Chagrin Falls, OH: Taos Institute Publications.

Yankelovich, D. (2001) *The Magic of Dialogue: Turning Conflict into Cooperation.* New York: Touchstone.

추가로 볼 자료:

The National Coalition for Dialogue and Deliberation: ncdd.org

Resource Guide on Public Engagement: www.ncdd.org/files/NCDD2010_Resource_Guide.pdf

PART 6

관계적 과정으로서의 교육

- 사회적으로 구성된 지식
- 관계적 과정으로서의 교육
- 학생 평가라는 도전
- 성찰
- 추가 자료

PART

06 관계적 과정으로서의 교육

내가 처음 소피아를 보았을 때 그녀는 열두 살이었다. 그녀는 놀랄 만큼 호기심이 많고 탐구심이 강했으며 새로운 것들을 배우고 즐거워했다. 연극반 활동과 운동부 그리고 밴드부에도 참여했다. 그녀는 이제 고등학교 졸업반이며 성적은 상위권을 웃돈다. 그렇지만 학교 공부에는 관심이 없고 방과 후 활동도 모두 포기했다. 학교생활은 아무런 즐거움도 주지 못한다.

작년에 한 근처 도시에서는 약 30%의 공립학교가 감사를 받았다. 주에서 의무적으로 실시하는 시험에서 대규모 부정행위가 포착되었기 때문이다. 원래 그 시험은 학생들의 수행능력을 알아보는 것이었지만, 교사와 학교 시스템 역시 조사대상에 오르도록 만들어졌다. 만약 학생들의 성적이 나쁘면, 교사와 학교 역시 문제가 있는 것으로 여겨졌다. 교사와 운영자들이 직업을 잃을 수도 있다. 모든 사람이 평가당하는 입장이 되었다. 오직 평가자들을 제외하고는!

나는 옆 전공에 있는 동료교수에게 문화와 기술이라는 내 수업에 와서 이야기를 한번 해 달라고 초대했다. 그 수업은 컴퓨터 교실에서 진행되었다. 내 동료교수는 강의와 파워포인트 자료를 충실히 준비해 왔다. 나는 교실 뒤에서 강의를 관찰하게 되었다. 그런데 강의 중반쯤 이르자 대부분의 학생이 강의 중인 동료교수의 눈을 피해 인터넷 검색이나 게임을 하거나 문자메시지를 보내고 있었다. 그 모습에 정말이지 충격을 받았다.

이 이야기들은 낯설지 않다. 미 전역에서 그리고 전 세계에서 반복되고 있는 모습이다. 전통적 교육방식은 학생들을 지루함과 처벌 사이의 어디론가 몰아넣는다. 이 장에서 내가 말하려는 것은 이러한 문제의 대부분이 지식을 보는 전통적 개념에서 나왔다는 것이다. 교육문제를 해결하는 "만병통치약"은 물론 없겠지만, 사회구성주의는 여기에 새로운 가능성을 제시한다. 이 장에서는 그런 이야기를 나누려고 한다.

사회적으로 구성된 지식

"독립적 연구"란 근본적으로 모순된 용어다.

- 패트리샤 설리번(Patricia A. Sullivan)

교육의 새로운 방향을 이야기하기 위해 먼저 1장에서 다룬 지식에 대한 논의를 다시 살펴보는 것이 중요하다. 이렇게 말하는 이유는 교육의 목적과 실행방식은 학생들이 무엇을 알아야 하는가, 즉 지식을 어떻게 개념화하는가에 달려 있기 때문이다. 일반적으로 지식이란 "정확하고 타당한 신념"에 기반을 둔 것으로 본다. 흔히 우리는 이렇게 생각한다. 다양한 분야의 과학자와 학자들이 연구에 몰두해서 무엇이 맞는지를 알아내고, 그 과정에서 거짓이나 잘못 알려진 것 또는 편견을 배제해 간다. 수업내용과 교과서는 우리가 아는 진실을 최대한 제대로 전달하기 위해 고안된다. 세상에 대한 지식은 인간이 생존하고 성장하게 돕기 때문에 교육은 사회에서 바로 사용할 수 있는 지식을 심어주도록 설계되었다. 학교교육은 학생들이 세상에서 효과적으로 행동하고, 스스로 충분한 사람이 되며, 사회에 기여하도록 해야 한다. 이 모든 것들이 상식적인 지혜다...라고. 하지만 과연 이것이 현명한 생각일까? 먼저 이러한 관점에서 발생하는 교육의 문제들을 자세히 살펴보자. 그런 다음 구성주의적 대안을 소개할 것이다.

전통적 교육의 문제들

우리는 "좋은 교육이 주는 보상"에 대해 자주 이야기한다. 그러나 많은 사람에게 실제 "학교교육" 경험은 끔찍하다. 실패의 두려움, 경쟁의 불안, 엄청난 지루함으로 채워져 있다. 이는 대부분 교육체계에 만연한 두 개의 주요 가정에 기인한다. 첫 번째 가정은 교육의 최우선 목적이 학생들을 무지에서 아는 상태로 바꾸는 것이라는 생각이다. 단순한 의견, 잘못된 생각, 맹목적 믿음을 확실한 사실과 논리적 추론으로 대체하려 한다. 무엇이 맞고 타당한지, 무슨 과목을 들어야 할지에 대한 판단은 전문가들의 손에 달려 있다. 이 문제에 학생들의 목소리가 들어갈 여지는 없다.

두 번째 가정은 교육의 목적이 개개인의 정신 향상이라는 생각이다. 따라서 학생들 각자의 머릿속에 사실이 제대로 담겼는지, 즉 각자 "지식을 소유하는지" 확인하기 위해서 빈번하게 시험을 본다. 시험 결과에 따라 학생들은 "기준에 부합하거나" 처벌의 대상으로 나뉜다. 따라서 학생들은 관심도 없는 교육과정을 들으면서 교사가 한 말을 반복할 수 있는지 증명하기 위해 시험을 봐야 한다.

파울로 프레이리는 이러한 전통적 모델을 **영양학자**에 비유하며 비판했다.[1] 이 경우 지식이란 근본적으로 "몸에 좋은 음식"이며, 교육자는 영양을 제공하는 사람으로, 학생들은 영양이 부족한 사람으로 여겨진다. 궁극의 권위는 지식을 생산하는 사람들, 예를 들어 과학자나 학자들에게 주어진다. 권위자들은 학생들에게 "먹일" "진리를 분배"한다. 그 위계의 바로 아래에는 교육 전문가가 있는데 이들은 커리큘럼을 설계해서 지식을 교육적 단위로 포장한다. 그 아래에는 행정가와 관료들이 있어서 교육 단위 중에서 선별을 한다. 교사는 맨 아래에 놓이며 단지 교육적 영양소를 학생들에게 분배하는 도구로 여겨진다. 학생들은 농장의 가축처럼 주어지는 음식을 단순히 삼키도록 기대된다. 이들은 빈 그릇으로 취급되며, 수동적으로 정보를 흡수할 뿐이다. 학생들의 동기는 바닥으로 떨어지고 창의성은 말라버린다. 비평가들이 지적하듯, 교사들 역시 이

1 Freire, P. (1985) *The Politics of Education*. South Hadley, MA: Bergin and Garvey.

러한 구조 속에서 버려진다. 규격화된 교육과정을 가르치도록 요구될 때, 교사들은 열정을 잃게 되고 자신의 특정 상황에 맞춰 교육 경험을 창조할 기회를 거부당한다. 자신들의 전문성을 잃고 단순화된다.[2]

문제는 여기서 끝나지 않는다. 개인의 머리에 지식을 채우는 것만이 관심사다 보니 관계에 대해서는 거의 다루지 않는다. 학생들은 혼자 필기하고, 혼자 읽고, 혼자 과제하고, 혼자 암기하고, 혼자 시험 본다. 관계에 참여하는 일은 부차적이다. 구성주의자 입장에서 이는 참으로 모순된 일이다. 왜냐하면 지식이란 관계 안에서 생겨나기 때문이다. 게다가 기업, 정부, 연구 공동체와 같은 실제 세상에서는 협력에 의존하는 일이 점점 늘고 있다. 오늘날의 문제들은 독자적인 개인에게 그 결정을 맡기기에는 너무나 복잡하고, 너무 많은 정보가 포함되며, 너무 많은 관점이 존재한다. 사실상, 개인의 수행을 강조하는 교육은 과거에 머물러 있다.

수동적 태도에서 참여로

> 모든 교육은 개인이 사회의 의식에 참여함으로써 발전해 간다.
>
> - 존 듀이(John Dewey), *나의 교육 신조(My Pedagogic Creed)*

사회구성주의는 지식에 대한 전통적 관점에 대안을 제시한다. 앞서 보아왔듯 특정 담론이 "지식"으로 간주되는 것은 그 관계의 전통 안에서만이다. 이 전통을 벗어나면 무시될 수도 있다. 서양의 의학 지식은 서양의 신념과 가치를 공유하는 사람들에게 기능하지만 그 외의 곳에서도 반드시 "사실"인 것은 아니다. 서양의학은 서로 합의된 영역 안에서 진보로 여겨진다. 그러나 구성주의 관점에서는 그 외의 다양한 주장도 지식으로 받아들여진다. 예를 들어, 경험적 지식, 직관적 지식, 실용적 지식, 영적 지식, 시각적 지식, 음악적 지식, 암묵

---

2 예시가 되는 연구로 Wise, A. (1979) *Legislated Learning*. Berkeley, CA: University of California Press; Apple, M. (1982) *Education and Power*. Boston, MA: Routledge & Kegan Paul.

적 지식, 상식적 지식도 모두 지식이다. 나아가 한 집단에서 주장하는 지식이 다른 집단에서는 무시되어도 놀라지 않는다. 대학에서 경험 지식을 예술적 지식이나 운동 지식보다 우위에 두는 이유는 경험 지식이 원래 우월해서가 아니라 특정 역사적 시간 안에 있는 특정 사람들의 실재와 가치를 반영하기 때문이다.

구성주의 입장에서는, 교육을 위에서 아래로 전달하거나 영양학적으로 보는 관점이 억압까지는 아니어도 잘못되었다고 본다. 교육을 받은 사람이라면 누구나 알아야 하는 근본적 또는 우주적 지식이란 없다. 전통적 교육과정을 마쳤다고 해서 모든 사람이 잘 지낼 수 있는 것도 아니다. 나아가 대부분의 교육과정에는 반영되지 않은 다양한 형태의 국지적 지식들이 있다. 일상생활을 잘 유지해 나가기, 실패를 견디기, 가난 속에서 살아가기, 시위를 조직하기 등과 관련된 지식이 있다. 흥미로운 사실은 기술업계에서 가장 성공한 우상이라 여겨지는 마이크로소프트사의 창시자 빌 게이츠와 애플의 CEO 스티브잡스는 둘 다 대학을 중퇴했다. 사실상, 학생들이 반드시 알아야 할 것이 무엇인지는 끊임없는 다자간 대화 속에서 정해져야 한다. 왜냐하면 세계와 다양한 공동체들은 시간에 따라 계속 변화하기 때문이다.

그렇다면 구성주의는 전통적인 상의하달식 교육에 어떠한 대안을 제시할 수 있는가? 만일 우리가 지식으로 간주하는 것이 공동의 관계에서 나온다면, 개별 학습자에서 지식의 협력적 구성으로 초점을 이동해야 한다. 협력에 대한 강조는 우리의 관심을 교사와 학생 사이, 학생들 사이 그리고 교실과 이를 둘러싼 세상 사이의 관계로 돌려놓는다. 어떻게 하면 지식이 만들어지고 사용되는 과정에 학생들이 가장 효과적으로 참여할 수 있을까? 우리는 이러한 과정에 관심이 있다.

오늘날 지식이란 잘 포장된 채 주어지는 것이며, 행동을 취하기 전에 먼저 습득되어야 하는 것으로 여겨진다. 이는 마치 사람을 열여섯 살이 될 때까지 걸음마를 시키지 않은 채 양육하는 것과 같다. 구성주의적 접근은 지식의 습득이 아닌 실천학습(action learning)의 형태를 강조한다.[3] 개인은 먼저 그 자

---

3 예시적 연구로는 Revans, R. (2012) *ABC of Action Learning*. London: Gower.

신이 구성원으로 포함된 관계와 그 관계가 추구하는 가치, 질문, 희망에서 시작한다. 이 관계에 내포된 목적을 추구하는 과정 속에서 학습이 발생하기 때문에 이는 그 밖의 지식을 구성하는 영역들처럼 과학에 속한다. 학습은 자신이 중요하게 여기는 문제에 대해 행동을 취하는 과정에서 필수적인 부분이다. 그리고 우리는 다음과 같이 물어야 한다. 교육은 단순한 암기가 아니라 스스로 행동하도록 이들에게 무엇을 준비시키는가? 이러한 새로운 능력의 결과로 이득을 또는 손해를 보는 것은 누구인가? 이는 결국 교육의 목적에 대한 질문이다. 그런 다음에 우리는 구체적인 실행들로 관심을 돌릴 수 있다.

장기적으로, 교육 현장에서는 학생과 교사와 관련된 더 넓은 관계망에 귀를 기울여야 한다. 교실과 그 주변 환경 사이의 관계는 지역을 넘어 국제적 맥락으로까지 확장되어야 한다. 이상적인 교실은 세계를 위한 지적 관심이 논의되는 영역이다. 참여에 대한 강조는 지구의 미래를 위해서도 필수적이라고 생각한다. 다양한 의사소통 기술 덕택에 우리는 서로 다른 장소에 살고 다른 목적을 가진 수많은 사람들과 함께하게 되었다. 모든 곳에서 협력과 팀워크, 연결망, 협상을 필요로 한다. 팀으로 진행되는 연구가 늘고 있고, 조직이 기능하는 중요단위 역시 팀이며, 협상은 세계에서 활동하는 기관들에 필수적이며, 관계 맺는 기술은 다문화 간 교류에 필수적이다. 개인을 강조하는 전통적 교육은 우리가 세계 속에서 함께 살아가는 데 도움이 되지 않는다.

관계적 과정으로서의 교육

> 나는 학교와 유치원이 변화하는 사회 속에서 새로운 기능을 제공하는 모습을 구상한다. 그 안에서 학교 문화는 학습자들의 상호 협력적 공동체로 작용하고, 학생들끼리 서로를 학습시키며, 모두가 문제를 푸는 과정에 기여한다.
>
> - 제롬 브루너(Jerome Bruner), *교육의 문화*(*The Culture of Education*)

구성주의 관점은 무한한 가능성을 지닌다. 우리의 관심은 개별 학생의 정신이 아니라 상호 간에 지속적인 배움이 발생할 수 있는 관계에 있다. 이어지는 논의에서는 이러한 이상을 실현시키기 위한 실천들에 초점을 두려고 한다. 여기서 다루는 내용은 다양한 맥락에서 발전되어 온 것이다. 먼저 교사와 학생에서 시작하고 범위를 넓혀가면서 마지막에는 교실과 세계의 관련성을 이야기할 것이다. 이 책에서는 일부 내용을 다루고 있으며, 그 나머지는 이 장의 마지막 부분인 추가 자료에 포함하였다.

교사와 학생

> 긍정은 ... 모든 살아있는 것을 자유롭게 한다.
>
> - 질 들뢰즈(Gilles Deleuze), *니체와 철학(Nietzsche and Philosophy)*

영양학적으로 교육을 보는 전통에서는 교사의 역할이란, 거칠게 표현하면, 무지한 학생들의 입에 지식을 떠먹여주는 것이다. 교사와 학생의 관계는 위계적이다. 교사는 나란히 앉아 있는 학생들 앞에 서 있다. 교사가 수업 내용을 기술하고, 설명하고, 실행해 보일 때 학생들은 조용히 앉아서 받아 적기만 할 수 있다. 누가, 언제, 무엇에 대해 말할 수 있는지는 오직 교사가 정하며, 대부분 교사 혼자 이야기한다. 이 관계에는 명백히 무언가가 결여되어 있다. 학생들은 거의 참여하지 않거나 아예 관심을 두지도 않는다. 상급생의 경우 "내게 이래라 저래라 하지 말라!"며 이러한 수업 방식에 저항할 수도 있다. 많은 교사들이 이 문제를 고심하며 여러 대안을 마련해 왔다. 여기서는 두 가지를 고려해 보자.

새로운 교사의 정체성: 관계적 책임

좋은 교사란 무엇일까? 이 질문은 교육에 대한 생각만큼이나 오래되었으며 아직까지 확실한 답이 없다. 왜일까? 생각, 신념, 가치, 삶의 양식 같은 사회적인 삶은 지속해서 변하기 때문이다. 그렇다면 구성주의 관점에서 볼 때 좋은 교사란 무엇일까? 중요한 것은 교사 개인의 특성이나 이들이 하는 행동이 아니라 교사가 학생들과 맺는 관계다. 그리고 좋은 가르침은 독백이 아닌 대화에서 나온다. "내가 너를 가르친다"와 같이 독백의 형태로 진행되는 수업에서는 교사가 학생들을 통제하고, 조용히시키며, 벌어지는 모든 상황에 주도권을 갖는다. 이런 방식은 실천학습에 필수적인 관계를 형성할 수 없다. 관계를 만드는 정해진 방식은 없지만, 몇 가지 도움이 되는 예는 다음과 같다.

- 촉진자로서의 교사: 이 경우 교사는 주로 학습과정을 돕는 역할을 한다. 예를 들어, 지식을 학생에게 직접 알려주기보다는, 학생들이 개별적으로 탐구 중인 목적을 달성할 수 있도록 자원을 제공한다. 촉진자로서의 교사는 학생들과 함께 탐구할 주제를 선정하고, 관련된 자료를 찾고, 대화의 장을 마련한다. 특히 관계가 진행되는 과정을 중요하게 살핀다. 개별 학생들에게 관심을 주는 것이 아니라 교실에서 일어나는 전반적인 관계의 패턴에 신경을 쓴다. 예를 들어, 다양한 학생들의 제안들 중에서 유사점이나 차이점을 간과하지는 않았는지, 말로 표현되지 않은 긴장은 없는지, 대화가 중단된 것은 아닌지, 이 대화가 주목할 만한 새로운 질문을 이끌어내는지 등을 고려한다. 교사의 역할은 토의과정이 풍부해지도록 촉진하는 것이다.
- 코치로서의 교사: 위의 내용과 밀접한 관련이 있으며 많은 교사들이 유용하다고 말하는 것이 바로 코치로서의 역할이다. 이 경우 교사는 학생들의 개인적 포부와 그들이 이 목표를 달성해 가는 과정에 관심을 갖는다. 코칭이 효과적이려면 지도와 지지가 필요하다. 행동의 장단점을 언급하고, 다양한 기회들에 대해 이야기하며, 상황과 관련된 교사 스스로의 경험을 나눈다. 지지와 긍정은 학생들이 자신의 능력에 자신감을 갖도록 해 준다. 여러분에게도 과거 선생님의 칭찬과 지지가 긍정적인 경험으로 남아 있을 것이다.
- 친구로서의 교사: 위계적으로 전달되는 전통적 교육에서는 교사들이 도구적인 사고를 하도록 요구된다. "어떻게 하면 학생들의 관심을 집중

> 시킬까?", "어떻게 해야 학생들을 잘 통제할 수 있을까?", "어떻게 해야 전국 모의고사에서 점수를 높일 수 있을까?" 이런 식으로, 교사들은 자기 자신을 "그들"을 상대로 노력하는 주체로 규정한다. 이러한 접근은 학생들을 외부의 대상으로 대할 뿐만 아니라 이들을 교묘히 조정하려고 하는 문제를 안고 있다. 여기서의 관계란 피상적이다. 따라서 많은 교사들이 학생들의 친구가 되어주는 입장에 더 공감하는데, 이는 상대방의 행복을 배려하는 태도를 말한다. 그 속에서 공감과 지지, 이해를 표현할 수 있다. 구성주의자들은 또한 "우정이 자연적인 행위가 아니라고" 생각한다. 저절로 서로 좋은 친구가 되지는 않는다. 우정은 습득해야 할 기술이다. 따라서 교사는 학생들의 친구로서 행동하면서 동시에 이상적인 모델이 되어주어야 한다. 학생들은 단지 수업 내용을 배우는 것이 아니라 삶의 방식을 배우기 때문이다.

그 밖에도 멘토나 역할모델과 같은 이미지가 있다. 효과적인 관계가 되는 단 하나의 방법이 있는 것은 아니다. 중요한 것은 관계에 반응하는 것인데, 이는 진행되는 관계의 흐름을 민감하게 포착하고 이 흐름 안에서 생산적으로 움직이는 능력을 키우는 것이다. 때로는 단호하게, 때로는 부드럽게 대하는 것이 나을 수도 있고, 필요하다면 지시를 내리거나 또는 도움을 요청할 수도 있다. 심지어 어떤 맥락에서는 전통적인 지시 내림이 유용할 수도 있는데, 예를 들어 새로운 내용을 대규모 강당에서 소개해야 할 경우 등이다. 아마도 관계에 민감한 교사와 관련된 가장 적절한 비유는 좋은 부모일 것이다. 좋은 부모는 여러 역할을 넘나들며 아이를 양육하고, 가르치고, 촉진하고, 잘못을 고쳐주기도 한다. 교사와 학생의 관계의 가능성은 무궁무진할 것이다.

대화적 교실

만일 모든 지식이 관계 속에서 발생한다면, 가장 좋은 교육이란 좋은 관계 속에서 이루어질 것이다. 교사 혼자 이야기하는 것은 거의 도움이 되지 않기 때문에 대화의 가능성을 알아보는 교육자들이 늘고 있다. 그러나 대화는 다양한 형식으로 이루어진다. 예를 들어, 많은 교사들이 택하는 소크라테스식 대화를 보자. 교사는 학생들을 질문으로 끌어들인다. "마크 안토니가 줄리어스 시저에게 바치는 헌사에서 무엇을 하려고 했다고 생각하니?" 그런 다음 교사는 학생들의 반응을 들으면서 긍정하거나, 추가 설명하거나, 반박하기도 한다. 궁극적으로는 논의를 바탕으로 교사가 최종 결론을 짓는다. 이러한 방식이 협력 학습을 향한 중요한 시도이기는 하지만, 소크라테스식 접근은 암묵적으로는 **독백**에 가깝다. 교사가 이미 원하는 결론을 알고 있으면서 이에 맞춰 질문을 던지는 경우가 많기 때문이다. 또 다른 교사들은 **토론** 방식의 대화를 장려하는데 두 팀으로 나눠 서로 논의를 펼친다. 그러나 앞서 5장에서 보았듯, 서로 논쟁을 벌이는 것은 마치 다른 수단을 가지고 전쟁을 하는 것과도 비슷하다. 참여자들은 전투 중이다. 반대편 주장을 칭찬하며 박수를 보내거나 자신의 의견을 보태는 경우를 본 적이 있는가?

반면 최근에는 민주적 형태의 주고받음을 강조하는 **대화적 교실**(the dialogic classroom)이 늘고 있다. 학생들에게 자유로운 참여와 자신의 경험을 표현할 모든 기회를 제공한다. 학생들은 개인적 경험이나 의견, 재미있는 이야기 등을 나눌 수 있다. 이렇게 하면서 학생들의 삶이 보다 풍성하고 긍정적인 방향으로 서로 교류한다. 이러한 열린 대화 속에서, 교사들은 일부 학생이 의견을 주도하지 못하도록 막고, 교사가 대화의 방향을 통제하거나 지시하려 하지 않으며, 하나의 진실이 아닌 다양한 가능성이 존재함을 강조한다. 대화적 수업에서는 교사들에게 틀에 박힌 강의와 파워포인트 발표를 줄이고 주도적인 지위를 내려놓도록 장려한다. 교사 역시 학생들과의 협동과정 속에 뛰어들어서 학생들과 편안하게 이야기를 나눈다. 그 결과로 높은 참여도, 상호 간의 긍정적 인식 그리고 풍부한 학습경험이 발생할 수 있다.

중퇴자들은 어떻게 되었을까? 한 성공 스토리

올라프는 학교를 싫어했다. 한 주에 며칠씩은 핑계를 대고 학교를 빠졌다. 대부분의 과목에서 낙제한 사실은 놀랄 일도 아니었고, 결국 9학년을 다시 다녀야 했다. 열여섯 살이 되었을 때, 드디어 자퇴 허락이 떨어졌다. 학교 갈 걱정을 안 해도 된다니

이 얼마나 행복한가! 그는 몇 주 동안 집에서 뒹굴거리고, 여러 술집을 들락거리고, 기타를 치며 놀면서 집에 있으나 마나 한 사람처럼 굴었다. 부모님, 특히 아버지는 올라프의 행동에 화가 나서 직업을 구하든지 집을 나가라고 말했다. 올라프는 집을 나왔지만, 노르웨이 거리는 너무나 추웠다. 결국 그는 자전거 가게에 취직해서 수리하는 일을 하게 되었다. 일은 힘들고 종일 일해야만 했다. 돈도 잘 벌지 못할 뿐더러 특히나 같이 일하는 사람들이 싫었다. 몇 주가 지나자 그는 이러한 삶 역시 지겨워졌다. 그는 갈 곳도 없고, 할 수 있는 일도 없는 것 같았다.

어느 날 옛날 학교 친구가 그 지역에 있는 대안학교에 대해 이야기를 했고 올라프는 거기에 한번 가보고 싶어졌다. 그의 아버지도 그렇게 해 보라고 동의해 주었다. 처음에는 며칠만 다녀보고 아버지에게 학교가 맞지 않으니 그만두겠다고 말할 작정이었다. 올라프는 기계 수리반을 선택했다. 그는 이미 어느 정도 기술이 있었고, 몇몇 다른 학생들 그리고 기계를 매우 잘 다루는 교사와 지내다 보니 더욱 흥미를 느끼게 되었다. 수업은 실습으로 진행되었고 프로젝트는 도전의식을 높였다. 나아가 교사는 그가 미래의 계획을 세우도록 도왔다. 앞으로 무엇을 하고 싶은지, 어떻게 그 목표에 도달할 수 있는지, 그 목표를 성취하기 위해 어떤 것을 배워야 할지 등등. 그리고 수업 분위기는 긍정적이었다. 잘못을 지적하기보다는 가능성에 초점이 맞춰졌다. 선택한 과목마다 같이 수업을 듣는 학생들은 그의 작업 중 어떤 부분이 좋은지를 체계적으로 피드백해 주었다. 첫 주가 지났고 그는 계속 다니기로 결정했다.

3년이 지났고 올라프는 아직까지 학교에 다닌다. 그 학교는 열일곱 살에서 스물네 살 사이의 정규 학교 중퇴자들을 위한 곳이다. 다른 학생들처럼 올라프는 기계 기술자에 특별히 관심이 있다. 내가 그 학교를 방문했을 때, 그는 주어온 재료들로 팀원들과 함께 만든 이동수단을 자랑스럽게 보여주었다. 축하공연을 맡은 록밴드의 일원이기도 했다. 밴드를 기획한 사람은 키보드 연주자인 수학교사였다. 그는 직접 가수, 베이스기타리스트, 직접 가사를 쓴 멋진 래퍼를 구성했다. 누구보다도 자랑스러워 한 건 이 학교의 교장 잉게보르크(Ingeborg)였는데, 그녀는 두 눈에 눈물까지 글썽이며 거의 학생들을 안아줄 듯 서 있었다. UngInvest AIB(Arbeidsinstituttet Buskerud) 학교 덕에 노르웨이 드람멘 거리에 있던 자퇴 학생들은 거의 자취를 감췄다.

학생들 사이의 관계

> 우리 대부분은 직업적인 삶의 상당 부분을 공동체, 연구팀, 위원회, 부서, 전문가 집단, 조합 등의 사람들과 협업과 공동 작업을 하며 보낸다. 자급자족은 상당히 고귀한 이상이지만 또한 상당히 낡은 이상이기도 하다.
>
> - 브라이언 코너리와 존 보(Brian Connery and John Vohs), *집단 작업과 협력적 글쓰기(Group Work and Collaborative Writing)*

이제는 학생과 교사의 관계가 아닌 학생들 사이의 관계로 넘어가 보자. 먼저 개별 학생을 향상시키고 평가하는 것에 열중하는 교육방법은 학생들이 혼자서 애쓰는 교실 분위기를 만든다. 반에서 일등은 교사의 즐거움이지만, 더디고 동기부여가 덜된 학생들은 골칫거리다. 점점 아이들은 소외되고, 불안정해지고, 갈등을 느낀다. 그러나 지식, 사고력, 동기가 모두 관계에서 나온다고 이해하면, 학생들이 서로 주고받는 새로운 교육방식이 나온다. 모든 학생은 나름의 경험과 호기심, 가치를 가지고 교실에 모인다. 만약 학생들이 함께 참여해서 긍정적인 공유를 한다면 학습이 풍성해질 뿐만 아니라 새로운 흥미를 불러일으킬 수 있다. 대학생활에 대해 늘 나오는 얘기 중 하나가, 가장 소중하고 기억에 남는 학습경험은 수업 밖에서 나왔다는 것이다. 그러면 학생들 사이에 생산적인 관계를 가져오기 위해 어떻게 하면 좋을까? 여기서는 가장 유망한 두 가지를 소개한다.

협력적 교실

교육자인 에드윈 메이슨은 "어린 학생들이 칭찬받기 위해 경쟁할 때마다, 우리는 직접적으로 인류애에 대한 불신을 가르친다"고 했다.4 이러한 불신은 학생들이 좋은 점수를 받으려고 경쟁할 때 흔히 발생한다. 반대로 협력적 교실에서는 **학생끼리의 정보 공유**를 강조한다. 구성주의 관점에서 보면, 정보를 서로 공유하는 과정에서 상대방이 어떻게 행동하고 관계를 유지하는지와 같은

4 Mason, E. (1972) *Collaborative Learning*. New York: Agathon, p. 33.

특성도 흡수하게 된다. 학생들이 "타인의 관점을 흡수하면", 행동의 범위도 확장된다. 익숙하지 않은 종교를 가졌거나 운동을 잘하는, 똑똑한, 예술적인 또는 정치적 성향을 지닌 학생 등과 친하게 지내다 보면 이러한 존재 방식을 흡수하게 된다. 새로운 말하기와 행동 방식을 배운다. 남을 잘 도와주는 사람이나 경쟁을 좋아하는 사람, 익살꾼이 되어보기도 한다. 상황에 따라 남을 칭찬하거나, 지적하거나, 조언을 하거나, 경청하는 방법도 배우게 된다. 사실상 학생들 간의 공유는 이들이 다양한 존재가 되는 데 기여한다(5장).

교실에서 협력을 촉진하는 다양한 방식이 있다. 교육자인 케네스 브러피는 대학에서 수업할 때 **합의 집단**(consensus group)을 만든다. 이 집단들은 교재에 대한 다양한 질문에 자신들의 방식으로 답을 해야 한다. 또한 그 분야의 여러 권위자들의 의견에 도전해 본다. 그러나 다른 집단과 내용을 공유하기 전에 반드시 집단 내에서 합의에 이르러야 한다. 이는 집단 구성원들이 내부의 의견 불일치를 다루는 법을 배워야 한다는 의미다. 이들은 반드시 갈등이라는 현실에서 어떻게 함께 살아갈지를 배워야 한다. 브러피 교수는 "모든 집단원이 "만족할" 위치에 도달하기 위해 노력하다 보면 학생들은 거의 모든 분야에 존재하는 심각하게 얽히고설킨 문제들을 다룰 수 있게 된다"고 믿는다.[5]

협력적 교실로 가는 길은 컴퓨터 기반 학습으로 인해 가속화될 수 있다. 컴퓨터를 사용하면 아주 멀리 떨어진 학생들끼리도 공동의 문제를 다룰 수 있다. 광범위한 연구에서 알 수 있듯, 이러한 방식은 (1) 수업 진행과 결과에 대한 교사의 통제를 줄이고, (2) 학생들의 대화 참여를 높이고, (3) 이들이 토론에 골고루 참여하게 만들며, (4) 서로 도울 기회를 높여준다. 물론 수업을 잘 준비해야 하지만, 조금만 노력하면 얼마든지 가능하다.

협력적 글쓰기

우리는 오랫동안 글을 통해 자신의 생각을 표현한다고 이해해 왔다. 들쑥날쑥한 글쓰기는 생각이 정리되지 않은 증거다. 그래서 학교에서는 글쓰기를 강조

---

5 Bruffee, K.A. (1999) *Collaborative Learning: Higher Education, Interdependence, and the Authority of Knowledge*. Baltimore, MD: Johns Hopkins University Press.

한다. 사고의 수준을 드러낸다고 보기 때문이다. 마찬가지로, 학생들은 각자 자신의 글쓰기에 책임감을 가져야 한다. 표절은 "자기 스스로의 생각"이 아닌 다른 사람의 생각을 보여주기 때문에 잘못이다. 그러나 만일 언어가 관계 속에서 발생한다면, 글쓰기도 마찬가지다. 그런 면에서 글쓰기란 과거의 대화에서 빌려오고, 이를 통합하고, 다양하게 조합해 보는 시도라고 말할 수 있다. 글을 잘 썼다고 칭찬받는다면 이는 사회 전통에 성공적으로 참여하였음을 축하받는 것이다(5장 참고).

이러한 측면에서 규정된 글쓰기 양식이 얼마나 효과적으로 다른 사람들에게 전달되는지 물어볼 수 있다. 어떤 독자를 향해 이야기하는가? 많은 학자들이 인식하듯, 학계에서 잘 쓴 글이라는 것은 단지 학계 사람들에게만 해당한다. 대학을 벗어나면, 이렇게 딱딱하고 복잡한 글은 읽기 어렵다. 나아가 천편일률적인 글쓰기 방식은 사회에서 복종적인 역할을 하도록 개인을 준비시킨다. 다시 말해 자신의 상사에게 명료하고 간결하게 목적을 전달하기 위해서 글을 쓰는 것이다. 타인에게 영감을 주거나 사회 변화를 위해 주체적으로 쓴 글이 아닌 보고하기 위한 글일 뿐이다.

많은 교사와 학자들은 새로운 글쓰기 방식을 탐구한다. 예를 들어 어린 학생들에게 자유롭게 스스로에 대한 글을 써보라고 할 수 있다. 자전적 글쓰기를 통해 학교에서 가르치는 "올바른" 글쓰기라는 명목하에 자신들의 개성을 지워버릴 필요가 없음을 알게 된다. 다른 교육자들은 협력적 글쓰기를 권장한다. 홀로 글을 쓰는 대신 자신들의 재능과 자원을 함께 모은다. 모두가 아이디어 도출, 정보 수집, 조직화, 초안 작성, 수정과 편집에 참여한다. 어떤 학생은 이론화에 강하고, 어떤 학생은 창의적인 아이디어가 있으며, 어떤 학생은 자유로운 글쓰기를 잘한다. 도표 만들기, 재미있는 이야기하기 또는 글쓰기 집단에 사기를 불어넣는 데 뛰어난 학생도 있다. 이러한 협력 속에서 학생들은 서로 간에 존재하는 방식을 배우게 된다.

대화로 진행된 학기말 보고서

학생들을 가르치는 과정에서 나는 모험 삼아 컴퓨터를 통한 협력을 시도해 왔다. 그중 가장 선호하는 한 가지는 시험이나 학기말 보고서 대신에 그룹으로 대화를 나누는 과제를 부여하는 것이다. 학생들은 일주일간 이메일로 서로 대화를 주고받아야 한다. 시작하기 전, 학생들은 먼저 좋은 대화의 기준을 정해야 한다. 이 기준은 잘 쓴 개별 보고서의 기준과 상당히 차이가 난다. 예를 들어, 잘 쓴 보고서는 논리적으로 일관되고 하나의 결론으로 이어지지만, 효과적인 대화는 다양한 아이디어를 초대하고 여러 가능성들을 막아버리지 않는다. 또한 학생들은 참여자들 간에 서로 배려하는 것도 기준에 포함시킨다. 만일 혼자 보고서를 쓴다면 자신을 방어하는 논리 위주로 진행할 것이다.

학생들은 집단별로 나누었던 전체 대화를 기록해서 그 주의 마지막 날 제출한다. 점수는 학교 규정에 맞춰서, 학생들 스스로 말한 기준에 따라 내가 그 대화 전체를 평가한 점수 더하기 개별 학생의 기여도로 계산된다.

경험상 많은 학생들이 이 대화를 매우 활기차고 지적인 경험이었다고 말한다. 말하는 순서도 없고 누군가가 대화를 주도하지도 않으며 모두가 기여한다. 모두 환영받는 느낌을 받는다. 대화의 마무리에는 서로의 기여에 대해 축하를 나눈다. 학생들은 내가 자신들의 글을 읽으면 매우 흥미로워할 것이라고 생각하며 내게 꼭 읽어봐 달라고 말한다. 실제로 흥미롭다.

아래는 학생들이 나눈 대화의 일부다. 특히 이 사례에서 학생들은 개인적 경향을 중시하는 교육방식을 관계중심으로 대체할 가능성에 대해 논의해야 했다. 마이크가 대화를 시작한다.

마이크: ... 그러면 어떻게 관계, 그리고 거기서 파생된 의미가 우리의 교육 체계를 바꿀 수 있는지에 대한 대화를 시작해야 할 것 같아. 다른 사람 의견에 자유롭게 추가해 주길 바라. 어떻게 학생/교사 관계가 영향을 미칠지에 대한 찬성과 반대를 말해 줘. 현재의 교육은 경쟁과 분리를 강화한다는 것 잊지 말고.

케이티: 얘들아, 안녕. 다들 잘 지내고 있지? 시작해 줘서 고마워, 마이크. 나는 어제부터 우리가 하는 일이 개인의 책임을 강조하는 교육제도와 상당히 결부되어 있구나! 하는 생각을 해 봤어.

학생들은 정보를 배우도록 되어 있어... 만약 이러한 정보를 배우지 않는다면 교육이 무슨 중요성이 있겠어... 어쩌면 시험이나 평가 없이 학생들이 배웠다고 가정할 수도 있겠지만, 만약 교육가들이 교육과정에 대한 결과를 알지 못하면 어떻게 수정하고 향상시킬 수 있겠어...?

내 말은, 심지어 이런 과제조차 그래. 우리가 개인적 책임에서 벗어나 집단 안에서 대화를 시도한다고 하지만... 우리가 나눈 대화는 여전히 평가되고 우리는 집단원으로서 여전히 자기가 하거나 하지 않은 부분까지 공동 책임이 있잖아.

확실히, 이런 상황은 여전히 더 진전되어야만 해... 만약 교수님이 마지막에 이 과제를 외부에서 평가하는 것이 아니라 대화에 함께 지속적으로 참여한다면 도움이 될까? ...

마이크: 나는 지금의 교육체계가 일방향적으로 의미를 생성한다고 믿어... 교사는 학생들이 의미를 창출하는 방식으로 수업을 진행하려고 노력하지만... 여전히 학생들은 그 과정에 함께 하지 못해. 의미는 이미 교사의 머릿속에 만들어져 있지...

로비: 사실 나는 생물학 전공이고, 때로 교육에 대한 내 관점이 인문학이나 사회과학 전공인 너희들과 잘 맞지 않는다는 걸 인정해. ... 교육에 대한 내 생각, 그리고 이 대화의 역할을 비교해 보면 좋을 것 같아... 더 추가하긴 싫지만 또 다른 제안으로는 ... 그렇지만 우리가 서로 이야기를 나눌 수 있도록 영감을 줄 수 있다면 좋을 것 같아... [로비는 실험실에서 일어나는 대화와 관련해 이야기를 지속한다.]

학생들의 대화는 나에게 매우 흥미로우며 ... 나 역시 배운다!

여기서 볼 수 있듯, 대화는 비판적 사고를 자극한다. 영양학적 교육전통에서는 비판적 사고를 거의 자극하지 않는다. 전통적 교육은 단지 학생들이 기존의 교육과정을 마치도록 고안되었다. 학생들은 권위자의 말을 배울 뿐, 권위자에게 질문을 던지는 것은 용납되지 않는다. 역사를 배우면서도 "이것이 누구의 역사인가?", "왜 왕과 전쟁, 부에 대한 이야기만 있고 음악이나 예술, 사랑은 다루지 않는가?", "왜 이 내용이 지금의 나에게 중요한가?"와 같은 질문은 나오지 않는다. 게다가 역사를 "다른 방식으로 보고" 이를 통해 "진짜로 어떤 일이 일어났는가?"에 대한 대안적 관점을 생성하는 일은 고려조차 되지 않는다.

그렇기 때문에 협력적 글쓰기 같은 시도가 가치 있다. 대화적 교실처럼, 협력적 글쓰기는 다양한 관점을 공유한다. 학생들은 특정 전통의 한계를 넘어서 보는 것을 배운다. 그러면 이제 교실과 공동체 사이의 관계로 넘어가보자.

교실과 공동체

만일 지식이 관계를 통해 창조되고 공유된다면, 학교 담장 안에서 일어나는 관계만으로는 여전히 사고를 확장시키기 어렵다. 어떻게 하면 학교 안과 밖의 경계를 낮출 수 있을까? 어떻게 주변 공동체와 협력할 수 있을까? 교육자인 바버라 로고프와 그녀의 동료들은 이 질문과 관련해 한 가지 혁신적인 시도를 추진했다.[6] 이들은 초등학교 맥락 안에서 학생과 교사 그리고 외부 공동체가 함께 하는 프로젝트를 성공적으로 마무리했다. 이들은 학생들이 흥미롭게 참여할 때 학습이 가장 효과적으로 일어난다고 믿었다. 구성주의적으로 보자면, 열정이란 함께 만드는 것이다. 이를 위해 교사는 학부모들, 그리고 학생들과 함께 교육과정과 수업활동을 계획한다. 가장 어린 학생까지도 토의에 참여시킨다. 학부모들 역시 주기적으로 동료교사로 활동한다. 때때로 서로 다른 학년의 학생들이 함께 모여 수업을 한다. 모든 협업의 결과로 성공적인 학습 공동체가 만들어졌다.

이 정도의 프로젝트까지는 어렵더라도, 창의적인 교사들은 **공동체 기반 학습**을 만들기 위해 노력한다. 캐나다 북부의 하키로 유명한 석유 생산지역에서의 예를 살펴보자. 한 학교에서 고등학생을 위한 추가 과목을 만들 시점이 되었다. 이 학교의 교장인 래리 에스프와 레슬리 라헤이는 새로 건물을 짓는 대신 다른 시도를 해 보고 싶었다. 그 도시는 새로 하키장을 건설했는데, 아이스링크 안에 수천 평방 피트의 여유지가 있었다. 이들은 공동체의 도움을 받아 학교를 링크 안으로 이전했다. 그리고 고정된 교실을 짓는 대신 칸막이를 활용해서 그때그때 다양한 활동이 진행되도록 하였다. 수업과 수업 사이, 방과

---

6 Rogoff, B., Turkanis, C.G. and Bartlett, L. (Eds.) (2001) *Learning Together: Children and Adults in a School Community*. Oxford: Oxford University Press.

후와 점심시간에는 학생들뿐만 아니라 공동체 주민들도 하키를 하거나 아이스링크 관리법을 배웠다. 그리고 특별한 교육과정을 개발해서 이들이 고등학교 졸업장을 받을 수 있도록 하였다. 이러한 시도는 더 나은 미래를 설계하려는 공동체 주민들의 회의에서 나온 결과였다.[7]

또 다른 예로, 중학생들에게 도심 빈곤층의 일자리를 마련하기 위한 새로운 도로 건설 계획을 세워보도록 할 수도 있다. 그 과정에서 학생들은 파괴되어 가는 주변과 농경지, 세액의 할당, 직업 훈련 계획 등의 문제를 접하게 된다. 직접 지방 공무원이나 부모들을 만나 인터뷰를 할 수도 있다. 미국 남부 폭스파이어 프로그램에 참여한 학생들은 그들끼리, 때로 교사와 함께, 그리고 학교 밖 전문가와 함께 작업하면서 잡지와 책을 발간하고 라디오와 TV 프로그램을 제작한다.[8] 대학의 경우, 학생들이 외부 기관에서 시간제로 일하는 **협동교육**은 이미 오래 진행되어 왔다. 그 취지는 학생들이 직업을 준비하는 동시에 실제 현장에서의 학습 경험을 쌓는 것이다. 기업들은 미래의 직원을 양성할 수 있기 때문에 이러한 프로그램에 관심을 갖는다. 현재 수천 개의 프로그램이 40개국 이상에서 진행 중이다.

또한 최근 많은 대학들은 **서비스 러닝**(service learning)이라는 탄탄하고 흥미로운 프로그램을 운영한다. 학생들은 대학 외부에서 일하고 학점을 받는데, 대부분 인도주의적 목적을 지닌 일들이다. 학생들이 공동체의 번영에 기여하는 과정에서 학습이 발생한다. 예를 들어, 노숙인을 위한 음식을 모으고, 학교 식당에 쓰일 채소를 기르고, 혜택을 받지 못하는 아이들을 가르치고, 사회복귀 훈련소에서 일하거나 무주택자를 위한 집을 짓는 해비타트 운동의 석고판을 세우기도 한다. 서비스 러닝은 위계적인 교육 대신 참여를 통한 학습을 촉진한다.

---

7 LeHaye, L. and Espe, L. (2010) Co-creating schools of the future: Approaching change in a Canadian Public school system through Appreciative Inquiry. https://www.taosinstitute.net/education/taos-phd-program/completed-dissertations/lesley-lahaye-and-larry-espe-dissertation

8 Boyte, H.C. and Evans, S.M. (1986) *Free Spaces: The Sources of Democracy in America.* New York: Harper & Row.

그림 6.1 뉴욕의 시티대학 대학센터의 학생들이 사우스 브롱스의 인근 거주민들과 함께 참여적 실행 연구를 하였다. 이들의 목적은 경찰의 부당한 "신체 불심검문"에 대항하는 공동체 연대를 만드는 것이었다.

러닝 서클(학습 모임)

러닝 서클은 참여를 통해 함께 지식을 만들고, 공유하고, 표현하는 것이 목적이다. 이 과정은 자신들이 관심을 갖는 이슈에 대해 열린 대화와 깊은 성찰을 하면서 진행된다. 교육 맥락에서는 다양한 학교나 공동체에서 온 학생들이 참여할 수 있다. 서클 구성원들은 상호 관심사인 프로젝트나 문제에 대해 논의하고 연구하며 함께 지식을 쌓고 그 결과를 공유한다. 학생들은 대화와 논의를 하면서 신뢰를 쌓고, 협력 프로젝트를 공동으로 후원하고, 함께 문제를 해결하고, 자신들의 결과를 공유한다. 프로젝트를 마치면 모여서 자신들의 경험을 돌아보고 평가한다. 일례로 호주 케이프요크에서는 록하트강 토착민 지역 위원회 구성원들이 러닝 서클을 통해 주 정부, 그리고 호주 정부와 함께 협력하였다.[9] 지역 주민들은 건강, 교육, 정의, 그리고 경제를 향상

9 Hogan, D.A. (2005) *The Learning Circles of Lockhart River: Building Productive Partnerships.*

시키길 원했다. 토착민들은 공무원들과 함께 러닝 서클에 참여하여 가능한 자원이 무엇이며 어떠한 행동을 취해야 하는지 결정했다. 공무원들의 도움으로 각 집단에 문제를 확인하고 취해야 할 행동을 결정할 역할이 정해졌다. 이 서클은 어느 한 집단에 속하지 않으며 모두가 책임을 공유했다. 공동체 구성원들은 자신들의 관점과 의견을 솔직히 나누고 공무원들과 협력했다. 그 결과 정부와 공동체 사이에 상당한 신뢰가 쌓였고 오래된 문제들을 새롭게 해결할 수 있었다.

교실과 세상

학자인 메리 벨렝키는 이렇게 기술한다.

> 사회 변화, 인구 이동, 산업화, 세계화 그리고 군사화의 속도는 유례없이 빨라지고 있다. 교육자들은 새로운 과제에 직면한다. 사람들이 고도의 창의성을 발휘하여 협력해서 문제를 해결하고 비판적으로 사고할 수 있게 도와야 한다. 사람들이 세상을 완전히 다른 관점에서 보는 능력을 키우도록 해야 한다. 파편화되고 분리된 세상에서 서로 연결하고 배려하는 능력을 키워야만 한다.[10]

더 이상 해당 지역을 못 벗어나는 교실은 쓸모가 없다. 세계의 미래는 지역에서의 협력적 관계뿐만 아니라 세계인이 함께 생산적으로 대화하는 능력에 달렸다. 교육은 이러한 발판이 되어주며 무한한 기회를 만들 수 있다. 교실 안에서 인터넷을 통해 적은 비용으로 전 세계의 사람들, 이미지, 음악, 목소리, 각종 정보와 순식간에 연결된다.

내가 처음 원거리 학습을 경험한 것은 테네시 대학의 협력학습 프로그램의 지원을 통해서다. 이들이 준비한 세미나 수업에 참여한 학생들은 호주의 대학생들 그리고 교수들과 매주 인터넷상에서 대화를 나누었다. 처음에는 모

Lockhart River, Queensland.

10 O'Sullivan, E., Morrell, A. and O'Conner, M.A. (2003) *Expanding the Boundaries of Transformative Learning*. London: Palgrave의 표지 서평에 실린 글

든 것이 잠정적이었다. 서로가 “내 말이 무슨 뜻이냐면...” 이러면서 설명하느라 시간을 보냈다. 그러다가 점차 “아 맞아, 이제 네 말이 뭔지 알겠다... 우리는 비슷한 상황을 이렇게 부르는데...”와 같은 즐거운 놀라움으로 바뀌어갔다. 또 다른 시도의 예로는, 뉴질랜드 학생들이 전 세계 교사들과의 대화에 참여해서 서신을 주고받은 경우가 있다. 나는 학생들이 자신의 삶에서 개인적으로 중요한 부분들을 글로 주고받는 것을 보고 매우 놀랐다. 학생들은 교사들의 자료가 자신이 살면서 겪는 문제나 경험들과 얼마나 유사한지를 나누며 즐거워했다. 마치 수천 마일 떨어진 사람의 삶으로 이동한 것처럼 보였다. 최근에 나는 이 책에서 제기하는 문제들에 대해 이야기를 나누고 싶어 하는 멕시코의 열성적인 학생들과 스카이프로 대화를 나눴다. 이것은 나에게 놀라운 경험이었는데, 학생들이 내가 전혀 상상하지 못했던 방향으로 생각을 넓혀주었기 때문이다. 내가 그들의 생각에 대해 논의를 시작하자, 이번에는 학생들이 가치 있는 정보를 제공하며 글로벌 학문 공동체에 합류했다.

이렇게 경계를 넘나드는 시도는 상급생이나 또는 다른 나라의 언어에 능한 사람에게만 한정되지는 않는다. 일례로, 한 교사는 자기 반 아이들과 일본의 학생들을 인터넷으로 연결해 주었다. 서로 언어는 달랐지만 학생들은 그림이나 사진을 주고받을 수 있었다. 자기 부모님이나 친구, 강아지 사진이나 학교, 인근 동네, 음식 사진을 공유했다. 전 지구가 소통할 기회는 무한하다.

지금까지 우리는 관계의 네 가지 영역을 간단히 살펴보았다. 이는 교사와 학생, 학생들 사이, 교실과 주변 환경 그리고 지구적 맥락이다. 하지만 이는 단지 몇 가지 사례일 뿐이다. 관심을 넓히면 교사들 간의 관계, 교사와 행정기관, 행정기관과 정부, 그 밖의 관계 모두 가능해진다. 새로운 관계가 생겨나면 새로운 가능성이 열린다. 그러나 동시에 이러한 노력의 결과는 한 가지 중요한 방식으로 인해 약화될 수 있는데 이는 바로 평가라는 우리의 전통이다.

학생 평가라는 도전

지금까지 이 장에서는 교육과정에 초점을 맞췄었다. 이와 관련이 있으며 우리가 관심을 가져야 할 이슈가 바로 "시험"으로 불리는 학생 평가다. 앞서 지적했듯, 대부분의 교육은 개인의 능력을 키우기 위해 힘쓴다. 만일 교사가 잘했다면 학생의 성적은 오를 것이라고 가정한다. 이러한 전통 아래에서 주기적으로 치러지는 시험은 정당성을 얻는다. 학생들이 "무언가를 알고 있는지", "다음 학년으로 올라갈 준비가 되었는지" 그리고 대학교육에 적합한지를 알기 위해 노력을 기울이는 것은 당연해 보일 수 있다. 그 외의 방법은 생각도 나지 않는다. 그렇지만 생각해 보아야 한다. 구성주의 입장에서 개별 학생에 대한 평가는 개념적으로뿐만 아니라 교육과 사회에 미치는 결과적인 면에서 심각한 결함이 있다. 다음에서는 먼저 주요 문제들을 살펴본 뒤 대안을 찾아볼 것이다.

구성으로서의 평가

우선, 시험을 통해 학생 개인의 수행능력을 측정하는 것처럼 보이지만 사실 우리는 문화적 구성물을 보고 있다는 점을 알아야 한다. 학생들을 특정 관점에서 평가하기 때문이다. 학생들이 작성한 역사 보고서가 있을 때, 만일 문법 교사라면 문법을 평가하고, 역사가라면 학생들이 역사를 어떻게 설명하고 있는지 평가하며, 동료 학생이라면 흥미로운지 아닌지로 평가한다. 즉, 학생 평가는 그 학생에 대해서가 아니라 오히려 평가자의 관점을 말해 준다. 이러한 측면에서 보면 새로운 질문이 생긴다. 누가 어떤 목적으로 평가를 하는 것인가? 이 평가에 관심이 있는 사람은 누구이며, 이러한 목적을 논의하는 과정에 포함되는 또는 배제되는 사람은 누구인가? 누군가의 행동이 다른 사람에게는 "편향된 행동"일 수 있다면 "객관적 평가"란 무엇을 의미하는가?

두 번째로, 우리는 왜 학생 평가가 그 학생에 대해 말해 준다고 가정하는 것일까? 우리는 마치 그 학생이 무언가를 해냈거나 실패한 듯 그 사람에게 점수를 매긴다. 그런데 그 성공이나 실패가 학생의 책임이라고 생각하는 근거는 무엇인가? 구성주의 관점에서 보면 우리는 결코 고립된 개인으로 행동하지 않는다. 어떻게 학생의 성과를 그 학생의 교사, 친구, 반 학생들 또는 가족과 분리해서 볼 수 있겠는가? 만약 학생이 실패한다면 교사가 지루했을 수도 있고, 그 과목이 학생의 삶과 관련이 없을 수도 있고, 집에 음식이 없을 수도 있고, 부모님이 소리 지르며 싸움만 할 수도 있고, 억압받는 소수민이기 때문일 수도 있다. 그렇다면 우리가 시험을 통해서 그 학생에 대해 실제로 알 수 있는 것은 무엇인가? 이러한 질문에 대해 긍정적인 답변도 있겠지만 논의가 된 적은 거의 없다. 우리는 다양한 비판적인 목소리에 귀를 기울여 볼 필요가 있다. 학생 평가로 인한 부정적인 결과는 주변에서 쉽게 본다. 몇 가지 예는 다음과 같다.

- 학생: 시험은 학생들에게 큰 스트레스다. 왜일까? 한 가지 이유로, 학생들은 시험 결과가 자신의 가치를 보여준다고 여기기 때문이다. "내가 잘하는 걸까, 아닐까?" 물론, 이러한 생각은 성적이 자신들에 대한 평가이며, 평가자의 관점과는 상관없다는 가정을 이미 이들이 받아들이고 있기 때문이다. 게다가 학생들은 성적 때문에 자신들의 미래 가능성이 줄어든다고 생각할 수 있다. "이 성적으로 좋은 학교는 가지 못할 거야." 실제로 일본이나 한국같이 시험이 학생들에게 큰 부담으로 작용하는 나라에서는 청소년 자살률도 높음을 알 수 있다.
- 교실: 평가는 '이 학생의 수행이 다른 학생과 비교하여 어떠한가?'와 같이 비교를 바탕으로 하는 경우가 일반적이다. 그 과정에서 가치의 위계를 만들며 심지어 교사들에게 정상분포곡선에 따라 학생들을 상대 평가 하도록 요구하기도 한다. 학생들은 단지 학교교육에 참여하기만 했을 뿐인데 이전에는 상상도 못한 방식으로 자신들이 열등하다는 것을 배운다. 평가에 따라 교사나 다른 친구들 그리고 부모님으로부터의 대우가 달라지기도 한다. 자신을 "실패작"이라고 보는 학생들은 의견을 말하거나 또는 학교 활동에 참여하는 것 자체를 두려워한다. 자신이 동기보다 "우월"하다고 보는 일부 학생들은 동기들에게 따돌림이나 배척을 당하기도 한다. 대부분은 그저 "나는 그냥 중간수준이야"라며 소리 없이 지낼 뿐이다.

- 교사: 교사가 학생을 평가할 경우, 이들 사이에 거리가 생긴다. 따뜻하고 협력적이어야 할 관계는 교사가 학생을 판단내리는 입장으로 바뀐다. 그러다 보니 행여 학생들이 시험 볼 때 부정행위라도 할까 두려워 이들을 점점 믿지 못한다. 만약 외부 기관이나 정부에서 의무적으로 시행하는 시험일 경우 교사 역시 평가당하는 입장에 놓인다. 학생들의 성적이 나쁘면 교사도 나쁘게 평가된다. 따라서 창의적으로 뭔가 해 보려는 시도는 접어둔 채 수업시간은 시험성적을 높이려는 전략에 치중한다. 토론이나 집단 프로젝트보다는 답안지에서 정답을 잘 고르도록 가르친다. 이처럼 양질의 교육은 "시험을 위한 수업"으로 교체된다.
- 가족생활: 학교 시험의 영향력은 가족관계에까지 미친다. 자녀들의 성적이 부모에게 매우 중요하기 때문이다. 성적이 떨어지면 부모와 자녀 사이에 갈등이 생긴다. 집안 분위기는 냉랭해지고 비난과 고성이 오가며 방문이 쾅쾅 닫힌다. 우리 동네에서는 초등학교 1학년 학생이 알파벳 "d"를 제대로 읽지 못해 매를 심하게 맞고 내부 출혈로 사망에 이른 경우가 있다.
- 사회: 교육은 사람들이 사는 방식에도 영향을 미친다는 면에서 정치적 시사점을 갖는다. 교사들이 모든 것을 통제할 때 학생들은 위계관계를 배우고, 반대로 학생들이 수업시간에 자신의 목소리를 낼 수 있다면 민주주의를 배우게 된다. 시험을 볼 경우, 학생들은 고립된 개인으로 여겨지고 "각자의 수행"으로 평가받는다. 여기에는 강력한 개인주의 이념이 작용한다(4장 참고). 그 결과 이기주의와 무관심이 만연하고 결혼, 가족, 우정, 공동체와 같은 유대관계에 대한 의구심이 생겨난다. 일등이 되는 것이 삶의 목표가 되어버린다.

대화적 대안을 향하여

전통적 평가가 문제를 많이 안고 있다면 우리에게 어떠한 대안이 있을까? 학부모들과 학교 시스템, 정부기관, 심지어 학생들 사이에서까지 평가를 강력히 요구하고 있기 때문에 '현재로서는' 별로 많은 대안이 존재하지 않는다. 미래지향적 학교와 대학들은 피해를 줄일 방도를 찾고 있다. 예를 들어 시험 대신 포트폴리오를 작성하는 방식으로 평가를 하지 않는 과목을 늘리고, 상대 평가를 하지 않는다. 또 다른 유용한 방식으로는 수행의 기준을 미리 정해 놓고 학생들이 자신만의 속도로 이 기준을 달성하게 하는 것이다. 이런 경우 중간중간 "지금까지 어떻게 해 오고 있는지"에 대한 유용한 조언을 해 주는 **형성 평가**를 한다. 이는 교사가 최종 점수를 부여하기 위해 자주 사용하는 **총괄 평가**와 대비된다.

구성주의가 강조하는 협력에 보다 가까운 방식은 대화적 참여를 통한 평가다. 예를 들어, 혁신적인 교육자들은 모두가 참여하는 민주적 평가 방식을 시도하고 있다. 교사가 학생과 함께 대화하면서 학교생활은 어떠한지, 교사나 다른 학생들과의 관계는 어떠한지, 수업시간은 어떤지를 이야기한다. 이 과정에 부모가 함께해서 다양한 관점과 가치를 강조할 수도 있다. 이러한 **대화적 평가**는 그린의 표현대로 "평가의 모든 이해관계자들이 서로를 존중하는 관계 속에서 자신들의 입장과 가치, 관점과 경험, 꿈과 희망, 수집한 자료에 대한 해석"[11]을 추구하는 것이다.

학생과 교사, 학교 시스템에 대한 정부의 평가를 대체할 만한 훌륭한 대안은 **권한을 부여하는 평가**(empowerment evaluation)다.[12] 이러한 시도를 통해 지방 공동체는 주도적으로 스스로의 활동을 고찰하고 목표를 세워서 필요한 행동을 취할 수 있다. 이는 정부가 나서서 기준을 정하고 학교를 평가하는 것과는 대조적이다. 권한부여 평가에서는 훈련받은 코치나 퍼실리테이터가 함께하며 학교와 주민들이 평가계획을 세우도록 돕는다. 이 과정은 공동체별로 다르지만 일반적으로 몇 단계에 걸쳐 진행된다. 우선 (1) 학교와 공동체의 모든 구성원이 참여해서 교육의 목적과 가능한 자원을 알아보고, (2) 자신들이 추구하는 이상적인 학교의 모습에 대해 광범위한 논의를 하며, (3) 이 이상을 향해 나아갈 계획을 세울 집단을 구성하고, 마지막으로 (4) 변화를 실행할 위원

---

11 Green, J.C. (2001) Dialogue in evaluation: A relational perspective. *Evaluation*, 7, 181–187.

12 Fetterman, D.M. (2000) *Foundations of Empowerment Evaluation*. Thousand Oaks, CA: Sage; Fetterman, D.M. and Wandersman, A. (Eds.) (2004) *Empowerment Evaluation: Principles in Practive*. New York: Guildford Press.

회를 구성한다. 실행 위원회의 집단들은 진행과정을 평가할 기준을 만든다. 시간이 흐르면서 이들은 자신들의 미래를 만들어가고, 그 진행상황을 평가하고, 지속적으로 계획이나 프로그램을 수정한다. 여전히 표준화된 시험이 사용될 수 있겠지만 시험 결과가 공동체에 유용한 정보가 될 때만 활용된다.

성찰

내가 처음 교사가 되었을 때, 나는 전통적인 교육방식을 모두 이어받았었다. 수업의 중심은 나였고, 학생들이 무엇을 배워야 하는지 내가 결정했으며, (당연히) 멋진 강의를 하고, 학생들이 이 내용을 제대로 이해했는지 평가했다. 그 과정에서 일종의 기쁨까지 느꼈는데, 학생들이 중요한 지식을 배우도록 내가 돕고 있으며, 이들이 나에게 감사해 할 것이며, 성실하게 잘하는 학생들이 대학원에 들어가도록 길을 터주었다고 믿었다. 하지만 의아한 부분도 많았다. 학생들이 왜 심리학자들의 실행과정을 알아야만 할까? 이들이 살아가기 위해 독립변인, 강화계획, 인지적 휴리스틱 같은 내용을 어디까지 알아야만 할까? 게다가 강의에 대한 지속적인 압박도 있었다. 매번 수업을 시작할 때면 마치 연극을 올리는 감독처럼 불안했고, 이 강의가 성공적일지 아닐지 확신할 수 없었다. 피드백도 거의 없어서 알 방도가 없었다. 평가 역시 지속적으로 나를 괴롭혔다. 학생마다 수업내용을 이해하는 방식이 제각각인데 어떻게 이들을 하나의 평가도구로 측정할 수 있겠는가? 누군가를 낙제시키는 것도 너무 힘들었다.

그렇지만 내가 "구성주의로 가게 되면서" 모든 것이 변하기 시작했다. 학생들과 내 과목을 공유하기 시작했고 이들이 무엇을 어떠한 방식으로 배우고 싶은지 결정하도록 했다. 강의 내용은 현대 사회에서 살아가기 위해 핵심적인 것들만 남기고 줄였다. 수업은 대화 방식으로 진행했고, 시험은 학생들의 프로젝트로 대체했다. 통제를 포기했음에도 결과는 놀라웠다. 학생들의 흥미에 따라 수업이 진행되었으며 열정과 새로운 아이디어가 생겨났다. 나 역시 더 이상 학생들에게 깊은 인상을 남기려 애쓰지 않게 되었다. 우리는 동행하는 관계였다. 그리고 가르치는 속에서 나 역시 배운다는 사실에 기뻤다.

추가 자료

교육

Freire, P. (1978) *The Pedagogy of the Oppressed.* Harmondsworth: Penguin.

Martin, J. and McLellan, A. (2013) *The Education of Selves: How Psychology Transformed Students.* New York: Oxford University Press.

Ravitch, D. (2010) *The Death and Life of the Great American School System: How Testing and Choice are Undermining Education.* New York: Basic Books.

Wortham, S. and Jackson, K. (2008) Educational Constructionism. In J. Holstein and J. Gubrium (Eds.), *Handbook of Constructionist Research* (pp. 107－127). New York: Guilford Press.

교실 대화

Brookfield, S.D. and Preskill, S. (1999) *Discussion as a Way of Teaching: Tools and Techniques for Democratic Classrooms.* San Francisco, CA: Jossey－Bass.

Simon, K. (2002) *Moral Questions in the Classroom.* New Haven, CT: Yale University Press.

Vella, J.K. (2002) *Learning to Listen, Learning to Teach: The Power of Dialogue in Educating Adults.* San Francisco, CA: Jossey－Bass.

Wells, G. (1999) *Dialogic Inquiry: Towards a Sociocultural Practice and Theory of Education.* Cambridge, UK: Cambridge University Press.

교사와 학생

Davies, B. and Gaannon, S. (Eds.) (2009) *Pedagogical Encounters.* New

York: Peter Lang.

Phillion, J., He, M.F. and Connelly, F.M. (2005) *Narrative and Experience in Multicultural Education.* Thousand Oaks, CA: Sage.

Rawlings, W. (2000) Teaching as a mode of friendship. *Communication Theory,* 10, 5–26.

교실에서의 협력

Barkley, E.F. Cross, K.P and Major, C.H. (2004) *Collaborative Learning Techniques: A Handbook for College Faculty.* San Francisco, CA: Jossey–Bass.

Bruffee, K.A. (1993) *Collaborative Learning: Higher Education, Interdependence, and the Authority of Knowledge.* Baltimore, MD: Johns Hopkins University Press.

Fosnot, K. (1989) *Enquiring Teachers, Enquiring Learners: A Constructivist Approach to Teaching.* New York: Teachers College Press.

Millis, B. and Rehm, J. (Eds.) (2010) *Cooperative Learning in Higher Education.* Stirling, VA: Stylus.

Oldfather, P., West, J., White, J. and Wilmarth, J. (1999) *Learning through Children's Eyes: Social Constructivism and the Desire to Learn.* Washington, DC: APA Press.

Stein, R.F. and Hurd, S. (2000) *Using Student Teams in the Classroom: A Faculty Guide.* San Francisco, CA: Anker.

협력적 글쓰기

Ede, L. and Lunsford, A. (1990) *Singular Texts/Plural Authors: Perspectives on Collaborative Writing.* Carbondale, IL: Southern Illinois University Press.

Forman, J. (Ed.) (1992) *New Visions of Collaborative Writing.* Portsmouth, NH: Boynton/Cook.

Reagan, S.B., Fox, T. and Bleich, D. (1994) *Writing with: New Directions in Collaborative Teaching, Learning, and Research.* Albany, NY: State University of New York Press.

Topping, K.J. (1995) *Paired Reading, Spelling and Writing: The Handbook for Teachers and Parents.* London: Cassell.

교실, 공동체, 세계

Dole, D., Godwin, L. and Moehle, M. (Eds.) (2014) *Exceeding Expectations: An Anthology of Appreciative Inquiry Stories in Education from Around the World.* Chagrin Falls, OH: Taos Institute Publications.

Gordon, D.T. (2000) *The Digital Classroom: How Technology is Changing the Way We Teach and Learn.* Cambridge, MA: Harvard University Press.

Jacoby, B. and Associates (1996) *Service Learning in Higher Education: Concepts and Practices.* San Francisco, CA: Jossey-Bass.

Rogoff, B., Turkanis, C.G. and Bartlett, L. (Eds.) (2001) *Learning Together: Children and Adults in a School Community.* Oxford: Oxford University Press.

평가

Dahler-Larsen, P. (2011) *The Evaluation Society.* Stanford, CA: Stanford University Press.

Guba, E.G. and Lincoln, Y.S. (1989) *Fourth Generation Evaluation.* London: Sage.

PART

남을 돕는 직업: 함께 구성하는 행동

- 사회적 구성으로서의 심리치료
- 인간의 행복을 향한 협력적 방법들
- 의미와 약
- 성찰
- 추가 자료

PART 07

남을 돕는 직업: 함께 구성하는 행동

어느 곳을 둘러봐도 고통이 존재한다. 수백만 명의 사람들이 좌절과 실망, 일상의 두려움, 괴로운 몸의 통증으로 고생한다. 이러한 고통을 없애거나 줄여주기 위한 시도도 다양하다. 심리치료사, 사회복지사, 상담사, 의료계에 종사하는 모든 사람들이 여기 해당한다. 이러한 분야는 지금까지 많이 발전되어 왔는데 여전히 무언가를 추가할 부분이 남았을까? 실제로, 구성주의는 이러한 실행들에 대한 우리의 생각에 대혁신을 일으킨다. 그렇게 함으로써 새롭고 가치 있는 삶의 방식을 열어놓는다. 이 장에서는 바로 이러한 생각과 실행에 대해 다루며, 특히 심리치료와 건강관리 분야의 발전에 대해 살펴본다.

사회적 구성으로서의 심리치료

내가 처음으로 정신과와 관련된 경험을 했던 때는 대학교 2학년 시기였다. 나에게는 맥이라는 멋진 친구가 있었다. 맥은 지칠 줄 모르는 에너지와 열정을 지녔으며 입만 열면 특이한 이미지와 역설, 농담을 폭포처럼 뱉어댔다. 즉흥적이고 상상력 넘치며 예측이 불가능했다. 맥은 나와 만나기 전 해에 플로리다 남부 에버글레이드 습지에 대한 영화를 보았는데 너무나 매료된 나머지 학기 중간에 대학을 떠났고 6개월 뒤에는 에버글레이드 가이드가 되었다.

대학교 3학년 때 일이다. 나는 매년 열리는 젊은 기업인들만의 모임에 회의 보조로 일할 기회를 얻었다. 이들은 모두 40세가 되기 전에 기업의 사장이 된 사람들이었다. 모임은 산속의 고급 리조트에서 열렸고, 나는 맥을 우리 그룹에 초대했다. 거기서 우리는 그 이벤트를 재미있는 게임처럼 여기며 즐거운 시간을 보냈다. 한번은 저녁에 비상계단 꼭대기에 올라가 뉴스레터 더미를 던지고는 펄럭이며 떨어지는 종이들을 보며 낄낄거렸다. 맥은 어떻게 사람이 나무와 이야기를 할 수 있는지를 묘사한 시도 썼다. 어느 날 오후에 숙소로 들어오니 맥의 방 앞에 무장한 경비가 있었다. 무슨 일인지 물어도 경비는 대답을 거부했다. 나는 방으로 들어가서 맥에게 전화를 걸었지만 계속 통화 중이었다. 몇 분 뒤 창밖을 보니 맥이 구속복을 입은 채 여러 명의 경비에 끌려가고 있었다. 나는 급히 회의진행자에게 뛰어가 맥에게 무슨 일이 생겼는지 물었다. 그리고 모든 사람들이 맥을 정신적으로 불안하다고 느꼈으며 손님들에게 위협이 되므로 멀리 보내야만 했다는 말을 들었다.

나는 이후 5년간 맥을 보지 않았다. 그는 정신병원에 보내져서 전기쇼크치료를 받았고, 마침내 엄청난 양의 약물치료를 하는 조건으로 풀려났다. 나에게 이 모두는 내가 아는 멋진 맥의 죽음과도 같았다. 그는 이제 무기력하고 우둔해졌다. 그러나 세상 사람들이 보기에 그는 “치유”되었다.

이 경험은 지금까지 나를 쫓아다닌다. 나중에 구성주의 사고를 갖게 된 첫 진지한 경험이라고도 할 수 있다. 이제는 구성주의 생각과 실행들이 활발히 일어나고 있으며 그 속에서 나는 “정신질환”이나 “치료”를 대하는 새로운 방식을 찾는다. 구성주의 사고는 비판적이면서 동시에 창의적인 방향으로 우리를 안내한다. 아래에서는 먼저 오늘날의 질병과 치료라는 개념을 구성하게 된 문화와 역사를 논의한다. 그런 다음 치료 방식에 대한 새로운 접근을 탐색할 것이다. 이 장을 맥에게 바친다.

심리치료: 문화의 아이

우리 모두는 때때로 고통을 겪는다. 살다 보면 행동이 이상하거나 당혹스러운 사람들을 마주친다. 많은 이들이 감정적 문제, 충동, 실패로 인해 급히 도움을 요청한다. 삶이란 그러하다. 그러나 지금 여기에만 집중해 있으면 종종 우리가 속해 있는 더 큰 환경이 눈에 보이지 않는다. 눈앞의 문제에 정신이 팔려서 우리가 문화적 역사의 구성원임을 보지 못한다. 만일 이 세상에 정신질환이란 없다고 말하면 어떨까? 사실을 부인한다고 말할지 모른다. 정말 그럴까?

문화적 구성으로서의 정신질환

앞선 장들에서 살펴보았듯, 사실상 모든 지속되는 관계들은 "세상이란 이런 것"이라는 비교적 안정된 정의, 그리고 그와 관련된 일련의 가치들을 탄생시킨다. 그와 동시에 원치 않는 일탈의 영역(가령 "동떨어진", "어리석은", "터무니없는") 이나 또는 사악한 사람들도 생겨난다. 따라서 특정 사건이나 행동을 "문제"나 "고통"으로 여길지의 여부는 우리의 관계에서 설정해 둔 환경에 달려 있다. 특정 행동을 "이상"하거나 "바람직하지 않은" 행동으로 보는 전통을 벗어나면 어느 누구도 이상하거나, 신경증이거나, 정신병이거나, 병적이지 않다. 단지 사회적 구성에서 볼 때 "질서에서 벗어나" 있을 뿐이다. 우리는 정치적 대의를 위해 단식하는 사람을 문제가 아닌 오히려 문제에 대한 해결로 본다. 반면 청소년이 특별한 이유 없이 단식한다면, 그 청소년의 의사와는 상관없이 대부분이 이를 문제로 규정한다.

유사하게, 대부분의 고통은 그렇게 규정해 놓은 문화 때문에 발생한다. 예를 들어, 성공을 중요한 가치로 두는 전통 밖에서는 "실패로 고통받지" 않는다. "승리"를 중요시하는 전통 밖에서는 "패배"로 괴롭지 않다. 불행은 그 자체로 문제가 아니다. 많은 관계에서 이는 명예가 되기도 한다. 사랑하는 사람을 잃고 슬픔을 표현하지 못하면 인간 이하로 보일 수 있다. 러시아의 지배를 받을 당시 폴란드 사람들은 "우울하지 않다면, 당신은 바보다"라고 했다. 특정 하위문화에서는 문제인 것이 다른 쪽에서는 그렇지 않을 수 있다. 사회에는 셀 수 없이 많은 하위문화가 있으므로 무엇을 "치료해야 할 문제"로 볼지에 대한 갈등은 끝이 없다. 미국에서는 수천 명의 사람들이 범죄자로 구분되어 교도소에 갇혀 있지만, 정신건강 관련자들은 이들이 정신질환이 있다고 판단한다. 현재 교도소에 있는 상당수의 여성들이 정신질환을 진단받고 대부분은 항우울제와 항불안제를 처방받고 있다.

멜랑콜리(우울감)에 시달리는 사람들

당신은 상사에게 전화해서 오늘 심각하게 우울하니 출근 못 하겠다고 말할 수 있는가? 아마 어려울 것이다. 하지만 당신이 1600년대에 살았다면 이런 변명은 진지하게 받아들여졌을지 모른다. 역사가들은 그 시기에 나온 600페이지의 글을 찾아냈는데, 바로 로버트 버튼이 쓴 『멜랑콜리의 해부』다. 이 안에는 많은 종류의 우울감, 증상, 치료법 등이 자세히 기술되어 있다. 버튼의 묘사는 당시와 비교해서 지금 우리의 감정상태가 얼마나 다른지를 잘 알 수 있게 해 준다.

> [멜랑콜리한 사람들은] 사랑하기 쉽고, 쉽게 빠지는 경향이 있으며... 빨리 매료되고, 모두를 맹목적으로 사랑하고, 서로가 다른 사람을 만날 때까지 누군가를 진심으로 사랑하며, 그런 후에는 다른 사람을 맹목적으로 사랑한다... 그들은 황당하고 무의미하며 논리적 이유가 없는 많은 행동을 꾸며서 한다... 자신이 개, 수탉, 곰, 말, 유리잔, 버터인 것처럼 굴기도 한다.[1]

"문제"는 다양하게 인식될 수 있으며, 문제를 구성하는 방식 사이에서 갈등이 발생한다. 내 친구 맥의 행동은 통상적인 사회 규범과 갈등을 일으킨다. 그 결과는 맥에게 가혹했다. 구성주의 관점에서는, 갈등이 있다고 어느 한쪽을 억압해서는 안 된다. 억압당하면 의미 구성과정에 균열이 발생해서 이들의 목소리가 더 이상 들리지 않는다. 그런 점에서 우리는 정신의학 전문가들이 독점해서 장애를 정의 내리지 못하도록 저항해야 한다. 정신의학자들은 의학의 권위 그리고 보험사와 제약회사의 도움으로 정신질환을 분류하고 **정신질환 진단 및 통계 편람**(DSM, 현재는 5판이 나와 있음[2])을 널리 보급하였다. 이 분류는 정신건강 전문가에게 성서와 같이 기능하며 객관적이고 보편적으로 적용된다고 알려져 있다. 그러나 이는 근본적으로 특정 집단이 특정 역사적 시기에 갖는 가치를 포함한 문화적 구성물이다.

---

1 Burton, R. (1624/1982) *The Anatomy of Melancholy.* New York: Vintage Press, p. 393.

2 American Psychiatric Association (2013) *Diagnostic and Statistical Manual of Mental Disorders* (5th Edition). Arlington, VA: American Psychiatric Association.

문화적 구성으로서의 심리치료

만일 "문제"행동이 협력적 과정의 산물이라면, 그것의 치료형태 역시 마찬가지다. 예를 들어, 법정이라면 문제행동에 대한 최선의 "치료"는 처벌이다. 종교기관이라면 구원 의식이 될 수 있다. 기업이라면 단순히 골칫덩어리를 쫓아내면 된다. 함께 농사지으며 모여 사는 아미시 같은 밀접하게 연관된 공동체라면 외면함으로써 행동을 교정한다. 이보다는 느슨하게 연결된 공동체라면 사람들은 단순히 이들을 피한다. 이러한 상황에서, 사람들은 정신건강 전문가가 늘어날수록 반갑다. 전문가들은 바람직하지 않은 행동을 처벌이 아닌 보살핌으로 응대하는 사실상 유일한 집단이다. 문제행동을 질병과 동일시하는 경향만 내려놓는다면, 정신건강 전문가야말로 문제행동을 인본주의적으로 다루는 데에 기여한 공로를 인정받을 만하다.

"치료적 처치" 역시 그 자체로 존재하지 않는다. 흔히 우리가 "치료적 처치"라고 부르는 행동은 내담자가 기꺼이 그러한 관점에 협조할 때 드디어 가능해진다. 개인적 문제, 정신질환 또는 역기능적 가족 역시 그 자체로 존재하지 않으며, 오직 복잡한 관계 안에서 발생한다. 많은 면에서 치료적 만남의 한계와 가능성은 내담자가 첫 마디를 시작하기도 전에 성립된다. 치료자와 내담자는 특정한 역사적 시간과 문화 속에서 이러한 만남이 "말이 되기" 때문에 함께 마주앉은 것이다. 그들이 함께 무엇을 하든, 그 과정에서 무엇을 "진전"이라고 여기든, 이는 모두 문화와 역사 속에서 존재한다. 정신병원의 관리자는 이 사실을 잘 알고 있다. 환자를 도우려는 그들의 진심 어린 시도는 종종 분노와 원한만 불러일으킨다. 관리자들의 관점에서 좋은 치료라는 것이 환자 입장에서는 조작과 통제다. 그렇다면 전문가들이 "좋은 치료"라고 말하는 것을 재고해 봐야 하지 않을까? "좋은 치료"라는 개념이 협력적으로 생성되지 않았다면, 바람직한 결과는 나오기 힘들다.

증거기반 치료의 문제

매년 시민과 보험회사, 정부기관이 쓰는 엄청난 금액의 돈을 고려한다면, 이 돈이 잘 쓰이고 있는지 질문을 던져볼 필요가 있다. 심리치료는 효과적인가? 만일 심리치

> 료가 괴로움을 줄여준다면 어떤 방식이 가장 효과적일까? 정신분석과 인지행동치료는 비슷할까? 가족치료와 개인치료는 효과 면에서 어떠한가? 대화로 치료하는 것이 약물치료보다 나을까? 이에 대한 연구가 여기저기서 진행 중이며 그 보고서도 쌓이고 있다. 효과적인 치료를 위해서 증거에 기반한 결과가 요구되는 만큼, 여러 치료 양식들 간의 경쟁도 심화되고 있다. "결과를 확실히 보장하는 치료사에게 돈을 지불하겠다"는 생각은 언뜻 당연해 보인다.
>
> 그러나 이는 치료 효과가 있으려면 관계적 맥락이 고려되어야 한다는 사실을 몰라서 하는 말이다. 심리치료 유형마다 무엇을 좋은 결과로 인식하는가에 상당한 차이가 존재한다. 인지행동치료에서 상태가 호전되었다고 보는 기준은 정신분석이나 가족치료와는 다를 수 있다. 내담자나 그 가족에 대한 관점 역시 모두 다르다. 나아가, 치료 방식을 한 가지로 고정시키게 되면 궁극적으로 다양한 치료 가능성에 심각한 손상을 입히게 된다. 만일 치료가 동일한 실재와 가치를 공유하는 사람들에게만 효과가 있으며, 새로운 하위문화와 의미는 끊임없이 만들어지고 있다면, 치료를 표준화시키는 것이 오히려 도움이 되지 않는다. 치료가 효과적이려면 늘 "시대의 흐름과 발을 맞춰가야" 한다. 의미가 끊임없이 변화하며 전통이 사라지고 다시 재형성되는 이러한 다양한 세상에서 살아가려면 여러 종류의 도움이 필수적이다. 일부 치료에만 국한해서 치료비 상환이 가능하도록 정책을 운영하는 것은 치료에 도움이 되지 않는다. 도움이 필요한 사람들에게 가치 있는 치료가 제공되는 길을 막는다.
>
> 많은 구성주의자들은 증거기반 치료에서 치료기반 증거로 생각을 전환한다. 이는 한 가지 방식으로 치료를 평가하기보다 다양한 방식으로 사람들을 돕고 있는 상담사들을 인정하려는 시도다. 만일 대화를 법률로 지정할 수 없다면, 대화로 작업하는 치료사들이 끊임없이 성공 사례에 대해 숙고하고 새로운 시도를 해 보도록 인정하면 어떨까? 또한 치료사들은 내담자 그리고 가능하면 그 이슈와 관련된 사람들과 함께 무엇이 도움이 되고 그렇지 않은지 의견을 교류해야 한다. 평가의 확장은 특히나 제약사가 개입된 심각한 사례들에 중요하다. 흔히 약물은 증상을 줄여주는 면에서 평가된다. 그러나 많은 경우 증상은 문제가 아니다. 예를 들어, 자연적인 과잉행동 상태는 ("주의력 결핍장애"로 진단됨) 약물에 취해 살아가는 사람들이 너무나 바라는 바이기도 하다.

이러한 면에서, 의미가 발생하는 맥락이 제거된 오늘날의 심리치료는 샤머니즘이나 점성학, 부두교의 주술과 다를 바 없다. 심리치료가 효과적이라고 보는 것은 우리의 문화가 그렇게 이해하고 높이 평가하기 때문이다. 교양 있는 서양 문화에서 볼 때 샤머니즘, 점성학, 부두교는 인간의 문제를 정의 내리거나 치료하기에 적절하다고 평가할 만한 합법성이 결여되어 있다. 그렇다면 약물치료는 어떠한가? 약물치료는 그것이 가져오는 생리학적 변화뿐만이 아닌, 약물과 그 효과에 대한 문화적 이해 때문에 효과적이라고 여겨진다. 정신과 의사들은 리탈린이 주의력 결핍장애를 치료한다고 보지만, 많은 이들은 고양된 행동 자체가 질병이 아니며 리탈린은 억압하는 도구라고 생각한다.

요약하면, 우리가 정신적 괴로움이라고 보는 문제들, 이러한 문제에 대한 치료법, 치료의 결과는 모두 문화적으로 구성된 것으로써 역사 속에서 다양하게 타협되었다. 약물과 진단을 널리 수용하고 받아들이는 현 시점에서 이에 대한 구성주의적 비판을 함께 고려하는 것은 필수적이다. 그런 다음 더 나은 대안을 살펴보고자 한다.

진단과 약물의 재앙

> 2007년 2월 15일 뉴욕 타임즈 기사
> 12월 13일 이른 아침시각, 911의 연락을 받은 경찰들이 보스턴 근처 바닷가 동네인 매사추세츠 헐 지역의 한 가정집에 도착했고, 부모 침실 바닥에 누워 있는 4살 된 소녀(레베카)를 발견했다. 그녀는 이미 사망한 상태였다. ... 경찰은 그 소녀가 주의력결핍장애 그리고 기분이 큰 폭으로 바뀌는 조울증을 진단받고 2살 때부터 강력한 정신과 약물을 복용해 왔다고 밝혔다. ... 사실상 조울증으로 진단받는 아동에게 강력한 약물을 처방하는 것은 나라 전체에 일반화되어 있다. 지난 십 년 사이에 만 13세 이하 아동이 조울증 진단을 받은 경우가 거의 7배 이상 증가하였다. ... 치료에는 전형적으로 다양한 약물이 포함된다. 레베카는 항정신병 약인 세로켈, 역시 강력한 약물인 데파코트 그리고 아이들을 진정시키기 위해 처방되는 혈압 약인 클로니딘을 복용하였다.

이 기사를 읽고 나는 슬픔과 분노의 감정을 동시에 느꼈다. 어린 생명의 죽음에 슬펐고, 2살 아이를 정신과 약물이 필요한 정신질환자로 결론 짓게 만든 시스템에 화가 났다. 이 시점에서 구성주의적 비판이 중요해진다. 잠시 "정신질환", "치료", "약물"과 같은 실재를 보류하고 진단과 약물사용을 문화적 움직임으로 본다면, 무엇을 문화적 재앙이라 할 수 있을지가 눈에 들어온다. 끊임없이 늘어만 가는 "정신질환자"의 수와 약물 처방을 생각해 보자. 이를 저지하지 않는다면 병약하고 약물에 의존하는 사람들을 사방에서 마주해야 한다. 더 탐색하기 위해 사회가 어떻게 약화되는지를 단계별로 살펴보자.

1단계: 권위자의 등장

먼저, 역사 속에서 사람들의 문제를 "정신적"이라고 규정할 권위를 부여받은 전문가가 탄생하는 것에서 시작할 수 있다. 근본적으로 20세기 초반 정신과 전공의 등장과 함께 이러한 일이 발생했다. 이들이 전문가적 권위를 주장할 수 있었던 주된 이유는 바로 의학과 연합했기 때문이다. 괴로움에 시달리거나 이상 행동을 보이던 사람들에게는 반가운 소식이었다. 자신의 문제를 밝히고 ("이해하고") 고통을 완화시킬 방법을 안다고 주장하는 전문가들이 나왔기 때문이다. 특히 가족 중에 이상행동을 하거나 통제가 안 되는 사람이 있는 경우 이들을 시설에 수용할 수 있게 되어서 다행이었다. 동시에 사람들을 묘사하는 일반적인 문화적 방식들, 예를 들어 "왠지 기분이 축 처진다", "기분이 가라앉는다", "깊은 슬픔을 느낀다", "상실감을 느낀다" 또는 "삶에 희망을 못 느낀다"와 같은 표현들은 그저 세속적인 표현으로 전락하였다. 이 모두는 정신질환을 일컫는 전문가들의 "신성한" 표현으로 대체되었다. "당신은 우울증이다!"

2단계: 문화적 전파

만일 정신질환이 실재한다면, 그 위험성을 대중에게 알리는 것이 시민의 책임이다. 대중들은 정신질환의 증상 그리고 예방과 치료에 대해 알아야만 한다. 대중에게 알리려는 이러한 시도는 20세기 초 미국의 정신위생운동에서부터 오늘날 시민들이 정신질환 증상을 인식하도록 설계된 정부 지원 프로그램으로까지 이어진다. 현재 정신질환의 "증상"은 셀 수 없이 많은 웹사이트에서 찾아볼 수 있다. 9백만 개가 넘는 사이트에서 우울증과 관련된 DSM의 "증상들"을 제공한다. 나는 "증상들"에 인용부호를 붙였는데, 그 이유는 여기서 떠올려지는 의학적 은유를 강조하기 위해서다. 특히 흥미로운 점은 의학의 경우 증상을 추적해 나가면 신체의 기능장애를 관찰할 수 있는 데 반해, 대부분의 "정신질환"의 경우 증상으로 추적할 수 있는 어떠한 정신적 혹은 신체적 기능장애도 없다는 사실이다. 예를 들어, 암의 경우 드러나는 증상이 없어도 병이 있을 수 있지만, 대부분의 "정신질환"은 증상을 없애면 아무런 질병도 발견되지 않는다.

3단계: 질병의 문화적 구성

무언가가 잘못되었음을 의미하는 단어들이 문화 속에 전파되면 서서히 일상언어 안에 흡수된다. "모두가 아는 사실"로 자리 잡혀간다. 신경증, 트라우마, 중독, 강박, "ADHD", 조울증, 자폐, 우울증은 더 이상 "전문가들의 영역"에만 머물지 않는다. 전문가들에 의해 일반 대중으로 전달된다. 다중인격, 정체성 위기, 월경 전 증후군, 아스퍼거, 강박장애가 일상 대화 속 주제로 등장한다. 그리고 이러한 용어가 문화의 토착어가 되면서 자신과 타인을 구성하기 시작한다. 어린 피터는 단순히 "매우 활발한" 것이 아니라 "주의력 결핍장애"를 앓고 있으며, 로베르토는 "피곤한" 것이 아니라 "우울증"이며, 사라는 "도박을 너무 많이" 하는 것이 아니라 "중독자"다. 전문가들만이 사용하는 용어가 아니라 점점 일반 사람들도 이런 방식으로 자신들을 구성한다.

4단계: 정신건강 서비스에 대한 요구

사람들의 행동이 점점 정신질환 담론으로 이루어질수록, 정신건강 서비스에 대한 요구도 높아진다. 심리상담, 자신을 고양시키는 주말 프로그램, 인성개발 프로그램 등이 그 시작이다. 이 모두는 사람들이 "바람직한 자신의 모습"이 아닌 것 같은 불편함 감정에서 벗어나게 해 준다. 일부는 "근친상간의 희생자", "중독자 가족과 생활하면서 발생하는 공동 의존적 성향", "도박 중독" 등을 치료할 지지집단을 찾기도 한다. 그리고 물론 수많은 사람들이 전문적 치료를 받거나 시설에 수용된다. 그 결과로 정신건강 전문의에 대한 요구 역시 꾸준히 증가추세다. 현재 미국심리학회에는 33,000명이 넘는 회원이 가입되어 있는데 이는 20세기 초 회원 수 대비 거의 90배가 넘는다.

5단계: 단어의 확장

마지막 단계가 남았다. 바로 정신장애의 명칭을 확장시킬 차례다. 사람들은 점점 자신의 문제를 전문가의 용어로 말하기 시작하고, 도움을 더 많이 구한다. 대중의 요구에 발맞춰 전문가의 수가 늘어날수록 일상 언어를 뭔가 문제가 있는 단어로 바꿀 전문가도 늘어난다. 전문가에게 단어 수를 늘리라는 은근한 압박도 있다. 여기에는 전문가 집단 내부의 압박도 포함된다. 새로운 장애의 탐구는 천문학에서 새로운 별을 발견하는 것과 다를 바 없다. "외상 후 스트레스장애", "강박장애", "아스퍼거 증후군", "주의력 결핍" 등을 발견하고 치료를 제공하는 사람들에게는 상당한 명예가 축적된다. 확장된 증상에 명칭을 부여하고 명확하게 하기 위해서 정신장애 진단 및 통계 편람(DSM)이 1952년 처음 출간되었으며 약 100가지 범주의 정신질환이 나열되었다. 2013년 제 5판이 출간되었는데 정신질환으로 간주될 수 있는 거의 300가지 방식이 기술되어 있다. 현재 포함된 내용에는 비탄(애도), 분노발작, "과잉" 성욕, 저장강박 등이 포함된다. 미국 인구의 4분의 1이 정신질환이라고까지 말한다![3]

다음으로는 제약 산업이다. 날로 늘어가는 병리적 문화에 이들이 미치는 영향력은 아무리 과하게 평가해도 지나치지 않는다. 의학에서는 다양한 증상에는 신체적 원인이 있다는 가정하에 질병을 구성한다. 그리고 이러한 가정하에서는 심지어 신체적 원인이 모호한 경우에도 "치료약"을 떠올리게 한다. 제약 회사들은 증상을 줄이는 "약"을 개발하고 "치료"라는 외형을 만들어낸다. 일반적으로 졸음을 유도하는 약물을 투여해서 증상을 줄인다. 이러한 약물에 쏟는 비용은 천정부지로 치솟고 있다. 예를 들어, 항우울제와 항정신병제를 합산한 비용은 1986년 약 5억 달러에서 2006년에는 거의 580억 달러로 100배 넘게 증가했다. 동일 기간 사이에 항우울제 사용은 두 배로 늘어났다.[4] 이러한 증가는 주요한 신체적 질병에서는 일어나지 않은 일이다.

지금의 논의가 진단명을 다 버리고 약 처방을 하지 말자는 것처럼 들릴지 모른다. 둘 다 아니다. 문제의 핵심은 진단명과 약 처방이 존재함이 아니

3 질병예방관리센터(www.cdc.gov).

4 US NEws and World Report, Aug. 5, 2009

라, 이들이 독점해서 그것도 점점 더 심하게 사람들의 삶을 구성하고 문화에 영향을 끼치고 있다는 사실이다. 상당수의 사람들은 자신들이 특정 "질병"으로 고통받으며, 여기에 적합한 약이 있다는 생각을 하며 산다. 병약하거나 약을 복용하는 "건강염려증" 인구가 비약적으로 늘고 있지만, 이 중 약물이 꼭 필요한 사람들은 일부에 지나지 않는다.

따라서 관련된 다양한 이해관계자들을 고려한다면, 몇 가지를 명심해야 한다. 먼저, 고통으로 치료받는 사람들, 그 가족, 공동체, 종교기관, 활동가, 보험회사, 정부기관이 폭넓게 대화를 나눌 필요가 있다. 대중들 역시 정신질환 진단을 받은 사람을 다각도로 볼 수 있다는 점 그리고 약이 아닌 대안적 방법에 대해 깨어 있어야 한다. 이 장의 끝에서 이 이슈와 관련해 다시 언급할 것이다.

심리치료의 언어적 전환

앞서 논의한 문제들은 상당 부분 세상을 실재론적으로 이해하기 때문에 발생한다. 깊은 성찰 없이 단순히 정신질환이 실제로 존재하며, 이상 행동은 정신질환의 증거이고 약물치료로 고칠 수 있다고 가정한다. 만일 우리가 이 모든 개념이 사회적으로 구성되었음을 이해한다면 새로운 대안이 열리게 된다. 다양한 관점이 목소리를 낼 수 있다. 이러한 측면에서, 심리치료 분야에서는 구성주의를 바탕으로 한 작지만 의미 있는 움직임이 일어나고 있다. 이러한 움직임은 사회과학이나 철학에서 **언어적 전환**(linguistic turn)이라 부르는 개념과 연관된다. 1장에서 설명했듯, 언어적 전환과 사회구성주의는 그 시작을 함께하는데 세상에 대한 개념을 형성하는 언어에 초점을 두기 때문이다. 그런 면에서 반실재론이기도 하다. 많은 심리치료사에게 이는 무의식이나 정신역동, 기본적 추동과 같은 전통적 개념뿐만 아니라, 정신질환과 그 치료에 대한 근본 가정으로부터 벗어남을 의미한다. 이러한 구성주의적 의식에서 새롭고 눈길을 끄는 치료가 생겨났다. 아래에서는 이러한 움직임의 몇 가지 주요 특성을 소개한다.

- **의미에 초점**: 전통적 치료는 현실에 초점을 둔다. 우울이나 결혼 폭력 등을 야기하는 원인과 결과에 관심이 있다. 반면 구성주의 치료사에게

는 우울이나 폭력이라는 고정된 사실이란 없으며, 원인과 결과라는 가정은 단지 상황을 보는 한 가지 방식일 뿐이다. 아무것도 당연시되지 않는다. "사건 속 사실들"이란 불가피하게 구성된 것으로, 관계 안에 있는 사람들이 자신의 세상을 이해하는 방식이다. 그렇다고 "사실들"이 덜 중요하다는 말은 아니다. 중요한 것은 어떤 일이 진짜로 발생했는지에 대한 "명확한" 사실이 아니라, 내담자가 삶을 유지하기 위해 의미를 구성하는 방식이다. 예를 들어, 전통적 치료사들은 내담자가 스스로에 대해 그리고 타인과 삶에 대해 갖는 감정에 주의를 기울인다. 반면 구성주의 치료사에게 "감정"이란 상담을 효과적으로 하기 위해 **반드시** 알아야만 하는 사실이 아니다. 대화의 대상일 뿐이다. 따라서 개인의 "감정"을 탐색하는 대신 구성주의 치료사는 내담자가 자신의 감정을 어떻게 묘사하는지, 그리고 이러한 묘사가 그들의 삶에서 어떠한 작용을 하는지에 관심을 기울인다. 만일 당신이 스스로를 "우울하다"고 말한다면, 이로 인해 행동의 범위가 제한된다. 이 경우 상담자의 도전과제는 이러한 구성을 다르게 변화시키도록 노력하는 일이다.

- **공동 구성으로서의 치료**: 전통적 치료사들은 정신질환이나 결혼생활의 갈등 같은 문제에서 전문가의 입장을 취한다. 전문가적 지식을 가졌다고 여기기에 상담 방향을 지시하고, 문제를 해결하고, 통찰이나 치료를 제공하는 탐정처럼 행동할 때가 있다. 그러나 구성주의 치료사들은 우울증이나 갈등과 관련된 자신들의 이론이 특정 전문가 공동체에서 나온 지식임을 인식한다. 다른 지식들과 비교해서 특권을 주장할 수 없으며 또한 내담자에게 도움이 될지의 여부도 질문해 봐야 한다. 예를 들어, 전통적 치료사들은 로맨틱한 사랑이라는 담론에 회의를 갖거나, 영성에 대한 담론이 사람들을 잘못 인도하는 신화라고 보는 경우가 있다. 반면 문화 안에서 사는 상당수의 사람들에게 이는 중요한 삶의 구성 방식이다. 구성주의 치료사는 상담을 할 때 **알지 못한다는**[5] 입장을 견지하며 섣불리 전문적 이론을 적용하지 않은 채 내담자에게 의미 있는

---

5 Anderson, H. (1997) *Conversation, Language, and Possibilities*. New York: Basic Books.

단어들에 호기심과 열린 마음을 유지한다.

- **관계에 초점**: 대부분의 전통적 상담자는 감정, 생각, 동기, 무의식과 같은 개인의 정신상태를 우선적으로 다룬다. 구성주의 치료사에게 핵심은 관계다. 관계 안에서 의미가 만들어지고 행동 패턴이 발생한다. 따라서 개인의 마음속에 초점을 두기보다는 개인이 참여하는 관계망을 주로 탐색한다. 이 의미는 누구와의 관계에서 나왔고 그 결과는 어떠한가? 누가 핵심 참여자인가? 이들은 현재 혹은 과거의 사람인가? 실존인물 또는 가상의 인물인가? 가족치료에서 문제를 가진 사람은 종종 **환자로 지명된 사람**(designated)이라고 불리는데, 이는 가족관계에서 발생하는 문제에 대한 희생양일 가능성을 암시한다.
- **가치에 대한 민감성**: 전통적 치료자들은 자신이 과학자처럼 가치중립적으로 일을 한다고 가정한다. 반면 구성주의자는 치료관계에 가치중립이란 없다고 본다. 모든 치료자의 개입은 특정 생활양식을 선호하는 반면 다른 방식은 깎아내린다. 이성애를 선호하는 치료자는 동성애라는 선택에 문을 걸어 잠근다. 근면 성실한 태도를 선호하는 치료자에게 쾌락주의는 관심 밖에 있다. 남편에게 "권위를 부여"하면 부인은 선택권을 잃게 된다. 치료의 정치학에 대한 민감성을 고려해 볼 때, 일부 치료자들은 특히 자신의 이상을 지지하는 치료법을 구축한다. 페미니스트, 게이 그리고 레즈비언 치료자들은 특히 주목할 만하다. 그러나 대부분의 치료자들은 하나의 가치에만 몰입하지 않는 편이며, 필요한 경우 자신의 가치를 내담자가 알 수 있게 한다.

이러한 경향성을 고려해 본다면 치료방법이 상당히 다양함을 알게 된다. 이 중 언어에 민감한 관심을 기울이는 두 종류의 치료법을 알아보자.

해결중심치료: 짧은 만남의 힘

이런 질문을 해 보자. 만약 문제가 없다면 어떨까? 사람들을 치료 상황으로 이끄는 괴로움이나 무기력이 전혀 논의되지 않는다면 어떨까? 물론 우리는 살면서 어려운 문제와 마주친다. 문제들은 실제 존재하는 듯 보이며 상당한 괴로움을 준다. 하지만 구성주의적 관점에서 보면 이러한 실재는 구성된 것이고, 문제가 "저 밖에" 독립적으로 존재하지도 않는다. 우리가 현실과 타협하는 방식에 따라 그러한 실재가 만들어진다. 이러한 통찰의 결과로 많은 치료자들이 사람들의 문제를 탐구하고 해결하는 전통적 치료 방식을 포기했다. 이들은 내담자가 자신의 문제를 세세하게, 일어나는 느낌 그대로, 오랜 시간 이야기하면 할수록 내담자에게 오히려 해로운 결과를 가져온다고 주장한다. 자신이 얼마나 고통스러운가와 같이 문제에 초점을 둔 이야기는 "그 문제"를 점점 사실처럼 만들고 크게 부각시킨다. 어째서 어린 시절에 입은 피해를 끊임없이 이야기하면서 이 내용을 점점 더 생생하게 부각시키는가? 어째서 이러한 묘사로 인해 우울해져야 하는가? 치료자들은 더 나은 결과를 가져올 대화 방식은 없는지 질문을 던진다.

대화의 초점을 재조정하는 치료로 널리 활용되는 한 가지는 **해결중심치료**다. 이 치료의 주창자 중 한 명인 스티브 드 세이저는 문제 그 자체보다 문제에 대한 해결책에 대해 이야기하는 것이 내담자에게 훨씬 더 도움이 된다고 제안한다.[6] 해결책을 논의하면 종종 희망으로 가득해진다. 예를 들어 내담자의 우울감을 깊게 탐색하기보다는 내담자가 "학교로 돌아갈 수 있는" 이야기나 "낮 동안 아이를 보육원에 맡기는" 방안을 논의하는 것이 보다 도움이 된다. 나아가 그러한 목표를 달성하기 위한 가능한 자원 쪽으로 대화의 초점을 이동한다. 내담자가 "할 수 없는 일"을 말하는 대신 "성공했던 경우는 언제였는지" 또는 "어떻게 이를 달성해 갈지"와 같이 강점과 역량을 탐구한다.

해결중심 대화를 촉진하는 한 가지 중요한 방법은 **기적질문**을 던지는 것이다. 치료자는 내담자에게 이렇게 묻는다. "만일 밤 사이 기적이 일어나서, 내일 아침에 깨어 보니 문제가 다 해결됐다고 상상해 봅시다. 그럼 당신은 무엇을 다르게 하시겠어요?" 이 질문은 바람직한 행동은 무엇일지, 지금 여기서 무엇을 바꾸면 보다 긍정적인 미래가 생길지를 생각해 보기 위해 고안되었다. 이 질문을 받은 내담자는 문제 이야기를 잠시 멈추고 "문제 너머의 삶"에 집중한다.[7]

---

6 DeShazer, S. (1994) *Words were Originally Magic*. New York: W.W. Norton.

7 Freedman, J. and Combs, G. (1993) Invitation to new stories: Using questions to suggest

또한 치료자는 내담자가 이분법적 논리로 세상을 보는 방식에서 멀어지도록 질문과 답변을 활용한다. 예를 들어 이성애 **또는** 동성애, 일 **또는** 결혼, 단호함 **또는** 순응 대신에 **양쪽 모두/그리고** 식 접근을 장려하며 내담자가 다양하고 심지어 모순되는 삶의 방식도 그려보도록 돕는다.[8]

전통적 심리치료와는 대조적으로, 해결책과 긍정적 행동에 집중하면 보통 치료 기간이 단축된다. 그래서 "해결중심치료"는 흔히 **단기치료**라고도 불린다. 해결중심(또는 단기)치료는 문제중심적 생각에 사로잡힌 대부분의 전통적 치료와 극명한 그리고 신선한 대조를 이룬다. 치료 기간이 줄어든다는 사실은 내담자와 건강 관련 기관에도 바람직하다. 그러나 이러한 치료도 한계가 없지는 않다. 많은 경우, 여전히 개인중심 모델과 밀접하게 관련된다. 단순히 개인이 목표를 정하고 이를 향해 노력할 수 있다고 가정한다. 개인이 속한 관계는 별로 큰 비중을 차지하지 않는 편이다. 목표를 강하게 강조하는 방식에 반대하는 사람들도 있다. 인생을 마치 "일련의 과제들"로 볼 경우 마음이 끌리는 대로 시도를 해 볼 여지가 줄어든다고 주장한다. 아마도 단기치료의 효과에 대한 가장 흔한 회의는 심각한 문제와 관련해서다. 매일의 일상적 문제에는 해결중심이 도움이 된다 하더라도, 심각하고 장기적인 심리적 장애는 어떻게 다룰 것인가?[9]

내러티브 치료

많은 구성주의 치료자에게 내러티브라는 개념은 중요한 역할을 차지한다. 2장에서 살펴보았듯 우리는 내러티브나 스토리텔링이라는 주요 수단을 통해 자신이 어떤 사람인지를 스스로와 상대방에게 전달한다. 자신이 어떤 삶을 살아왔고 어디로 향하는지를 이해하는 방식이 바로 내러티브다. 그래서 치료자는 사

alternative possibilities. In S. Gilligan and R. Price (Eds.), *Therapeutic Conversations*. New York: W.W. Notron.

8 Lipchik, E. (1993) Both/and solutions. In S. Friedman (Ed.), *The New Language of Change: Constructive Collaboration in Psychotherapy*. New York: Guilford Press.

9 반론의 예는 Duncan, B.L., Hubble, M.A. and Miller, S.D. (1997) *Psychotherapy with "Impossible" Cases*. New York: W.W. Norton.

람들이 고통받는 이유가 흔히 자신의 삶을 구성하는 내러티브 때문이라고 생각한다. 예를 들어 행복한 결혼이 최종 목표인 내러티브를 갖는다면 결혼생활의 파탄은 괴롭기만 하다. 만일 성공이라는 내러티브로 살아간다면 실패했을 때 큰 후회를 하게 된다. 따라서 효과적인 치료는 내담자가 스스로의 인생에 보다 도움이 되는 방식으로 내러티브를 개발해서 자신의 삶을 **다시 이야기**하도록 돕는 것이다.

마이클 화이트와 데이비드 엡스턴은 『내러티브 수단과 치료적 마무리』라는 획기적인 책에서 내담자들이 자신의 삶을 다시 이야기하도록 도와줄 여러 방법들을 설명한다.[10] 이 중 매우 흥미로운 한 가지는 **외재화**(externalization)라 불리는 접근이다. 보통 사람들은 치료에 와서 "나의 문제"에 대해 말한다. "나의 실패", "나의 불능", "나의 적대감" 등등. 화이트와 엡스턴이 볼 때 자신의 이야기를 재구성하려면 먼저 자신과 그 문제를 분리해야 한다. 그 근본적인 방법이 문제의 외재화다. 문제를 "여기 안"에서 "저기 밖"으로 옮기는 것이다. 여기 여섯 살 소년 닉이 부모에 이끌려 치료실에 왔다고 치자. 닉의 문제는 충동적인 배변 행동이다. 닉은 예상치 못한 "사건"을 저지르는 것뿐만 아니라 "응가"를 벽에 긋고, 서랍에 문지르고, 공처럼 굴려서 집안을 칠한다. 통제가 안 되는 이런 습관 때문에 부모의 괴로움은 상당하다. 도전과제는 "응가 문제"를 닉 자신과 떼어놓기다. 그래서 여기에 교활한 응가라는 새로운 이름을 붙였다. 치료자와 그 가족은 지금부터 어떻게 교활한 응가가 닉을 꼬셔서 놀이 상대가 되게 하는지, 어떻게 교활한 응가가 닉이 새로 친구를 사귀지 못하게 하는지, 그리고 어떻게 부모가 닉과 함께 교활한 응가의 장난에 맞설지를 이야기할 수 있다. 닉은 더 이상 비난의 대상이 아니며 부모와 닉은 함께 해결책을 찾아갈 수 있다.

그런데 어떻게 우리는 새롭고 더 나은 내러티브를 만들어갈까? 치료자들은 **독특한 결과**(unique outcomes)에 집중하는데, 이는 원래의 역기능적인 이야기에는 포함되지 않았던 사건이나 행동이다. 독특한 결과는 새로운 이야기를

---

10 White, M. and Epston, D. (1990) *Narrative Means to Therapeutic Ends*. New York: W.W. Norton.

만드는 바탕으로 사용된다. 예를 들어 닉의 가족이 처음 상담소에 올 때는 "닉의 문제"라는 확실한 이야기가 있었다. 하지만 그 문제가 닉의 밖에 존재한다고 보기 시작하면서 새로운 사실들이 출현하기 시작했다. 가족들은 닉이 교활한 응가에 저항했던 때나 또는 가족들이 함께 교활한 응가가 다가오지 못하도록 노력했던 때를 기억해 냈다. 가족들은 독특한 결과를 바탕으로 새로운 이야기를 만들고 이 이야기로 함께 결합해서 교활한 응가의 위협에 대항할 수 있었다. 새로운 내러티브는 가족이 이전과는 다른 보다 성공적인 방향으로 나가도록 도움을 주었다.

많은 내러티브 치료자들은 정치적 이슈들에도 깊은 관심을 갖는다. 이들이 볼 때 사람들이 치료에 와서 말하는 역기능적 내러티브는 많은 경우 사회의 불평등과 권력관계의 결과다. 2장에서 다룬 푸코의 논의, 그리고 우리가 사회의 주도적인 담론을 흡수해서 여기에 예속되는 방식을 기억해 보라. 많은 10대 소녀들이 "거식증"과 같이 음식을 굶은 습관에서 벗어나기 힘들어한다. 내러티브 치료자들은 이러한 습관이 마른 이미지를 선호하는 문화가 부추긴 결과라고 제안한다. 소녀들이 따르고 싶은 이상적 모습은 패션모델이다. 그러므로 치료를 받는 청소년들에게 문화 속 주도적인 담론을 거부하는 데 동참하도록 격려할 필요가 있다.

이와 관련해서, 마이클 화이트가 그의 내담자에게 쓴 많은 편지 중 하나를 살펴보자.

> 수에게,
> 폭식증(반복적인 폭식과 구토행동)은 너에게 너무 많은 걸 요구하고 있단다. 폭식증이 살아남기 위해 네가 비싼 비용을 지불해야만 하지. 그것은 네가 수술받도록 요구했어. 그것은 네가 스스로를 거부하도록 요구했어. 그것은 네가 너의 몸과 너라는 사람 자체를 끊임없이 평가받는 대상이 되도록 요구했어. 그것은 네가 고분고분하기를...

이 편지에서 우선 폭식증이 어떻게 외재화되었는지를 보자. 수는 폭식증이 아니다. 오히려 폭식증은 그녀의 적이다. 나아가 화이트 박사는 수가 폭식증은 질병이며 내담자는 치료가 필요한 사람이라고 규정하는 정신과 전문가들의 주도적 담론에 도전하도록 돕고 있다. 그는 수가 "마른 것이 아름답다"는 널리 퍼진 광고의 굴레를 던져버리고 자신을 보는 대안적 개념과 자신만의 독특한 미래를 탐색해 보라고 제안한다.

내러티브에 집중하는 방식은 치료에 도움이 된다. 치료 장면에서 언어사용에 집중하고 정치적 의식을 촉진할 수 있다. 그러나 많은 이들이 내러티브 치료가 아직 더 발전할 여지가 있다고 본다. 예를 들어, 내러티브 치료자들은 개인의 자기 내러티브, 즉 "내 이야기"에 초점을 두는데, 이는 개인주의적 관점에서 세상을 이해하는 방식이다. 관계보다는 독립적이고 자기주도적인 개인을 우선시하게 만든다. 또한 사람들이 단일한 내러티브, 즉 **하나의** 인생 이야기의 구조 안에서 살 수 있는지 질문을 던져볼 수 있다. 우리는 정말로 하나의 이야기로 자신의 인생을 살고 있을까? 다양한 내러티브를 가지고 있으면서 때에 따라, 대상에 따라 다른 내러티브를 사용한다고 보는 것이 더 그럴듯하지 않을까? 나아가, 2장에서 제안했듯 우리는 사람들과 관계를 수행하기 위해 내러티브를 **사용한다**. 만일 그러하다면, 관심의 초점은 새로운 내러티브의 형성이 아니라 다양한 내러티브를 이용해서 삶을 살아가도록 돕는 것이어야 한다. 이러한 입장은 다음 논의를 위한 발판이 된다.

언어적 전환을 넘어선 심리치료

최근 뉴스에서는 한 30대 남성이 여성전용 운동센터에 들어가서 반자동 소총을 꺼내 발사했다는 끔찍한 기사를 다루었다. 그 남성은 일곱 명의 여성을 죽인 후 스스로에게도 총을 쏘았다. 왜 이런 행동을 했을까? 그가 자기 아파트에 남긴 메모에서 답을 찾을 수 있다. 그는 지난 10년 이상을 여성과 친밀한 관계를 가지려 노력했지만 늘 거부당해 왔다. 이번 사건은 그의 복수였다. 나는 호기심이 나서 더 탐색해 보았다. 사진을 보니 그는 외모가 별로 나쁘지 않았다. 게다가 안정된 전문직이 있었고 수입도 좋았다. 눈에 띄는 나쁜 습관도 없었다. 그런데 왜 여성들은 하나같이 그를 거부했을까?

이 이야기는 또 다른 이야기와 대조해 볼 수 있다. 데브라 램프셔는 청소년이 될 무렵 조현병을 진단받아 시설에 수용되었다. 제멋대로 그녀의 경험 속에 끼어드는 여러 목소리 때문에 고통받았기 때문이다. 그 목소리들은 그녀 자신과 타인들을 해치라고 요구했다. 하지만 시설에서의 생활은 문제를 줄이는 데 거의 도움이 되지 않았으며, 오히려 문제를 악화시켰다고 요즘 그녀는 강연에서 말하고 있다. 강연이라고? 어떻게 그게 가능하지? 그녀의 설명대로, 램프셔는 목소리들을 다스리는 방법을 찾아내고 시설에서 나오게 되었다. 그녀는 목소리들과 관계를 맺을 수 있다는 걸 알게 되었다. 그러자 목소리들의 지혜에 의문이 생겼다. 목소리 중 하나에게 "네가 그렇게 똑똑하다면 와서 내 설거지 좀 도와주는 게 어때?"라는 식으로 대화를 건네보았다. 점차 그녀는 이 목소리들을 도와줄 수 있을 정도로 바뀌어갔다. 치료가 필요한 건 목소리들이라고 말해도 좋았다. 가엽기도 하지, 그녀의 도움이 필요하다니!

앞선 사례에서는 이성과의 로맨틱한 관계를 갖는 기술을 결코 터득하지 못한 사람을 보았고, 반대로 뒤의 사례에서는 자신에게 침입하는 목소리를 다스리는 기술을 개발한 청소년을 보았다. 그녀는 소중한 기술을 학습했지만, 그는 그렇지 못했다. 이제 오늘날 접할 수 있는 치료 형식들을 고려해 보자. 실재론에서 나왔든 구성주의에서 나왔든, 대부분의 치료들은 성공적 치료란 개인의 정신이나 언어를 바꾸는 데 달려 있다는 가정하에 이루어진다. 나아가 보통 이러한 변화는 치료관계 안에서 이루어질 수 있다고 가정한다. "치료적 돌파구"란 개념은 바로 이러한 관점을 나타내는데, 일단 치료실에서 변화가 이루어지면 그 사람은 이를 지속할 힘과 통찰력이 생긴다는 뜻이다.

그렇지만 사람들이 치료실을 나오면 그 효과가 얼마나 지속될까? 구성주의 관점에서 볼 때, 의미는 늘 만들어지고 있으며 하나의 관계에서 다음 관계로 바뀌면 의미의 형식도, 내용도 바뀌기 쉽다. 내담자가 치료실은 나서면 그 사람은 다시 학대하는 남편, 외도하는 아내, 불공정한 고용주에게로 돌아가게 된다. 자신의 강점이나 새로운 내러티브에 대해 이야기를 나눴다고 해서 현실 상황을 성공적으로 헤쳐나가게 될까? 그러려면 상당한 기술이 필요한데, 전통적 또는 언어를 위주로 한 치료가 이러한 기술을 제공할까? 복잡한 삶의 요구들을 잘 극복해 나가도록 내담자들을 준비시키고 있을까?

이러한 질문들에 답을 하려는 방향으로의 움직임이 있다. 예를 들어, 내러티브 치료자들은 새로운 내러티브를 내담자의 관계적 삶에 접합시키는 다양한 실행을 만들었다.[11] 내담자에게 중요한 사람들을 초대해서 축하를 나누거나 내담자의 새로운 위치를 중요한 사람들에게 안내하는 "소식지를 전달"하기도 한다. 데이비드 엡스턴과 그의 동료들은 식이장애를 겪는 내담자들이 정치적 성향의 지지집단을 만드는 것을 돕는다.[12] 실질적인 기술을 강조하다 보면 일부 전통적 치료의 요소들도 새롭게 활용된다. 예를 들어, 개인치료보다는 집단치료와 가족치료가 선호되는데, 이 경우 실제 벌어지는 관계 속에서 내담자의 행동을 다루기 때문이다. 불교의 깨어 있기와 명상 역시 도움이 된다.[13] 걱정하고, 스트레스 받고, 불행한 상태로 있기보다는 명상을 통해 문제를 "해체시키는" 능력이 키워진다. 내 생각에, 미래의 발전은 상당 부분 삶의 기술을 개발시키는 영역에 달려 있다. 이러한 관심은 다음에서 논의될 내용에 대한 기본적 이해에 해당한다.

인간의 행복을 향한 협력적 방법들

구성주의적 경향을 띤 대부분의 치료자들은 내담자와 협력하는 입장을 취한다. 내담자를 "치료가 필요한 환자"가 아닌 파트너로 대한다는 의미다. 여기에는 단지 치료자와 내담자의 관계만이 아닌 다양한 이해관계자가 서로 협력을 하는 경우까지 다양한 치료 방식이 존재한다. 이러한 치료 방식은 여러 면에서 중요하다. 우선, 개인은 다양한 관점에 노출된다. 그러면 자신과 타인에 대

---

11 Madigan, S. and Epston, D. (1995) From spy-chiatri gaze to communities of concern: From professional monologue to dialogue. In S. Friedman (Ed.), *The Reflecting Team in Action*. New York: Guilford Press.

12 White, M. and Epston, D. (1990) *Narrative Means to Therapeutic Ends*. New York: W.W. Norton.

13 Kabat-Zinn, J. (2005) Wherever You Go, There You Are. New York: Hyperionl Segal, Z.V., Williams, J.M.G. and Teasdale, J.D. (20020) *Mindfulness-based Cognitive Therapy for Depression*. New York: Gulford Press.

한 고정된 이해에서 벗어나게 된다. 새로운 행동의 가능성이 열린다. 다자간에 협력하는 경우 내담자는 단지 치료자의 말에 답변만 하는 것이 아니라 여러 사람에게 질문을 던질 수 있다. 치료자에게 자신의 삶에 대해 길게 말한다고 해서 관계를 유지하는 기술이 그다지 향상되지는 않는다. 다자간 협력 속에서 개인은 지속되는 사회적인 삶에 개입하고, 관찰과 실험을 하면서 배운다. 아래에서는 특히 인상적이라고 생각되는 세 가지 협력적 치료를 소개한다.

진단이 아닌 대화로

의학 모델에 기초한 치료는 전문가의 진단이 우선이다. 병명이 무엇인지를 알아야 치료자가 이를 고칠 수 있다고 본다. 앞서 논의했듯, 이러한 접근은 단편적이고 병리적인 관점에서 문제를 구성하며 치료자 이외의 목소리는 배제시킨다. 그 결과, 대부분이 병든 문화가 만들어진다. 이에 대한 신선한 대안은 바로 핀란드의 야코 세이쿨라와 그 동료들이 개발한 치료법이다.[14] 이들은 대화적 모임을 통해서 다양한 목소리로 문제를 구성하고 치료 방식을 논의한다. 대화적 모임은 정신병원에서 조현병을 진단받은 환자가 늘어가고, 병실이 꽉 차고 약물 처방이 늘어가는 맥락에서 나오게 되었다. 세이쿨라는 이러한 문제가 발생하는 이유 중 하나로 정신과 의사 혼자서 DSM 책을 토대로 모든 사례를 진단내린 탓이라고 생각했다. 이런 조건 아래서, 정신과 의사는 "정신질환"을 만들어내는 기계인 셈이다.

세이쿨라 팀은 "한 명의 목소리"가 아니라 사례별로 팀을 구성했다. 팀에는 한 명의 정신과 의사뿐만 아니라 다른 관점을 가진 전문가들(가족치료사나 사회복지사)이 포함된다. 여기에 가족 구성원, 친한 친구, 직장 동료나 다른 이해관계자 그리고 환자가 참여할 수 있다. 모여서 자유롭게 의견과 통찰을 공유하는 것이 장려되고 궁극적으로 함께 노력하며 변화를 만들어나간다. 집단의 모임은 심각한 발병일 경우 매일 진행되다가 시간이 지나면서 점차 줄어든다. 집단의 구성 역시 대화의 강조점이나 취해야 할 바람직한 행동이 변함에

14 Seikkula, J. and Arnkil, T. (2006) *Dialogic Meeting in Social Networks*. London: Karnac.

따라 유연하게 바뀐다. 문제를 "확실하게 규정"하거나 "원인을 끝까지 밝히려는" 시도는 하지 않는다. 중요한 부분은 변화하는 상황에 따라 대화의 과정을 유지하는 것이다. 대화적 모임의 결과는 놀라웠다. 조현병 진단의 수가 줄었고 입원비율과 약물처방도 낮아졌다. 그러면 두 번째 사례를 살펴보자.

함께 작업하는 가족들

가족과 함께 작업한 경험을 살려서 가족치료사들은 이를 한 가족이 아닌 그 이상으로 확장시켜 협력적 치료를 하기도 한다. 갈등을 줄이기 위해서 치료사들이 진행했던 공공 대화 프로젝트를 기억해 보라(5장). 또 다른 놀라운 시도는 런던 말버러 가족 서비스의 정신과 의사들에 의해 고안되었다. 이들은 단일 가족과 작업하는 대신 여러 가족을 함께 모으는 것이 더 생산적이라고 보았으며 이를 공동가족 치료(multi-family therapy)라고 부른다.[15] 일반적인 가족치료 장면에서는 가족 구성원 한 명이 섭식장애나 우울, 그 밖의 정신적 문제를 가졌다고 여겨지며 나머지 가족들은 어떻게 해 볼 도리가 없음을 느낀다. 그러나 여러 가족을 한자리에 모으다 보면 몇 가지 중요한 일들이 발생한다.

- 가족들은 다양한 관점을 접하고 새로운 대처방안을 서로 배운다.
- 함께하다 보면 "병"과 관련된 낙인을 극복하는 데 도움이 된다.
- 서로 지지를 주고받는다.
- 그 속에서 "우리가 여기에 대해 무언가 할 수 있다"는 자신감이 높아진다.
- 집단 역학이 작용한다. 자신의 가족에만 관심을 갖지 않으며 여러 가족의 압력이 긍정적으로 작용한다.

성공적으로 진행하기 위해서는 치료자 훈련이 필수적이다. 가족들을 한데 모

---

15 Asen, E., Dawson, N. and McHugh, B. (2002) *Multiple Family Therapy: The Marlborough Model and its Wider Applications*. London: Karnac.

으고 소개하는 과정에서 신중을 기해야 하는데 종종 갈등이나 경쟁, 억압이 일어나기 쉬운 맥락이기 때문이다. 동시에, 이 치료 방식은 성인과 청소년 그리고 거식증이나 만성 통증, 심지어 노숙자에 이르는 다양한 문제에 성공적으로 적용되고 있다. 그러면 마지막 사례로 넘어가 보자.

일상생활 치료

지금까지는 심각한 사례들을 거의 다루지 않았다. 가령 환각 상태를 느끼거나, 의사소통이 힘들거나 또는 자해하는 사람들에게는 보통 약물투여를 하지만 단지 진정시키는 작용 정도만 할 뿐이다. 그런데 약물과 시설을 대신할 한 가지 대안이 스웨덴 예테보리에서 협력적 치료를 하는 치료자들에 의해 고안되었다. 카리나 호칸손이 그녀의 책 『일상생활 치료』16에서 설명한 내용을 보면, 심각한 정신장애가 있는 내담자들이 일반적인 가족이 사는 집에서 살게 된다. 해당 가족은 이들을 수용하도록 훈련받지만, 어떠한 치료도 하지 말 것을 요청받는다. 가족들은 그들의 일상적 삶을 살면서 내담자가 알아서 적응하도록 (또는 그렇지 않고 지내도록) 한다. 보통 농장 일을 하는 가족이 많은데 주로 가축이나 농장을 돌보는 일을 한다. 가족들은 매일 일상의 할 일을 하고 "방문자들"은 그들과 함께 산다. 일주일에 한 번 전문가의 치료가 제공되고, 또 매주 한 번 가족들과 논의시간을 갖는다. 특별한 경우에는 가족과 치료자들 그리고 내담자가 모두 모여 식사나 파티, 회의를 한다.

가족 구성원들은 내담자가 이상하거나 불안하게 행동해도 이를 저지하지 않는다. 예를 들어, 한 내담자는 아무도 이해 못 할 이상한 말을 끊임없이 내뱉었다. 누구와도 대화하지 않았고, 엄청난 양의 음식을 먹어치웠으며, 가족들이 TV를 보면 방해를 했다. 이들 4인 가족에게는 힘든 시간이었다. 하지만 혼내거나 저지하지 않자 그 내담자는 점점 조용해졌고 보다 적절한 양을 먹기 시작했다. 하루는 그녀가 농장에서 "레나, 거기 있어요?"라고 가족의 안주인을

---

16 Håkansson, C. (2009) *Ordinary Life Therapy: Experiences from a Collaborative Systemic Practice*. Chargrin Falls, OH: Taos Institute Publications.

불렀다. 레나가 "응, 여기 있어요"라고 하자 마리아는 "잘됐다, 그냥 내 말을 들을 수 있는지 알고 싶었어요"라고 대답했다. 마리아는 치료에서도 진전을 보였으며 이상한 존재가 지구를 장악하려 한다던 이야기 대신 자신의 삶에 대해 이야기했다. 마리아는 새로운 삶을 시작하기 위해 떠났다. 시간이 흐른 뒤, 치료사는 아프리카에서 온 마리아의 엽서를 받았다. 그녀가 늘 가고 싶어 했던 곳이었다. 엽서에는 이렇게 쓰여 있었다. "이제 나는 여기에 있어요. 매우 감사드립니다."

현재 운영되는 협력적인 혁신치료들은 몇 개 정도뿐이다. 그중 다자간 협력을 논의할 때 절대 빠질 수 없는 것이 바로 상당한 영향력을 발휘하고 있는 마약과 약물 재활을 위한 12단계 프로그램이다. 물론, 이러한 프로그램들은 종교적 담론에 바탕을 두지만, 구성주의 입장에서는 긍정적인 변화를 가져오는 서비스라면 모든 담론이 가능할 수 있다. 덧붙여서, 약물남용에 있어 12단계 프로그램의 성공률은 가히 독보적이다. 또한 정신과적 분류와 약물치료에 저항하는 집단의 수도 늘고 있다는 점 역시 중요하다. 이들의 기원은 동성애를 정신질환으로 보는 것에 강한 저항이 터져 나온 1970년대로 거슬러 올라간다. 저항은 성공적이었고, 1973년에 동성애는 더 이상 DSM에 포함되지 않았다. 비슷한 형태의 저항이 지금도 진행 중이다. 환영을 듣는 것(www.hearing-voices.org), 자폐증(www.autisticadvocacy.org) 그리고 사실상 모든 방식으로 개인들이 서로 다름(www.mindfreedom.org)을 병으로 보는 데 도전하고 있다. 인간의 차이가 곧바로 병리적 문제를 의미하는 것은 아니다.

의미와 약

구성주의 관점은 다양한 전문 분야로 이동하고 있다. 최근의 발전과정에서 흥미로운 점은 의학과 간호학 전공 내부에서의 관심이다. 이들 분야는 오랜 기간 고통의 경감이라는 생리학적 모델에 기반을 두었다. 즉 이들의 과제는 몸에 발생한 문제를 치료하기다. 그리고 병원 조직은 종종 기계의 작동원리대로 움직였다. 만일 모든 사람이 자신의 일을 전문가답게 책임지고 처리한다면 모든 것이 제대로 작동한다고 보는 태도다. 그러나 건강관리에 대한 생리학적 모델이나 조직에 대한 기계적 관점 그 어떤 것도 의미가 만들어지는 사회적 과정을 고려하지 않고 있다. 사회적 과정이야말로 건강을 효과적으로 관리할 수 있는 핵심인데 말이다. 내가 발견한 몇 가지 인상적이고 도전적인 치료를 아래에 소개하고자 한다.

사회적으로 구성된 고통

은유는 고통을 줄여주는 힘이 있다.

- 데이비드 버로(David Biro), *고통의 언어*(*The Language of Pain*)

고통은 일차적으로 생리학적 문제가 아닐까? 생리학 연구자들은 신경체계 안에 통증수용기가 있어서 이것이 자극되면 사람들이 통증 경험을 보고한다는 사실을 보여준다. 또한 문화가 달라도 인간 몸의 생물학적 구조는 거의 동일하므로, 통증 경험 역시 일반적일 것이다. 누구라도 전기쇼크를 받거나 뜨거운 난로에 손을 대면 아픔을 느낀다. 반면 구성주의에서는 이러한 관점의 한계에 대해 질문을 제기한다. 그 하나로, 역사상 너무나 많은 반대 증거가 존재한다. 역사학자인 에스더 코헨의 보고에 따르면 1600년대 이전에는 사람들이 고통 경험에 대해 거의 글로 남긴 적이 없다고 한다. 중세의 작가들은 자신들의 신체적 감각에 대해 전혀 쓰지 않았으며, 자서전에서는 신체적 괴로움이 아니라 대부분 감정에 대해서만 숙고하였다.[17]

흥미로운 건, 13세기에서 15세기 동안에는 고통이 주로 몸이 아닌 정신에서 나온다고 믿었다. 즉 고통의 경험은 영적 영역에 속했다. 예수가 인류를 위해 고통을 겪었기 때문에 예수의 아픔을 공유하고 구원을 얻는 방법으로 많

---

17 Cohen, E. (2010) *The Modulated Scream: Pain in Medieval Culture*. Chicago, IL: University of Chicago Press.

은 사람들이 고통을 추구했다. 독실한 사람들은 스스로를 채찍질하고, 단식하고, 심지어 순교하기도 하였다. 유사하게 데이비드 모리스는 『고통의 문화』라는 모음집에서 다양한 범위의 고통 경험을 기술한다.[18] 예를 들어 오래전에는 전투 중 부상을 입은 병사들이 행복감을 느끼기도 했는데, 부상당함으로써 죽음의 위협에서 벗어나게 되었음을 의미했기 때문이다. 미크로네시아 여성들은 아이를 낳을 때 고통을 거의 보고하지 않아서 서양 의사들은 수축을 확인하기 위해 손을 복부에 올려놓아야만 한다.

따라서 구성주의자들은 이렇게 질문한다. 일반적으로 고통이라 불리는 경험을 새롭게 재구성하면 그 고통이 얼마만큼이나 약화되거나 없어질 수 있을까? 일례로 극심한 생리통으로 고통받던 한 여성이 책에서 구성주의 개념을 읽고는 자신의 고통을 재구성해 보았다. 그녀는 자신의 경험을 생리통이 아니라 그녀의 장기가 요가수행을 한다고 묘사해 봤다. 그 결과 예전보다 아픔을 덜 느낀다고 말한다. 프로 복싱선수나 축구선수, 레슬링선수들이 자신의 고통 경험에 대해 이야기하는 경우는 별로 없다. 만약 우리가 그들이 감내하는 펀치를 경험한다면 대부분은 극심한 통증에 시달릴 것이다. 나아가, 상당수의 사람들이 매를 맞으며 성적인 즐거움을 느낀다.

보다 학술적으로, 아서 프랭크의 고전적 작품 『상처 입은 이야기꾼』에서는 질병과 관련된 경험과 우리가 이를 설명하기 위해 사용하는 내러티브를 연결시킨다.[19] 그는 사람들이 심각한 질병과의 만남을 세 가지의 주요 방식으로 이야기한다고 말한다. 첫 번째 내러티브에서 질병이란 단순히 건강한 일상으로부터의 일탈이며 이를 복원하는 것이 과제다. 어서 깨끗이 회복하여 삶을 살아가길 바랄 뿐이다. 혼돈의 내러티브는 보다 극단적인데, 질병으로 인해 개인이 무의미나 무기력 상태를 느낀다. 확실한 대처나 해결책이 없다. 마지막으로 이보다 적게 발생하는 내러티브는 탐구 이야기다. 여기서 질병은 여행으로 이해되며 그 과정에서 중요한 의미가 발견된다. 주목해 볼 부분은 이러한 대

---

18 Morris, D. (1991) *The Culture of Pain*. Berkeley, CA: University of California Press.

19 Frank, A. (2013) *The Wounded Storyteller: Body, Illness and Ethics* (2nd Edition). Chicago, IL: University of Chicago Press.

비되는 해석에 포함된 고통의 차이다. 일탈로부터의 복귀 내러티브에서 개인은 고통을 감내하지만 회복에 대한 기약이 이를 완화시켜 준다. 혼돈의 내러티브에서 개인은 의미 없고 끝이 안 보이는 고통으로 분노하고 절망한다. 그러나 탐구의 내러티브에서는 인생과 인간관계에 대한 깊은 의미가 담겨 있다. 프랭크는 이러한 경우 고통이 완화된다고 말한다. 이자크 디네센의 말처럼 "모든 슬픔은 이야기가 될 때 견뎌낼 수 있다." 그리고 프랭크에 따르면 이는 당신이 어떠한 이야기를 말하는가에 달려 있다.[20]

그림 7.1 "아니요, 신부님, 무겁지 않아요. 제 동생인걸요." 1940년대 천주교 기관인 보이스타운 고아원의 그림

20 고통이 은유에 따라 다르게 구성됨을 보여주는 또 다른 작품으로는 Biro, D. (2010) *The Language of Pain: Finding Words, Compassion, and Relief*. New York: W.W. Norton.

내러티브 의학

한 의사가 만성 두통을 호소하는 젊은 여성을 진단한 이야기를 한다. 그 여성은 진료약속도 없이 들어와서는 자신을 장애로 진단 내리는 양식에 서명해 달라고 부탁한다. 시간도 없고 갑작스러운 방해에 화도 났으며 회의에도 늦은 의사는 마지못해 진단서를 쓰고 서명해 줬다. 나중에 그 의사는 이 젊은 여성이 12살 때부터 남자 친척에게 성적으로 잔인하게 학대당해 왔으며 그 집으로부터 자신의 여동생과 도망치려 했음을 알게 되었다. 장애진단서로 돈을 받은 그녀는 탈출에 성공할 수 있었다. 나중에 "그 이야기를 알게 된" 의사와 직원들, 사회복지사들, 그 외의 사람들은 이 여성이 학대하는 친척으로부터 벗어나 새롭게 시작할 수 있는 안정된 장소를 찾도록 도와주었다. 이들의 첫 만남은 전형적인 모습이었다. 의사는 환자의 문제에 대해 짧은 진단을 내린다. 하지만 전체 이야기를 듣게 되자 그 의사는 무엇이 "치유"를 구성하는지를 훨씬 더 공감적이고 사려 깊게 생각해 보게 되었다. 환자의 내러티브를 경청함으로써 그녀는 더 나은 의사가 되었다.

이 이야기는 리타 샤론 박사와 관련되어 있는데, 그녀는 내러티브 의학[21]이라 불리는 움직임에 앞장서고 있다. 내러티브 의학은 환자가 말해 주는 병에 대한 이야기를 경청하고, 이해하고, 여기에 감동받는 것을 중요시한다. 샤론 박사가 주장하듯, 내러티브로 작업하는 것은 가치가 있는데 왜냐하면 "내러티브 역량을 갖추고 의학을 실행할 경우 환자와 질병을 보다 잘 인식할 수 있고, 지식과 관심을 전달하고, 동료들과 겸손하게 행동을 같이하고, 환자와 그의 가족이 겪는 아픔을 함께 하게 된다. 이러한 능력은 보다 인간적이고, 보다 윤리적이며, 아마도 보다 효과적인 치료를 가져올 것이다"(2006, p. vii). 샤론의 관점에서, 내러티브 의학은 집중 훈련과 헌신이 요구되는 전문 분야다. 환자들이 생각과 느낌, 몸의 경험을 말하는 미묘한 방식을 이해하는 능력을 활짝 열어야 한다. 환자의 사례에 대해 너무 빨리 단정 짓지 말고 이들의 어려움이 무엇일지 상상해 보아야 한다.

---

21 Charon, R. (2006) *Narrative Medicine: Honoring the Stories of Illness*. New York: Oxford University Press.

샤론 박사에게 있어 효과적인 듣기와 이해는 쉽지 않은 도전과제다. 듣는 사람은 마치 문학 전공자가 소설을 평가하는 것과 비슷하게 내러티브에 민감해야 한다. 이야기의 뼈대, 형식, 공백, 시간, 은유, 암시, 구조, 용어, 개요, 열망이 모두 이야기의 잠재적 의미를 드러내는 중요한 요소가 된다. 이러한 이야기의 요소는 의사가 환자와 나누는 의료 면담에서도 드러나기 때문에 의사들은 이를 잘 인식하고 내러티브에 암시된 내용을 반영해야 한다. 샤론은 의대생들에게 "병행차트(parallel charts)"를 쓰도록 훈련한다. 이것은 다양한 환자들과의 한 주간의 경험에 대한 일기다. 이 차트를 병원 기록을 위해 보관하는 공식 의료차트와 병행해서 본다. 학생들은 매주 한 번씩 모여 서로에게 자신의 "차트"를 읽어준다. 그리고 어떻게 들을지에 대해 서로 배운다. 병행차트를 쓴 학생들은 그렇지 않은 학생보다 의학 면담이나 의료 과정의 수행, 환자와 치료적 동맹을 발전시키는 능력이 더 좋다고 평가된다. 또한 심각한 병을 앓거나 죽음에 임박한 환자를 돌보거나 이들에게 안 좋은 소식을 알리는 일에도 더 자신감 있게 대처하였다.

연장자 자문위원회: 환자들이 의사를 가르친다

의료 서비스는 점점 더 기계화되고 인간미를 잃어가고 있다. 많은 구성주의자들은 치료와 관련된 다양한 실재와 가치들을 단지 단일한 생물학적 경향으로 축소시키는 상황을 실로 불행하게 여긴다. 특히나 치료를 받는 사람의 목소리는 단지 침묵될 뿐이다. 하버드 의대에서는 연장자 자문위원회[22]라 불리는 혁신적인 시도를 통해 이와 반대되는 노력을 한다. 의대생 훈련에 도움이 되도록, 공동체 연장자들을 초대하고 이들이 "선배 교수"의 역할을 한다. 레지던트들은 이들에게 고령의 환자를 돌보는 과정에서의 가슴 아픈 딜레마와 도전과제를 털어놓는다. 가령 학대하는 남편과 살고 있으며 기억을 잃어가는 여성 환자가 있는데 그녀가 도움이 가능한 시설로 들어가야 하는지 아닌지를 의사로서 어떻게 도와줄 수 있을까? 연장자들이 이러한 질문에 좋은 답변을 해 준다기보다는 어린 레지던트들에게 노년기의 경험과 이들이 가장 가치

22 Katz, A.M., Conant, Jr., L., Inui, T.S., Baron, D. and Bor, D. (2000) A council of elders: Creating a multi-voiced dialogue in a community of care. *Social Science & Medicine*, 50, 851–860.

있게 여기는 것이 무언지를 느끼게 해 줄 수 있다. 또한 학생들은 자신들의 나이 듦도 직면해 보면서 노화와 관련한 문화적 고정관념을 떨쳐버리게 된다. 지속되는 대화 속에서 연장자들은 교사로서뿐만이 아니라 조력자로 학생들과 함께하면서 건강과 관련된 어려움들을 극복하는 새로운 방식을 찾아간다.

협력적 의료 서비스

전통적 과학은 연구자들이 특정 주제 영역의 전문가가 되도록 만든다. 대학만 해도 생물학, 화학, 사회학, 경제학처럼 다양한 전공이 있다. 속담에 나오는 장님과 코끼리 비유처럼 한 명은 다리를 연구하고, 다른 한 명은 귀, 또 한 명은 눈을 연구한다. 그러나 어느 누구도 전체로서의 코끼리에는 관심이 없다. 최근에는 세계의 문제가 더 복잡해지면서 협력을 향한 움직임이 가속화되고 있다. 코끼리를 제대로 보려면 전문가들이 함께해야 한다. 특히나 의학 분야에서 이러한 움직임은 두드러진다. 문제가 심각해지고 있어서다. 의료가 전문화되면서 병을 각각의 범주로 나눠 규정하는 경향이 있어 왔다. 이것은 호르몬 문제인가? 또는 혈액 순환? 뇌의 기능? 아니면...? 그렇지만 뇌라든가 심장, 폐, 혈액, 호르몬 등 각각의 문제는 결코 고립되어 일어나지 않는다. 몸이란 고립된 장소가 아니며 전체로서 기능한다. 진단과 치료를 포함한 70-80%에 달하는 의료 서비스 문제는 의학 전문가들 사이의 대화와 조율이 부족한 결과다.

협력적 의료 서비스는 빠른 속도로 발전 중이다.[23] 이러한 프로그램들은 단지 의료 전문가들을 모아 더 나은 의사소통을 하도록 하는 것을 훨씬 넘어선다. 의사와 간호사 간의 협동도 필수적이다. 이들 사이의 활발한 의사소통이 없는 환자치료는 일관성이 떨어지고 심지어 위험하기까지 하다. 협력적 의료 서비스에는 환자를 포함시키기도 한다. 앞서 환자의 이야기를 경청하는 것이 중요하다고 논의했었다. 더 나아가 환자들이 "수동적인 치료대상"이 아닌 "팀

---

23 Gordon, S., Feldman, D.L. and Leonard, M. (Eds.) (2012) *Collaborative Caring: Stories and Reflections on Teamwork in Health Care*. Ithaca, NY: ILR Press, Cornell University; Thistlewaite, J.E. (2012) *Values-based Interprofessional Collaborative Practice: Working Together in Health Care*. Cambridge, UK: Cambridge University Press.

의 일부"라고 느낄 경우 훨씬 적극적으로 제안사항을 따르는 데 협조하고, 식이요법에 참여하며, 처방전을 지킨다. 다시 말하지만, 실재와 가치를 서로 공유할 경우 그 결과는 놀랍게 향상된다.

이러한 결과에 대한 인상적인 예시는 다학제간 팀과 관련된 보고서에서 알 수 있다. 예를 들어, 의사들은 전통적으로 자기들끼리 (또는 학생들과) 입원 중인 환자들을 회진한다. 간호사나 다른 전문가들과의 대화는 부차적이다. 지금은 많은 병원들이 다학제간 진료를 돌며, 다른 팀의 사람들과 함께 환자에게 필요한 것이나 회복에 대해 의논한다. 팀에는 간호사, 영양사, 사회복지사, 호흡기 치료 전문가, 물리치료사 등이 포함될 수 있다. 모두 함께 상의한다. 이러한 다학제간 팀은 특히 의료와 수술상황에 효과를 보여왔다. 연구 결과, 이러한 팀들이 입원 기간을 줄이고, 환자의 건강 지표를 향상시키고, 환자와 의사 모두의 만족도를 높임을 알 수 있다.[24]

성찰

이 장에서 다양한 내용을 종합하면서, 가장 "뼛속 깊이" 흡수하기 어렵게 느껴진 부분은 육체적 통증에 대한 구성주의적 접근이다. 몸이 아플 경우, 나는 그저 "내 고통"만 생각하고 이를 가능한 한 빨리 제거하려고 한다. 고통의 정도와 이에 대한 나의 반응이 문화적 전통을 드러내는지에 대해 생각하지 않는다. 그러나 내가 다른 문화나 시대에 살았다면 상처를 거의 느끼지 못하거나, 반대로 상당한 괴로움을 느낄지도 모른다. 사실상 다른 시대와 장소였다면 나는 그 경험을 환영했을지도 모른다. 하지만 여전히 치과 의자에 앉거나 모서리에 발가락을 찧는 것은 상상하기도 싫다. 그래서 나는 계속 탐색한다. 마무리로 내 개인적 실험을 공유하고자 한다.

최근 나는 진단 검사를 받았는데 바늘을 팔에 찌르고 몇 차례의 전기 쇼

---

24 예시 논문으로는 O'Mahony, S. et al. (2004) Use of multidisciplinary rounds to simultaneously improve quality outcomes, enhance residence education, and shorten length of stay. *Journal of General Internal Medicine*, 22, 1073–1079.

크를 주었다. 그 검사는 조금 아프다고 알려져 있었고 물론 내가 원하지 않는 바였다. 그런데 의사가 바늘을 내 피부에 찌르려고 할 때 나는 실험을 해 보기로 결심했다. 전기 쇼크가 올 때마다 괴로운 신음을 내는 대신 웃어버렸다. 검사의 시작과 함께 나의 웃음도 이어졌다. 아마 그 의사는 진짜 문제는 내 정신 상태가 아닐까 생각했을 것이다. 하지만 그 실험은 내게 보람이 있었다. 물론 아픔이라고 할 만한 느낌이 전달되었지만, 웃음이 상황을 바꾸는 힘도 있었다. 나는 괴롭지 않았으며, 검사실을 나설 때는 마음이 한결 가벼워져 웃고 있는 나를 발견했다. 그 의사가 정신과 전문의가 아니라 다행이었다.

추가 자료

문화적 구성으로서의 치료와 질병

Cushman, P. (1996) *Constructing the Self, Constructing America: A Cultural History of Psychotherapy.* Don Mills, Ontario: Addison Wesley Publishing Company.

Ollouz, E. (2008) *Saving the Modern Soul: Therapy, Emotions, and the Culture of Self-help.* Berkeley, CA: University of California Press.

진단과 약물의 재앙

Carlat, D. (2011) *Unhinged: The Trouble with Psychiatry - A Doctor's Revelations about a Profession Crisis.* New York: Free Press.

Harwood, H.J., Napolitano, D.M. and Kristiansen, P.L. (1983) *Economic Costs to Society of Alcohol and Drug Abuse and Mental Illness.* Research Triangle, NC: Research Triangle Institute.

Horwitz, A. (2003) *Creating Mental Illness.* Chicago, IL: University of Chicago Press.

Kutchins, H. and Kirk, S.A. (1997) *Making Us Crazy: DSM, The Psychiatric Bible and the Creation of Mental Disorders*. New York: Free Press.

Mathews, M. (1999) Moral vision and the idea of mental illness. *Philosophy, Psychiatry, and Psychology*, 6, 299–310.

Waters, E. (2011) *Crazy Like Us: The Globalization of the American Psyche*. New York: Free Press.

Whitaker, R. (2011) *Anatomy of an Epidemic: Magic Bullets, Psychiatric Drugs and the Astonishing Rise of Mental Illness in America*. New York: Broadway Books.

담론을 활용한 상담

Anderson, H. (1997) *Conversation, Language, and Possibilities*. New York: Basic Books.

Friedman, S. (1993) *The New Language of Change: Constructive Collaboration in Psychotherapy*. New York: Guilford Press.

Gergen, K.J. (2006) *Therapeutic Realities: Collaboration, Oppression and Relational Flow*. Chagrin Falls, OH: Taos Institute Publications.

McNamee, S. and Gergen, K.J. (Eds.) (1993) *Therapy as Social Construction*. London: Sage.

Monk, G., Winslade, J., Crockett, K. and Epston, D. (Eds.) (1997) *Narrative Therapy in Practice*. San Francisco, CA: Jossey–Bass.

O'Hanlon, W.H. and Weiner–Davis, M. (1989) *In Search of Solutions: A New Direction in Psychotherapy*. New York: W.W.Norton.

Penn, P. (2009) *Joined Imaginations: Writing and Language in Therapy*. Chagrin Falls, OH: Taos Institute Publications.

Rosen, H. and Kuehlwein, K.T. (Eds.) (1996) *Constructing Realities: Meaning–Making Perspectives for Psychotherapists*. San Francisco, CA: Jossey–Bass.

협력적 접근

Anderson, H. and Gerhart, D. (Eds.) (2006) *Collaborative Therapy: Relationships and Conversations that Make a Difference*. New York: Routledge.

Asen, E. and Scholz, M. (2010) *Multi-family Therapy: Concepts and Techniques*. London: Routledge.

Tomm, K., St. George, S., Wulff, D. and Strong, T. (2014) *Patterns in Interpersonal Interactions: Inviting Relational Understandings for Therapeutic Change*. New York: Routledge.

Witkins, S. (Ed.) (2011) *Social Construction and Social Work Practice: Interpretations and Innovations*. New York: Columbia University Press.

Witkin S.L. and Saleeby, D. (2007) *Social Work Dialogues: Transforming the Canon in Inquiry, Practice, and Education*. Washington, DC: Council of Social Work Education Press.

몸, 그리고 고통의 도전

Frank, A.W. (1995) *The Wounded Storyteller: Body, Illness and Ethics*. Chicago, IL: University of Chicago Press.

Klineman, A. (1988) *The Illness Narratives*. New York: Basic Books.

Young, K. (1997) *Presence in the Flesh: The Body in Medicine*. Cambridge, MA: Harvard University Press.

내러티브 의학

Mehl-Madronna, L. and Hartmann, T. (2007) *The Use of History and Story in the Healing Process*. Rochester, VT: Bear and Company.

Meza, J., Passerman, D., Weyer, P. and Charon, R. (2011) *Integrating Narrative Medicine and Evidence Based Medicine*. London: Radcliffe Publishing.

협력적 의료 서비스

Froderman, R. and Mitcham, C. (Eds.) (2010) *Oxford Handbook of Interdisciplinarity*. New York: Oxford University Press.

Gittell, J.H. (2009) *High Performance Healthcare: Using the Power of Relationships to Achieve Quality, Efficiency and Resilience*. New York: McGraw−Hill.

PART

조직에서의 의미 구성

- 언어를 통한 조직화
- 관계적 조직: 미래를 향한 실마리
- 체제로서의 조직
- 성찰
- 추가 자료

PART

08 조직에서의 의미 구성

몇 년 전 큰 조직을 컨설팅할 기회가 있었다. 나는 누가 무엇을 담당하는지 알고 싶어서 고위 간부인 닉에게 조직도를 보여 달라고 요청했다. 한동안 조용히 있던 닉이 갑자기 웃기 시작했다. 그러더니 이렇게 말했다. “네, 보여드리는 건 어렵지 않은데 그동안 너무 많은 일이 생겨서요. 더 이상 조직도를 봐도 누가 무얼 담당하는지 알 수 없을 거예요.” 나중에 알았지만, 이런 경우는 생각보다 일상적이다. 크건 작건 모든 조직들이 급격한 변화 속에 놓여 있다. 살아남으려면 변해야만 한다.

놀랄 일이 아니다. 의사소통 기술의 비약적인 발전은 세계의 지형을 바꿔 놓았다. 인터넷, 무선전화, TV로 대표되는 기술을 통해 엄청난 양의 정보와 혁신이 빠르게 세계로 퍼져간다. 대륙 간 이동하는 사람들도 늘어간다.

이런 조건에서 구성주의 접근은 조직에 중요한 역할을 할 수 있다. 구성주의에서 보면 조직이란 구성원이 공유하는 의미로 엮여져 있다. 일의 의미, 누가 어떤 업무를 담당할지, 자신들이 하는 일의 중요성 등을 함께 만들어낸다. 조직이 자리 잡고 있는 건물과는 달리 조직이 운영되는 과정 그 자체는 유동적이다. 구성원들의 협의과정에서 조직의 비전이나 목표가 바뀌기도 한다. 벌어지는 사회과정에 초점을 둔다면 조직이란 시간에 따라 끊임없이 창의적으로 움직일 수 있다.

물론 이는 잘되었을 때에 해당한다. 지금까지 해 오던 방식을 포기하고 새롭고 확실치 않은 방향으로 이동해야 한다면 어떻게 협의를 진행해야 할까? 게다가 변화시킬 것은 그것 말고도 많은 상황이라면? 만일 조직이 사람들 간의 공동행동으로 만들어진다면 리더는 어떠한 역할을 해야 할까? 결정은 어떤 식으로 내릴까? 사람들의 동기와 혁신을 어떻게 끄집어낼까? 그런 문제들을 아래에서 다루고자 한다.

언어를 통한 조직화

> 조직화와 센스메이킹(불확실하고 복잡한 상황을 이해하고 행동을 취하게 만드는 인지과정)은 같은 곳에서 나온다. 조직화는 질서를 부여하고, 일탈에 대응하고, 단순화시키고, 연결하는 것이다. 센스메이킹도 마찬가지다.
>
> - 칼 웨익(Karl Weick), *조직에서의 센스메이킹*(*Sensemaking in Organizations*)

우리는 직장, 학교, 운동 팀, 가족과 같이 다양한 종류의 조직에 참여한다. 조직이 잘 유지되는지 아닌지는 의미를 공유하는가에 달려 있다. 특히 “우리는 무엇을 하는 집단인가?”에 어떻게 답을 하는가가 중요하다. 그저 서로 사업을 같이 하는가, 친구인가, 아니면 같은 팀에서 운동을 하는가? 이해가 비슷할수록 서로 어떻게 지내야 할지 알기 쉽다. 이러한 이해는 근본적으로 사회적 구성물이다. 그리고 조직을 만들고 유지하는 데 핵심이 된다. 나는 앞선 장들에서 은유와 내러티브의 중요성에 대해 이미 여러 차례 언급하였다. 은유와 내러티브는 조직을 구성하는 구성 요소이기도 하다.

조직과 관련된 은유: 기계에서 대화로

은유를 공유하게 되면 우리는 무엇을 하는지, 서로를 어떻게 대해야 할지 이해할 수 있다. 그래서 많은 영리기업들이 자신들을 “가족”이라고 부르거나 또는 “팀”이라는 은유를 사용한다. 이러한 은유 안에는 한정된 직위를 놓고 싸우는 “경쟁자”가 아니라 서로 관계를 갖는 사람들이라는 의미가 암시되어 있다. 은유의 선택은 삶의 방식을 선택하는 것이다.

여기서 과거 주요 조직이 택한 은유들과 지금의 많은 구성주의 학자들이 선호하는 은유를 대조해 보면 도움이 될 것이다. 1800년대 후반에 진행된 산업혁명의 영향으로 작은 회사들이 큰 공장으로 탈바꿈했다. 이들 공장에서는 생활용품을 대량생산할 수 있었다. 그러나 대규모의 공장은 유지되기가 힘들기 때문에 조직에 대한 새로운 이해 방식이 필요해졌다. 흥미롭게도 이들이 선호한 은유는 자신들에게 성공을 가져다준 공장의 기계에서 영감을 받았다. 잘 돌아가는 기계는 각각의 구성 요소가 하나의 시스템 안에서 기능하도록 과학적인 논리로 설계되어 있다. 그러니 대규모 조직이라면, 민간부문이든 공공부문이든 기계로 볼 수 있지 않겠는가?

이러한 관점을 테일러리즘이라고 하는데, 이는 잘 알려진 기술자인 프레드 테일러와 그의 1911년 책인 『과학적 관리법』[1]에서 나왔다. 그의 관점은 나중에 경영과학(또는 조직행동 과학)이라 불리는 내용의 초석이 되었다. 비록 강력한 테일러리즘은 거의 사라졌지만, 지금도 조직에서는 **기계시스템으로서의 조직**이라는 은유가 여전히 주도적이다. 이 경우 조직은 위계적인 기관이다. 최고경영진은 모든 시스템이 제대로 기능하도록 책임진다. 정책을 개발하고, 주요 결정을 내리며, 미래를 계획한다. 다른 책임은 기능으로 나뉜 부서들(예를 들어, 경영, 마케팅, R&D, 인사관리)에게 이임하는데, 이들 부서 역시 위계적으로 조직되어 있다. 결정은 "위에서 아래로" 진행되며, 다양한 부서에서 모아진 정보는 윗선의 결정자에게로 올라간다. 이 체계는 과학적으로 운영되므로, 합리적 결정을 내리기 위해서 경험적으로 수집된 자료가 필요하다. 어째서 이러한 조직이 종종 **지휘와 통제**라고 불리는지 이해할 수 있을 것이다.

비록 조직을 기계로 보는 은유가 여전히 주도하고 있지만, 이러한 은유가 역사 속으로 사라지고 있다고 보는 이들이 많다. 불만 때문이다. 팀이나 가족으로 보는 은유와는 반대로 기계은유는 근로자를 힘들게 한다. 이들은 조직에서 단지 기계의 부속품으로 그 기능만 하면 상관없는 존재취급을 당한다. 자신의 목소리도 못 내고 소외당하며 조직에 대한 충성심은 거의 못 느낀다. 근로자의 불만족은 하나의 측면일 뿐이다. 기계은유가 조직 자체에도 역기능을

---

1 Taylor, F.W. (1997) *The Principles of Scientific Management.* (원저는 1911에 출판) Mineola, NY: Dover.

한다는 신호가 계속 나타나고 있다. 인터넷의 확산으로 잘 알게 되었듯이, 조직을 설계하고 유지하는 단 하나의 완벽한 논리란 존재하지 않는다. 다양한 논리가 존재하며 정보는 급격히 늘어간다. 이러 상황에서 어느 한 명이나 하나의 집단이 단독으로 조직의 구성과 전략에 대한 결정을 내리는 것은 위험하다. 다양한 논리가 요구되는데, 이는 조직 구성원들 모두의 지식과 아이디어에 보다 귀를 기울여야 함을 의미한다.

마지막으로, 세계는 기술발전으로 인해 새로운 혁신, 가치의 변화, 새로운 경쟁자의 출현, 노동력의 변화가 끊임없이 진행되는 도전의 장이다. 반면 기계의 은유는 어느 정도 영구적인 구조가 있다는 가정하에 유지된다. 변화하는 조건에 맞추어 조금씩 고칠 수는 있어도 일단은 그대로 작동이 가능하다는 입장이다. 이러한 가정은 "창의적으로 사고하는 것"을 막는다. 변하는 세상에 바로바로 대처하지 못한 채 직원들은 지시만을 기다린다.

구성주의는 보다 적절한 은유를 제시한다. 이 장을 시작할 때, 조직은 공유하는 의미로 함께 연결되어 있다고 했었다. 이런 입장을 바탕으로 **대화로서의 조직**이라고 부르면 어떨까? 그러면 완전히 새로운 이해와 실천 방식이 시야에 들어온다. 우선 구성원들은 기계의 부속이 아니라 대화의 파트너가 된다. 대화에서는 지시를 내리지 않으며, 만일 그렇다면 대화가 아니라 혼잣말이 되어버린다. 혼잣말은 타인에게 무신경한 태도이므로 조직은 핵심적인 입력을 놓치게 된다. 만일 팀장이 최근 부모가 된 직원에게 필요한 요구사항을 이해하지 못하면, 팀장이 내리는 결정 때문에 직원들은 힘들어하거나 소외당할 수

그림 8.1 기계와 대화 은유

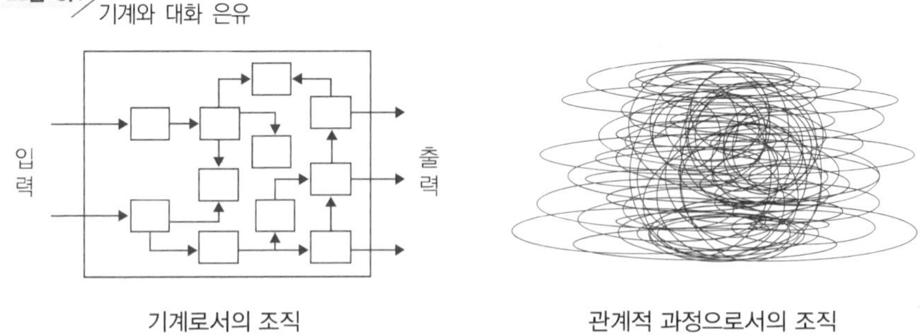

있다. 서로 경청하고 대화를 나누면, 팀장과 직원들은 모두에게 만족스러운 정책을 만들 수 있다.

마지막으로, 조직이 대화를 통해 공동으로 만들어진다고 이해하면 변화에 대한 새로운 생각이 열린다. 기계적 모델로 보면 조직은 바뀌는 세상에 맞춰 적응한다. 윗선에서 해야 할 일을 결정하면 (예를 들어 규모를 줄이거나, 특정 시장을 공략하거나...) 직원들은 지시를 따른다. 그렇지만 대화적 모델에서 보면, 적응만으로는 부족하며 직원들이야말로 미래를 계획하기 위해 가치를 제공하는 대상이다. 적응 모델에서는 구조를 최대한 그대로 유지하기 위해서 작은 변화를 하지만 대화적 모델로 사고하면 큰 변화도 그렇게 문제되지 않는다. 직원 각자의 지식과 가치가 대화에서 중요한 영역을 채워줄 수 있다. 관련된 이야기는 이 장에서 계속 이어진다.

의미 있는 일

의미 있는 일은 어떻게 하면 찾을 수 있을까? 쉽게 답하기란 어렵다. 대규모 설문 결과를 보면 영리단체에 근무하는 상당수 직원들이 비영리 단체에서 일하고 싶어 한다. 자신이 가치 있게 여기는 일을 할 수 있어서다. 의미 있는 일을 연구하는 사람들은 모두 이렇게 말한다. 우리는 자신의 일이 보다 높은 가치에 기여한다고 느낄 때 만족감을 느끼며 더 노력한다고 말이다. 그렇지만 현실에서 바로 찾을 수 있는 직업은 대부분 이러한 목적과는 관련이 없다. 그저 고객을 위한 제품을 생산하거나 판매하고 대형 사무실에서 일하며 하루를 잘 버티면 되는 일들이다. 어쩌면 이러한 일들이 추상적인 이상과 연결될지도 모르지만, 아무튼 힘든 하루를 지내다 보면 이는 멀게만 느껴진다. 나는 대부분의 직업적 삶을 대학에서 가르치며 보냈다. 물론 때로 나의 일이 더 나은 미래를 위해 기여한다고 느껴지기도 했다. 하지만 이러한 이상은 강의를 준비하고, 학생들을 지도하고, 리포트를 읽고 하다 보면 이미 잊혀진 지 오래였다. "큰 그림"을 생각할 틈은 거의 없었다. 이는 직업에 종사하는 엄청난 수의 사람들이 자신이 하는 일에서 거의 의미를 찾지 못한다는 의미인가?

구성주의자들에게 이러한 암울한 결론은 맞지 않는다. 구성주의자들은 우리 노력의 가치가 관계 속에서 나온다고 본다. 따라서 사실상 우리의 관계에 따라 어떠한 목적도 가치를 지닐 수 있다. 여기에는 아프리카의 기아를 줄이려는 거대한 이상뿐만 아니라 좋아하는 축구팀을 응원하려고 먼 길을 달려가는 것도 포함된다. 흥미로운 것은, 사람들이 함께할 때 나오는 가장 강력한 가치 중 하나는 그들의 관계 그 자체의 중요성이다. 우리는 서로의 기쁨을 만끽한다. 그런 이유 때문에 설문조사를 하면 늘 사람들이 중요하게 여기는 최고의 가치가 자신들의 관계로 나오는 것이다. 이와 동일한 과정이 많은 조직 안에서도 일어난다. 예를 들어, 나는 교육의 추상적 가치에 대해 별로 생각하지 않지만, 학생들과의 관계는 가르치는 데 있어서 가장 큰 즐거움을 준다. 마찬가지로 조직에서의 관계가 긍정적이고 서로가 배려한다면, 함께 일하는 시간을 기대하게 된다. 앨리 혹실드가 그녀의 책 『시간의 구속: 집이 일터가 되고 일터가 집이 될 때』에서 제안하듯, 어쩌면 가족과의 생활에서 오는 힘든 요구들로부터 벗어나기 위해 일터로 나가고 싶어질지 모른다.[2]

내러티브의 힘

내러티브는 조직을 하나로 이어주는 두 번째 수단이다. 나는 이미 내러티브가 우리 삶에 의미와 방향을 제공한다고 이야기했었다. 조직에서도 마찬가지다. 직원들이 현재의 상태에 상당히 만족하는 조직이 있다고 가정해 보자. 자신이 해야 할 일을 알고 있고 잘하고 있다. 또한 조직이 변화하지 않으면 사라질 것이란 점도 분명하다. 이제 당신이 관리자라고 해 보자. 당신은 단지 이들에게 새로운 규칙은 무엇이며 이를 지키지 않을 경우 벌점이 몇 점인지 알려주는 식으로 명령을 내릴 수 있다. 하지만 이번에는 다른 접근을 생각해 보자. 바로 이야기를 들려주는 것이다. 그 이야기는 과거를 돌아보는 것일 수도, 현재에 초점을 둘 수도, 미래를 향할 수도 있다. 유망한 미래를 그리며 "지금은 겨우 현상유지지만, 이렇게 한다면 번성할 것"이라는 방향을 제시할 수도 있다. 설득력 있는 내러티브는 현 상황을 과거 맥락에서 바라보게 한다. 예를 들어, "우리는 맨땅에서 시작"했지만 "지금은 이만큼 성장했다"고 강조하면서 "폐허 속에서" 자신감을 발견하는 내러티브나, "많은 것을 잃었지만, 우리는 다시 올라갈 것"이라는 "회복"의 내러티브가 가능하다.

조직에서 내러티브가 매우 중요하기 때문에 암스트롱 인터내셔널의 창시

---

2 Hochschild, A.R. (1997) *The Time Bind: When Home Becomes Work and Work Becomes Home*. New York: Holt.

자인 데이비드 암스트롱은 『이야기 경영』[3]이라는 책까지 썼다. 그는 자신의 직원들이 논리보다도 좋은 이야기에 더 마음이 움직인다는 걸 발견했다. 경영에서 사람들을 하나로 모으는 데 이야기가 효과적이라는 사실을 뒷받침하는 수많은 이론과 연구도 있다.[4] 많은 학자와 현장전문가들의 말대로, 리더는 좋은 이야기꾼이 되어야 한다. 이야기는 신뢰를 쌓고, 지식을 공유하고, 감정적 유대를 만드는 효과적인 방식이다. 단 주의할 점이 있다. 듣는 사람이 신뢰할 수 없는 이야기는 더 이상 좋은 이야기가 아니다.

이 마지막 경고가 조직에서는 매우 중요한데 조직을 하나로 모으려는 의도에서 나온 소위 **거대서사**(master-narratives)들이 실패하는 경우가 있다. 조직 안에서는 여기저기마다 사람들이 모여 이야기를 나눈다. 그러면서 나름의 현실들을 구성한다. 하위집단들에서 구성된 현실은 위에서 내려온 이야기와 충돌하기도 한다. 그러므로 거대서사와 반대로 기능하는 지엽적 서사인 **대항서사**(counter-narratives)를 살펴보는 것이 중요하다. 일례로, 나는 한때 해군장교로 복무했었고, 당시 내 지휘 아래에 지원병들이 있었다. 어느 날 나는 그들이 배의 사명과 함장에 대해 완전히 다르게 구성된 생각을 갖고 있음을 알게 되었다. 이들이 농담을 섞어가며 신이 나서 하는 이야기는 완전히 말도 안 되는 것들이었다. 어느 날 배에 작은 충돌이 있었는데 이들은 낄낄대며 즐거워했다. 더 심각했던 것은 이러한 이야기를 공유하면서 자기들 나름의 전우애가 생겨난 것이다. 그들끼리의 우정은 매우 공고해서 심지어 군복무가 끝난 한참 뒤까지도 지속적으로 만나고 있었다.

조직을 만들고 유지하는 언어의 중요성을 고려할 때, 여기서 한 단계 어려운 질문을 던질 준비가 되었다. 대화로서의 조직이라는 은유가 길잡이를 해 주고 있지만, 대체 이것이 리더십이나 의사결정, 그 외에 우리가 직면하는 다른 도전 과제에 어떠한 구체적인 도움이 되는 것일까? 이러한 이슈에 대해 살펴보자.

---

3 Armstrong, D. (1999) *Management by Storying Around*. Los Angeles: Armstrong International.

4 예로 Holman, D. and Thorpe, R. (Eds.) (2002) *Management and Language: The Manager as Practical Author*. London: Sage; Czarniawska, B. and Gagliardi, P. (Eds.) (2003) *Narratives We Organize By*. New York: John Benjamins.

관계적 조직: 미래를 향한 실마리

지금까지 나는 개인을 넘어서 자신이 속한 관계적 과정을 강조해 왔다. 바로 전 장들에서는 관계적 과정과 교육 그리고 상담의 관련성을 탐색했다. 이는 조직생활과도 관련된다. 지금부터는 먼저 관계적으로 이끌어가는 개념을 소개하려 한다. 만약 조직이 오가는 대화로 구성된다면, 리더십에는 어떠한 시사점이 있을까? 이를 알아본 뒤 구체적인 실행들에 대해 설명할 것이다.

관리에서 관계적 이끎으로

리더십의 역사는 길다. 이 주제를 다루는 영어로 된 책만 해도 십만 권이 넘는다. 이만하면 충분히 알지 않을까? 더 말할 내용이 남았을까? 구성주의 입장에서 보면 간신히 시작단계인 정도다. 왜냐하면 이 방대한 서적들이 리더십을 협력적 관계가 아닌 개인적 관점에서 다루기 때문이다. 아주 옛날 "위대한 인물들"에서부터 성공적인 매니저의 특성이나 역량 같은 보다 최근의 설명까지, 대부분의 서적들은 마치 개인 안에 리더십의 가능성이 잠재되어 있듯 말한다. 그러나 구성주의 관점에서 보면 어떠한 훌륭한 자질도 좋은 리더 한 사람에게서 나오지 않는다. 혼자서는 영감을 줄 수도, 미래를 제시할 수도, 겸손할 수도, 유연할 수도 없다. 이 모두는 반드시 다른 사람이 참여한 협력의 과정 속에서만 성취된다. 카리스마 있는 리더는 그 사람을 반짝이는 눈으로 바라봐주는 사람들이 있다는 전제하에서만 존재할 뿐, 그들이 없다면 카리스마도 없다. "똑똑한 결정" 역시 남들이 그렇게 인정해 줄 때만 가능하다. 리더 개인에 대해서만 이야기하면 그 사람을 "리더"로 있게 만드는 관계적 과정을 놓친 설명이 되어버린다.

만약 조직을 서로 간의 활발한 대화의 흐름으로 이해한다면, 리더 역시 이 흐름 밖에 혼자 존재하지 않는다. 오히려 **이 흐름 안에 적극적으로 참여**할 필요가 있다. 그러므로 여기서는 개인에 앞서 관계적 과정에 초점을 두는 완전히 새로운 리더의 이미지를 제시한다. 개인적 특성 대신에 협력, 권한위임,

대화, 수평적 의사결정, 공유, 분배, 네트워킹, 계속 학습 그리고 연결과정을 살펴본다. 실제로 이에 대한 사람들의 관심이 매우 높다.

여기서는 **리더십**(leadership) 대신 **관계적 이끎**(relational leading)이라는 개념을 쓰는 게 도움이 될 것 같다. 리더십이라는 개념에는 개인의 특성이 암시되는 반면, 관계적 이끎이라고 하면 의미를 창조하고, 유지하고, 강조함으로써 사람들의 기대, 동기, 헌신, 만족 그리고 행동을 이끌어내는 과정이 보인다. 분명히 리더의 위치에 있는 사람들이 이 과정을 상당 부분 이끌어내겠지만, 모든 사람이 참여해야만 가능하다. 따라서 사람들을 이끈다는 것은 특정 개인의 과제가 아니라 사람들의 관계에서 나오며, 이 관계에는 사람들이 서로를 대하는 일상적인 태도에서부터 조직의 정책과 관행을 실행하는 것까지 모두가 포함된다.

이해를 돕기 위해 관계적 이끎을 기계처럼 돌아가는 전통적인 조직에서의 리더십과 대조해서 살펴보자. 아래에서는 세 개의 주요한 부분을 비교해 보았다. 바로 리더십을 보는 일반적인 경향, 리더가 집단과 함께 일하는 방식, 그리고 면대면 관계다.

일반적 경향

-전통적 리더십-	-관계적 이끎-
개인이 우선	관계가 우선
구조를 만듦	관계를 돌봄
적응	혁신

일반적인 경향에서, 관계적 이끎은 개인의 책임에 앞서 집단의 과정을 강조한다. 나 홀로 사무실에 앉아 멋진 아이디어를 만들어내는 전통적 리더의 모습은 위험하다. 내가 경험해 봐서 잘 안다. 밤에는 멋진 아이디어처럼 보였던 생각이 다음 날 사람들과 이야기해 보면 아무것도 아닐 때가 많다. 물론 이 말은 개인들에게 관심을 두지 말라는 것이 아니다. 그보다는 개인에 대해 생각할 때 이러한 질문을 해 보라는 의미다. 이들은 자신들이 참여하는 더 넓은 과정

속에서 어떻게 기능하는가? 예를 들어, 사람을 선발한다면 그 사람이 이 과정에 어떻게 어울릴까? 그 사람이 어떠한 영향을 미칠까? 누군가를 해고해야 한다면 전반적인 분위기에 어떠한 영향을 미칠까? 이로 인해 힘들어할 관계는 무엇인가? 등을 생각해야 한다. 또한 관계에 관심을 가진다는 것은 관계가 생산적으로 활기를 띨 조건을 만들어주는 일이다. 예를 들어, 온라인상의 관계일 경우 가끔씩 직접 대면하지 않는다면 힘들어질 수 있는데, 참여자들이 점점 신뢰하지 못하거나 연결되지 못하기 때문이다.

그리고 관계적 리더는 구조를 만들기보다 관계적 과정을 촉진하는 데 힘쓴다. 그 말은 규정이나 규제, 엄격한 위계질서를 덜 강조한다는 의미다. 구성원들이 단순히 규정만을 따를 경우 조직에 활기를 불어넣는 대화에는 점점 무신경해진다. 단지 누군가가 기존의 틀을 벗어날 때에만 관심을 갖는다. 관계적 리더는 지속적인 과정을 촉진하며 모두에게 정보가 원활하게 공유되도록 돕거나, 결정을 내리는 과정에 참여할 집단을 구성하는 등의 역할을 한다.

이는 적응이 아닌 혁신을 강조하는 태도와도 연결된다. 전통적인 조직은 그 구조를 유지하려고 힘쓴다. 그러다 보니 변화가 필요해도 기존의 조직을 최대한 유지하는 선에서 적응하려 한다. 그러나 조직을 일련의 대화로 볼 경우, 이러한 대화는 변화의 문턱에서 멈추지 않는다. 조직이 계속해서 살아남으려면 주위를 둘러싼 문화와 **함께** 대화하며 움직여야 한다. 문화의 맥락 속에서 생산적으로 "대화가 진행"되어야 한다. 그렇기 때문에 관계적 이끎은 단순한 적응을 넘어서서 조직을 풍성하게 성장시킬 다양한 방식들을 문화 속에서 끌어온다. 성공한다면 이러한 혁신은 문화까지도 풍성하게 만든다.

집단과의 작업

-전통적 리더십-	**-관계적 이끎-**
과제를 설정	환경을 조성
지시	협조 요청
감시	상호 존중

그러면 집단과 함께 일하는 방식으로 넘어가 보자. 전통적인 지시와 통제형 조직에서는 해결할 과제가 무엇이고 누가 무슨 일을 해야 하는지를 최고경영진이 정한다. 관계적 이끎에서는 사람들이 성공적으로 함께 일할 수 있는 환경을 만드는 데 집중한다. 집단원이 조직의 목표를 이해한다 해도 이들에게는 그들에게 자원이나 정보를 제공해 줄 리더의 도움이 필요하다. 관련해서, 관계적 리더는 사람들에게 지시 내리거나 이들을 기계 부품처럼 비인간적으로 대하는 것을 피한다. 대신 이들이 다양한 작업을 할 수 있도록 협조를 구한다. 예를 들어, 가능성 있는 부분을 알려주거나, 장점을 언급하거나, 그들의 기여를 인정한다. 직원들에게 일방적으로 해야 할 업무와 방향을 제시하는 전통적 리더라면 직원들이 할당된 일을 제대로 하는지 확인하는 것 말고는 딱히 할 일이 없다. 그래서 잘하고 있는지 검사할 수행 평가표에만 신경 쓴다. 분위기가 가라앉고 신뢰가 떨어지는 것은 시간문제다. 반면 관계적 리더에게는 서로 간에 믿고, 존중하고, 배려하는 분위기가 최우선이다. 감시 대신 대화를 나눈다.

면대면 관계

-전통적 리더십-	-관계적 이끎-
서열을 정함	좋은 관계의 본보기가 됨
명령	경청
잘못을 바로잡음	인정하고 알아줌

마지막으로 면대면 관계에서의 리더십을 고려해 보자. 아무래도 우리가 지금 지속적인 대화 안에서 벌어지는 미묘한 역동에 참여하는 기술을 다루다 보니 (5장 참고) 이 부분에서 할 말이 많다. 그렇지만 관계적 이끎이 실제 어떻게 행동으로 드러나는지에 대한 대략적인 이해만 해 보자. 먼저 전통적인 조직에서는 위계질서가 강조된다. 최고경영진들에게는 전망 좋은 넓은 사무실, 크고 좋은 화장실, 그 밖에 다른 직원들에게는 없는 특권이 부여된다. 이들은 자신들의 고위 직급에 "걸맞은" 타성에 젖어간다. 달리 표현하자면, "멀찍이 떨어져서 서 있어! 내가 당신보다 위잖아"라는 메시지를 전달한다. 관계적 리더는 이

렇게 거리를 두다 보면 직원들이 자신의 의견을 전달하기가 어렵기 때문에 정작 리더가 알아야 할 것을 놓쳐버린다는 사실을 인식한다. 그래서 먼저 타인의 본보기가 되려고 힘쓴다. 다른 사람을 존중하고 궁금해하며 배려하면서 관계적 과정이 잘 일어나도록 행동으로 보여준다.

전형적으로 전통적 조직의 리더는 명령을 내린다. "이러한 계획이 있으니 이러이러하게 진행시켜." 관계적 리더는 먼저 구성원들의 의견이나 가치를 들어보고 나서 계획이나 정책을 세운다. 더 잘 들을수록 정교하고 효과적인 의사결정이 나온다. 전통적 조직은 명령과 통제로 조직이 기계처럼 돌아가리라 생각하기 때문에 팀장들은 흐름에서 벗어난 일탈자를 고치는 데 주력한다. 관계적 이끎에서는 인정을 통해 사기를 높이고 좋은 업무관계를 가져오는 데에 집중한다.

협력적 의사결정

조직 내에서 사람들이 모여 대화를 할 때마다 나름의 실재가 구성된다. 그러므로 조직의 규모를 막론하고 그 안에는 여러 개의 실재를 품고 있다. 최고경영진은 자신들이 구성한 실재를 바탕으로 의사결정을 내리기 때문에 그 결정 안에는 구성원들의 일상을 차지하는 실재들은 반영되지 않을 확률이 높다. 그저 구성원에게 세금을 부과하듯 "예산이 10% 삭감된다", "해당 부서를 폐지한다", "복리후생제도가 바뀔 예정이다"라고 통보된다. 그러나 어떠한 결정이 내려오든, 구성원들은 이를 여러 방식으로 해석할 수 있으며 아무리 최고경영진이라고 해도 해석을 통제하기란 불가능하다. 구성원에게 내려온 결정들은 상식적이고 바람직하다고 여겨질 때도 있겠지만 또한 "정신 나간", "배려 없는", "가혹한" 또는 "방향이 잘못된" 지시로 여겨질 수 있다.

그러므로 효과적인 행동을 가져오기 위해서는 결정을 내릴 때 가능하면 많은 구성원이 대화에 기여하도록 할 필요가 있다. 구성원 공동의 의미와 가치, 동기가 생겨날 대화를 촉진해야 한다. 결정과정에는 조직을 구성하는 어떠한 대화도 포함될 수 있다. 참여자들의 목소리가 담긴 의사결정에는 이들이 지금까지 노력해 온 논리와 가치가 반영된다. 나아가 의사결정에 참여했고 자신의 기여가 인정을 받았다고 여겨지면 구성원들은 더 열심히 일한다. "사람들은 자신들이 만들어낸 것을 지지한다."[5]

협력적 의사결정의 좋은 예로 한 국제적 기업의 대규모 지사에서 CEO로 일하는 레오의 사례를 보자. 어느 날 자회사로부터 지사의 비용을 15% 줄이라는 지시가 내려왔다. 타협이 불가능하다는 사실을 안 레오는 깊은 좌절감에 빠졌다. 대형 컨설팅 회사에게 자문을 구하는 방법도 생각했지만 직원을 해고하라는 결론이 나올 게 뻔했다. 그렇지만 누구를 언제 해고한단 말인가? 이 생각을 동료들과 상의해 보았다. 그 결과 일단 다운사이징을 결정하면 본사는 앞으로도 또다시 이런 지침을 내릴 게 뻔해 보였다. 이는 조직 안에 두려움과 분노, 거부만 불러온다.

이들은 결정을 내리기 위한 다른 경로를 고안했다. 직원 구성원들 중에서 비용 절감을 위한 의견을 제공해 줄 사람들을 모집했다. 그리고 회사의 모든 부서와 계층을 대변하는 사람들로 구성된 총 14개의 논의 집단을 만들었다. 이들은 정보를 모으고, 면담을 진행하고, 정기적으로 관련된 팀들과 미팅을 했다. 외부 컨설턴트도 고용했지만 이들은 단지 이러한 복잡한 대화와 진행과정을 조율하는 역할만 했다. 최종 결과, 논의 집단들은 총 7권에 달하는 조사결과와 제안서를 제출했으며 경영진은 이 중 75%의 제안을 수용했다. 규모의 축소는 최소화했고, 참신한 조직개편이 진행되었으며, 예상한 규모의 실적을 달성했다. 사실상 회사의 모든 영역이 최종 결정에 반영되었기 때문에 구성원들의 사기는 여전히 높게 유지될 수 있었다.

불확실한 상황에서 함께 일하기

빠르게 변화하고 요동치는 세상 속에서 조직은 불확실성에 어떻게 대응해야 할까? 리더십 연구가인 프랭크 바렛은 조직의 가장 소중한 자산이 즉흥적인 대처능력이라고 말한다.[6] 조직은 어떻게 이러한 역량을 키울 수 있을까? 알렉산드라 미쉘과 스텐

5 Littlejohn, S. and Domenici, K. (2007) *Communication, Conflict, and the Management of Difference*. Long Grove, IL: Waveland Press.

6 Barrett, F. (2012) *Say Yes to the Mess: Surprising Leadership Lessons from Jazz*.

튼 워썸은 관계적 공유가 가능한 환경을 제공하라고 제안한다.[7] 이들은 급격하게 요동치고 변화가 큰 시장인 투자은행을 집중적으로 연구했다. 여기서는 하루 사이에 상당한 돈을 벌 수도 잃을 수도 있다. 이들은 매우 다르게 운영되는 두 개의 은행을 비교했다. 첫 번째는 개인중심의 은행이었다. 이곳의 조직문화는 명확한 투자 정책과 유능한 스타 직원에 의존했다. 이들은 독자적으로 일했고, 대부분이 남자 직원인 팀원들 사이에는 대화가 별로 없었다. 새로 직원을 뽑으면 회사 정책과 업무에 대한 훈련 프로그램을 제공한 뒤 바로 자기 분야에서 혼자 전문가가 되도록 하였다. 잘 몰라서 주변에 물어본다는 건 약점을 드러내는 셈이라 피했다. 2년이 지나도 여전히 긴장감은 높았으며 시스템 안에서 서로 전문가가 되려고 노력했다.

조직중심의 은행의 문화는 이와 매우 달랐다. 훈련은 거의 없었다. 신입이 계약서에 서명하고 화장실 위치를 안 뒤에는 거의 모르는 업무를 부여받았다. 이들이 활용할 수 있는 자원은 회사 안에 풍부하게 있지만 이를 알아내는 것 역시 자신에게 달렸다. 그러다 보니 불안감도 높았고 상황에 대한 위험과 불확실성이 느껴졌다. 투자 상황의 세부 요소를 꼼꼼히 살펴봐야 했고 결정을 내리기 전에 동료들과 논의를 하는 것은 필수가 되었다. 그 결과 집단 안에서 시너지 효과가 발생했으며 창의적인 결과들이 나올 수 있었다. 고객들은 이렇게 젊은 직원들이 만족스러운 결과를 내는 것에 놀라워했다.

연구 결과 관계적인 집단의 은행원들은 자신들이 더 큰 시스템의 일원이며 내부 자원을 언제든 활용할 수 있다고 보았다. 타인을 비난하거나 자기방어적인 행동을 하는 경우는 훨씬 적었다. 게다가 정책에만 의존하는 대신 각 상황별로 무엇이 필요한지 숙고하는 경향을 보였다. 흥미롭게도, 관계중심 은행은 개인중심 은행과 비교해도 비슷한 성과를 냈다. 점점 예측이 어려운 세상이 되면서 협력의 필요성도 높아진다.

조직개발과 긍정적 탐구의 시작

조직의 삶은 역동적이다. 현관에서부터 임원실에 이르기까지 구성원들은 누가 무엇을 누구에게 해야 하는지, 이 일이 맞는지 틀리는지 끊임없이 나름의 실재와 옳고 그름을 만들어내고 있다. 그 안에서의 충돌은 피할 수 없으며 종종

Cambridge, MA: Harvard Business Review Press.

7 Michel, A. and Wortham, S. (2009) *Bullish on Uncertainty: How Organizational Cultures Transform Participants*. New York: Cambridge University Press.

의심과 적대감, 사기 저하가 발생하기도 한다. 이 모두가 조직생활의 도전과제다. 긴장이 높아지면 조직이 제대로 기능하기 어렵다. 전통적으로 관리자와 컨설턴트들은 이러한 문제를 실제 존재하는 "사실"로 보고 여기에 접근한다. 진짜로 문제가 있다면 해결책이 필요하기에 사람을 해고하고, 급여를 높이거나 깎고, 새로운 직원을 뽑고, 새로운 훈련을 시킨다. 이 모두가 조직을 해치는 문제에 대한 일반적인 해결책이다.

그러나 앞 장에서 심리상담을 다루며 논의했듯, 문제란 실재를 그러한 방식으로 타협했기 때문에 존재한다. 우리가 문제라고 서로 합의하면 문제가 되는 것이다. 다르게 보면 다르게 규정된다. 이러한 논리를 바탕으로 조직문제 전문가 데이비드 쿠퍼라이더와 케이스 웨스턴 리저브 대학의 동료들은 긍정기반 의사결정접근을 개발했다. 이 방법은 전 세계의 기업, 정부기관, 교회, 학교, 공동체 등에서 활용되고 있다. 특히 갈등상황에서 도움이 된다. **긍정기반 탐구**(appreciative inquiry)로 알려진 이 접근은 예술 분야에서 "좋은 것을 알아보는 안목"이라는 개념에서 영감을 얻어 나오게 되었다. "좋은 안목이 있다면 모든 예술 작품에서 가치를 발견할 수 있다"는 말은 구성주의와도 일맥상통한다. 쿠퍼라이더는 이렇게 묻는다. 그렇다면 아무리 갈등이 심한 조직 안에서도 가치를 찾을 수 있을까? 만약 가치가 발견된다면 구성원들이 이를 바탕으로 새로운 미래를 만들 수 있을까?[8]

긍정기반 탐구는 실제 상황에서 어떻게 활용될까? 먼저 내러티브를 이용해서 긍정적인 경험을 발견한다. 보통 갈등상황에 있는 사람들은 비난과 부당함으로 채워진 문제 이야기를 늘어놓는다. 하지만 그 외에도 구성원들은 많은 이야기를 간직하고 있으며 찾아보면 즐겁고 보람을 느꼈을 때의 이야기도 들어 있다. 이런 이야기들은 갈등이 생긴 상황에서는 한쪽 옆으로 밀려나 있다. 그렇지만 이는 마치 은행이 보유한 현금과 같이 조직의 유용한 자원이다. 쿠퍼라이더는 이러한 소중한 자원들을 끌어내서 새로운 미래를 다시 꿈꾸라고 제안한다. 이러한 이야기를 공유하다 보면 다시 자신감이 생겨나고 관계를 잘

---

8 Cooperrider, D.L. and Whitney, D. (2005) *A Positive Revolution in Change: Appreciative Inquiry*. San Francisco, CA: Berrett-Koehler.

해 볼 수 있겠다는 생각이 든다. 긍정적인 내러티브는 창의적인 변화를 가져오는 힘을 방출한다.

그 예로 젠더 간 갈등으로 고통받던 에크메 농기구회사 이야기를 해 보자. 회사의 여자 직원들은 자신들이 남자 직원들에게 부당하게 대우받는다고 호소했다. 열심히 일해도 인정받지 못하고 때로 성적 희롱을 당하며 일은 더 많은데 돈은 적게 받는다고 설명한다. 반면 남자 직원들은 자신들이 부당하게 비난받고 있으며 여직원들이 지나치게 예민하고 적대적이라고 반박했다. 그러다 보니 신뢰는 무너졌고 고소 이야기가 오가며 회사는 어려워졌다. 경영진은 쿠퍼라이더 팀에게 도움을 요청했다. 경영진들은 회사에 행동지침을 새로 세우고 이를 제대로 따르지 않는 직원에게 징계를 내려야 한다고 생각했다. 남자 직원들이 달갑게 여기지는 않겠지만 성희롱 방지 워크숍도 필요할지 모른다고 여겼다. 하지만 쿠퍼라이더 팀은 이러한 접근이 단지 "문제"를 기정사실화하며, 이러한 "해결책" 뒤에는 여전히 불신의 앙금이 남는다고 보았다.

대신 직원들과 함께 긍정기반 탐구를 진행했다. 직원들을 둘씩 또는 소규모 집단으로 나눈 뒤 남녀 직원이 함께 일하면서 좋은 경험을 했던 이야기를 회상하도록 했다. 서로 도와줘서 효과적으로 일했을 때는 없는지, 상대방의 기여가 특히 도움이 된 때는 언제였는지, 그때의 경험은 어땠는지 떠올리게 했다. 직원들은 이 과제에 열성적으로 응답했으며 과거에 성공적이던 많은 이야기를 회상했다. 그런 다음에는 모두 모여 이야기들을 공유하고 비교해 보았다. 그러면서 눈에 띄는 변화가 나타나기 시작했고 적대감 대신 웃음과 칭찬, 서로에 대한 인정이 늘어났다.

이런 긍정적인 분위기를 틈타 쿠퍼라이더 팀은 직원들에게 회사의 미래를 그려보도록 요구했다. 어떻게 하면 자신들이 가장 가치 있어 하는 경험이 잘 반영되는 조직을 함께 만들 수 있을까? 어떻게 하면 이러한 즐거움을 자신들에게 안겨줄 조직을 만들 수 있을까? 직원들은 미래에 대한 논의를 하며 이와 관련된 정책, 위원회, 실행계획에 대해서도 구체적으로 생각하기 시작했다. 희망과 사기가 높아졌다. 긍정적인 계획을 세우는 가운데 기존의 "문제"는 점차 희미해졌다. 긍정기반 탐구는 단지 갈등을 줄여주는 수단이 아니며 오늘날 조직의 규모와 상관없이 전 세계에서 구성원이 긍정적 방향으로 힘을 모으기 위해 사용되고 있다. 정부기관과 종교 집단도 그 가능성에 이끌리고 있다.

중요한 것은 긍정기반 탐구를 사용하면서 컨설팅 과정에 극적인 변화가 생겼다는 점이다. 흔히 조직을 기계의 은유로 인식하던 예전에는 컨설턴트 역시 "고장 난 기능을 고치는" 역할을 했다. 마치 능력 있는 과학자처럼 조직에 들어가서, 자료를 수집하고, 문서를 살피고, 면담을 했다. 수개월에 걸친 비싼 컨설팅의 결과는 불확실했다. 하지만 조직을 대화의 은유로 본다면 이야기하는 속에서 큰 변화가 일어날 수 있다! 긍정기반 탐구를 바탕으로 직원들이 새롭고 생산적인 방향으로 대화할 수 있는 추가적인 여러 실행 방식들이 생겨났다. 이 과정에서 외부 전문가는 요구되지 않는다. 이러한 대화적 실행들은 매우 효과가 강력해서 학자들은 이를 게임체인저(시장의 흐름을 바꾼 사건)로 본다.[9]

혁신의 도전: 설계를 통한 창의성

세상이 변하는 속도는 엄청나게 빠르다. 지금 이 문장을 완성하는 동안 약 2백만 개의 이메일 메시지가 온 세계로 전달된다. 새로운 필요가 계속 늘어나고, 새로운 기술이 개발되고, 취향과 가치가 바뀌고, 신제품이 예전 상품을 교체한다. 조직이 무엇을 하든 간에 곧 다른 곳에서 더 좋은 것이 나온다. 혁신하지 않으면 끝이다. 하지만 혁신하려면 무엇이 중요할까? 사람들에게 창의적이 되라고 시킬 수도 없다. 어떻게 하면 좋을까?

이는 상당히 중요한 질문이며 실제로 학자들은 창의성이 어디에서 나오지를 알아내려고 오랜 기간 연구해 왔다. 보통 예전에는 창의성이 개인들의 머릿속에서 나온다고 가정했다. 베토벤, 퀴리부인, 아인슈타인 같은 개인들은 창의성을 발휘했다. 하지만 집단이 창의적이라고 묘사된 적은 별로 없다. 구성주의 관점에서 창의성은 분명 사회적으로 성취된다. 우선, 무엇을 창의적이라고 정의 내리는가가 사회 속에서 나온다. 아이가 물감을 손으로 튀기며 놀면 평범한 일이지만, 유명한 예술가가 그러고 있으면 창의적으로 보일 수 있다.

---

9 Marshak, R.J. and Grant, D. (2008) Organizational discourse and new organization development practices. *British Journal of Management*, 19, S7–S19.

새로운 방식으로 쥐를 잡는 쥐덫을 만들면 창의적이지만, 만약 제대로 기능하지 못한다면 창의적이지 않다. 둘째로, 창의적인 일을 하려면 해당 공동체가 공유하는 문제나 가치, 개념, 가정과 관련된 일에 참여해야 한다. 물을 끓이는 행위 자체는 창의성과 거리가 멀지만, 만약 공동체의 식수가 오염되었을 때 물을 끓여서 마실 물을 만드는 행동은 창의적이다.

따라서 구성주의자들은 이처럼 조직 내부의 사람들이 함께 창의적 가능성을 최대로 끄집어내어 이를 구체적으로 실행에 옮기는 디자인 씽킹에 많은 관심을 갖는다. 디자인 씽킹은 다양하게 설명할 수 있겠지만, 구성주의 관점과 특히 관련된 몇 가지 공통 요소는 다음과 같다.

- 다양한 배경을 가진 전문가들을 모은다. 다양한 사람들이 모일수록 풍부한 의견이 나온다.
- 기존의 문제를 해결하는 대신, 상상력을 최대로 동원해서 노력해 볼 긍정적인 목표를 그려본다. 기존의 문제를 수용해 버리면 그 문제에 포함된 가정들과 "그 문제" 자체의 짐까지 떠안게 된다.
- 가능한 미래에 대해서 열린 대화를 나눈다. 상상력을 활용하도록 모두를 격려한다.
- 상상력에 검열을 하지 않는다. 판단은 유보한 채 충분한 시간을 들여서 각각의 제안과 그 가능성을 살펴본다. 그러면 비판에 대한 두려움 없이 다양한 가능성이 시야에 들어온다.
- 다른 사람들, 특히 잠재적 사용자들의 피드백을 구한다. 이를 통해 아이디어를 더 풍성하게 한다.

지금은 수많은 조직이 디자인 씽킹의 도움을 받고 있다. 내 동료에게서 들은 이야기인데, 그에게는 소프트웨어 엔지니어 일을 하는 젊고 능력 있는 아들이 있다. 어느 날 그 아들은 구체적인 목적이 밝혀지지 않은 한 새로운 프로젝트에 참여해 달라는 제안을 받았다. 이 프로젝트는 비밀리에 진행되었고, 그는 이 과정에 대한 내용을 발설하지 않겠다는 서약서에 사인을 했으며 참여의 대가로 상당한 양의 돈을 약속받았다. 프로젝트 장소에 도착하니 또 다른 일곱 명의 젊은 사람들이 있었고 그중 몇몇은 이미 명성이 알려진 사람이었다. 이들 모두는 서로 다른 기술을 가지고 있었으며, 이들을 통솔할 상급자나 주어진 프로젝트도 없었다. 그들에게 주어진 과제는 "뭔가 대단한 일을 만들어내기"였다. "각 분야에서 뛰어난 인재들"을 모아 디자인 씽킹 과정을 주선한 것은 큰 돈을 벌기 위한 벤처투자가들이었다. 이 이야기는 여전히 진행 중이지만, 이들이 만든 기술을 바탕으로 설립한 신생 회사는 지금 10배로 커졌다고 한다.

그림 8.2 프랭크 게리는 천재 건축가라고 불리지만, 이 창의적 과정은 동료들과의 협력에서 나왔다. 한 중요한 단계에서 이들은 다양한 시각적 이미지를 가지고 여러 시도를 했다. 이 중 몇 개는 단순히 종이를 구긴 다음 어떤 모양인지 관찰해서 나온 결과였다. 이 단계에서 주어진 과제는 모든 설계와 "사랑에 빠져"보지만 그렇다고 어느 하나의 설계에 몰입하지는 않는 태도였다.[10] 마침내 그들은 로스앤젤레스에 있는 월트디즈니 콘서트홀을 완성했다.

실적 평가에서 관계적 가치매김으로

대체 우리는 얼마나 오랜 시간 "평가받아" 왔을까? 학교생활은 끝없는 평가의 이어짐이다. 안녕, 넌 몇 점이니? 몇 등급이니? 평가는 조직에 들어와서도 이

10 게리의 디자인 과정을 자세히 알고 싶다면 Yoo, Y., Boland, R.J. and Lyytinen, K. (2006) From organization design to organization designing. *Organization Science*, 17, 215–229.

어진다. 회사 문을 열고 들어와 다시 나갈 때까지 "평가당한다." 앞 장들에서는 교육과 정신건강에서 사람을 평가하려는 경향을 비판했는데, 이 장에서는 비판적 시선을 조직으로 옮겨와야겠다. 최근까지도 개인의 업무 평가는 정기적으로 하는 관행처럼 당연시되었다. 당연하지 않은가? 그렇지 않다면 직원들이 조직의 사명에 얼마나 기여를 하는지 어떻게 알 수 있겠는가? 누구를 승진시킬지, 누가 "썩은 사과"일지 어떻게 알겠는가? 그리고 우리는 평가를 멈춘다면 직원들이 동기부여가 안 되고 업무의 질도 떨어질 거라고 우려한다. 정말 개별 평가가 없다면 일이 안 돌아갈까? 오히려 평가 때문에 건강한 조직에서 멀어질 가능성은 없을까? 실적 평가의 가능한 결과 몇 가지를 살펴보자.

- "나를 지켜라." 평가를 받으면, 조직 내에서 나의 미래가 위험해질 수도 있다. 그러므로 평가에서 할 일은 자기 자신을 지키는 일이다. 조직과 동료와의 관계는 그 다음이다.
- 타인은 위협이다. 개별 평가는 직원들 간에 간극을 만든다. 다른 직원의 탁월한 실적은 그 사람이 나보다 앞서가리란 경고로 들린다. 거기에서 위협을 느끼면 남들의 성공을 깎아내리기까지 한다.
- 정보를 통제하라. 조직 안에서 자신을 지키려면 정보를 전략적으로 활용하는 편이 좋다. 자신의 잘못이나 약점은 숨기고, 동료가 나보다 앞서게 될 정보는 공유하지 않는다. 대신 나의 성공과 다른 사람의 실수는 널리 알린다.
- 집단 작업은 피하라. 함께 일하다 보면 나를 부각시키기 어렵다. 나의 독특한 기여가 두드러지거나 남들보다 돋보이기보다는 오히려 집단의 성공이나 실패 속에 묻혀버린다.

평가로 인한 위와 같은 부작용뿐만 아니라, 평가를 멈췄을 때 수행이나 직원들의 동기, 관계에 안 좋은 영향을 미칠지도 의문으로 남는다. 반면 많은 혁신적인 조직에서는 성찰적 실행을 개발해 왔으며 이는 관계적 과정에 훨씬 호의적이다. 아래는 그 예다.

- 직원들에게 자신이 제일 잘하거나 즐기는 일이 무엇인지 편하게 공유하도록 한다. 그 이유는 개인이 가치가 샘솟는 원천을 최우선으로 유지시키는 한편 공유하는 과정 속에서 긍정적인 관계를 유지하기 위해서다. 그러면 조직의 목표에 대한 헌신은 자연스럽게 따라온다.
- 동료와 관리자들에게 개별 직원들이 제일 잘하거나 조직에 기여하는 면이 무엇인지 묻는다. 이러한 긍정 평가의 결과를 직원들에게 알려준다. 유능한 임원 한 명은 이렇게 말했다. "만약 내 직원들이 서로 만났을 때 상대방의 장점을 하나씩만 언급한다면, 그 조직은 아마 가장 행복하게 일할 수 있는 조직일 것입니다."

핀란드의 한 컨설팅 회사인 HUMAP는 개별 평가를 대체할 흥미로운 대안을 만들었다. 원래 전통적으로 자주 활용되어 온 평가 방식은 360도 평가였다. 해당 직원의 상사뿐만 아니라 함께 일하는 동료, 그리고 그 사람보다 서열이 낮은 직원들이 모두 평가에 참여하는 방식이다. 언뜻 공정해 보이지만, 이 과정 역시 상당한 분열을 조장한다. 반대로 HUMAP 회사는 361도 평가를 고안했다. 여기서는 개인이 아니라 협력 관계가 평가의 초점이 된다. 모든 질문이 "우리가 함께 어떻게 해 나가고 있는가"를 강조하며, 따라서 협력의 과정이 단단해지고 새로운 자기 성찰적 대화의 장이 열린다. 예를 들어 직원들은 아래와 같은 질문에 답을 해야 한다.

- 우리가 함께 목표를 논의하는 과정에서 도움이 된 것은 무엇인가?
- 다른 사람들과 더 탐구해 보고 싶은 부분은 무엇인가?
- 당신이 더 잘 협력하기 위해서 뭔가 작지만 다르게 할 수 있는 일은 무엇인가?
- 집단과 함께할 때 어떠한 종류의 학습이 일어나는가?

여기에는 불안이나 소외 대신 관계에 대한 감사함이 있다. 직원들은 그들이 일하는 방식을 더 잘 이해하고 어떤 부분을 향상할지 고민할 수 있다.

조직을 세상과 연결시키기

사람들은 보통 "내부"와 "외부"로 조직과 외부 세상을 나눈다. 그렇게 보는 전통에서 "내부"의 주요 과제는 조직을 유지하고, 강화하고, 지키기다. 마치 다윈의 이론이 떠오른다. 세상이라는 위험 속에서 조직이 마주한 중요 과제는 생존 또는 승리다. 경우에 따라 이러한 구분이 도움이 될 때도 있다. 그렇지만 매우 한정적이다.

공동 작업에 대한 앞서의 논의를 기억해 보자(5장 참고). 동일한 논리를 적용하면, 조직이 대중들에게 제공하고자 하는 상품이나 서비스는 사람들이 이를 그렇게 받아주어야지만 드디어 "상품"이나 "서비스"가 된다. 몇 해 전, 미국은 남아프리카의 기아를 방지하기 위해 배로 땅콩을 실어 보냈다. 이러한 "인도적 행위"는 정반대의 결과를 가져왔다. 왜일까? 그들은 땅콩을 동물 사료로만 쓰기 때문이다. 이처럼, 조직의 생존은 스스로 유지하는 능력에 있는 것이 아니라 대중들 그리고 다른 기관들과 협력적 행동을 하는 능력에 달려 있다. 조직은 국가, 지방 정부, 지역 공동체, 공급자, 지방 서비스 업체들, 언론, 운송 회사, 도매상, 소매상 등과 긍정적인 협력관계를 맺어야 한다. 때로, 경쟁 회사와의 협력이 도움이 될 수도 있다. 내 덴마크 친구가 말하듯, 우리는 "frienemies(친구+적)"의 세상에 산다.

그러면 상호의존의 개념이 두 개의 다른 맥락 안에서 어떻게 적용되는지 살펴보자. 먼저 전 세계를 넘나드는 의미의 도전에 대해 고려해 보자.

경계가 부드러운 조직들

어떠한 집단이나 조직이라도 외부의 의미체계로부터 닫혀 있다가는 사라질 위기에 처한다. 이 말은 조직의 내부와 외부 사이에 두터운 경계를 세우면 위험하다는 뜻이다. 만일 조직이 외부 세상의 의견이나 가치, 두려움 등을 흡수하지 않으면 조직은 과거에 고정된 유물이 되어간다. 많은 사람들이 말하듯, 가톨릭교회나 근본주의 무슬림이 마주하게 된 위험이 이것이다. 시대의 변화와 함께 가지 않는다. 또 한편으로, 만일 외부 사람들이 조직 내부에서 만들어진 의미를 접할 수 없다면, 그 조직에 대한 의심이 커질 수 있다. 그러한 맥락에서,

경계가 부드러운 조직(soft-boundary organizations)이 선호된다. 이러한 조직은 전 세계의 정보나 가치의 흐름을 흡수하고 이들과 협력적인 대화를 유지한다. 이들 조직은 세상 속 의미라는 큰 흐름에 대항할 최대한의 준비를 갖춘 상태인데, 이미 외부의 의미와 가치가 조직 내부에 흡수되어 있기 때문이다. 여기에 혁신적인 행동까지 더해진다면 그 조직은 세상 속에서 생산적으로 살아남는다.

관련된 예를 소개하면, 내가 한때 일했던 조직이 있었는데(이를 알만이라고 지칭하겠다), 이 조직은 실험을 하면서 동물을 살처분한 일로 대중의 공격을 받았었다. 연구소의 목적은 인간 질병의 치료제를 개발하는 것이었지만 동물 희생에 따른 대중의 분노는 높았다. 생체해부 반대자들이 알만 주변 도로에서 시위를 벌이고 곧 미디어에 이러한 내용이 보도되었다. 알만의 경영진들은 아이디어를 내서, 생체해부 반대자들을 초대하여 양측의 갈등을 보여주는 공공 전시를 주최하기로 했다. 시에서 전시장을 제공해 주었고 양측이 모여 계획을 세우기 시작했다. 그 과정에서 흥미로운 변화가 발생했다. 양측의 대표가 모여 왜 이쪽저쪽의 입장을 표현할 필요가 있는지, 이를 어떻게 시각적으로 재현할지를 논의하면서 공감적으로 서로를 경청하기 시작했다. 게다가 인상적인 전시를 준비하기 위해서 양측이 서로 의지하기 시작했다. 전시는 성공적으로 마무리되었고 시위도 끝을 내렸다. 가장 흥미로운 점은 알만 내부에 생체해부를 반대하는 입장의 사내그룹이 만들어진 사실이다. 바로 조직의 외부가 내부로 흡수된 경우다.

조직을 초월하는 협력

두 번째 적용으로 넘어가 보자. 조직들이 상호의존의 필요성을 알아갈수록, 협력 프로젝트가 진행될 가능성이 높아진다. 조직이 다른 조직과 함께 하게 되면 전에는 생각지도 못했던 목표를 달성할 수 있다. 이러한 협력을 초월적 조직개발(trans-organizational development)이라고 부른다. 다자간 대화의 예는 문헌에서 쉽게 찾아볼 수 있는데, 여기서는 환경 보존과 관련된 조직들 간의 협력 사례를 소개하겠다.[11] 해당 사례는 토양 침식으로 인해 농장주들이 더 이상

11 Bowen, R. and Taillieu, T. (2004) Multi-party collaboration as social learning for

작물을 키울 수 없었던 경우다. 이 문제를 함께 해결하기 위해 여러 관계자들이 초대되었다. 그러나 문제를 구성하는 방식에서 서로 차이가 났다. 농장주들은 이 문제를 자신들의 생계에 대한 위협과 가장 좋은 가격을 받을 작물의 관점에서 구성했다. 지질학자들은 어떻게 하면 변화하는 땅의 상태를 가장 잘 측정할지의 관점에서 생각했다. 토양기술자들은 화학적 분석이라는 실질적인 문제로만 이를 다루었다. 정치가들도 역할을 담당했지만, 유권자에게 자신들을 부각시키는 관점에서만 생각했다. 이 시점에서, 관계적 경향을 가진 대표가 대화의 방향을 틀어서 상황을 어떻게 "정의" 내릴지 경쟁하는 대신 다양한 입장을 모두 존중하도록 도왔다. 그리고 공통의 문제로 수렴해서 상황을 돌파할 수 있도록 도왔다.

실천으로서의 조직생활

이 장에서는 주로 조직 내부 구성원 간의 관계, 보다 구체적으로 대화를 통해 이들의 세상이 어떻게 구성되는지를 다루었다. 그러나 2장의 내용을 기억해 보면 언어적 의미를 이해하는 것만으로는 한계가 있다. 사람들의 행동뿐만 아니라 물질적 환경도 고려해야 한다. 그래서 이러한 방향으로 조직에 대한 연구를 진행하는 중요한 흐름이 생겨났다. 이 움직임은 우선적으로 조직(문화, 가족, 기관 등을 포함)을 지속되는 실천의 종합물로 본다.[12] 실천은 말로도 이루어지지만 신체의 움직임, 물건들, 공간적 배치, 물리적 구조 등도 포함된다. 따라서 만일 조직의 회계 관리가 궁금하다면 회계담당자들 사이의 대화에만 초점을 둘 것이 아니라 구성원들의 일상, 기술, 업무 공간, 근무시간, 책상과 의자의 배치까지도 관심을 가져야 한다. 이런 요소들을 별개의 개체가 아닌 관계적 양상에서 고려한다. 이 모든 것이 어떻게 구성되면서 "효과적인 회계"의 결과가 발생하는지를 알아보는 것이 핵심이다. 이러한 접근을 분석해 보면 다음의 두 가지 흥미로운 점이 발견된다.

- 인간과 비인간의 경계를 허문다. 모든 요소가 전반적인 구성에 포함된다.

---

interdependence: Developing relational knowing for sustainable resource management. *Journal of Community and Applied Social Psychology*, 14, 137–153.

12 Nicolini, D. (2012) *Practice Theory, Work, and Organization: An Introduction*. New York: Oxford University Press.

- 심리학적 설명에만 의존하지 않는다. 구성원들의 "머릿속에서 일어나는 일"을 모르고서도 결과를 이해할 수 있다.

실천의 관점에서, 만일 조직 내에서 벌어지는 일을 이해하고 싶다면, 구성원들 간의 상호의존적인 행동과 그들을 둘러싼 환경을 자세히 살펴보라.

체제로서의 조직

이 마지막 섹션에서는 대화의 방향을 전환해 보려고 한다. 이 장에서 지금까지 다룬 내용은 대화로서의 조직이었다. 직원들 간의 협력적 대화를 위한 실행들을 다루었다. 그러나 리더의 위치에 있는 사람이라면, 조직 전체에 관심이 있을 것이다. 모든 부분들이 어떻게 연결되어서 조직을 돌아가게 하는가? 이를 살펴보기에 협력적 대화만으로는 부족하다. 조직의 실재를 하나의 전체로 보는 대안적 관점이 요구된다. 아래에서는 체제에 관심을 둔 접근의 간략한 역사와 구체적인 적용을 살펴보며 이 장을 마무리하겠다.

체제에 대한 관심

흥미롭게도 조직 전체의 기능을 탐구하게 된 계기는 기계의 은유에서부터다. 조직이 마치 기계처럼 기능한다면 이를 하나의 합리적 시스템으로 이해할 수 있겠다는 생각이 나왔다. 조직 내 다양한 부분들은 기계의 부속과 동일하게 여겨졌다. 경영, 마케팅, 재무팀 등은 가스 엔진의 기화기, 피스톤, 가속장치인 셈이다. 이러한 경향은 20세기 중반 과학에서의 **보편적 체제**(general systems)를 확립하려는 움직임으로 인해 가속화되었다. 이는 상호작용하는 구성단위들로 이루어진 관계들이 모여 하나의 전체를 구성하는 모든 사례들을 아우르는 일반적인 법칙을 세우려는 시도다. 생물학적 유기체, 문화, 가족, 조직 등이 모두 전체가 될 수 있다.

보편적 체제 이론가들이 특히 관심을 가진 부분은 다양한 조건하에서 이 체제들이 스스로를 유지하게 위해 어떻게 기능하는가였다. 이러한 생각은 나중에 **사이버네틱 시스템**(cybernetic systems)이라는 보다 전문화된 용어가 되었다. ("사이버네틱스"라는 용어는 "조종 장치" 또는 통제를 의미하는 그리스어에서 나왔다.) 이들은 기계와 같은 체제가 피드백 순환 고리를 통해 스스로를 조절해 가는 방식을 연구했는데, 이는 실행이나 정책의 결과에서 나온 피드백을 통해 조직의 상황을 지속적으로 향상시킴을 의미한다. 이러한 생각에서 나온 주요한 결과는 조직에서 **자기조직화 체제**(self-organizing system)라는 개념이다.[13] 만일 집단의 개별 구성원이 피드백 원칙에 따라 기능하면, 전체로서의 조직은 조직화되고 스스로 유지된다는 생각이다. 단순한 예를 들자면, 당신이 파티에서 낯선 사람과 만나고, 얼마 지나지 않아 그 사람과 재미있는 대화를 나누게 되는 방식을 찾아가는 걸 생각해 보라. 또는 팀 작업을 같이 한 사람들끼리 점점 친구가 되면서 결국 과제가 끝나고도 한참 동안 만남을 지속하는 경우를 생각해 보라. 개별 구성원들이 그 환경에 적응하면서 집단은 스스로 조직화된다.

이렇게 스스로 조직화되는 가능성에 대한 초점은 더 나아가 복잡계로 발전하였다. 복잡계란 차별화된 다양한 구조들(예를 들어, 큰 조직의 부분들)이 역동적인 상호작용의 형태로 연결되어 있는 모습이다. 복잡성이론은 조직과정 전체를 고려하는 데 도움이 되며 어떠한 면에서는 희망적이다. 앞선 추론대로 고려해 보면 체제는 시간의 흐름에 따라 적응하는 방향으로 진화한다. 함께 해 나가는 방식을 찾아낸다. 따라서 **복잡한 적응 체제**(complex adaptive systems)라고도 불린다.[14] 조직에 대한 이러한 아이디어는 상당히 중요하다. 직원들이 지속적으로 상호작용을 하다 보면 어느 한 명의 힘으로는 이룰 수 없는 방식으로 그리고 외부의 도움이나 리더가 필요 없이 스스로 조직화하기 시작한다.

---

13 Maturaña, H. and Varela, F. (1980) *Autopoiesis and Cognition: The Realization of the Living*. Boston, MA: Reidel.

14 Miller, J.H. and Page, S.E. (2007) *Complex Adaptive Systems: An Introduction to Computational Models of Social Life*. Princeton, NJ: Princeton University Press.

집단지성을 향하여

위와 같은 아이디어는 최근 많은 관심을 받아왔으며 관련된 연구와 이론이 넘쳐난다. 그러나 체제가 언제나 바람직한 방향으로만 진화할까? 경험에서 알다시피 내부갈등으로 상황이 악화되는 집단도 많다. 조직이 스스로 조직화하는 여러 단위들로 되어 있으며 각자가 다양한 기능으로 나뉘어 있다고 한번 생각해 보자. 경영, 인사, 재무처럼 말이다. 개별 기능단위 안에서 대화를 통해 의미가 만들어진다. 그런데 개별 단위들이 효과적으로 스스로를 조직화해 나가다 보면 이들 사이에서 이해의 간극이 발생한다. 만일 마케팅 팀원들끼리 "완벽한 마케팅 세상"을 창조했다면, 주변 부서가 창조한 그들만의 완벽한 세상을 인정하기 어렵다. "어떻게 그런 결정을 할 수가 있지?", "대체 무슨 생각을 한 거야?", "그 사람들은 이 상황이 이해가 안 되나?" 사실상, 집단의 크기와 상관없이 집단 안에서 스스로 조직화하는 경향은 조직 전체를 어렵게 만들기도 한다.

그림 8.3 조직 내부의 대화 영역들: 연결의 어려움

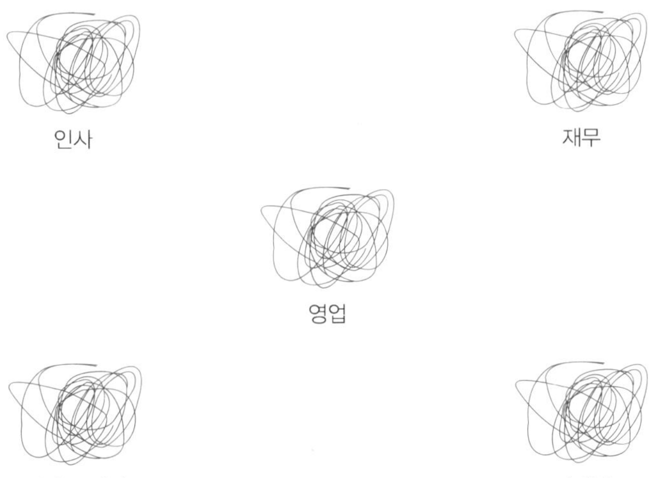

이때 집단지성이란 개념이 도움이 된다. 조직이 전체 체제로서 얼마나 똑똑한가? 모든 하위 집단들이 조직 전체의 성공을 위해서 자신들의 행동을 얼마나

잘 조율하는가? 예를 들어, 미합중국의회는 종종 집단지성으로 기능한다고 말할 수 있다. 공화당과 민주당 사이 그리고 공화당원 간의 치열한 싸움은 의회가 제대로 기능하지 못하게 한다. 그렇게 되면 나라가 위기에 처한다. 집단들 간에 제대로 된 조율이 확실하게 일어나게끔 하는 실행들은 매우 가치 있다.

어떻게 조직 안에서 집단지성이 실행될 수 있을까? 사우스웨스트 항공에 대한 조디 지텔의 연구는 좋은 사례다.[15] 그녀의 설명대로 사우스웨스트 항공사의 성공은 무엇보다도 협력을 강조하고 집단 간에 정보와 조직의 목적을 공유한 결과였다. 관리자들과 일선의 직원들이 자주 모여서 서로 간에 존중하는 대화를 나눈 것도 중요했다. 또한 회사에서 큰 역할을 담당한 사람들은 "경계 확장자들"로서, 이들의 업무에는 이메일이나 전화 대신 다양한 이해관계자 집단을 직접 만나 대화를 나누는 일이 포함되었다. 경계를 넘어선 대화에 대한 강조는 조합과 공급회사 그리고 고객들과 같이 조직 외부로까지 이어졌다. 조직 전체를 아우르는 대화를 강조한 덕분에 집단지성을 성취하게 되었다.

성찰

이 장에서는 주로 공식적으로 설립된 조직을 다루었다. 하지만 글을 쓰면서 종종 범위가 너무 좁다는 생각이 들었다. 우리가 깨어 있는 대부분의 시간을 보내는 곳은 가족, 친구들, 수업, 모임과 같은 비공식적 조직이다. 모두가 중요한 형태의 조직생활이다. 버스를 타거나 외식을 할 때, 영화를 볼 때도 조직화된 삶의 형식 안으로 들어가게 된다. 또한 컴퓨터 게임을 하고, 저녁 식사를 준비하고, 회사까지 운전을 할 때도 우리는 조직화된 삶의 일부를 담당한다. 우리가 만들지는 않았지만, 이 체제는 많은 사람들이 편안하게 사는 데 핵심이 된다. 어디를 둘러봐도 우리는 조직적으로 살아간다. 그렇다면 이 장에서 소개한 내용을 우리의 일상에 적용해 보면 어떨까? 나의 경우, 협력적 의사결정과 긍정 기반 탐구는 일상에서 도움이 되고 있다. 예를 들어, 나는 우리 가족의 가장으

---

15 Gittell, J.H. (2005) *The Southwest Airlines Way*. New York: McGraw-Hill.

로서 일부 사항을 결정하는 위치에 있다. 하지만 어찌 내 관점에 한계가 없겠는가? 나머지 가족들이 의견을 더할 때 훨씬 나은 결정을 내릴 수 있다. 또한 긍정기반 탐구를 활용해서 사람들 행동의 단점을 찾는 대신 그들이 잘하는 점을 보려고 노력한다. 그 편이 관계에 훨씬 좋은 영향을 미치기 때문이다.

추가 자료

조직의 사회적 구성

Hosking, D.M., Dachler, H.P. and Gergen, K.J. (Eds.) (1995) *Management and Organization: Relational Alternatives to Individualism*. Aldershot: Avebury.

Hosking, D.M. and McNamee, S. (Eds.) (2006) *The Social Construction of the Organization*. Copenhagen: Copenhagen Business School Press.

Weick, K. (1995) *Sensemaking in Organizations*. Thousand Oaks, CA: Sage.

조직과 관련된 내러티브와 은유

Czarniawska, B. and Gagliardi, P. (Eds.) *Narratives We Organize By*. New York: John Benjamins.

Denning, S. (2007) *The Secret Language of Leadership: How Leaders Inspire Leadership through Narrative*. San Francisco, CA: Jossey-Bass.

Grant, D. and Oswick, C. (Eds.) (1996) *Metaphor and Organizations*. London: Sage.

Holman, D. and Thorpe, R. (Eds.) (2002) *Management and Language: The Manager as Practical Author*. London: Sage.

Yiannis, G. (2000) *Storytelling in Organizations: Facts, Fictions, and Fantasies*. London: Oxford University Press.

관계적 이끎

Daft, R.L. and Lengel, R.H. (2000) *Fusion Leadership.* San Francisco, CA: Berrett−Koehler.

Drath, W. (2001) *The Deep Blue Sea: Rethinking the Source of Leadership.* San Francisco, CA: Jossey−Bass.

Hersted, L. and Gergen, K.J. (2013) *Relational Leading: Practices for Dialogically Based Collaboration.* Chagrin Falls, OH: Taos Institute Publications.

Hornstrup, C., Loehr−Petersen, J., Madsen, J., Johansen, T. and Jensen, A.V. (2010) *Developing Relational Leadership: Resources for Developing Reflexive Organizational Practices.* Chagrin Falls, OH: Taos Institute Publications.

Mcintosh, F. (2011) *The Relational Leader.* Boston, MA: Cengage Learning.

Raelin, J.A. (2003) *Creating Leaderful Organizations.* San Francisco, CA: Berrett−Koehler.

Spillane, J.P. and Diamond, J.B. (2007) *Distributed Leadership in Practice.* New York: Columbia Teachers College Press.

Whitney, D., Trosten−Bloom, A. and Rader, K. (2010) *Appreciative Leadership.* New York: McGraw−Hill.

협력적 실천

Barrett, F.J. (2012) *Yes to the Mess: Surprising Leadership Lessons from Jazz.* Cambridge, MA: Harvard Business Review Press.

Culbert, S.A. (2010) *Get Rid of the Performance Review.* New York: Business Plus.

Haslebo, G. and Haslebo, M.L. (2012) *Practicing Relational Ethics in Organizations.* Chagrin Falls, OH: Taos Institute Publications.

Rosen, E. (2007) *The Culture of Collaboration.* San Francisco, CA: Red Ape.

Sawyer, K. (2007) *Group Genius: The Creative Power of Collaboration.* New York: Basic Books.

Stelter, R. (2012) *A Guide to Third Generation Coaching.* New York: Springer.

PART 9

사회구성주의에 대한 의문

- 실재론: "그렇지만 세상은 외부에 존재한다!"
- 도덕적 상대주의에 대한 도전
- 성찰
- 추가 자료

PART

09 사회구성주의에 대한 의문

옥스퍼드 대학에서 열린 심포지엄에 연사로 초청된 적이 있다. 학계의 저명한 연구자들이 청중으로 앉아 있었는데, 반갑게도 내가 대학에 다닐 때 학생들에게 존경받던 교수도 보였다. 사회구성주의 기본 개념들을 설명하기 시작하는 순간, 그 교수가 인상을 찌푸리는 것도 내 눈에 들어왔다. 그는 일부러 동작을 크게 하면서 신문을 활짝 펼치고는 코앞까지 신문을 끌어 올리고 내 이야기로부터 자기 얼굴을 가려버렸다. 마음이 편치는 않았지만, 이런 반응이 특별한 건 아니다. 박사 시절 지도교수는 한때 나를 "밤에 짖어대는 개"라고 표현했고, 철학자들 중에는 허공에 주먹질을 하다가 테이블을 쾅 내리치는 사람도 있었다. 그러니 사회구성주의 대화들이 극적이고 새로운 이해와 행동 가능성을 열었으며 전 세계로 퍼지면서 소외된 사람들을 생산적인 협력자로 이끌어 내고 있다 해도, 여전히 많은 이들이 구성주의 생각을 불편해한다. 대가를 치르지 않고서는 진리나 객관성, 합리성, 개인의 정신, 도덕적 원칙 같은 전통적인 신념에 도전할 수 없다. "허무주의", "비합리적", "비과학적", "비도덕적"이라는 식으로 깎아내리는 말도 곧잘 듣는다. 독자들도 이 글을 읽으면서 어떤 지점에서는 때로 의혹을 품었을 거라 생각한다.

그러나 이러한 비판의 목소리를 살펴보는 것은 매우 중요하다. 쟁점들을 명료화하는 데 도움이 될 뿐만 아니라, 공감적 경청은 함께 살아가기 위한 핵심이기 때문이다. 이 장에서는 자주 나오는 비판들을 살펴보고 사회구성주의의 답변을 제시한다. 앞 장까지의 내용을 잘 읽어본 독자라면 이미 쉽게 이해가 되는 내용들이다.

1. 구성주의자들은 물질적인 세상, 삶과 죽음, 인간의 고통과 같은 실질적인 문제들은 부인하는가?
2. 왜 구성주의는 몸이나 권력의 문제에 대해서는 거의 언급하지 않는가?
3. 구성주의자들은 개인의 경험이나 정신적 문제의 중요성은 거부하는가?
4. 구성주의의 제안은 그들 자체도 해체시키는 것 아닌가?
5. 구성주의는 도덕적 혹은 정치적 입장이 있는가? 아니면 도덕적 상대주의를 옹호하는가?
6. 우리가 실재하며 옳다고 보는 것이 모두 구성된 것이라면, 가치 있는 행동이란 무엇인가? 또는 왜 그냥 원하는 대로 행동해서는 안 된다는 건가?
7. 자연과학에서 얻은 명백한 성과에 대해서 구성주의는 어떻게 설명할 수 있는가?

실재론:
"그렇지만 세상은 외부에 존재한다!"

말할 수 없는 것에 대해서는, 침묵해야 한다.

- 루트비히 비트겐슈타인(Ludwig Wittgenstein), *논리 철학 논고*(*Tractatus Logico-Philosophicus*)

구성주의 생각에 대한 주된 반응은 불신에서 오는 한탄이다. "공해나 가난, 죽음 같은 것들이 실재가 아니라고 말하는 건가요? 저 외부에 존재하는 세상이란 없으며 다 우리가 만들어냈다는 겁니까? 어이없는 소리구만!" 실재론자들은 이렇게 비판하며, 이들의 영향력은 막강하다. 그들의 말로 하면, 구성주의는 말도 안 되는 소리다. 실재론자들의 거부는 구성주의자의 제안을 오해한 데서 나온다. 구성주의는 메타 이론적 입장으로써, 공해나 가난, 죽음 또는 그와 유사한 것들의 실재를 부정하지 않는다. 예를 들어, 구성주의자는 "죽음은 실재가 아니다"라고 말하지 않는다. 그렇다고 "죽음은 실재다"라고 주장하는 것도 아니다. 1장에서 언급했듯, 사회구성주의자는 무엇이 **본질적으로** 실재이고 실재가 아닌지를 규정하려 하지 않는다. 그게 무엇이든, 단순히 그러하다. **하지만** 무엇이 진짜로 또는 객관적으로 실재하는지를 구체적으로 묘사하기 시작하는 순간, 우리는 담론의 세계로 들어간다. 사실상, 우리는 여러 개의 전통 중 하나에 참여하고 있고 그로 인해 삶의 방식이나 선호하는 가치체계를 갖는다. "저 밖에" 실재하는 세상이 있다는 주장조차 이미 서구적 인간관을 내포하는데, 이는 주관적 세상이 머리 "안에" 존재하고 "객관적" 세상이 저 밖에 존재한다는 가정이다.

확실히 실재론적인 대화는 이러한 전통 안에서 일상을 살아가는 데 필수적이다. 나 역시 세상의 문제들에 대해 허심탄회하게 말할 수 있다. 내 주변에는 매일 죽음이나 가난, 공해 같은 문제들이 있다. 일상을 살아가려면 가족, 일, 건강과 관련해서 우리가 말하는 것들이 실재한다고 여겨야만 한다. 구성주의자는 실재론적 용어로 이야기하는 것에 대해 반대하지 않는다. 그러나 이러한 매일의 실재가 의심의 여지없는 보편적 **사실**이라고 보는 것에는 주의해야 한다고 경고한다. 그것은 위험한 일이다.

무언가를 실재라고 확신하는 순간, 다른 가능성들을 막아버린다. 이러한 의미에서, 특정 순간에 가장 설득력 있고 명백해 보이는 사실은 또한 가장 제한적이다. **지구가 평평하다**는 생각을 당연히 받아들인 시절에는 "둥근" 지구라는 가능성을 탐색하고 싶은 사람들에게 여지를 주지 않았다; 잔디는 초록색이라고 믿는 사람에게, 색이란 빛이 망막에 반사되면서 나온 경험이라는 연구결과는 들어설 여지가 없다; 돌이 단단하다고 믿는 사람은, 돌의 내부가 빈 공간으로 구성되었을 거란 의심을 하지 않는다. 그것이 오늘날 물리학자들의 입장임에도 말이다. 그렇다고 둥근 지구, 망막, 돌의 빈 공간을 주장하는 이들이 실재라는 것도 아니다. 어떤 경우에는 과학적 관점이 유용할 수 있겠지만, 늘 그런 것은 아니다. 내가 만일 캔자스 지방을 차로 지나가거나, 잔디가 말라버렸다는 말을 듣거나, 돌로 문을 지지하려고 한다면, 옛날 방식으로 실재를 이해하는 게 좋다. 사실상, 무언가를 실재로 확신하면 다른 풍부한 대안이 제거되고 대안이 제거되면 다르게 행동할 가능성이 줄어든다.

또한 지금은 전 세대보다 "더 많이" 그리고 "더 잘" 안다며 강하게 주장하는 태도를 조심해야만 한다. 이런 주장을 하다 보면 무감각해진다. 뭔가 "획기적인 발전"을 해서 "드디어 제대로 안다"는 짜릿한 기분을 느낄 때마다 동시에 무언가를 침묵하게 하고 잃어간다. 예를 들어, 전 세대 사람들은 자연에 영적인 힘이 있다고 믿었고, 자연의 아름다움을 탐구하는 것이 신에게 다가가는 길이라 여겼다. 물론 오늘날 우리는 "더 많은 것을 안다." 세상은 단지 물질이며, 미립자로 구성되어 있다. 영성은 그것과 아무 관련이 없다. 우리가 물질적 세상의 "진짜 실재"에 대해 만족할수록, 예전과 같은 영적 영역에 대한 감사함은 버려진다. "물질적 세상"에 대한 언어에 몰두할수록, 신비하고 경이로우며 매혹적인 소중한 목소리들을 잃어간다. 그 결과 자연을 경시하고 지구를 황폐화시킨다.

과학이 우리에게 사랑이란 단지 호르몬 각성이고, 종교의식은 뇌가 결정하며, 엄마가 아이를 돌보는 것은 유전적 기질이라고 말할 때도 동일한 문제가 발생한다. 인간의 행동을 "단지 생물학적" 작용으로 정의 내리는 순간 이들은 무미건조하고 무의미해진다. "당신을 사랑해요"라는 말 대신 "당신은 내 호르몬을 활성화시킵니다!"라고 할 수는 없다. 당신은 진정 신비하고 경이로우며 의미 있는 담론들을 포기하고 싶은가? 구성주의자에게 이 둘은 모두 가능한 세계다.

실재를 의심 없이 믿는 것은 이처럼 위험하다. 실재에 대해 단정 짓고, 그래서 진실이란 무엇이고, 어떤 일이 진짜로 일어났으며, 반드시 이렇게 되어야만 한다고 주장할 때 대화의 가능성이 닫힌다. 실재에 대한 주장은 대화를 깨는 주범이다. 실상 억압하는 기능을 한다. 무엇이 진짜로 존재하며 정말로 사실인지에 대한 주장은 서로를 갈라놓는다. 다른 사람의 전통을 부정하고 그들의 가치를 지워버린다. 지금까지 진리라는 이름으로 희생된 사람이 얼마나 많았는가?

정신상태에 대한 질문

나는 생각한다, 고로 나는 존재한다.

- 르네 데카르트(René Descartes), *방법서설(Discourse on Method)*

어떻게 우리는 "나는 믿는다...?"와 같은 표현을 사용하게 되었는가?
어느 순간 믿는다는 현상을 인식하기라고 했을까?

- 루트비히 비트겐슈타인(Ludwig Wittgenstein), *철학적 탐구(Philosophical Investigations)*

일상에서 "생각하다", "바라다", "원하다", "필요하다", "기억하다"와 같은 단어를 쓰는 상황을 생각해 보자. 그리고 "사랑", "슬픔", "기쁨"을 이야기하는 것이 우리의 관계에 얼마나 중요한지 고려해 보자. 앞 장에서 제안했듯, 마음에 대한 담론은 문화적으로 구성된다. 하지만 여기서 사람들은 이렇게 비판한다. 사회구성주의자들은 마음의 언어를 버리겠다고 주장하는가? 잘못된 이해의 전통을 바탕으로 할 경우 이러한 언어 역시 잘못된 것 아닌가? 구성주의자들은 "전통적 이야기들"을 우리의 일상에서 지워버리겠다는 것인가? 심리학과 정신과처럼 "마음"을 그 중심에 두는 영역은 그럼 무엇이란 말인가? 구성주의자는 이들 분야도 의심하는가? 심리치료자가 내담자의 "내면의 삶"이나 "체험"을 탐색하는 모든 임상 장면은 무엇이란 말인가? 그리고 개인의 주체성은 어떠한가? 자유롭게 선택하고 그에 따른 책임을 수용한다는 신념을 버리길 원하는가? 구성주의는 이 모든 것을 파괴하는가?

신경과학이 구조에 나서다!

실재론자들은 정신상태라는 개념을 강력히 지지한다. 그 바탕에는 오늘날 신경과학에 대한 대규모 투자가 있다. 뇌 스캔 기술(fMRI, PET, EEG, MEG 등)로 인간의 정신에 직접 다가갈 수 있다는 생각은 사람들에게 흥미를 주며 인기를 끌고 있다. 주로 사람들이 무언가에 열중할 때, 예를 들어 문제를 풀거나, 기억하거나, 협상을 하거나, 우울하거나, 명상을 할 때, 활성화되는 신경/화학적 활동을 측정한다. 만일 수학문제를 풀 때 특정 영역이 활성화되면 수학적 사고를 유발하는 신경적 기반의 증거로, 만일 슬픈 영화를 볼 때 활성화되는 영역이 있다면 감정의 신경적 기반의 증거로 받아들인다. 더 이상 사람들의 머릿속에서 일어나는 일을 추측만 하고 있을 필요가 없다. 바로 눈앞에서 증거를 볼 수 있으니까. 이를 바탕으로 신경과학자들은 생각이나 감정뿐만 아니라 공감, 분노, 리더십, 도덕적 결정과정 등등이 대뇌피질에서 나옴을 밝힌다고 주장한다.[1]

당연히 구성주의자가 보기에 이러한 "결과"는 어떠한 현실도 장담하지 못한다. 특정 역사적 시대의 특정 과학자 집단에서 구성된 것일 뿐이다. 이미 뇌가 행동을 조절한다는 가정을 공유한 이후에 연구가 시작된다. 즉, 정신상태라는 것이 존재하며, 정신상태가 뇌의 상태에 뿌리를 둔다고 가정한다. 이들은 여러 전통 중 하나일 뿐이다. 게다가 이러한 연구 자체에 심각한 결함이 있다. 연구에 내재한 구체적인 방법론적 문제를 말하는 것이 아니다. 그보다, 나는 그러한 연구 논리에 심각한 결여가 있음을 우려한다.

어떤 사람의 내면에서 느끼는 생각을 우리는 어떻게 알 수 있을까? 이는 몹시 어려운 과제이며, 결국 추측을 벗어날 수 없다. 심리학자들은 보다 정확하게 추측하려고 노력한다. 예를 들면, 누군가가 우울증인지를 알고 싶다면 행동양식을 검토하는 체크리스트를 주로 사용한다. 과하게 잠을 자는가? 너무 적게 먹는가? 피곤을 느끼는가? 등등. 하지만 조금만 생각을 해 보면, 이러한 지표 그 어느 것도 그 사람이 우울증임을 확실히 말해 주지는 못함을 알 수 있다. 단지 "증상"일 뿐이다. **어떠한 것의 증상**인지 확실하게는 모른다. 왜 과도한 수면을 우울의 신호라고 생각하는가? 너무 적게 먹거나 동기부여가 안 되는 것이 왜 우울의 신호인가? 우울이 무엇인지 정확히 알지도 못하는데 그 증상은 어떻게 알 수 있는가? 그러하다면, 심리학자들의 측정은 우리의 일상적 추측과 별반 다를 바 없다.

신경과학이 구조에 나선다. 뇌 스캔을 사용함으로써 기존에 불확실하게 우울진단을 받은 사람의 신경 상태를 관찰할 수 있다고 주장한다. 우울증 체크리스트에서 높은 점수를 받은 사람들의 독특한 신경 상태를 발견하면, 체크리스트에서 낮은 점수를 받은 사람의 뇌 상태와 다른 패턴을 알 수 있다고 판단한다. 그런데, 잠시. 관찰된 뇌의 상태가 "우울증"이라는 사실을 어떻게 확신할 수 있는가? 혹시 "정신적 문제", "분노", "억압적인 상황으로부터의 회피", "깊은 불안", "슬픔", "실망" 또는 "인지적 통합과 재구성"일 가능성은 어떻게 배제할 수 있는가? "뇌 스캔을 판독"하기 위해서 신경과학자들은 문화적 전통에 기반을 둔 단어와 신념구조를 사용할 수밖

---

1 이러한 비판을 더 자세히 보려면, Gergen, K.J. (2010) The acculturated brain. *Theory and Psychology*, 20, 795–816.

에 없다. 뇌 스캔은 그 자체로 명백히 말해 주지 않는다. 이것이 우울, 속임수, 신뢰, 공감, 도덕의 증거라는 제안은 단지 문화적 신념에 지나지 않는다.

이에 대응해서, 지금쯤이면 구성주의자들이 실재에 대한 **어떠한** 주장도 없애자고 제안하지 않는다는 점이 명확해져야 한다. 전통을 파괴하는 것이 아니라, 흡수하고, 질문하고 창조하자고 제안한다. 자신이 선호되는 실재가 구성되었다고 이를 버릴 이유는 없다. 세상에서 모든 구성물을 버린다면 그저 침묵밖에 남지 않는다. 구성주의자는 정신이 정말로 사실인지 아닌지를 묻지 않는다. 더 중요한 질문은, 문화적인 삶에서 주고받는 정신적 담론이 어떠한 결과를 가져오는가다. 바로 여기에 대화를 해야 할 중요한 이유가 있다. 다음을 고려해 보자.

정신 관련 용어들이 갖는 실질적 의의는 상당하다. 정신에 대한 언어는 서양 문화에서 중요한 역할을 차지한다. 예를 들어, 열정, 사랑, 욕망, 그리움 같은 언어가 없이는 낭만적 사랑이란 전통에서 살아가기 힘들다. 그러한 언어는 상대를 응시하고, 손을 잡고, 어루만지는 것과 마찬가지로 사랑을 지속시키는 데 핵심이 된다. 유사하게, "이성", "기억", "집중"같이 객관화시키는 언어가 없다면 교육기관은 흔들릴 것이다. 만일 "의도", "의식적 선택", "옳고 그름에 대한 지식"이라는 언어가 없다면 사법기관은 사라질지 모른다. "개인의 생각"과 "자유로운 선택"이란 언어를 우선시하지 않으면 민주주의라는 이념 자체가 성립되지 않는다. 심리적 담론은 서양 문화 전통에서 핵심 요소다. 그러한 의미에서, 심리학, 인류학, 역사 같은 전공들은 문화적 전통을 짊어지고 있다. 정신과 관련된 언어, 그리고 그러한 언어가 사용되는 관계의 형태를 유지시킨다. 동일한 논리가 정신과나 임상심리 같은 정신건강 분야에도 적용된다. 이들 분야는 인간의 변화와 관련된 단어들로 작업한다. 사람들은 살면서 "무의식적 바람", "숨겨진 갈망" 그리고 자신을 드러내고 심리적 성장을 하고픈 마음에 행동을 바꿔나간다. 나 역시 구성주의적 생각들을 유지하면서도 내 관계에 대해 심리학적 용어를 계속 사용할 수 있다.

그러나 구성주의 대화는 우리가 그 안에서 비판적인 인식을 잃지 않도록 해 준다. 혹시 삶에 해가 되는 전통적 방식은 없는지, 어떻게 새로운 대안을 만들지 생각해 보도록 한다. 7장에서 설명했듯, 정신과에서 붙이는 각종 병명은 사회적으로 파괴적인 결과를 낳는다. 사람들의 문제가 "그들의 머릿속"에 있다는 시각은 근시안적이다. 훨씬 나은 대안적 생각을 억누른다. 우리는 또한 4장에서 정신에 대한 언어가 개인주의 사상을 낳으며 그로 인해 고립과 자아도취, 착취가 생겨난다는 논의를 했었다. 정신이 머리 안에 있다는 생각을 버리고 싶지 않을 수도 있겠지만, 대안들에도 열린 자세를 취할 필요가 있다. 만일 대안이 없다면 새롭게 만들어낼지라도 말이다.

몸, 권력, 그리고 물질적 세상

이 책에서는 언어가 우리의 세상을 구성하는 방식에 대해 많은 이야기를 했다. 예를 들어, 내러티브나 은유를 논의할 때는 담론을 핵심으로 다루었다. 이에 대해 비판가들은 반발한다. "인생은 언어만으로 이루어진 것이 아니다", "말을 하는 건 사람인데, 사람의 몸은 왜 언급하지 않는가?", "그리고 모든 사람들이 동등하게 세상을 구성하는 게 아니라 권력에 따라 차이가 큰데, 왜 인간의 몸이나 권력은 다루지 않는가?" 구성주의에서도 이러한 이슈는 중요하다. 구성주의로 향하는 이들의 비판은 보편적인 혼동에서 발생한다. 주로 일반적 경향으로서의 사회구성주의와 작업 단어로서의 사회구성주의를 구별하지 못한 데서 기인한다.

1장의 내용을 떠올려 보면, 구성주의는 **모든 지식에 대한 주장에 접근하는, 또는 이들을 이해하는** 방식을 제공한다고 했었다. 여기에는 실재에 대한 모든 묘사나 설명, 모든 형태의 추론 방식, 가치에 대한 모든 선언 등이 포함된다. 철학적 용어로, 구성주의는 초보적인 형태의 사회적 인식론 또는 지식에 대한 이론을 제공한다. 이러한 생각은 메타적 관점을 의미하며, 구성주의가 거대한 우산역할을 하며 그 아래에 모든 전통들, 예를 들어 물리학, 화학, 생물학, 세상의 모든 종교 등이 놓인 형태다. 이 모든 전통은 사실적 언어로 이야기하지만, 모두 구성된 세상이다. 그리고 **우산 아래에는 구성주의 담론과 실행 역시 들어 있다.** 담론분석, 내러티브 연구, 입장이론, 관계이론 같은 예시들이 모두 우산 아래에 놓인다. 여기에서 학자들은 구성주의 생각을 사실을 말하는 것처럼 다루는데, 이는 구성주의가 진실이어서가 아니라 지구의 바람직한 미래에 기여할 가능성 때문이다.

여기까지 하고, 다시 몸과 권력의 부재 문제로 돌아가 보자. 메타 레벨의 측면에서 보면 이들의 비판은 정확하다. 메타 레벨에서 구성주의는 일반적인 경향을 다루기 때문이다. 역사적이고 문화적으로 자리 잡은 모든 신념을 파악하는 식으로 세상에 접근한다. 이러한 경향을 몸, 권력, 감정, 사회 구조와 같이 구체적으로 설명된 이론으로 채운다면, 일반적인 경향에 지식에 대한 근본주의적 이론을 덧붙이는 결과를 낳는다. 메타 레벨 단계에서는 몸이나 사회 권력 같은 개념은 불필요하며 자칫 잘못된 이해를 가져올 수 있다. 구성주의 경향을 제대로 이해하는 수단으로서 불필요하다. 반면, 우산 **아래**에서라면 이러한 논의는 당연히 받아들여진다. 실재로서의 몸을 언급하지 못할 이유가 없다. 예를 들어, 행위자로서의 사람이라는 은유를 탐구하는 구성주의자들은 몸에 대해 할 말이 많다(5장 참고). 권력도 마찬가지다. 푸코의 권력/지식 이론(1장 참고)은 좋은 예다. 많은 구성주의 저작들이 푸코의 이론을 확장해서 다루고 있다.

구성주의는 결국 자기 패배적인가?

> **핵심은 답변을 늘어놓는 것이 아니라, 다르게 행동할 수 있도록 만드는 것이다.**
>
> - 수잰 캐플러(Susanne Kappeler),
>
> *재현된 방식으로서의 포르노(The Pornography of Representation)*

수 세기에 걸쳐 많은 철학자들이 객관이나, 진리, 경험적 지식의 개념을 비판적으로 검토해 왔다. 이러한 다양한 형태의 회의론에 대한 주된 답변은 아마도 플라톤의 『대화론』에서 처음 제기되었는데, 그 내용을 요약하면 이렇다. "만일 회의론자들의 주장대로 진실, 객관 또는 경험적 지식이라 할 것이 없다면, 회의론은 어떠한 근거를 바탕으로 하는가? 회의론자의 제안은, 그들의 설명대로, 진실, 객관 또는 경험적 지식이 될 수 없다. 따라서 회의론은 앞뒤가 맞지 않는다. 자신들의 입장을 진실로 받아들이라고 요구하면서 동시에 진실이란 없다고 주장한다." 구성주의자의 주장도 이러한 형태의 비판적 반응을 불러올 수 있다. 만일 모든 실재가 사회적으로 구성되었다면, 어떻게 구성주의는 사실일 수 있겠는가? 구성주의 자체도 구성된 것 아닌가?

이러한 질문에 구성주의자들은 답한다. "맞다, 실로 그러하다! 그런 점이 구성주의의 매력이다." 구성주의자들은 구성주의 제안이나 논의가 진실이나 객관적 사실 또는 경험에 근거한다고 주장하지 않는다. 구성주의 아이디어는 세상을 있는 그대로 보여주는 지도가 아니라, 사람들이 사용할 수 있는 자원이다. 구성주의자들은 자신들의 주장이 은유나 서사로 짜여 있으며, 역사적이고 문화적인 특정 전통 안에 위치하고 있음을 인식한다. 그런데 여기서 두 가지 면에 주목해 보자. 우선, 구성주의 그 자체가 구성된 것이라 주장할 때, 비판가들은 구성주의자의 입장을 취하게 된다는 점이다. 다시 말해, 구성주의를 무효로 만들려고 시도하면서 구성주의의 주장을 사용하고 있다. 그리고 이보다 중요한 점은, 구성주의자들은 비판적 논의를 환영한다는 점이다. 그러한 성찰 속에서 구성주의 담론이 독단적인 교리가 되는 것을 피하고, 마치 "새로운 진실"인 듯 주장하지 않게 된다. 구성주의 아이디어에 질문을 던짐으로써, 구성주의 담론이 다양한 상황에서 어떠한 역할을 하는지, 무엇을 얻고 무엇을 잃는지, 그 잠재력과 한계는 무엇인지 돌아볼 수 있다. 사실상, 구성주의는 모든 것을 종합하는 **마지막 한마디**를 제안하는 것이 아니라 삶에 대한 접근 방식으로서, 우리가 진실을 주장하며 대화를 종식시켜 버리는 세상을 만들지 않도록 도와주는 역할을 한다.

전 세계적으로 많은 사람들이 자신들의 방식이 **유일한 방식**임을 증명하려 애써왔다. 권력자들은 자신들의 삶의 방식이야말로 이성이나 경험적 사실, 자명한 증거 또는 신의 계시와 같이 견고한 바탕을 기반으로 한다고 주장해 왔다. 그리고 누가 더 근본적인지를 놓고 전 세계적으로 수많은 전쟁이 벌어진다. 얼마나 불행한가! 어떠한 신념도 근본적인 토대가 될 수는 없다. 여기에는 늘 이러한 근본을 뒷받침해 주는 것이 무엇인가에 대한 질문이 남는다. 예를 들면, 과학자들은 모든 경험적 증거가 확인되었으며 반대되는 증거가 없다면 특정 이론이 진실에 근접한다고 이야기한다. 하지만 어떠한 근거로 진실에 대한 경험적 증거가 정당화될 수 있을까? 현장에 나가서 자료를 더 수집하는 방식으로 경험적 지식을 설명하는 것은 전혀 적합하지 않다. 이론을 증명하려는 시도는 이미 그 이론에 몰두해 있는 상태이기 때문이다. 진실에 대한 경험적 관점을 경험적으로 증명하려는 것은 그 안에서 돌고 돌 뿐이다. 그리고 그 밖의 다른 근거를 사용해서, 예를 들면 "그 이론은 논리적으로 봤을 때 옳다"라고 주장하는 순간 원래의 제안은 미묘하게 약화된다. 경험주의적 진실을 논리로써 증명한다면, 무엇이 진실인지를 말해 주는 것은 경험 자료가 아니라 논리라는 말이 된다. 사실상, 스스로를 정당화할 수 있는 진실에 대한 주장은 없다. 이러한 갈등은 무의미할 뿐만 아니라 논의가 더 이상 진행되기 어렵게 한다. 일단 자신들이 근본이라고 주장하는 순간 사람들 사이에 벽이 세워진다.

내 생각에, 구성주의자들은 자신의 주장을 근본원리로 정당화하는 자체를 피하며, 이로써 지식을 보는 독특한 관점을 갖는다. 구성주의는 반드시 따라야 하는 신념이나 교리가 아니다. 오히려 행동을 위한 도구에 가깝다. 원할 때 꺼내서 사용할 수 있다. 그렇게 사용했을 때 우리가 함께 어떠한 세상을 만들 수 있는가? 그것이 가장 중요한 질문이다. 그리고 이 질문에 대한 많은 답들을 앞선 장들에서 논의했다.

도덕적 상대주의에 대한 도전

유대인 철학자인 친구와 점심을 먹었을 때의 일이다. 내가 구성주의에 대한 설명을 하자 그 친구는 점점 기분이 상한 듯 보였다. 그러더니 얼굴이 벌게져서 더 이상 함께 밥을 못 먹겠다고 일어서버리는 게 아닌가? 그는 마치 내가 나치에 동조하며 홀로코스트에 대해 전혀 규탄하지 않는 것처럼 받아들였다. 그런 식의 관용이 도덕적으로 불쾌했던 것이다. 한동안 대화를 나눈 뒤에야 우리는 다시 편해질 수 있었다. 여기서 여러분은 구성주의에 대한 주요 비판이 얼마나 강한지 느꼈을 것이다. "모든 가치가 사회적으로 구성되었다면 도덕적 행동을 할 필요도 없겠군. 구성주의자들은 모든 걸 용인하고 어떤 것도 지지하지는 않는 것 같으니. 도덕적 상대주의자들!"

이러한 비판이 정당한가? 우선 "도덕적 상대주의자"라는 폄하는 옆으로 치워두자. 내가 아는 한 "모든 도덕적 가치가 동일하다"고 생각하는 구성주의자는 아무도 없다. 다양한 도덕적 전통이 있음을 이해한다고 해서 바로 "이 모두가 동일하다"는 결론으로 이어지지는 않는다. 오히려 대부분의 구성주의자 동료들은 나와 생각이 비슷하다. 특정 삶의 방식을 다른 것보다 선호한다. 우리가 지지하는 가치를 상대적으로 좋게 느끼고 다른 사람들도 세상을 이렇게 보길 바란다. 실로 많은 구성주의자들은 사회정의, 지구의 평화, 개인과 지구의 행복을 바라고 이로써 동기부여된다. 구성주의는 페미니스트, 소수 민족, 마르크스주의자, 게이와 레즈비언, 고령인구, 빈곤층을 위한 대화의 장을 펼치며, 기득권이 주도하는 "진실"과 "사실들"에 도전한다. 모든 종교나 영적, 정치적, 사회적 가치전통들은 목소리를 낼 수 있다. 그러나 구성주의와 다른 가치집단의 중요한 차이는, 구성주의자들은 자신들의 가치가 다른 것보다 근본적으로 우월하다고 주장하지 않는다는 점이다. 어떠한 주장도 최종 우위를 주장할 근거가 없음을 이해한다.

이상의 설명을 바탕으로, 한번 반대되는 가능성을 고려해 보자. 만일 구성주의자들이 비판적 목소리에 귀를 기울이고 가치판단을 내린다면 어떻게 될까? 크리스천을 위한 또는 마르크스주의나 이슬람 또는 자유주의자를 위한 구성주의라면? 당신은 진정으로 구성주의자가 선악에 대한 우주적 가치판단을 내리거나 또는 모든 사람이 따라야 하는 삶의 방식을 성립하길 원하는가? 아마도 아닐 것이다. 특히 구성주의가 도덕적으로 얄팍하다고 비판하는 사람들은 어떠한 가치판단에도 관심이 없다. 이들이 원하는 것은 어떠한 도덕적 입장이 아니라 자신들의 특정 가치에 대한 헌신이다. 우리는 우리가 속하지도 않은 어느 집단이, 예를 들면 종교나 정치, 학문적 집단 등이 모든 사람들에게 적용되는 도덕을 만들길 바랄까? 아무리 유지되길 바라는 가치나 도덕적 이상 또는 정치적 올바름일지라도 이것 하나만을 온전히 추구하다 보면 다른 대안적 가치들을 지워버리게 된다. 개인의 자유를 제한 없이 추구할 때 공동체는 무너진다. 솔직함을 최우선으로 추구할 때 개인의 사생활은 위협받는다. 공동체의 안위만을 추구할 때 개인의 주도성은 파괴된다. 다시 묻고 싶다. 우리는 진심으로 모든 시대의 모든 사람들을 판단내릴 윤리적 기준을 만들길 원하는가?

보다 중요한 것은, **근본주의를 내세우지 않는 도덕성**으로, 이는 구성주의에 더 걸맞고 세상에 새로운 희망을 제시한다. 앞서 제안했듯, 가치를 강하게 추구하면 여기에 동의하지 않는 사람들이 배제된다. 만일 우리가 높아지는 세계의 폭력, 테러, 대학살을 원하지 않는다면, 강한 가치가 아닌 대안을 고려해 볼 필요가 있다. 구성주의 학자와 실행가들은 바로 이러한 영역에서 활발히 활동한다. 앞선 장들에서 보았듯, 구성주의자들은 서로 갈등하는 실재들 사이의 문제를 해결하고자 한다. 예를 들어, 공공 대화 프로젝트나 전환적 대화 등이 이러한 역할을 한다(5장). 대화를 통해 서로 적대시하는 분위기를 벗어나 의미를 만들어가는 과정을 지속시키려고 노력한다. 조직 내에서 대립관계에 있는 집단들이 함께 더 나은 미래를 만들어가도록 돕는 긍정기반 탐구(8장)도 눈여겨볼 방식이다. 이 과정에서 구성주의가 어떠한 근본가치를 암시하고 있는가? 그렇지 않다. 구성주의자들 역시 특정 문화와 역사적 전통에 참여하고 그 안에서 행동한다. 따라서 이러한 대화적 실행을 제안하는 것은 전통의 표현이다. 그러나 그 가치가 모두에게 보편적이라고 가정하지 않는다. 그리고 만일 이 과정이 갈등하는 전통끼리 최악으로 치닫도록 싸우거나 또는 협력적으로 미래를 만드는 과정에 참여하거나 둘 중에 선택하는 것이라면, 당신은 무엇을 선택하겠는가?

행동할 가치는 무엇인가? 충만한 삶에 대한 질문

> 만일 내가 당신들 구성주의자의 주장을 깊이 수용한다면,
> 월요일 아침부터는 아무것도 안 해도 되겠는데요.
> - 동료와의 개인적 대화에서

많은 비판가들은 구성주의의 주장이 환상을 깨버린다고 느낀다. 사람들은 왜 행동해야 할지에 대한 명확한 이유와 굳게 믿을 가치를 원한다. 그들의 단단한 기반이 "단지 구성된 것"임을 발견하면 행동하려는 의욕이 사라질 것이다. 만일 불합리와의 싸움 속에 내재하는 가치란 없으며 단지 문화적 구성일 뿐이라면, 왜 구태여 신경 쓰겠는가? 정신이 사회적 구성이라면 어떻게 심리학이

나 교육학의 정신 관련 연구를 진지하게 받아들이겠는가? 사랑이 우리가 만들어낸 무엇이라면, 우리 대부분이 헌신하는 관계들을 훼손하는 것 아닌가? 의도라는 것이 문화적으로 구성되었다면 왜 누군가가 자신의 행동에 책임을 져야 하는가? 도대체 행동할 필요가 무엇이란 말인가?

이에 답하기 위해서, 비판들을 보다 자세히 살펴보자. 이러한 주장들 사이에는 어떠한 가정이 놓여 있는가? 주요한 한 가지는, 삶에 어떠한 근본기반이 없거나 또는 좋은 논리에 기반을 두지 않은 삶이란 살아갈 가치가 없다는 가정이다. 우리는 어떻게 해서 근본적인 무언가가 의미 있는 삶을 사는 데 핵심이 된다고 믿게 되었을까? 어렸을 적에는 그러한 신념 없이 잘 지냈다. 합당한 이유 같은 것 없이도 몇 시간 동안 모래성을 만들고, 인형의 집을 만들고, 어른들의 옷을 입어보거나, 공을 찰 수 있었다. 그 와중에 "내가 지금 시간낭비를 하는 걸까?", "이 모래성은 실재인가?", "이 행동이 도덕적으로 정당한가?"라고 질문한 적은 없다. 행동의 기저에 강력한 이유가 필요하다는 생각은 문화전통에서 나온다. 그렇다면, 우리에게는 이러한 전통을 유지하고 싶은지 질문해 볼 자유가 있다.

구성주의자들은 우리의 욕구, 헌신 그리고 삶의 목적이 어디에서 나오는지 살펴보기 시작한다. 무엇이 우리 안의 무언가를 터뜨리는 걸까? 앞선 논의들에서 제안했듯, 우리의 관계가 삶에 생기를 불어넣는다. 관계들에 참여하면서 우리는 가치와 정의, 즐거움을 얻는다. 스포츠를 예로 들어보자. 경기에서 이기면 벅차오르고, 지면 맥이 빠진다. 이는 경기가 근본적인 진실이나 도덕성을 바탕으로 하고 있어서가 아니다. 경기에서 직접 뛰든 관람을 하든, **그 자체가** 실재이고 선이다. 한스 게오르크 가다머는 "경기가 선수를 붙잡아두고, 경기로 끌어들이며, 계속 그 안에 머물도록 한다"[2]고 하였다. 그러나 우리는 경기가 사회적 구성물임을 알고 있다. 우리가 만들었다. 여기서 중요한 단어는 **우리**다.

삶의 의미는 어떨까? 구성주의자들이 제안하듯, 우리가 서로에게 마음을 열고 그들의 가치와 즐거움의 원천을 탐색하기 시작할 때 삶은 의미를 갖게 된다. 관계 안에서 자신의 삶을 충만하고 즐겁게 하는 스스로의 가능성이 확

---

2 Gadamer, H.G. (1976) *Truth and Method*. New York: Seabury, pp. 95–96.

장된다. 당신이 가장 의미를 두고 즐기는 활동을 생각해 보면, 이것이 늘 관계에서 나온다는 걸 발견할 수 있다(4장 참고). 물질적인 것 그 자체는 공허하다. 새 옷, 새 차, 큰 집 등은 그 자체만으로 중요하지는 않다. 중요한 것은 관계를 가꾸는 일인데, 정작 우리는 무언가를 얻고 소비하는 데 시간을 허비한다. 삶의 의미를 찾지 못해 고통받거나 우울해서 자살하는 사람들은 어떨까? 약물이 임시처방이 될 수 있겠지만, 좋은 관계에서 의미 있는 삶이 나온다.

페미니스트 운동은 해체되는가?

사회운동은 참여자들이 믿는 실재와 선에서 힘을 얻어 지속된다. 페미니스트 운동도 마찬가지다. 페미니스트 운동은 젠더 간 불평등 문제와 그 밖에 여성이 남성에 의해 사회에서 평가절하되고, 희롱당하고, 학대받는 문제에 대한 우려에서 촉발되었다. 많은 페미니스트들 역시 구성주의의 메시지에 저항감을 느낀다. 구성주의가 그들의 움직임의 기반을 망가뜨린다고 보기 때문이다. 불평등 같은 개념이 단지 구성된 개념이라면, 성희롱이나 남성의 폭력 등은 무엇이 되는가? 심지어 여성과 남성이라는 구분이 구성된 것이라니! "여성"이라는 것이 없다면, 페미니스트 운동의 근거도 없어질 것이다.

나는 이러한 비판과 오랜 시간 같이 해 왔다. 내 아내 메리는 페미니스트 운동에 열의를 가진 사람이지만, 또한 매우 구성주의적 책인 『심리학에서의 페미니스트 재구성』[3]의 저자이기도 하다. 그녀는 이러한 비판을 어떻게 다룰까? 우선 그녀는 "단지 구성물"이라는 표현에 도전한다. 그러한 표현을 사용하는 사람은 이 세상에 구성되지 않은, 즉 실제로 알 수 있는 세상이 존재한다고 가정한다. 구성된 것은 사실상 신화 같은 것이며 "우리는 실재의 세계에 살아야만 한다"고 말이다. 하지만 세상에 존재하는 그 어느 것도 특정 방식으로 해석하고, 묘사하고, 설명해 달라고 우리에게 요청한 적이 없다. 그리고 우리의 행동은 이러한 해석, 묘사, 설명과 밀접하게 얽혀 있다. 우리는 자신이 속한 구성된 세상에서 벗어날 수 없다. 해석 없이는 아무것도 존재하지 않는다. 사실상 두 개의 젠더가 있다는 생각은 별로 중요하지 않은데 왜냐하면 구성된 것이기 때문이다. 단지 이러한 관점이 널리 공유되는 구성이므로 중요성을 갖는다. 불평등, 성희롱, 폭력 등에 대한 이해도 모두 이와 비슷하다. 우리는 이

---

3 Gergen, M.M. (2001) *Feminist Reconstructions in Psychology: Narrative, Gender and Performance*. Thousand Oaks, CA: Sage.

러한 구성된 세상에서 살아가며 행동한다.

메리의 관점에서 보면, 페미니스트 실재에 참여하면서 동시에 그것이 구성된 것임을 이해하는 능력은 그녀에게 몇 가지 대안을 제공한다. 그녀는 여기에 참여하면서 동시에 페미니즘이라는 실재가 언제나 어디서나 가장 도움이 되는 건지 질문을 던져 볼 수 있다. 예를 들어, 남성을 악당과 폭군으로 구성하는 것이 얼마나 도움이 되는가? 때로 신경에 거슬리는 불평등에서 초점을 옮겨 평등이 실현되는 장소를 다루는 것이 도움이 될까? 그녀에게 있어 페미니스트 운동은 상황에 따라 다양한 실재를 활용하는 능력을 통해 풍성해진다.

사회구성주의는 "서양 사람들이 다른 지역에 전파하려는 말인가?"

구성주의 학자들은 오랜 시간 실재와 선에 대한 다양한 주장의 기원을 탐구해 왔다. 어딘가에서 진리란 무엇이고 무엇이 정말로 옳은지 주장을 하면, 구성주의자들은 재빨리 "이러한 주장은 누구의 전통을 보여주는가? 누구의 목소리가 제외되어 있는가?" 묻는다. 마찬가지로 비판가들은 구성주의를 향해 동일한 비판을 제기한다. 구성주의는 서양 전통에서 한 갈래 뻗어나온 결과는 아닌가? 다른 문화로 확장될 경우 미묘한 형태의 식민주의가 되는 것은 아닌가? 조그만 목소리로 "우리는 당신들보다 더 잘 알기 때문에 당신들은 우리를 본받아야 해"라고 속삭이지는 않는가? 독자 여러분이 지금까지 각 장의 마지막마다 제시한 자료들을 한번 훑어본다면 이러한 비판의 몇몇 이유들을 알 수 있을 것이다. 거의 대부분이 서양에서 나온 출판물들이다.

이에 대한 답변으로, 먼저 구성주의 아이디어가 고정된 것이 아님을 확실히 할 필요가 있다. 모든 사람이 여기에 기여한다. 지금 이 순간에도 전 세계에서 대화가 진행되며, 다양한 언어로 된 출판물, 여러 공동체, 웹사이트들을 찾을 수 있다. 궁금한 독자는 www.taosinstitute.net에서 여러 활동을 살펴봐도 좋다. 만일 구성주의가 서양에서 나머지 지역으로 전파하는 개념이었다면, 이러한 대화는 불가능했을 것이다. 단순히 경청하고, 모방하고, ... 그리고 저항했을 것이다. 하지만 많은 문화들에서 이미 참여할 준비가 되어 있었다. 구성주의 아이디어는 이미 존재했었고, 오늘날의 대화들이 단지 일어나기만을 기다려왔다. 세계의 주요 문화 전통들은 공동체를 강하게 강조하는데 이는 개인을 우선시하는 서양 문화와는 다르다. 공동체의 강조는 관계를 우선시하기 때문에 이는 개인주의를 선호하는 서양보다 훨씬 더 구성주의 아이디어에 부합한다. 또한 특정 전통은 구성주의와 맞닿아 있는데, 다음을 고려해 보자.

불교 전통에서 고통은 우리가 일상적으로 말로 구분 짓는 데서 발생한다. 예를 들어, 자기와 타자 그리고 성공과 실패라는 구분을 짓지 않는다면 부실한 성과로 고통받지 않는다. 명상은 이러한 구분을 초월하는 주요 수단이다. 그저 모두 내려놓는다. 명상은 해체의 수단이기도 하다.[4] 불교 전통의 선문답도 비슷하다. 수수께끼 같은 선문답은 우리가 의지하는 일반적인 논리를 뒤집어보기 위해 설계되었다. 아래와 같은 선문답은 오늘날 구성주의자들이 썼다 해도 맞을 것이다.

> 만일 당신이 이것을 막대기라고 한다면, 당신은 긍정한다.
> 만일 당신이 이것을 막대기가 아니라고 한다면, 당신은 부정한다.
> 긍정과 부정을 넘어서, 이것을 무엇이라고 하겠는가?

중국의 도교 철학도 비슷한 방향으로 움직인다. 『도덕경』에서는 모든 지식이 주관적이며 이동한다고 보는데 이는 한 사람에서 다른 사람으로 소통되기 때문이다. 이 책의 48장을 보면 "학문과 지식이 쌓이면 책략이 생겨나서 세상을 얻을 수 없다"고 되어 있다. 무언가를 안다고 주장하는 순간, 스스로의 무지를 보지 못하는 어리석음이 생겨난다. 힌두 전통의 『우파니샤드』에 담긴 사상도 이와 공명한다. 우리가 일반적으로 지식이라 여기는 것을 신뢰하기 어렵다고 본다. 이 전통에서 가장 바람직한 의식의 상태를 성취하는 방법은 "담론을 통해서도 아니고, 지식으로도 아니며, 더욱이 경전을 공부해서도 아니다." 흥미로운 건, 말과 경계를 초월한 이러한 상태는 서양에서 사랑이라 부르는 것과

---

4 구성주의와 불교의 관련성에 대한 추가 자료로는 Gergen, K.J. and Hosking, D.M. (2006) If you meet social construction along the road: A dialogue with Buddhism. In M. Kwee, K.J. Gergen and F. Koshikawa (Eds.), *Horizons in Buddhist Psychology*. Chagrin Falls, OH: Taos Institute Publications.

유사하다. 구성주의의 실마리는 사실상 모든 문화에서 찾을 수 있다.

마지막으로, 구성주의 아이디어는 소통 기술이 삶의 중요한 부분을 차지하게 된 오늘날의 시대적 산물이라고도 볼 수 있다. 기술의 향상으로 인해 우리는 세계의 다양한 이미지, 아이디어, 가치 속에서 살아간다. 텔레비전 버튼만 한 번 누르면 수백 개의 "실재들" 이 눈앞에 펼쳐진다. 인터넷 포털 사이트 안에는 수백만 개의 논리와 가치들이 주장을 펼친다. 이러한 상황에서 세상을 보는 다양한 방식의 가능성으로부터 피해가기란 거의 불가능하다. 그리고 "내가 보는 방식"이 최고라는 주장은 점차 힘을 잃어가는 것 같다. 구성주의적 사고는 이제 전 지구적으로 재빠르게 이동하고 있다.

사회구성주의와 과학적 진보

구성주의자의 주장은 우리가 실제로 존재하는지 또는 좋은 것인지 확실히 알지 못하는 경우에 가장 강력하게 작용하는 것 같다. 예를 들어, "사회 구조", "무의식", "노이로제" 등의 용어가 사회적으로 구성되었다는 말에 놀라는 사람은 거의 없다. 대부분의 사람은 애초부터 이러한 것이 실재를 반영하는지에 대한 확신이 없었다. 하지만 생물학, 화학, 물리학 같은 과학이 구성되었다는 말은 믿으려 하지 않는다. 물질세계에 대한 과학 용어들은 사실상 당연하게 받아들여진다. DNA, 도파민, 원소, 중력, 소립자가 진짜로 존재한다고 그냥 안다. 그러한 이유로 자연과학이 사회적으로 구성되었다고 보기가 그렇게 힘들었던 것이다. 그리고 여전히 저항감을 느낄지 모른다.

이러한 저항감의 한 가지 주요 원천은 자연과학 연구가 실제로 세상에 대한 우리의 지식을 확장시켜 왔다고 공유되는 신념이다. 구성주의자들의 주장에도 불구하고, 과학 연구가 인류를 위해 만든 풍성한 자원들을 누가 거부할 수 있겠는가? 전기, 천연두와 장티푸스 치료제, 제트추진, 원자력은 어쩔 것인가? 만일 과학이 사회적으로 구성된 세상을 만든다면, 우리는 이러한 경의를 표할 만한 발전을 어떻게 설명할 수 있겠는가? 이러한 발전을 볼 때, 과학적 방법이야말로 다른 것과는 달리 정말로 우리가 진실을 알 수 있게 도와주는 것은 아닐까?

그 답변으로 몇 가지 요점을 설명하겠다. 먼저, 여기서 구성주의자들이 무엇을 주장하는지에 대해 주의를 기울여야 한다. 과학 공동체의 작업을 통해 "무언가가 발생하고 있다"는 사실을 부정하려는 시도는 여기에 없다. 중요한 질문은 이러한 "무언가"를 명명하거나 묘사하는 과학자들의 용어가 실제의 사건을 그대로 반영하고 있는가다. 물론 우리는 분자, 원소, 신경전달 같은 언어를 가지고 있다. 위험한 것은 이러한 단어가 다른 단어들보다 세상에 존재하는 것들을 "반영하거나" 또는 "보여주는" 특권을 갖는다고, 다시 말해 이러한 용어가 실재의 본질을 알려준다고 결론 짓는 것이다. 구성주의적 관점에서 보면 우리가 "원소"라고 부르는 것들에 그리스 신이나 또는 동요에 나오는 인물의 이름을 붙일 수도 있었다. 또는 물리학에서 중성자 대신에 해왕성이란 이름을, 양성자 대신에 제우스란 이름을 붙여도 그 의미는 전혀 달라지지 않았을 것이다. 단어를 "세상"으로 보는 오류를 저지르지는 말자.

그러나 여러분은 어쩌면 여기서 단지 단어를 이야기하는 건 아니라고 응수할지 모른다. 과학 공식은 예측을 만들어낸다. 과학적 이론화를 통해 로켓을 화성에 보낼 수 있다고 결론 지으며, 실제로 이러한 예측이 성공하는 걸 두 눈으로 본다. 예측을 잘 한다는 사실이야말로 실재의 본질을 보여주는 건 아닐까? 예측을 잘 하다 보면 진실에 접근하지는 않을까? 그렇지 않다. 효과적인 예측이 진실을 보여주는 지표라는 생각은 잘못이다. 만일 내가 신이 매일 아침 해를 뜨게 하고 저녁에는 지게 한다고 제안했고, 실제로 매일 아침저녁 해가 뜨고 지는 사실로 내 제안이 증명된다면, 이 제안은 진실일까? 지능지수가 학업 성취도를 예측할 수 있다면, 지능이라는 개념은 진실일까? 항우울제를 먹는 사람이 덜 우울하다는 결과가 나왔다면 약물이 우울증을 줄여준다는 것은 진실일까? 수많은 사람들이 신뢰할 만한 예측을 하고자 하며 그 과정에서 자신들이 활용할 수 있는 언어를 사용해서 그러한 예측을 이해하려 한다. 그러나 예측에 성공했다고 해서 이러한 특정 이해 방식이 진실에 대해 말해 주는 것은 아무것도 없다. 그 단어들이 자신들의 공동체 안에서는 다소간 도움이 될지는 모른다. 그러나 우리는 유용성을 진실로 오해해서는 안 된다. 1장에서 설명한 대로 일반적으로 구성주의자들은 성찰적 실용주의를 선호한다. 구성주의자는 예측하는 능력을 존중할 수 있지만, 여기에는 이러한 예측이 어떻게 개념화되는지 그리고 누구에게 유용한지에 대한 깊은 성찰이 함께한다.

이러한 관점에서 볼 때, 우리는 "진보"라는 단어에 부여된 가치를 고려해야 한다. 진보는 향상되는 것, 무언가가 점점 더 나아지는 것이다. 그렇지만 "누구를 위한 나아짐인가?" 다양한 공동체별로 서로 다른 가치를 지니며, 누군가에게 더 좋아짐은 누군가에게는 사실상 더 나빠짐이 될 수 있다. "진보"는 누구의 입장에서 보는가에 달려 있다. 정신질환의 사례를 보면 이해하기 쉽다. 7장에서 논의했듯, 정신질환에 붙이는 과학자들의 용어는 가치를 동반한다. 그 용어들은 "괜찮은 사람"을 정의 내린다. 따라서 정신질환에 대한 개념들이 늘어갈수록, 결함이 있는 사람도 많이 찾을 수 있게 된다. 그 결과 오늘날 예전에는 알지도 못했던 수많은 "질병"을 치료하기 위해서 엄청난 양의 약물이 사용된다. 의료과학의 진보는 사람들이 오래 사는 것을 가치 있게 여기는 문화에 달려 있다. 만일 모든 사람이 200살까지 생존할 수 있다면 진보라고 할 수 있을까?

일반적으로 과학과 관련해서, 많은 사람들이 "진보"라는 이름으로 커져가는 인명 살상과 환경파괴능력을 경고의 눈으로 바라본다. 상당수의 사람들이 환경파괴를 우려하여 "진보"에서 "지속 가능성"이라는 단어로 바꿀 방법을 찾고 있다. 진보라는 이름의 깃발이 날리는 곳에서는 파괴의 흔적이 없는지 주의 깊게 살펴봐야 한다.

성찰

이 책을 마칠 시간이 다가오는 시점에서 나는 조금 쓸쓸한 기분이 든다. 이 글 속에는 많은 대화의 조각들이 들어 있고 나는 내 "관련된 가족"을 여러분과 공유했다. 동시에, 나는 독자 여러분과 가상의 대화를 나누었다. 여러분은 내 말에 귀를 기울여줬고, 질문하고 궁금해했고, 색다른 논리를 따라 이국적인 나라로 기꺼이 따라와주었고, 내 열정과 편견을 너그럽게 봐주었다. 이제 이 글을 마치며, 여러분과의 관계도 아쉽지만 끝을 맺는다. 모든 끊어짐은 작은 죽음이며, 이는 사소하지 않다. 그러면 나는 이제 무엇을 기대할 수 있을까? 아마도 나와의 관계로 인해 여러분 안에 개인적 대화가 촉진되었길. 무엇보다도, 이 대화가 여러분의 삶으로 이어지고 여러분의 관계들로 들어가서 생기를 불러일으키길 바란다. 대화가 지속되면, 우리 관계의 잔재들이 그 너머로 퍼져나갈지 모른다. 그렇게 되면, 우리가 다시 만날 희망이 있다.

추가 자료

비판적 숙고

Cromby, J. and Nightengale, D.J. (Eds.) (1999) *Social Constructionist Psychology: A Critical Analysis*. Buckingham, UK: Open University Press.

Gross, B. and Levitt, N. (1994) *Higher Superstition: The Academic Left and its Quarrels with Science*. Baltimore, MD: Johns Hopkins University Press.

Held, B. (2007) *Psychology's Interpretive Turn: The Search for Truth and Agency in Theoretical and Philosophical Psychology*. Washington, DC: American Psychological Association.

Hibberd, F. (2005) *Unfolding Social Constructionism*. New York: Springer.

Nagel, T. (1997) *The Last Word*. New York: Oxford University Press.

Parker, I. (Ed.) (1998) *Social Constructionism, Discourse and Realism*. London: Sage.

Phillips, D. (1997) Coming to grips with radial social constructivism. *Science and Education* 6, 85–104.

구성주의적 성찰

Edwards, D., Ashmore, M. and Potter, J. (1995) Death and furniture: the rhetoric and politics and theology of bottom line arguments against relativism. *History of the Human Science*, 8, 25–49.

Gergen, K.J. (1994) *Realities and Relationships*. Cambridge, MA: Harvard University Press.

Gergen, K.J. (2002) *Social Construction in Context*. London: Sage.

Hacking, I. (1999) *The Social Construction of What?* Cambridge, MA: Harvard University Press.

Hosking, D.M. (2007) Can constructionism be critical? In J.A. Holstein and J.F. Gubrium (Eds.), *Handbook of Constructionist Research*. New York: Guilford Press.

Ruse, M. (1999) *Mystery of Mysteries: Is Evolution a Social Construction?* Cambridge, MA: Harvard University Press.

Simons, H.W. and Billig, M. (Eds.) (1994) *After Postmodernism*. London: Sage.

Smith, B.H. (1997) *Belief and Resistance*. Cambridge, MA: Harvard University Press.

인명 색인

사항 색인

‘3판은 새로운 세 개의 챕터로 내용이 강화되었으며 여전히 사회구성주의의 전제를 흥미진진하게 소개한다. 거겐이 자신만의 스타일로 풀어내는 대화와 공동 작업, 그리고 관계에 대한 아이디어는 독자들에게 흡인력 있게 다가갈 것이다. 이 책은 경험이 많든 적든 구성주의자들의 용어로 지식창출을 추구하는 모든 연구자들에게 영감을 불러일으킨다.’

- 탈리아 드라고나스(Thalia Dragonas), 그리스 아테네 대학

‘케네스 거겐은 이 책에서 2판의 장점을 모두 포함하면서 이를 업데이트해서 더 훌륭하게 만들었다. 오늘날의 사회구성주의를 이해하는 데 이보다 더 강력하고 몰입되는 출발점은 없다.’

- 조나단 포터(Jonathan Potter), 영국 러프버러 대학

케네스 J. 거겐의 유명한 책 『사회구성주의로의 초대』 3판은 학생들에게 더 쉽게 다가가며, 오늘날 사회과학에서 가장 의미 있는 움직임의 하나인 사회구성주의를 명료하고 자세히 소개한다.

3판에 포함되는 내용:

- 새로 추가된 이론, 연구, 그리고 실행들
- 학생들에게 다가가는 편안한 글쓰기 스타일
- 교육, 심리치료와 건강관리, 그리고 조직과 관련된 세 개의 새로운 챕터
- 사회구성주의가 연구 프로젝트를 시작하고 끝마치는 데 어떠한 도움이 될 수 있는지에 대한 핵심 통찰들

『사회구성주의로의 초대』 3판은 사회구성주의와 그 영향력에 대해 배우고자 하는 모든 사회과학분야 학생들, 연구자들, 그리고 실행가들이 반드시 읽어야 할 책이다.

케네스 거겐(Kenneth J. Gergen)은 미국 스와스모어 칼리지의 수석 연구교수이며 타오스 인스티튜트의 회장이다.

[역자 소개]

한유리

이화여대 정외과를 졸업하고, 동 대학에서 상담심리로 석사학위를, 조지아 대학(The Univ. of Georgia)에서 성인교육 및 인적자원개발로 박사학위를 받았다. 『질적 연구 입문』, 『초보연구자를 위한 질적 자료 분석가이드』를 썼고, 『질적 연구의 30가지 노하우』, 『문헌리뷰 작성가이드』를 번역하였다.

✉_ dain5479@naver.com

사회구성주의로의 초대
An Invitation to Social Construction

초판발행 2020년 11월 25일

지은이 Kenneth J. Gergen
옮긴이 한유리
펴낸이 노 현

편 집 황정원
기획/마케팅 노 현
표지디자인 이미연
제 작 고철민 · 조영환

펴낸곳 ㈜ 피와이메이트
서울특별시 금천구 가산디지털2로 53, 한라시그마밸리 210호(가산동)
등록 2014. 2. 12. 제2018-000080호
전 화 02)733-6771
f a x 02)736-4818
e-mail pys@pybook.co.kr
homepage www.pybook.co.kr
ISBN 979-11-6519-093-3 93180

* 파본은 구입하신 곳에서 교환해 드립니다. 본서의 무단복제행위를 금합니다.
* 역자와 협의하여 인지첩부를 생략합니다.

정 가 19,000원

박영스토리는 박영사와 함께하는 브랜드입니다.